21世纪档案学系列教材

科技档案管理学

第三版

王传宇　张　斌　主编

中国人民大学出版社
·北京·

21世纪档案学系列教材

第三版出版说明

本书第一版为1989年2月出版的“高等学校文科教材”《科技档案管理学》；第二版为1998年4月出版的“普通高等教育‘九五’国家级重点教材”《科技档案管理学》(修订本)。

十多年来，随着国家社会主义现代化建设事业的发展和经济、科技体制的改革、创新，我国科技档案工作不断取得新经验、新成就。本次修订力求吸纳科技档案工作在新形势下产生的新鲜经验和科技档案学研究新的理论成果，进一步充实和提高科技档案管理的基本理论和具体实践。

1. 在坚持科技档案工作集中统一管理基本原则的基础上，针对科技档案和科技档案工作的特点，总结和阐明了科技档案的专业性管理原则、前端控制原则、全程管理原则和知识管理原则。

2. 根据经济体制改革和科技体制改革的实际，在较系统地研究、总结企事业单位，特别是现代企业制度建设和科技档案管理变革实践的基础上，阐述了我国当前条件下的科技档案工作管理体制，在强化属地管理的基础上，同时注重专业或行业的监管、指导职能。

3. 以文件生命周期和全面监控理论为指导，进一步强化和丰富了有关科技文件管理的内容。以“科技文件的档案化管理”为篇目标题，从内在本质的关联上强调了科技文件管理的档案属性。

4. 适当增加了现代化管理方面的内容。主要有两个方面：一是增加了电子科技文件和电子科技档案管理方面的内容，包括电子科技文件的生成、归档，电子科技档案的收集、鉴定、保管和开发利用等等；二是充实了科技文件和科技档案的现代管理技术应用方面的内容。

5. 进一步充实了科技档案资源开发利用方面的内容。深入阐述了科技档案资源开发利用和知识产权保护的关系；突出了科技档案检索系统建设；科技档案编研和提供服务工作的内容进一步加强。

本书修订人员分工如下：

王传宇：绪论；

张斌：第一编，第二编；

刘越男：第三编；

张宁：第四编；

贺真：第五编；

宫晓东：第六编。

本书由王传宇、张斌担任主编并负责统稿、审定工作。

本书作为“21世纪档案学系列教材”，除供高等院校本科生、专科生使用外，还可供广播电视大学、网络大学、函授大学、职业大学、自学考试档案专业学生使用，也可供广大科技档案工作者，各级档案行政管理部门，经济、科技等专业主管部门以及行业自律组织从事科技档案业务指导和咨询、服务工作的同志学习参考。

由于改革、开放和国家现代化建设的形势发展很快，加以我们的学识水平所限，本书难免有疏漏、不妥之处，诚恳欢迎读者批评、指正。

本书在修订、出版过程中得到了国家档案局、北京市档案局有关同志的热情指导和支持，特别是得到中国人民大学出版社潘宇同志的许多具体帮助，在此谨致衷心感谢。

编著者

2009年6月

修订本出版说明

《科技档案管理学》修订本（以下简称“修订本”），是国家教委立项的“九五”普通高等教育国家级重点教材。根据国家教委“抓重点、出精品”的要求，“修订本”对1989年2月出版的《科技档案管理学》（高等学校文科教材）进行了较大范围的调整和修改：

（1）充实了内容。社会主义市场经济和现代企业制度的建立，进一步促进了科技档案事业的发展，“修订本”补充了改革开放以来新时期科技档案工作的新鲜经验，拓宽了科技档案收集工作的内容。深化了科技档案资源开发利用工作，突出了企业档案及其综合管理，特别是加大了科技档案事业宏观管理的阐述力度。

（2）调整了章节体系。1989年版《科技档案管理学》共7编25章；经过调整，“修订本”为6编20章。1）设立“科技档案工作的任务与组织”一编，集中阐述科技档案工作的内容、性质、原则、体制及科技档案事业管理；2）因为另有专门的课程设置和讲授，因此，删除了以计算机管理和缩微复印等为内容的“科技档案的现代化管理”一编；3）为了集中阐述科技档案管理的内容，删除了“科技资料工作”一编。

"修订本"的执笔人员分工如下：

贺真：第二编，第四编，第五编的第十五、十六章；

宫晓东：绪论，第五编的第十四、十七、十八章，第六编；

王传宇：第一编，第三编；

宫晓东、贺真任本书副主编。

本书由王传宇担任主编及统改、定稿工作。

本书作为高等学校文科教材，除供高等院校本科生、专科生使用外，还可供广播电视大学、函授大学、职业大学、自学考试档案专业学生使用，也可供广大科技档案工作者、各级档案行政管理部门和经济、科技等专业主管机关从事科技档案业务指导工作的同志学习参考。

由于学识水平所限，本书难免有疏漏不妥之处，诚恳欢迎读者批评指正。

本书在编写、出版过程中得到了中国人民大学出版社和档案系的支持，特别是得到赵福琪、刘越男等同志的具体帮助，在此谨致衷心感谢。

编著者

1997 年 8 月

第一版说明

《科技档案管理学》是列入国家教委高等学校档案学专业教材编选计划中的一种新编教材。本书既注意吸取已有的科技档案学术研究成果，又力求反映科技档案工作的新经验，为完善和充实科技档案管理学学科体系和内容尽到一份努力。由于学识水平所限，本书疏漏不妥之处良多，诚恳欢迎读者批评指正。

全书由导论和7编25章组成。导论、第一编中的第一、二、三章和第三编由王传宇执笔；第一编中的第四章、第四编和第六编由沈永年执笔；第二编和第七编由王君彩执笔；第五编由孙叔阳和王遗共同执笔。本书由王传宇、沈永年主编。

本书除供高等院校档案专业、科技档案专业作为教材使用外，可供广大科技档案工作者、各级档案行政管理部门和工业、交通、科研等专业主管机关从事科技档案业务指导工作的同志参考，也可供从事科技管理工作的同志参考。

在编写本书的过程中，内蒙古自治区档案局的领导和同志给予了大力支持，王道宏同志提出了许多有益建议，在此谨致以衷心感谢！

编　者

1988年4月

目　录

绪论 …… 1

第一编　科技档案

第一章　科技档案概念 …… 11
　　第一节　科技档案的定义 …… 11
　　第二节　科技档案的特点 …… 17
第二章　科技档案的种类和内容构成 …… 21
　　第一节　工业生产技术档案和农业科技档案 …… 21
　　第二节　建设项目档案和设备档案 …… 23
　　第三节　自然科学研究档案和医药卫生档案 …… 26
　　第四节　自然现象观测档案 …… 27
　　第五节　地质档案、测绘档案和环境保护档案 …… 29

第三章　科技档案的价值和功能 …………………………………………… 33
第一节　科技档案的价值 …………………………………………… 33
第二节　科技档案的功能 …………………………………………… 38

第二编　科技档案工作

第四章　科技档案工作的内容和原则 ………………………………… 49
第一节　科技档案工作的内容与性质 ……………………………… 49
第二节　科技档案工作的原则 ……………………………………… 53
第五章　科技档案事业的组织 ……………………………………………… 62
第一节　科技档案管理体制 ………………………………………… 62
第二节　科技档案事业的组织系统与队伍建设 …………………… 68
第三节　科技档案工作机构 ………………………………………… 71
第六章　科技档案事业管理 ………………………………………………… 80
第一节　科技档案的法制管理 ……………………………………… 80
第二节　科技档案的规划管理 ……………………………………… 84
第三节　科技档案的标准化管理 …………………………………… 89

第三编　科技文件的档案化管理

第七章　科技档案的管理流程 ……………………………………………… 97
第一节　科技档案管理流程的含义和特点 ………………………… 97
第二节　科技档案管理流程的设计…………………………………… 102
第三节　实现科技档案管理流程的支撑条件………………………… 106
第八章　科技文件的形成及其管理…………………………………………… 114
第一节　科技文件及其形成…………………………………………… 114
第二节　科技文件的管理……………………………………………… 118
第三节　科技文件的立卷……………………………………………… 129
第四节　案卷编目……………………………………………………… 134
第九章　科技文件的归档……………………………………………………… 138
第一节　科技文件归档制度的制定…………………………………… 138
第二节　科技文件的归档范围………………………………………… 141

第三节　科技文件的归档方式和归档时间…………………………………… 143
第四节　科技文件的归档要求和归档手续…………………………………… 147

第四编　科技档案业务管理

第十章　科技档案收集工作………………………………………………………… 155
第一节　科技档案收集工作的意义与要求…………………………………… 155
第二节　基层科技档案部门的科技档案收集工作……………………………… 160
第三节　科技专业档案馆的收集工作………………………………………… 168
第十一章　科技档案整理工作…………………………………………………… 174
第一节　科技档案整理的意义与原则……………………………………… 174
第二节　科技档案分类……………………………………………………… 177
第三节　科技档案分类方法………………………………………………… 182
第四节　编注科技档案号…………………………………………………… 192
第十二章　科技档案鉴定工作…………………………………………………… 197
第一节　科技档案鉴定的内容与组织……………………………………… 197
第二节　科技档案鉴定工作的原则与依据………………………………… 201
第三节　科技档案的鉴定方法……………………………………………… 207
第十三章　科技档案的保管与统计……………………………………………… 216
第一节　科技档案的保管…………………………………………………… 216
第二节　科技档案的统计…………………………………………………… 228

第五编　科技档案资源开发利用

第十四章　科技档案资源开发利用工作的内容与知识产权保护……………… 245
第一节　科技档案资源开发利用工作的内容……………………………… 245
第二节　科技档案资源开发利用中的知识产权保护………………………… 252
第十五章　科技档案检索………………………………………………………… 261
第一节　科技档案检索的概念与原理……………………………………… 261
第二节　科技档案检索系统建设…………………………………………… 267
第三节　科技档案检索工具的种类………………………………………… 276

第十六章　科技档案编研…………………………………………………… 281
第一节　科技档案编研的原则与程序……………………………… 281
第二节　科技档案编研成品………………………………………… 286
第三节　科技档案编研方法的信息化……………………………… 290
第十七章　科技档案提供服务……………………………………………… 295
第一节　科技档案提供服务的方式与要求………………………… 295
第二节　科技档案提供服务方式的选择…………………………… 306

第六编　我国科技档案事业的建设与发展

第十八章　科技档案事业的创建时期……………………………………… 313
第一节　创建准备时期（1949—1959 年）　……………………… 313
第二节　创建时期（1959—1966 年）　…………………………… 317
第三节　遭受破坏时期（1966—1976 年）　……………………… 322
第十九章　科技档案事业的恢复整顿和调整转型时期…………………… 324
第一节　恢复整顿时期（1976—1986 年）　……………………… 324
第二节　调整转型时期（1986—1996 年）　……………………… 329
第二十章　科技档案事业的改革发展时期（1997 年至今）　………… 335
第一节　科技档案事业改革发展时期的基本情况………………… 335
第二节　科技档案事业改革发展时期的工作特点和学术探讨…… 339

绪　论

一、科技档案管理学的对象和任务

科技档案管理学，是研究科技档案和科技档案工作的产生、发展规律及其组织管理的原则与方法的学科。科技档案管理学的基本研究对象有两个：其一是科技档案，其二是科技档案工作。针对这两个基本的研究对象，科技档案管理学的具体研究任务包括下述诸多方面的内容。

（一）科技档案管理学研究科技档案的形成过程及其规律

科技档案是科技档案工作的物质对象，其形成过程是科技档案运动的一种表现形式。作为科技、生产活动的信息记录，科技档案是伴随着科技、生产活动的开展而形成的，这就使得科技档案的形成过程与科技、生产活动的特有程序保持着密切的联系。由于科技、生产活动是一种按照特定程序而进行的规律性运动，因此，产生于其中的科技档案，其形成过程也呈现出与科技、生产活动相适应的运动规律；同时，由于不同的科技、生产活动之间存在着差异性，因此，形成于不同科技、生产活动之中的各类科技档案，其形成规律各有不同。研究各种科技档案伴随相应的科技、生产活动而形成的特点和规律，是保证科技档案的质量，实现科技档案科学管理的依据和基础。

（二）科技档案管理学研究科技档案的本质属性

科技档案属于科技文献的一种特定形式，本质上是一种记录在某一特定载体之上的科技信息，它同其他科技文献，如科技资料、科技图书等，既有相同的一面，又有不同的一面；科技档案同时又是整个档案财富的一大门类，它既有一般档案的共同属性，又有区别于其他各门类档案的特殊的属性。研究科技档案与一般科技文献及其他各门类档案的相同点和不同点，揭示科技档案所固有的本质属性，可以为把握科技档案概念的内涵、明确科技档案的定义提供理论依据。

（三）科技档案管理学研究科技档案的种类、构成及其特点

科技档案是科技、生产活动的记录，而科技、生产活动是多专业、多种类的。因此，科技档案作为各类科技、生产活动的记录，其本身也可分为若干种类，不同种类的科技档案，其内容构成及特点也有所不同。科技档案的种类、构成及其特点是决定科技档案管理方式、方法和科技档案信息价值功能特征的基本因素。研究科技档案的种类、构成及其特点，目的是认识和掌握科技档案存在状态的特殊性，以便有针对性地做好科技档案的管理工作和科技档案信息资源的开发利用工作，因此是科技档案管理学研究的一项重要内容。

（四）科技档案管理学研究科技档案的价值和功能

科技档案记载着人们认识自然、利用自然、改造自然的过程、经验和成果，是人类劳动智慧的结晶。作为一种重要的科技信息资源和知识资源，科技档案对于科学技术的交流与借鉴、继承与发展，具有特殊功能。研究科技档案在物质产品和精神产品的生产中、在企事业单位管理活动中发挥作用的具体形式和特点，探索科技档案发挥作用的规律，其目的是便于有效开发利用科技档案信息资源。

（五）科技档案管理学研究科技档案工作的基本原则和性质

科技档案的管理活动是一种普遍存在的社会现象，这是由科技档案的普遍形成与普遍存在所决定的。但是，由于不同的国家或地区科技、生产活动的发展状况以及社会制度等因素的不同，人们对科技档案及其管理活动的认识也存在着一定的差异性。这首先表现在对科技档案工作的基本原则和性质的归纳和总结上。应当指出的是，各国或地区的人们对科技档案工作的基本原则和性质的归纳与总结，反映了该国或地区科技档案工作发展的特殊规律，只有对这种特殊的现象有所了解和把握，才有可能使人们对科技档案工作最一般的认识得以深化。我国的科技档案工作是一项国家规模的专门事业，国家根据我国的国情，通过立法和有关的规章制度，为各级、各专业的科技档案工作规定了统一遵循的基本原则。科技档案管理学从理论和实践相结合的角度，研究和阐述我国科技档案工作基本原则的科学性和适用性，总结、分析它在贯彻执行中的特点和具体经验，目的是促

进我国社会主义国家规模的科技档案事业的健康发展。同时，科技档案工作也是我国科技工作体系中的一个工作环节，它同各项科技工作和科技管理工作有着密切的联系，因此，正确客观地确定科技档案工作在科技、生产活动中的位置，研究科技档案工作在科技工作及科技管理工作中的作用，科学地阐明我国科技档案工作的性质，也是科技档案管理学的一项重要任务。

（六）科技档案管理学研究科技档案工作的组织和管理

科技档案工作是国家档案工作的重要组成部分。它是指以完整地保存和科学地管理科技档案，充分发挥科技档案的作用为目的的诸项管理活动的总称。科技档案管理学主要阐释我国科技档案工作的内容构成及其组织形式，阐明科技档案宏观管理的基本内容、工作原理和一般方法，研究科技档案工作的管理体制和队伍建设，研究我国科技档案事业发展的历史，从中总结历史的经验和教训。

（七）科技档案管理学研究科技档案实体管理和科技档案信息资源的开发利用工作

科技档案的实体管理和科技档案信息资源的开发利用是科技档案的微观管理工作，也是科技档案管理学研究的核心内容。开展上述六个方面具体内容的研究，其目的就是为了实现科技档案的科学管理和有效利用。研究科技档案的实体管理，就是要针对科技档案的基本属性和特征，探讨和明确其具体的工作任务、要求、管理规则与方法，从而使科技档案实体的管理达到有序化和科学化；研究科技档案信息资源的开发利用，就是在科技档案实体实现科学管理的基础上，针对具体科技档案的有用性特征，根据用户的利用规律和要求，探寻有效适用地揭示、传递、交流科技档案信息的原则、方式和方法，研究如何正确处理科技档案在藏与用之间存在的矛盾，最终实现科技档案的社会价值和经济技术价值。在开展这项任务的研究过程中，尤其值得注意的是传统管理与现代化管理手段的配合与衔接，从而使其符合时代发展的新要求。

通过对上述科技档案管理学多项具体研究任务的了解，我们可以将科技档案管理学总的任务归纳表述如下：以辩证唯物主义和历史唯物主义为指导，以现代科学技术知识为基础，运用系统科学和相关学科的有关理论和方法，研究和总结我国科技档案工作的实践经验，参考、借鉴国外关于科技档案管理的有益经验，阐明科技档案形成和科技档案工作发展的客观规律，建设具有中国特点的科技档案管理学学科体系，为科技档案工作实践服务，为国家的现代化建设服务。

二、科技档案管理学的学科性质

学科性质一般是由学科的研究对象及其主要研究任务所决定的。通过前面的叙述我们已经得知，科技档案管理学的研究对象是科技档案和科技档案工作，而科技档案管理学的主要研究任务也是围绕着这两个基本的研究对象展开的。科技档案产生于人类认识自然、利用自然和改造自然的科技、生产活动之中，它所记载和反映的内容基本上属于自然科学的范畴；科技档案管理活动是针对科技档案资源的保存与利用而进行的一项专门工作，其主要目的是解决反映自然现象和科学技术内容的科技档案与人类社会的利用需要之间所存在的矛盾，它更多地体现出社会科学的性质，属于社会科学中的管理学科门类。这就决定了在科技档案管理学的研究对象和任务中，既包含着自然科学的成分，也包含着社会科学的因素。

现代科学的发展已呈现出两个明显的趋势：一是学科的划分越来越细，且不断地向纵深发展；二是各学科之间的交叉、综合和渗透也越来越剧烈和普遍。这种现象不仅使传统的学科划分标准（即自然科学与社会科学的学科标准）受到强烈的冲击，而且还造成了那些在不同学科的交叉与渗透过程中产生的新兴学科之间，又出现了新的交叉和渗透，从而不断形成更新的学科。科技档案管理学的形成和发展，便突出地体现了这些特征。科技档案管理学在自然科学与社会科学的交叉中产生，又在与诸如信息学、系统学、管理学等新兴学科的再交叉中不断发展，体现了综合性的交叉学科性质。

综上所述，科技档案管理学的学科性质可以概括为：科技档案管理学是一门具有交叉学科性质的管理学科。

三、我国科技档案管理学的产生与发展

我国的科技档案管理学是一门新兴学科，它是伴随着国家经济建设和科技文化事业的发展、适应社会主义事业的客观需要而创建并逐步发展起来的。

科技档案管理学创建于 20 世纪 50 年代中期。1953 年我国开始执行发展国民经济的第一个五年计划，进行了大规模的社会主义经济建设。随着经济建设的进行，在工矿企业、设计单位、科研部门以及各专业主管机关，形成了大量的设计图纸和各种类型的技术文件，其数量之大、内容之新、价值之重要，都是过去所不曾有过的。为了妥善地保管和有效地利用这些重要的科技文件，必须研究它们的特点和形成规律，建立和健全科技档案工作。而建立、健全科技档案工作需要实践的总结和理论的指导，科技档案管理学就是为适应这种形势的需要而逐步建立和发展起来的。

1956 年，党中央发出“向科学进军”的号召，指出科技档案、资料是向科学进军、发展科学研究的重要条件。这就进一步推动了科技档案工作的建立和对科技档案管理学的研究。为此，中国人民大学历史档案系筹备开设了科技档案管理学课程，并于 1958 年开始正式培养科技档案专门人才。在此基础上，由中国人民大学历史档案系技术档案管理学教研室集体编写了我国第一部系统的科技档案管理学教材《技术档案管理学》（中国人民大学出版社，1962 年版）。

“文化大革命”期间，由于“左”的错误的影响，科技档案管理学的学科建设和发展被迫中断。

党的十一届三中全会以后，随着国家经济体制改革和现代化建设事业的发展，我国的科技档案工作实践和科技档案理论研究都出现了新的局面，科技档案管理学在总结新经验、吸取新营养的过程中不断得到丰富和提高。

首先，在学科内容和体系方面有了充实和发展。科技档案管理学不仅充实和丰富了科技档案微观管理、手工管理等基层科技档案工作方面的内容，而且增加和充实了对科技档案宏观管理、现代化管理、科技专业档案馆工作以及科技档案信息资源开发利用工作等内容的研究；编写和出版了一批具有较高学术价值和实际指导意义的教材。

其次，在学科建设中一方面注重理论研究层次的提高，另一方面则更多地贴近科技、生产活动实际。改革开放以来，科技档案管理学的学科建设有了长足的发展，其教学内容和课程体系不断完善，尤其在将信息论、系统论、控制论以及计算机技术、集成管理、知识管理等有关的理论方法运用于科技档案管理学研究方面，有了较大的发展；与此同时，科技档案管理学的理论研究进一步突出了学科的应用性，将理论密切联系科技、生产活动实际，更多地贴近科技档案工作实践。特别是当前我国建立和发展现代企业制度的新形势下所出现的一些新问题、新矛盾和新经验，已成为科技档案管理学研究的热点，从而促使科技档案管理学的内容和研究同实际工作的衔接有了新的进步。

以上这些都说明，目前我国的科技档案管理学研究已经进入了一个新的发展时期。随着科学技术和科技档案工作的发展，我国科技档案管理学的研究水平必将进一步得到提高。

四、科技档案管理学的研究方法

开展科技档案管理学研究，应以科技、生产活动和生产力发展的实际状况为基础和出发点，以辩证唯物主义为指导，以理论联系实际为原则，并积极地采用先进的科学技术方法。

（一）科技、生产活动实际和生产力发展状况是科技档案管理学研究的基础和出发点

科技档案是科技、生产活动的信息记录和伴生物，科技档案的科学管理必须以科技、生产活动为依据，以维护和反映科技、生产活动的历史面貌和满足科技、生产活动的利用需求为准则。

任何一种科技、生产活动都具有自己的客观规律，并且是按照反映这种客观规律的科学程序进行的。比如产品的设计、生产按照新产品开发的规律有步骤、分阶段进行；自然现象的观测活动按照反映自然现象观测活动规律的有关程序进行；科技研究活动按照学科或课题的内容、范围及特定的程序进行等等。科技档案的科学管理，依赖于科技、生产活动的实际，科技、生产活动的客观规律和科学程序，是实施科技档案科学管理的基本依据。科技档案的形成、积累以及管理、利用等等，都要根据并维护科技、生产活动的实际面貌，满足科技、生产活动的利用需求，这是实现科技档案科学管理的基础，也是进行科技档案管理学研究的基础和出发点。

不仅科技档案的具体管理方法要依据科技、生产活动的实际，而且科技档案的基本管理方式也是由生产力和生产方式的发展状况决定的。从历史的发展来看，科技档案的基本管理方式分为分散管理和集中管理两种形式，前者一般是由科技档案的形成者个人保管，后者则是由专门的科技档案机构统一管理。影响和制约这两种管理方式的基本因素是生产力和生产方式发展的具体状况。因此，研究科技档案管理学，应该把握住生产力和生产方式的发展变化规律，从中探寻适用的科技档案管理形式，并阐明我国所实行的科技档案集中和分级管理模式的理论根据，分析该模式在新的形势下存在的问题，指出其发展方向。

此外，管理科技档案的根本目的是为发展社会生产力服务。科技档案记载和反映着一定社会条件下的生产力发展状况，它本身也是一种知识形态的生产力因素，是科技成果的一种存在形式，当它被应用于科技、生产活动中时，能够促使生产的发展和科技水平的提高。研究科技档案管理学应当以发展社会生产力为出发点，阐明管理科技档案必须树立为发展社会生产力服务的思想。

（二）研究科技档案管理学应以辩证唯物主义为指导，坚持理论联系实际的原则

在进行科技档案管理学研究时，应以辩证唯物主义为指导，注意从各种因素的关联中探讨和总结科技档案及其管理工作的特点和一般规律。这是因为：各种相关事物和现象都是相互联系、相互制约的。在科技档案管理学的研究中，对其中存在着的各因素之间的关系，诸如科技档案及其管理与其他档案及其管理的关系，科技档案与科技文件的关系，一个单位内部反映基本职能活动的科技档案与其他科技档案的关系，科技档案室与科技专业档案馆的关系，科技档案管理与科技管理、企事业管理的关系，科技档案工作与科技资料、科技情报工作的关系，以及科技档案微观管理与宏观管理、传统管理与现代管理的关系等等，都应以辩证唯物主义为指导，从它们相互之间的关联中，全面地、历史地进行分析研究，

掌握科技档案和科技档案工作的特点和规律性，探索科学适用的科技档案管理的最佳方式，从而建立和完善科技档案管理学的学科体系。

研究科技档案管理学还应树立实践的观念，坚持理论联系实际的原则。科技档案管理学是一门实践性很强的应用性学科，它来自于科技档案工作实践，用之于科技档案工作实践，科技档案工作实践是它唯一的理论源泉。因此，进行科技档案管理学的教学与研究，必须遵循实践—认识—再实践—再认识的马克思主义的认识路线，理论联系实际，突出实践教学环节，加强实际考察和调查研究。只有在明确实践第一、理论服务于实践的前提条件下，科技档案管理学的研究才能真正指导和推动科技档案工作的不断发展，科技档案管理学的理论体系才具有生命力。

（三）运用系统方法进行科技档案管理学的研究

系统是由若干相互依存、相互作用的部分构成的一个具有一定功能和性质的统一整体。系统方法是哲学方法和各门具体科学方法的中介，它已经被广泛应用到人类生活的各个方面。同样，系统方法也适用于对科技档案管理学的研究工作。

我国的科技档案工作是国家规模的科技档案事业，从系统论的观点看，它是一个全国范围的科技档案管理系统，构成该系统的各个子系统是：科技档案资源管理系统，科技档案事业管理系统，科技档案教育和研究系统等。这些子系统之间彼此关联、互相制约和影响，它们的有机配合保证了科技档案管理系统的正常运转及其功能的最佳化。

系统与要素、结构与功能等基本概念，整体性、有序性、最优化等基本原则，是系统论的核心内容。运用系统方法研究科技档案管理学，应根据科技档案管理系统的具体特点，正确运用系统科学的基本概念、原则和方法，以实现科技档案的科学组织管理。

第一，系统论强调整体与部分之间的相互联系和作用。系统是一个不可分割的整体；系统组成部分的功能状况影响系统总体的状况；系统整体具有不同于各个组成部分的新的功能。总之，局部和整体的辩证统一，是系统概念的精髓。要用系统科学的上述原理和原则，立足整体，统筹全局，综合地分析和有效地协调科技档案管理系统整体与部分之间、部分与部分之间、系统与环境之间的相互关系，不断地完善、健全科技档案工作。

第二，系统论十分强调系统的相关性特征，这就是指系统内各要素之间是相互联系、相互作用的。在科技档案管理系统中，各个子系统之间，各子系统的各个工作环节之间，乃至科技档案材料之间，无不处于这种互相关联、互相制约的关系之中。从系统整体出发，充分考虑到系统的相关性特点，辩证地、恰当地处理好科技档案管理系统中各个子系统之间、子系统中各个工作环节之间的相互关系，是实现科技档案科学管理的基础。

第三，“系统”是混乱和无秩序的反义。研究科技档案资源的无序和有序状态，以及如何实现科技档案资源从无序状态向有序状态的转变，并保持其有序状态的相对稳定，是科技档案组织管理工作的一项重要任务。系统的概念和原则，为实现科技档案资源的有序化管理提供了正确的理论和原则。

第四，一个理想的和有生命力的系统，必须适时地同外部环境保持最佳的适应状态。科技档案管理系统的突出特点是同外界经常保持着物质和信息的交换，一旦失去或停止了这种同外界的交换关系，科技档案管理系统也就失去了存在的价值，它的一切功能作用也就停止了。系统理论从系统功能和系统同外界进行物质和信息交换的角度，启发我们自觉地做好系统的输入和输出，搞好科技档案的收集工作和利用工作，解决好系统同外部环境的关系，保持系统功能的最佳状态。

当前，我国的经济体制和科技体制改革正逐步走向深入，科技档案资源的现代化管理、科技档案信息的有效利用、科技档案事业的合理组织以及科技档案管理系统的顺利运行等一系列问题，也将在经济体制和科技体制改革的进程中不断地深化和发展，而这一切必将对科技档案管理学的进一步发展产生巨大的推动力，从而使我国的科技档案管理学更为丰富和更好地指导科技档案管理实践。

第一编

科技档案

21世纪档案学系列教材

第一章 科技档案概念

【本章要点】

揭示了科技档案的定义，规定了科技档案与其他档案、科技资料、科技文件的区别。阐明了科技档案概念、定义的演变和发展。论述了科技档案的专业性、种类和类型的多样性、成套性和现实性特点。

【关键词】

科技档案○定义○专业性特点○种类和类型多样性特点○成套性特点○现实性特点

第一节　科技档案的定义

科技档案，即科学技术档案。科技档案概念，是对科技档案本质属性的反映，是研究科技档案现象及其运动发展规律的出发点。给科技档案下定义，就是明确科技档案概念的内涵，揭示科技档案的本质属性，从而明确和把握科技档案同其他相关事物的质的区别。

一、科技档案定义的表述方法

科技档案定义可表述如下：科技档案是组织机构或个人在科技、生产活动中直接形成的、保存备查的信息记录。

此定义从以下三个方面揭示了科技档案的本质属性，明确了它同其他档案，以及同科技资料和科技文件的本质区别。

（一）定义揭示了科技档案的产生领域和内容性质，规定了科技档案同其他档案在性质上的区别

科技档案是组织机构或个人在科技、生产活动中产生的。这里的“组织机构或个人”是指形成科技档案的主体，主要包括企事业单位以及参与科技、生产活动的个人。这里的“科技、生产活动”是一个高度概括了的名词概念，它包括自然科学研究活动，水文、气象、天文、地震以及一切自然现象的观测活动，地形、地质的测量和勘探活动，工程和产品的设计活动，建筑施工活动，产品的生产制造活动，以及农业科技、生产活动等。凡是人们所进行的认识自然和改造、利用自然的一切活动，都包括在这一概念的范围之内。科技档案就是在这样的活动领域里形成的，是这样一些活动的记录和伴生物。

档案，是人们社会实践活动的历史记录，这是各种不同种类的档案即所有档案的共同属性。但是，人们的社会实践活动是多种多样的，因此，作为人们社会实践活动的历史记录的档案的种类，也是多种多样的，如文书档案、会计档案、诉讼档案、艺术档案、书稿档案以及其他专门的档案等。

科技档案和所有这些档案的根本区别，在于它产生于生产活动和科技活动中，它记载和反映自然界各种物质的现象和运动的规律，记述和反映人们认识自然、改造和利用自然的各种活动，是一种科技信息及其载体。

（二）定义明确了科技档案是在科技、生产活动中直接形成的，规定了科技档案同科技资料在性质上的区别

一方面，科技档案定义规定了科技档案同其他档案的区别，这种区别是档案范畴内部各种不同档案种类之间的区别；另一方面，科技档案定义还规定了科技档案同科技资料的区别。科技资料同科技档案都记载和反映着科技内容，形式上都是图样材料、文字材料和声像材料等，容易混淆不清。因此，必须对科技档案和科技资料进行正确的区分。

定义规定，科技档案是“在科技、生产活动中直接形成”的信息记录。它直接记录自然现象或具体项目的运动过程和实体，是人们认识自然和改造、利用自然活动的原始记录。科技档案是第一手材料，而不是事后另行编写和搜集的。科技资料则不同，它们不是科技、生产活动的第一手材料，是为了科技、生产活动

参考的需要而交流、购买来的间接性材料。

（三）定义明确了科技档案是保存起来以备查考的信息记录，规定了科技档案同科技文件的区别

“保存备查”包括两方面的含义。

首先，科技档案是具有保存价值的信息记录。科技文件是在科技、生产活动中直接形成的、处于使用和运行过程中的信息记录。并非所有在科技、生产活动中形成的文件都具有保存价值；没有保存价值的文件不需归档，因此也就不会转化为科技档案。所以，有没有保存价值，是科技文件能否转化为科技档案的基本条件。有保存价值是“保存备查”的前提。

其次，科技档案是履行了相关手续，集中保管起来的信息记录。作为科技档案保存起来的信息记录，已经同科技文件有了性质的不同。它们作为文件材料的形成过程已经结束或告一段落；它们发挥作用的性质不完全相同；由于经过了鉴别和筛选，它们在数量上发生了变化；经过了初步整理，形成了案卷，存在形式也发生了变化；实现了集中统一管理，成为国家档案资源的组成部分。因此，定义明确了科技档案同科技文件的区别。

综上所述，定义通过三个方面明确了对科技档案的质的规定性，明确了科技档案同其他档案、科技资料以及科技文件在性质上的基本区别。

二、科技档案概念、定义的演变和发展

（一）对科技档案概念的认识过程

科技档案，是一种档案现象和客观事物，人们对一种客观事物的认识，常常要经历一个相当长的过程，这就是要经由感性认识阶段上升到理性认识阶段，形成概念，并逐步揭示和把握这个概念的本质。认识科技档案这个客观事物，形成科技档案这个科学概念，并揭示和把握科技档案概念的本质，也是经历了一个过程的，大体有两个发展阶段。

1. “技术资料”阶段

1959 年 12 月，我国在大连市召开了一次技术档案工作现场会议。这次会议是一个转折点，在会议以前，人们对科技档案的认识基本上处于感性认识阶段，没有形成科技档案的科学概念，而是笼统地称之为“技术资料”。

在认识方面，没有从理论上和概念上明确科技档案和科技资料是两种性质不同的科技文献，对这两种材料的认识，停留在一般感性认识阶段，只从它们的现象和形式，从它们的外部联系或一般联系出发，一律称之为“技术资料”或“技术档案资料”。

在实践方面，理论认识的模糊不清，导致在工作实践中混淆了科技档案和科

技资料的管理界限。科技档案同科技资料混杂在一起；科技档案机构被称为技术资料室或资料室；科技档案工作者被称为技术资料员或资料员。

在后果方面，由于没有形成科技档案的科学概念，科技档案同科技资料混杂管理，无法根据科技档案的特点和形成规律对其实行科学管理，影响了对科技档案的妥善保管和有效利用。同时，也不利于科技资料的科学管理。

2. 科技档案阶段

从1949年新中国成立，到1959年技术档案工作大连现场会议召开，经过十年左右的实践，特别是国家整个档案工作的发展，人们逐渐对科技档案及其本质有了比较正确的认识。在大连会议上，通过讨论，大家的认识有了一个飞跃，基本上抓住了科技档案的本质，形成并提出了“科学技术档案”概念，简称“科技档案”。

上述事实说明，对科技档案概念的认识是经过了一个相当长的过程的，科技档案概念的形成和提出，大大推动了科技档案工作的发展和科技档案理论研究的深入。

（二）关于科技档案定义的发展和演变

科学发展史告诉我们，在对一门新学科的研究过程中，不仅形成科学概念的过程是认识深化的过程，而且为科学概念下定义的过程尤其是认识深化的过程。所以，许多学科尽管已经创建了很长时间，但一些基本概念的定义，仍然处于探讨争议的过程之中。对科技档案定义的表述也是如此。从技术档案工作大连现场会议至今，已经有50年的历史，对科技档案概念的定义仍然纷繁多样，呈百花齐放之势。

1.《技术档案室工作暂行通则》的定义

1959年技术档案工作大连现场会议形成并明确提出了科技档案概念，在会议讨论制定的《技术档案室工作暂行通则》中，对科技档案作出如下定义：凡是记述和反映本单位的基本建设、生产技术和自然科学研究等活动的，具有保存价值，并且按照一定的归档制度作为真实的历史记录集中保存起来的技术文件材料（包括图纸、照片、表报、文字材料等）都是技术档案（或称科学技术档案）。

这是在正式形成并提出科技档案概念以后，对其下的第一个定义。这个定义基本上是科学的，能够一般地揭示和反映出科技档案的本质，其特点如下：

（1）突出“本单位”，强调科技档案是记述和反映本单位科技、生产活动的科技文件。对科技档案概念的这一限定，目的是为了明确科技档案和科技资料的区别，强调科技档案是本单位科技、生产活动的记录。

（2）突出科技档案是“真实的历史记录”，强调科技档案的原始性。它不仅能够真实地记述本单位科技、生产活动的实际面貌，而且能够真实地反映本单位科技、生产活动的历史过程，显示了科技档案的格外珍贵性，从而进一步规定了科技档案同一般科技资料的区别。

(3) 突出价值特征，强调科技档案是“具有保存价值”的科技文件。

(4) 突出“整理归档”，强调科技档案是经过整理并履行了归档手续集中保管起来的科技文件，规定了同一般科技文件的区别。

(5) 突出形成领域，说明科技档案是在基本建设、生产技术和自然科学研究等活动中形成的科技文件，从而揭示了科技档案的内容性质特征，规定了科技档案同一般文书档案和其他档案的区别。

《技术档案室工作暂行通则》定义（以下简称《通则》定义）曾被科技档案界广泛接受，被使用了20年左右，对建立和发展我国的科技档案工作，特别是对建立和健全科技档案室工作，对促进科技档案管理学的研究，发挥了重要的历史作用。但是，随着科技档案工作实践的发展和对科技档案理论认识的提高，《通则》定义的局限性也逐渐显露出来。

第一，过于强调了“本单位”。《通则》定义，可以说是立足于具体单位为科技档案概念下的定义。它是从具体的单位、从科技档案室的角度出发，来分析和揭示科技档案概念的内涵，这在当时是必然的，也是必要的。但是随着科技档案工作实践的发展，这种对科技档案定义的表述方法逐渐显露出它的弱点。比如，对于科技专业档案馆，就不能说科技档案是它本身产生的，因为科技专业档案馆的科技档案，是各个进馆单位在科技、生产活动中形成的，是各进馆单位科技、生产活动的直接记录。这说明，立足于国家，立足于总体，从全社会的角度宏观地考察科技档案概念，从总体上揭示科技档案概念的本质属性，“本单位”这个限制词显然不够准确、全面。

第二，文字过多，烦琐冗长。作为科学概念的定义，应该用明确的词语，以最简洁的方式进行表述。按照这一要求，《通则》定义显得过于冗长烦琐。

2.《科学技术档案工作条例》的定义

1980年全国科技档案工作会议讨论和制定的《科学技术档案工作条例》，对科技档案定义作了新的表述：科学技术档案是指在自然科学研究、生产技术、基本建设等活动中形成的应当归档保存的图纸、图表、文字材料、计算材料、照片、影片、录像、录音带等科技文件材料。

《科学技术档案工作条例》定义（以下简称《条例》定义），较《通则》定义更简洁，也更完整了。它有以下特点：

(1)《条例》定义不拘泥于一个具体单位，不是从一个具体的科技档案室的角度为科技档案下定义，而是立足于总体，从宏观的角度来揭示科技档案的本质属性，舍弃了“本单位”的提法，因此更接近科技档案概念的内涵。

(2)《条例》定义在文字上也较《通则》定义精练，这主要是它以“归档保存”这个比较概括的词语，来揭示科技档案概念的“种差”，代替了《通则》的定义中“具有保存价值”、“作为真实历史记录集中”等词语。

但是，经过十余年的工作实践和理论研究的检验，人们也认识到《条例》的定义有不甚精确的地方，这主要是“应当归档”这一词语的使用。这一用词有某种不确定性，比如，对它的含义可以做两种理解：第一，有保存价值已经归档了；第二，有保存价值还未归档。但是未归档的科技文件，尽管是有保存价值应该归档保存的，仍然是科技文件而不是科技档案。所以，用“应当归档”这个限制词来作为被定义概念（科技档案）同属概念（科技文件）的“种差”，尚欠精确。

此外，定义为说明科技档案的属概念——科技文件，附加了“图纸、图表、文字材料、计算材料、照片、影片、录像、录音带等”字样，科技文件或科技文件材料一词本身就概括了各种形式和各种载体的材料，没有必要再将它们一一列出。

3.《科技档案管理学》(修订本)的定义

1998年《科技档案管理学》(修订本)对科技档案定义如下：科技档案是保存备查的直接记述和反映科技、生产活动的科技文件。

《科技档案管理学》(修订本)的定义较《条例》的定义更简洁，它有以下特点：

(1)《科技档案管理学》(修订本)的定义更加概括，将“自然科学研究、生产技术、基本建设等活动”概括为“科技、生产活动”。

(2)对《条例》定义中“应当归档”不甚精确的表达进行了修改，用“保存备查”来揭示科技档案概念的“种差”，更加准确地揭示了科技档案的内涵。

(3)《科技档案管理学》(修订本)定义更加精练，将属概念“科技文件材料”简化为“科技文件”，并且删除了“图纸、图表、文字材料、计算材料、照片、影片、录像、录音带等”的限定词。

但是《科技档案管理学》(修订本)的定义也有不甚完善之处，主要是用“科技文件”作为科技档案的属概念容易引起不同的理解。对“科技文件”概念，往往有两种理解：一是大文件概念，即科技文件包括了从文件到档案的所有阶段，即科技文件包含了科技档案，科技档案是“科技文件”的组成部分；二是小文件概念，即科技文件是科技档案的前身，科技档案是科技文件的归宿，两者不存在包含关系。而在该定义的表述和阐释中，并没有明确对“科技文件”进行特别限定，因而可能造成理解上的问题。

上述事实说明，对科技档案定义如何进行科学的表述，还处在不断的认识过程中。这是正常的，它符合人们的认识规律，也符合科学的发展规律。定义是人们对客观事物认识水平的一种概括反映，是对客观事物研究成果的一种简略总结。辩证唯物主义告诉我们，客观事物的属性是固有的、确定的，但是人们对客观事物属性的认识则是相对的、发展的，因此，对事物概念的定义总是相对的、有条件的。恩格斯曾经指出，唯一真正的定义就是事物本身的发展；列宁则更进一步指出，定义可能有许多，因为对象有许多方面。所以，本书对科技档案定义的表述方法，也只是这个“许多”定义的一种。

第二节　科技档案的特点

科技档案是档案的一大门类，同其他档案特别是同一般文书档案相比较，在许多方面呈现出比较突出的特点。研究和分析这些特点，对于把握科技档案的本质及其运动规律，实现对科技档案的科学管理和对科技档案资源的有效开发利用，具有理论指导意义。

科技档案的特点较多，主要有：

一、专业性特点

专业性是科技档案最突出的特点之一。

科技档案的专业性特点，集中表现在形成领域和内容性质两个方面。

首先，科技档案产生的领域具有鲜明的专业性特点。人们在科技、生产活动中，一方面在不断地开拓新的活动领域，另一方面也在不断地扩大专业分工，任何一项科技、生产活动都是在一定的专业分工的范围内进行的，都具有一定的专业性。科技档案作为科技、生产活动的记录和伴生物，它们毫无例外地都形成于特定的专业技术领域，是相应的专业技术活动的记录和产物。

其次，科技档案的内容性质具有鲜明的专业性特征。科技档案的内容性质是由它所反映的科技、生产活动的具体专业领域决定的，在哪一个专业领域的科技、生产活动中形成的科技档案，就集中地反映了哪一个专业的科技内容及相关的科技方法和手段。

科技档案的专业性特点，不仅使它们同一般档案相区别，而且使不同专业形成的科技档案彼此之间互相区别。因此，专业性特点是实现科技档案科学管理的重要依据之一。诸如科技档案工作管理体制的确立，科技专业档案馆的组建，科技档案的整理分类等等，都是建立在科技档案专业性特点的基础之上的。

二、种类和类型的多样性特点

种类的多元性和类型的多样性，是科技档案的又一明显特点。在各个档案门类中，以科技档案的种类最为繁多、类型最为复杂，呈现出多样化的鲜明特点。

以种类而言，由于科技、生产活动的多专业性，导致了它的伴生物科技档案在种类上的多元化。基本建设活动产生了工程设计档案、建筑施工档案和工程竣工档案，产品开发活动产生了产品设计研制档案、生产工艺档案和工艺装备档案，农业生产活动则形成了农、林、牧、渔各种档案，至于自然观测活动则相应地形成了气象档案、水文档案、天文档案、地震档案和地质档案、测绘档案等等。

以类型而言，科技档案是所有一切种类的档案中，类型最为丰富多样的一种。档案材料的类型是由它所记载的社会实践活动的内容和方式决定的。科技档案所记载的科技、生产活动，专业多样，手段复杂。这就客观地要求必须以文件材料类型的多样性来适应科技内容和手段的多样性，也就使得科技档案材料不仅在种类方面，而且在类型方面呈现出多样性的特点。

科技档案种类和类型多样性的特点，为科技档案的科学管理提出了许多特殊的要求，诸如科技档案的收集、分类、保管、统计、鉴定、利用等各项具体管理环节，都必须根据这种特点，采取相应的措施，以保证实现对科技档案的科学管理和有效利用。

三、成套性特点

科技档案的成套性特点，是由科技、生产活动的特点决定的。任何科技、生产活动都是以一个独立的项目或某一特有的现象为对象进行的，比如一个课题的研究，一个工程项目的设计和施工，一个型号产品的研试和生产制造，一个软件的开发研制，一个气象过程的观（探）测等等。围绕着一个独立科技项目的进行，规律性地形成了一系列相关的科技文件，这些科技文件记载和反映了该项科技、生产活动的全部过程和成果，它们之间既以不同的工作阶段相区别，又以总体的科技程序和科技内容紧密衔接，构成了一个反映该项科技、生产活动的文件整体。这就是科技档案的成套性特点。

成套性，是科技档案的重要特点，它集中体现在科技档案的形成和内容构成两个方面。成套性特点对于科技档案的科学管理起着重要的规定和制约作用，它要求科技档案必须完整，以此来建立科技档案的收集工作和其他有关工作；它是科技档案分类整理工作重要的理论依据之一，保持一个科技项目档案材料的齐全成套，是对科技档案分类整理工作的基本要求。科技档案的进馆、移交以及科技档案的保管、统计、鉴定、开发利用等等，都需要考虑科技档案的成套性特点。

四、现实性特点

科技档案的现实性特点，是指它具有较强的现实使用性。其他文件材料归档以后，基本上完成了现行功能，多半是用来进行历史查考；科技档案则不同，归档进入档案部门的大多数科技档案材料，不仅没有退出现行使用过程，相反，这正是它们发挥现行效用的活跃时期，而且将在较长的时期内发挥现行效用。在设计单位，归档保存的底图和蓝图是进行现行设计不可缺少的条件；在生产单位，归档保存的设备档案是设备使用、维护的不可须臾短缺的现行依据。

科技档案的现实性特点，客观地对科技档案的科学管理提出了某些特殊要求。比如，科技档案必须同它所记述和反映的科技对象保持一致，失真、失准的科技档案无法满足它的现行使用功能。为此，必须建立和健全补充制度，在符合制度要求的情况下，对归档保存的科技档案适时地进行补充，以维护科技档案的准确性。

科技档案现实性强的特点，使科技档案工作同科技、生产活动紧密联系，不可分离，促进了科技档案工作的不断发展。

【本章小结】

科技档案是组织机构或个人在科技、生产活动中直接形成的、保存备查的信息记录。定义揭示了科技档案的本质属性，明确了它同其他档案，以及同科技资料和科技文件的本质区别。科技档案，是一种档案现象和客观事物。认识科技档案这个客观事物，形成科技档案这个科学概念，并揭示和把握科技档案概念的本质，大体经历了“技术资料”和“科技档案”这两个认识阶段。科技档案具有专业性、种类和类型的多样性、成套性和现实性特点。应根据这些特点，采取相应的措施，以保证实现对科技档案的科学管理和有效利用。

【讨论题】

1. 试述科技档案的定义及其含义。
2. 简述科技档案概念的认识过程。
3. 试述科技档案的专业性特点及其对科技档案工作的制约和影响。
4. 试述科技档案种类和类型的多样性特点。
5. 试述科技档案的成套性特点及其对科技档案管理的影响。
6. 谈谈你对科技档案现实性的理解。

【主要参考资料】

1. 技术档案室工作暂行通则，国务院 1960 年 2 月 29 日批准

2. 科学技术档案工作条例，1980 年 12 月 27 日国家经委、国家科委、国家档案局发布

3. 王传宇．科学技术档案管理学教程．北京：中国档案出版社，1986

第二章 科技档案的种类和内容构成

【本章要点】

阐述了工业生产技术档案、农业科技档案、建设项目档案、设备档案、自然科学研究档案、医药卫生档案、自然现象观测档案、地质档案、测绘档案、环境保护档案等的特点和内容构成。

【关键词】

工业生产技术档案○农业科技档案○建设项目档案○设备档案○自然科学研究档案○医药卫生档案○自然现象观测档案○地质档案○测绘档案○环境保护档案

第一节 工业生产技术档案和农业科技档案

一、工业生产技术档案

工业生产技术档案主要是工业产品档案，它是在工业产品的开发、研制和生产、制造活动中形成的科技档案。

工业生产技术档案，是内容丰富、专业繁多、形式多样的科技档案种类。工业生产技术档案的内容构成，在不同的专业和不同类型的单位是不相同的。

第一，不同专业形成的生产技术档案，其内容构成不同。比如机械和信息技术产品的开发、制造活动同纺织产品的设计、生产活动，石油、化工产品的研制、生产活动同陶瓷器皿的设计、生产活动，相互之间有着天壤之别。因此，不同专业形成的工业生产技术档案，有不同的形成过程和内容构成。

第二，同一专业系统的不同单位，由于分工不同，其生产技术档案的内容构成不同。如只对产品进行生产、制造而不进行设计研制的单位，同既对产品进行设计、研制，又对产品进行生产、制造的单位，其产品档案的内容构成是不完全相同的。

第三，设计的内容和类型不同，其生产技术档案的内容构成不同。工业产品的设计活动，从设计对象和设计内容看，有两种基本类型。一种是既对生产对象本身进行设计和研制，又对生产方法和生产过程进行设计，比如机械产品、纺织产品等的设计活动就属于这种类型。另一种是只对生产过程和生产方式、方法进行设计，而不涉及对生产对象的性能、结构等方面的设计，比如煤矿以及其他采掘工业对生产技术的设计就属于这种类型。这两种类型的工业生产技术活动，由于设计对象和设计内容有重大区别，因此，它们所形成的工业生产技术档案，在内容构成上也有很大的差别。

第四，生产类型不同，其生产技术档案的内容构成不同。作为工业生产技术档案记述和反映的对象的产品，不仅由于专业的不同差别很大，而且，即使在同一专业内，比如，同样是机械专业，由于分工的不同，差别也很大。有的单位从事整机生产，如机床、汽车等等；有的单位从事零部件专业化生产；有的是从事工艺性专业化生产，如专门为机器制造业生产铸件的铸造厂；还有的单位只是从事辅助性生产活动，如机械修理等。很明显，在机械行业中，上述四种生产类型或企业，其记述和反映产品生产技术活动的工业生产技术档案，不论是在内容成分方面，还是在数量构成方面，都是有很大差别的。

工业生产技术档案的特点之一是以型号成套。一个型号产品的档案，是具有有机联系的整体。构成这个整体的基本文件一般包括：技术任务书、设计和研制文件、工作图（底图和蓝图）、工艺文件、检验文件、定型和总结文件等。但是具体的内容构成，却因情况的不同而有较大差异，应具体分析才能正确地把握。

二、农业科技档案

农业科技档案是在农、林、牧、渔各业的生产技术活动中形成的档案。

农业是自然再生产和经济再生产相结合的物质生产部门。农业科技档案，种类繁多，综合性较强，主要有：

（一）种子档案。包括：新品种繁育文件、良种繁育文件、新品种引种和试验文件，以及作物品种资源普查文件等。

（二）作物栽培档案。是在作物播种和田间管理等栽培技术和管理活动中形成的档案。包括：作物栽培计划、栽培技术和管理措施文件，播种、施肥、中耕、灌溉以及苗情、苗势等观察记录，作物栽培技术总结等。

（三）植物保护档案。是在作物病虫害测报、防治和植物检疫活动中形成的科技档案。(1) 农作物病虫测报档案。包括：农作物病虫观测记载文件、病虫情报和预报验证文件、病虫信息通信文件和农作物病虫测报管理文件等。(2) 植物检疫档案。包括疫情文件、检疫操作文件和检疫措施文件等。

（四）林业档案。是在林业资源普查、林木抚育、采伐和更新过程中形成的科技档案。主要有：林业资源和林业生产规划、设计文件，林木抚育和更新文件，林木保护文件，木材加工和林产品加工文件等。

（五）畜牧档案。是在草场建设、育种饲养和畜牧兽医活动中形成的科技档案。主要有：草场文件、畜禽品种培育文件、畜禽繁殖文件、畜禽饲养管理文件和畜禽疫病防治文件等。

（六）水产档案。主要由以下文件构成：水产养殖文件、水产捕捞文件和水产品加工文件等。

（七）农业生态环境和农业区划档案。是记载和反映农业自然生态条件和农业区划活动及其成果的科技档案。主要有：土壤普查文件、农业气候文件、水资源文件、其他农业生态环境文件（如农业地貌文件）、农业区划文件等。

第二节　建设项目档案和设备档案

一、建设项目档案

建设项目档案，又称基本建设档案，简称基建档案，是指在建设项目立项、审批、招投标、勘察、设计、施工、监理及竣工验收等活动中形成的科技档案。

所谓建设项目，是指建筑、安装等形成固定资产的活动中，按照一个总体设计进行施工，独立组成的，在经济上统一核算、行政上有独立组织形式、实行统一管理的单位。建设项目主要包括单项工程和单位工程两种。单项工程，是指建设项目中具有独立设计文件、可独立组织施工，建成后可以独立发挥生产能力或工程效益的工程。单位工程，是指具有独立设计文件、可独立组织施工，但建成后不能独立发挥生产能力或工程效益的工程。

建设项目档案的特点之一是按项目成套，一个建设项目的档案是具有有机联系的整体。一般包括以下内容。

（一）项目前期文件

指工程开工以前在立项、审批、招投标等活动中形成的文件。

项目前期文件主要包括：项目建议书及其报批文件，项目选址意见书及其报批文件，可行性研究报告及其评估、报批文件，项目评估、论证文件，环境预测、调查报告、环境影响报告书和批复，设计任务书及其报批文件，招标投标、承发包合同协议。

（二）项目设计文件

项目设计，是项目建设活动的重要内容，它为项目建设编制设计文件，用以指导施工。项目设计文件主要内容包括：设计依据性文件和设计基础文件（如勘察文件），总体规划设计文件，初步设计或扩大初步设计文件（包括方案设计、初步设计及附图、主要设备表、概算书等），技术设计文件，施工图设计文件（包括工程施工图、施工图设计说明书、计算书、预算书等）。

（三）项目施工文件

项目施工文件是项目施工过程中形成的反应项目建筑、安装情况的文件。施工文件记录了施工过程的实际面貌，其内容主要有：（1）施工准备工作文件。包括施工承包协议文件和施工执照，施工组织设计，开工报告，图纸会审记录和施工预算书等。（2）施工文件。包括工程测量定位记录，建筑材料试验报告，隐蔽工程施工记录，工程沉降、位移观测及变形观测记录，设计变更和材料代用审核文件，以及施工日志、大事记等。

（四）项目监理文件

项目监理文件是指项目监理单位对项目工程质量、进度和建设资金使用等进行监督、控制的文件，主要包括施工监理文件（如监理合同协议、监理大纲、监理规划、细则，施工及设备器材供应单位资质审核及设备、材料报审，监理日志等）；设备采购、监制工作监理文件；建筑施工质量监理文件；建设资金使用监理文件；监理工作总结等。

（五）项目竣工验收文件

项目竣工验收文件是指项目竣工后试运行及竣工验收时形成的文件。包括：工程验收文件，工程质量检验评定及缺陷处理文件，试车记录，交工验收证明，施工技术总结，竣工验收报告和竣工图。竣工图十分重要，它能真实地记录建筑工程的具体情况和实际面貌，是对建设项目进行交工验收、使用、维护乃至改建、扩建的重要依据。

在建设项目日后使用维护和改建、扩建过程中，也会形成相应的科技文件，它们也是该项目档案不可或缺的组成部分。

二、设备档案

设备档案，是各种机器设备、车辆、船舶和仪器、仪表的档案材料。

设备，是一种重要的生产手段。随着科学技术和生产力的发展，在社会生产和科技研究、自然观测的各个领域，都普遍地以各种设备装备起来，因此，设备档案是一种在各个专业的各种不同的企事业单位中都存在的科技档案。

设备档案，按设备的构造和使用形式划分为两种：一种是同土建工程连在一起的，如某些化工装置以及钢铁和有色冶金企业的冶炼设备的档案。这种设备档案，一般同基建档案难以截然分开，因此可以作为基建档案的一个组成部分。另一种是各种金属切削设备、运输设备、采掘设备、起重设备以及某些仪器、仪表的档案，它们可以同土建工程分开独立存在。

设备从来源看有两种。一种是本单位自己设计、研制的，这是各单位根据本身生产工艺或科研、试验的特殊需要而自制的专用设备；另一种是从国内外市场上购买来的外购设备。因此，设备档案也相应地有两种情况：一种是在自制设备的设计和研制过程中形成的科技文件，另一种是随外购设备的进货带来的科技文件。两种都是设备档案的重要组成部分，都应妥善保存，科学管理。

此外，在设备的使用、维护、检修、改造过程中，也相应地形成文件，它们也是设备档案的组成部分。

设备档案的基本特点同产品档案的特点是一样的，即以型号成套。但设备档案的内容构成，在一般情况下同产品档案不尽相同。这是因为设备档案和产品档案的作用不同，形成过程也不相同。自制设备的档案构成，除包括设备在设计、研制、试验、制造过程中形成的文件外，还包括该项设备在安装、使用、维修、改造过程中形成的文件。外购设备档案的构成同产品档案的差异更大，它不包括该设备在设计、研制、制造过程中形成的文件。其内容基本上包括三个部分。

第一，设备购置文件。包括设备技术经济计算文件，有关购置设备的谈判文件，以及订购协议或合同书等。

第二，随机文件。包括设备图册和说明书，设备合格证、装箱单和配件目录，以及设备安装规程等。

第三，设备安装、使用过程中形成的文件。包括设备安装记录、试车验收记录和总结报告，设备运行记录，设备保养和大、中修记录，设备使用分析表，设备检查和事故记录，设备履历表，设备改造记录和总结等。

第三节　自然科学研究档案和医药卫生档案

一、自然科学研究档案

自然科学研究档案，是在自然科学技术研究活动中形成的科技档案，简称科研档案。

科学技术研究，是在自然科学领域，研究客观事物的本质及其运动发展规律的一项工作，它是人类认识自然、改造自然和利用自然的一项重要的社会实践活动。科研档案，就是这项社会实践活动的直接记录，它记载和反映了科技研究活动的全部过程和具体成果。

由于科研档案是科技研究活动的直接记录，因此，科研档案的形成和内容，必将受到科技研究的性质、类型和专业的影响。科技研究是一项十分复杂的科学劳动，按照其类型或层次，一般被划分为基础科学研究、技术科学研究和应用科学研究三种类型，从而相应地形成了三种类型的科研档案内容构成。

科研档案的基本特点之一是以课题或项目为单元成套，一个科技研究课题的档案材料，是有机联系的整体。科研档案的这个特点，是由科技研究活动的特点决定的。任何科技研究活动都是以课题或项目为单元，按课题或项目进行的。这样，围绕着一个课题或项目的科技研究活动，就形成了一套在程序上和内容上前后衔接、左右联系的科技档案整体。

科研档案的基本构成，因研究任务的类型和专业而异，一般包括以下内容。

第一，研究准备工作文件。主要有：课题论证和文献综述，基金申报文件和任务书、协议书，研究计划和设计方案等。

第二，研究试验文件。包括：试验大纲和各种原始记录，计算、分析和设计文件，计算机软件和课题阶段总结等。

第三，成果和总结鉴定文件。包括：研究报告或论文、专著，课题工作总结和经费决算，成果验收、鉴定和评审文件等。

第四，成果奖励申报文件。包括：成果申报文件，成果奖励文件，专利文件等。

第五，成果推广应用文件。包括：推广应用方案，技术转让合同，工作总结，同行评价和用户反馈意见等。

第六，其他有关文件。

二、医药卫生档案

医药卫生档案，是在各种疾病的预防、治疗、护理及药品、生物制品的监督、检定和生产技术活动中形成的科技档案。

（一）医疗技术档案

主要有：（1）住院及门诊病历和疾病检查中形成的各种记载，如病理切片、照片、X光片等；（2）新疗法、新技术的鉴定和实施中形成的文件；（3）地方病、职业病、传染病等防治和抢救的专题文件；（4）著名老中医的医案原稿、中药炮制及临床经验总结；（5）医疗事故、医疗质量调查和监督检查中形成的文件等。

（二）卫生防疫和卫生监督档案

包括卫生防疫、监督的法律、法规和标准；疫病流行报告、防治方案、记录数据和疫情统计文件；青少年健康状况、计划免疫效果观察，食品卫生规划、监测，职业病调查，以及国境口岸的卫生监督处理文件等。

（三）妇幼卫生档案

包括有关法律、法规、规划、计划、总结，以及关于妇女多发病、保健卫生、计划生育、幼儿生长发育等专题调查文件等。

（四）药品和生物制品监督、检定、生产技术档案

包括：（1）药品标准和有关药品监督的法律、法规、标准及规章制度；（2）新药和新生物制品审批、审评和批准文件；（3）生物制品的产品计划、任务书、试制和试验文件，临床观察记录；（4）生产检定规程及生产工艺；（5）质量考察检定文件；（6）技术引进及技术改造文件等。

第四节　自然现象观测档案

自然现象观测档案，是指在气象、天文、水文、地震等自然现象观测活动中形成的档案。由于形成的领域或观测的对象不同，因而分别构成几种不同的科技档案。

一、气象档案

气象档案，是在气象观（探）测、气象预报和气象业务技术管理活动中形成的科技档案。包括气象记录档案，气象业务技术和服务档案，气象业务技术管理档案。

（一）气象记录档案

在气象档案构成中，气象记录档案数量最多，价值最大，使用最频繁。气象记录档案，是气象观（探）测活动中以各种方法和手段所观测和探测到的各种气象要素的数据及其载体。气象观（探）测是气象工作的基础，气象记录档案是气象档案最基本的内容成分。气象记录档案连续地、系统地记载了一定时空范围内

的气象现象及其变化过程，为气象预报、气象情报、气象分析和气象科学研究提供原始依据。

气象记录档案包括：地面观测记录文件，高空观测记录文件，雷达观测记录文件，卫星观测记录文件，农业气象记录文件等。

（二）气象业务技术和服务档案

主要有：（1）气象分析和预报文件；（2）气候文件，包括基本气候文件、气候应用文件、气候资料加工处理程序设计文件等；（3）农业气象分析、预报文件，包括农业气象分析和预报、农业气象情报、农业气象服务手册等；（4）专业气象分析、预报文件和气象服务文件。

（三）气象业务技术管理档案

包括国家气象工作条例，地面、高空气象观测的规范、规定、办法，气象观测和预报电码，气象台站档案等。

二、天文档案

天文档案是在天文观测、研究活动中形成的科技档案。天文观测和天文研究是密切联系、不可分割的，其相互关系正如气象观测同气象预报是两项不可分割的工作一样。因此，在各个天文（观象）台、站，天文观测档案同天文研究档案是密切联系的双生姊妹。

天文观测档案主要包括三种：（1）在天文观测活动中形成的各种原始记录、图表和照片；（2）根据原始记录，经过综合、分析整理的各种定期报表和图件；（3）观测规范和仪器设备的常数记载文件。

三、水文档案

水文档案是在水文观测（测验）和水情预报等水文工作活动中形成的科技档案。其主要内容有：

（一）站网规划和测站文件

这是在水文观测站网的规划和测站设置活动中形成的科技档案。包括地方的和流域的站网规划、设站查勘和测站考证文件，水文测站的任务书和鉴定书，测站各种流域特征量算成果和测站特征分析成果，经审定启用的水位—流量单值化成果文件，以及水文测站志等。

（二）水文测验文件

这是在水文测验活动和水文计算、分析、研究活动中形成的各项原始记录和整编成果。主要有各项水文测验记录和报表，各类水文查勘调查记录、照片和图表，各项水文特征值统计文件、曲线图和分析成果，以及水文年鉴、图集、手册等。

（三）水情预报文件

包括各种水文预报方案，应用计算机编制的各种水文预报程序，水情简报和水情总结，年度抗旱总结，水文规律分析成果等。

四、地震档案

地震档案，是在地震监测、地震分析研究和地震预报活动中形成的科技档案。主要有地震监测档案和地震分析预报档案。

（一）地震监测档案

地震监测档案，由观测台网文件和野外流动测量文件两部分内容组成。

地震观测台网文件。这是在地震台网的规划设置工作以及地震台、站的监测工作中形成的科技文件。主要有：（1）台网规划及布局方案，台、站选址报告、技术方案论证及审批文件，台、站设计和竣工文件；（2）地震观测原始记录，观测台、站联测、比测及辅助观测文件，台网观测数据分析及整编文件，台志，站史及台、站撤销或移交变更文件等。

地震野外流动测量文件。这是在野外流动测量和监测活动中形成的科技文件。包括场地布局、实施方案、技术论证和审批文件，野外考查及深部探测报告，野外流动观测原始记录和计算整编文件等。

（二）地震分析预报档案

包括提供预报的原始数据文件，各种重要的预报意见，分析预报部门各种手段的监视记录，分析会商记录及地震趋势意见，震情简报和报告，震例档案，预报方法及数据处理文件，分析预报程序及管理文件等。

第五节　地质档案、测绘档案和环境保护档案

一、地质档案

地质档案，是地质工作活动的记录和成果，它是在地质调查研究、矿产勘探等活动中形成的科技档案。

地质找矿工作一般划分为区域地质调查、地质普查和地质勘探三个大的阶段。在每一个地质工作阶段，一般都按以下五个主要程序开展工作，即地质设计、野外勘测、室内综合分析整理、编制地质成果报告、审查批准地质成果报告。地质档案就是遵循着上述地质工作程序有步骤地形成的。

地质档案有地质原本档案和地质复制本档案两种形式。地质原本档案，是地质工作第一线的各地质队，在地质勘探活动中形成的原始记录、中间成果和最终成果，包括各种有关文件的底图、底稿、原图、记录本等。地质复制本档案，则

是地质成果报告及有关附图、附表的印刷复制件，主要是各基层地质部门上报汇交来的地质文件。因此，地质复制本档案在文件构成上不同于地质原本档案，它仅是地质原本档案的成果部分。

地质档案一般可划分为：区域地质调查档案，固体矿产地质档案，石油地质档案，海洋地质档案，物探和化探档案，水文地质和工程地质档案。

这里只就区域地质调查档案和固体矿产地质档案的构成，作一概要叙述。

（一）区域地质调查档案

区域地质调查，是对较大范围内的地层、岩石、构造等基本地质情况及矿产进行全面系统的调查研究，初步查明区内各种矿产的分布规律，圈定出普查地段和远景区，指出找矿方向，取得该区内基础地质成果文件。因此，区域地质调查档案由以下文件构成：（1）区域调查设计文件。包括：上级下达或批准的区域调查任务书、区域调查设计书、附图、附表及审批文件。（2）野外地质调查文件。包括野外调查中形成的各种图件、记录和其他有关文件。（3）室内综合分析整理文件。包括：综合地质图，航空照片地质解释图，各种测量成果图等。（4）地质调查成果文件。主要有：各种地质图和矿产图，区域地质报告书，各种矿产登记表以及最终成果报告验收决议书等。

（二）固体矿产普查、勘探档案

由固体矿产普查文件和固体矿产勘探文件构成。（1）固体矿产普查文件。包括：固体矿产普查设计文件，野外勘测文件以及综合分析整理文件等。（2）固体矿产勘探文件。包括：勘探设计文件，野外勘测文件和综合分析整理文件。

二、测绘档案

测绘档案，是大地测量和地图绘制活动中形成的科技档案。

测绘工作在国家经济建设中是一项基础性、超前性的工作，它在全国范围内提供各种控制点的精确坐标、高程数据、重力数据和各种比例尺的地形图、专题图和图集等。测绘档案是测绘活动过程和测绘成果的直接记录。

按照使用性质的不同，测绘档案一般分为基本测绘档案、专业测绘档案、特业测绘档案和现势参考档案。

第一，基本测绘档案。指按国家统一规范、细则、图式施测的下述文件：各种天文、基线、三角、水准和重力文件；1∶250 000～1∶100 000 各种比例尺航空摄影、地形测量和制印文件；1∶200 000～1∶100 000 各种比例尺制印文件。

第二，专业测绘档案。指各单位根据专业需要，按照专业测绘规范、细则、图式，施测、编绘和出版的各种测绘文件。

第三，特业测绘档案。是为了某种特殊需要而进行测绘所产生的文件，如地基测绘文件，边界勘测文件，兵要测绘文件等。

第四，现势参考档案。指与测绘工作和军事地形保障等有关的、反映其动态变化的、具有现势参考价值的文件，如铁路、公路、水系、行政区划等各种形势图和地图集等。

此外，按照内容、精确度和比例尺的不同，测绘档案分为全国性测绘档案、地方性测绘档案和专业性测绘档案。

三、环境保护档案

环境保护档案，是环境管理和环境监测活动的直接记录，包括环境管理档案和环境监测档案两个基本部分。

（一）环境管理档案

环境管理档案，是在环境的规划、管理、监督、仲裁等活动中形成的环境保护档案。主要由以下文件构成：（1）环境保护法规性文件。包括环境保护的规定、条例、办法及其制定的依据文件和审批文件，环境质量标准及其制定的依据文件和审批文件等。（2）环境保护规划文件。包括生态规划，污染综合防治规划及其制定的依据文件和审批文件等。（3）环境统计、监督文件。包括各项环境统计成果文件和原始记录，环境影响报告书及批复文件，工程设计审查及准许投产证书，污染事件仲裁文件等。

（二）环境监测档案

环境监测档案，是在对水质、大气、土壤、生物、噪声、放射性等方面造成污染的监测以及各种污染源的调查、评价等活动中形成的环境保护档案。主要有：环境监测计划、月报、年报、年鉴及环境质量报告书，环境监测技术方案及审定意见，环境监测记录和技术总结，工业、农业、交通、生产等污染调查和评价文件等。

【本章小结】

科技档案具有种类和类型的多样性特点，不同种类的科技档案具有各自不同的特点和内容构成。本章着重介绍了工业生产技术档案、农业科技档案、建设项目档案、设备档案、自然科学研究档案、医药卫生档案、自然现象观测档案、地质档案、测绘档案、环境保护档案等的特点和内容构成。科技档案工作者应根据这些特点，对不同种类的科技档案采取有效的管理办法。

【讨论题】

1. 试述工业生产技术档案及其特点。

2. 简述农业科技档案的内容构成。

3. 试述建设项目档案及其内容构成。

4. 简述设备档案及其特点。

5. 简述自然科学研究档案及其内容构成。

【主要参考资料】

1. 国家档案局经济科技档案业务指导司．经济科技档案工作培训资料，2005

2. 王传宇．科学技术档案管理学教程．北京：中国档案出版社，1986

3. 王传宇．科技档案管理．北京：中国人民大学出版社，1999

第三章 科技档案的价值和功能

【本章要点】

揭示了科技档案价值的概念及其内涵，即科技档案价值是科技档案这一客体对从事社会实践活动的主体所具有的意义。论述了科技档案的多种价值形态。阐明了科技档案的知识储备功能、依据凭证功能、情报功能和经济功能。

【关键词】

科技档案价值○价值形态○第一价值○第二价值○现实价值○历史价值○凭证价值○技术情报价值○利用价值○保存价值○知识储备功能○依据凭证功能○情报功能○经济功能

第一节　科技档案的价值

科技档案是珍贵的科学技术资源，是国家宝贵的历史文化财富。在社会主义现代化建设中，科技档案对于促进科技、生产的发展和社会生产力的提高，具有重要的现实作用，并且具有长远的历史查考价值。

一、科技档案价值的概念

科技档案价值是科技档案这一客体对从事社会实践活动的主体所具有的意义。

科技档案价值具有以下内涵和特性。

（一）科技档案价值是以社会实践为中介的科技档案客体对主体的意义，它是通过科技档案与人们主体需要的关系得到体现的

科技档案价值概念包含了客体、主体及连接客体与主体的中介物——社会实践活动三个方面。这里的客体是指科技档案，主体是指从事社会实践活动的人（包括机构、组织或个人等），社会实践活动主要是指科技、生产实践活动。

科技档案价值是一种“意义”或“作用”。它不是一种实体概念，而是一种关系概念，表示客体与主体之间的一种特定关系。在这种关系中：客体——科技档案及其属性，是科技档案价值的物质基础，离开了这个基础，就无所谓科技档案价值，从这个意义上来说，它是构成科技档案价值的第一要素；主体及其利用需要，则是科技档案价值得以产生和体现的必要条件。因此，科技档案价值既不是单纯的科技档案客体的属性，也不是片面的主体的属性，而是科技档案客体的属性与主体需要的统一，体现为一种意义或作用。

社会实践活动，是连接科技档案客体与主体及其需要所构成的价值关系的中介。以科技、生产实践活动为主要内容的社会实践一方面产生对科技档案的利用需要，另一方面又联结科技档案客体和主体及其需要，使两者相互作用，从而把潜在的价值关系转变为现实的价值关系。科技档案价值，即科技档案客体对主体的意义，是通过科技、生产实践活动体现出来的，并且最终也是这一实践活动促成了科技档案价值的实现。

（二）科技档案价值是客观的

首先，科技档案及其属性是客观的。科技档案属性及其内在规定性是产生科技档案价值的重要源泉。“属性”一般是指“对象的特性、特征，包括状态、动作、关系等”，客体之所以形成某种价值，是因为它有某种客观的属性。客体本身所固有的一定属性，是形成其一定价值的客观前提和必要因素。科技档案是科技、生产活动的记录和产物。作为科技、生产活动的记录，科技档案记载了科技、生产活动的内容、过程和具体经验；作为科技、生产活动的产物，科技档案是科技、生产活动所形成的一种知识形态的科技成果。科技档案具有原始记录性、知识性等自身属性，这些属性使得科技档案可以作为科技、生产活动的真实凭证和现实参考。科技档案属性是客观存在的，它是科技档案价值客观性的重要前提和物质承担者。

其次，主体及其需要是客观的。马克思主义在论及人、主体时，与唯心主义的基本区别就在于不把人、主体看做是一个抽象的主观存在，而是始终把人、主体看做是物质的、自然的、社会的、历史的现实存在，是社会的人或主体，强调人或主体的客观存在。同样，马克思主义认为主体需要也是客观存在的。主体的需要，无论是生理的还是心理的、自然的还是社会的、物质的还是精神的，都从根本上与主体的社会存在相联系，受到社会存在的规定和制约，因此它有着不依赖于人的主观意志的客观性和必然性。

最后，联系科技档案价值客体和主体的社会实践活动也是客观的。人类社会要生存、发展，必须要认识和改造世界。实践，是人们主观见之于客观的改造世界的有目的的活动。它是客观的物质活动，是客观存在的。实践包括科技、生产实践活动。只要有科技、生产实践活动，就必然产生科技档案，也必然要利用科技档案。因此，客观存在的科技、生产实践活动是科技档案价值体现的重要条件，也是科技档案价值客观性的重要标志。

科技档案价值客观性原理，是我们科学认识科技档案价值和建立科技档案价值理论体系的理论基础。

（三）科技档案价值既是绝对的，又是相对的

科技档案价值的绝对性，是由其客观性决定的。只要承认科技档案价值的客观性，就应承认并理解科技档案价值的绝对性。科技档案价值的绝对性，主要是指科技档案价值是无条件的、绝对存在的。它主要表现在以下两个方面：

一是从宏观角度看，作为一个整体，科技档案对于从事社会实践活动的人或主体的意义是绝对的。由于科技档案价值是客观存在的，因此它不以人们的意志为转移。不管承认与否，认识与否，科技档案价值存在都是绝对的。

二是从微观角度看，即从某一具体的科技档案和从事一定实践活动的某一具体的主体构成的价值关系来看，科技档案对主体的意义也是绝对的。在特定的时空区间内，该科技档案价值的有无和大小对该主体来说是确定的，它要么有价值要么无价值，不可能既有价值又无价值；要么价值大要么价值小，不可能既大又小。

科技档案价值的相对性，主要是指科技档案价值的条件性，即科技档案价值不是固定不变的，而是会因客体、主体、时间、地点等条件的变化而变化。科技档案价值的相对性，是由科技档案客体及其属性、主体及其需要、影响科技档案价值的相关因素（如时间、地点）等条件决定的。

首先，从科技档案客体来讲，不同的科技档案客体对主体的价值是不同的，这是显而易见的。即使是同一科技档案客体，因为“每一种这样的物都是许多属

性的总合，因而可以在不同的方面有用”，因此对主体的意义和与主体所构成的价值关系也就不同。科技档案客体自身具有不同的属性，可以满足主体的不同需要。譬如某份科研档案，因其自身所具有的属性不同，所以既可以作为人们进行科研活动的参考，又可以作为该项科研活动的真凭实证为科研人员评奖提供现实依据；既可以作为该单位科研成果水平的一种标志，也可以据此进行技术转让，把该科技档案所记述的科学技术转化为直接生产力，等等。科技档案客体具有多少种属性，就可能对主体具有多少种意义。

其次，从科技档案价值主体来讲，它是多层次的。科技档案客体对不同层次的主体其意义是不同的，如科技档案对社会科技进步的意义和对个人的凭证作用，是迥然不同的；科技档案客体对同一层次的不同主体，其价值也具有较大的差异性；即使是同一主体，也会因其具有不同的需要，构成不同的科技档案价值关系，从而具有不同的意义。总之，科技档案价值因主体及其需要的不同而表现为价值关系的不同和价值大小的差异。

最后，从影响科技档案价值的相关因素来讲，科技档案价值会因时间、地点等条件变化而变化。比如，对于某些天文、水文、气象、地震、地质档案来说，时间越久，价值越大；而一般工程设计档案和产品档案，其价值的大小则同时间的久远基本上呈相反的趋势。再比如，城市基本建设档案的价值是受到地域条件限制的，一个城市的基本建设档案对于其他城市来说，价值就相对较小甚至没有什么价值；土壤档案也是如此，某地的土壤档案对其他地区的农业生产就没有多大价值。

科技档案价值的相对性，要求我们用辩证的观点来认识科技档案的价值，从而有助于我们具体全面地分析科技档案价值的相关因素，把握科技档案价值概念的全部内涵。

二、科技档案的价值形态

科技档案的价值形态，实际上就是科技档案价值所具有的不同的性质及其表现形式。研究科技档案的价值形态，对正确理解和把握科技档案价值，科学地鉴定科技档案的价值，有重要的理论和实践意义。

从不同的侧面或角度剖析和划分，科技档案价值具有不同的表现形式。科技档案的价值形态，主要有以下几种。

（一）科技档案的第一价值和第二价值

从利用者对科技档案的关系来分析，或者说从科技档案对不同的利用对象所具有的作用性质来分析，科技档案价值可划分为第一价值和第二价值两种形态。第一价值，是指科技档案对于其形成者所具有的价值；第二价值，是指科技档案对社会，即除科技档案形成者之外的其他利用者所具有的价值。

划分第一价值和第二价值，有助于我们把握科技档案发挥作用的规律性，做到科技档案既为其形成单位服务，又能为社会广大利用者服务，发挥科技档案的社会效益和经济效益。

（二）科技档案的现实价值和历史价值

科技档案的价值，从其所具有的时间意义或时间性质来看有现实价值和历史价值两种价值形态。

科技档案的现实价值又可以称为现行价值，既包括科技档案对科技档案形成单位“现实”（现行）的科技、生产活动所具有的现实使用价值，也包括对其他单位的科技、生产活动所具有的现实使用价值；既包括对生产性活动的现实使用价值，也包括对科技研究活动的现实使用价值。所以，这里要防止和纠正一种误解，即认为科技档案的现实价值仅仅是指对其形成单位而言不包括其他单位，或仅仅是对生产活动而言不包括科技研究活动。

科技档案的历史价值，是指某些科技档案的使用价值其时效性可以扩展到遥远的未来，具有长远的保存和利用价值。

（三）科技档案的凭证价值和技术情报价值

根据科技档案价值的使用性质，科技档案价值可划分为凭证价值和技术情报价值两种价值形态。

科技档案的凭证价值，是科技档案不同于和优于其他任何科技文献资料的最基本的特点，在所有科技文献资料中，仅为科技档案所独有。科技档案是科技、生产活动中直接形成的真实的历史记录，它是随着科技、生产活动的进程，根据科技、生产活动的客观需要自然形成的，是第一手材料和原生信息，而不是听凭人们的主观意愿随意编写或杜撰的，也非事后另行编制的，因此是令人信服的历史证据。同时，从科技档案本身的物理形态上看，科技档案上保留了真切的历史标记，如签名、印章等，可以为保护合法权益、追究事故责任、奖惩有关人员等提供有效的依据。

科技档案的技术情报价值，是指科技档案的内容所具有的交流、参考价值，它是相对于科技档案的凭证价值而存在的一种价值形态。科技档案和其他科技文献资料，都可以作为情报资料来参考，其技术情报价值和参考作用各有所长。而科技档案以其原始性和可靠性的特点，使其成为公认的第一手参考资料。它的这种可靠的广泛的参考作用，构成了科技档案的技术情报价值。

（四）科技档案的利用价值和保存价值

科技档案的利用价值和保存价值，是在科技档案价值理论和实践中最常出现的两种价值形态。

科技档案的利用价值，是从科技档案的有用性而言的，是指科技档案对利用者的有用、使用的性质和关系。因此，科技档案的利用价值，也可以称为其使用价值。科技档案的利用价值是科技档案价值微观化的表现形态。从宏观上讲，科技档案价值是绝对的；从微观上讲，科技档案是否具有价值，会受到各种条件和因素的制约和影响，此时有价值而彼时则没有价值。这里所谓有没有价值，则是以有没有某一具体的利用价值为衡量标准的。所以，科技档案价值是由多种类、多层次的利用价值形态组成和体现的。研究科技档案利用价值的具体内容和形式将有利于深入认识科技档案价值，从而有助于指导科技档案价值鉴定工作。

科技档案的保存价值，是与科技档案价值鉴定工作紧密相关的一种价值形态，它是指科技档案是否具有保存的意义。科技档案的保存价值在科技档案价值鉴定工作中的具体反映或形式，是以保存时间长短体现出来的。因此，从这个意义上说，科技档案的保存价值也就是指科技档案具有利用价值的时间限度，保存价值的外在体现就是科技档案的保管期限。科技档案的保存价值在科技档案价值鉴定工作中，实际上包含了以下内容：一是科技文件是否具有转化为科技档案、作为科技档案保存的意义；二是在科技档案中，应区分永久、长期、短期三种不同期限的保存价值；三是在日常管理鉴定中调整科技档案保管期限，确定已过保管期限的科技档案是否还有继续保存的价值。

科技档案的利用价值和保存价值是一对具有内在联系的价值形态。一般来说，科技档案的利用价值决定了其保存价值，只要科技档案具有利用价值，它就有保存价值。但是，科技档案的保存价值有时又不完全取决于其利用价值。确定科技档案保存价值时，常常还要考虑科技档案保存和管理的代价和费用，一旦其保存和管理的代价和费用超过其利用价值时，该科技档案也就失去了保存价值。因此，我们应该辩证地认识两者的关系。

第二节　科技档案的功能

一、知识储备功能

人们认识自然、改造自然的能力是逐步提高的，科学技术是逐步发展的。一部科学技术发展史，就是人们认识自然、改造自然和利用自然的能力由低级向高级逐步发展的历史。在这个过程中，人们不断地形成和总结经验，借鉴和发展经验，于是才有科技、文化连续性的发展。这客观地要求必须有科技经验的有效积累和储备，而积累和储备科技经验的重要的直接手段，就是作为科技活动及其成果真实记录的科技档案。

人们用来记载和储备科技知识的文献型载体的种类很多，如科技图书、科技资料等，都具有积累经验、储备知识的作用，而科技档案的突出之处，在于它直接记述了人们的科技、生产活动过程、经验和成果，它所储备的是在科技、生产活动中直接产生和形成的原生信息。在各种类型的科技文献中，唯一直接记录和储备原生信息的只有科技档案。人们在认识、改造和利用自然的社会实践中，不断地形成新的思想，取得成功的或失败的经验，获得这样或那样的科技成果，所有这些原生信息都首先是以科技档案的形式记载和储备下来的。如一些企业将过去的产品开发档案编辑成“学习型历史文献”，从中发掘过去的经验和教训，发现成功与失败背后的逻辑，并将其内在的思想应用到自己的创造活动，用于新产品的开发，取得了显著的效果。波音公司在其737和747飞机项目受挫后，就要求开发人员从失败中获得教训。于是，开发人员利用档案，对737到747的开发过程进行了对比，从中得出许多有价值的结论，并利用这些结论进行757和767飞机的开发。由于有这些历史经验的指导，波音公司创造了其历史上最成功的、无差错的开发纪录。

在科技、生产活动中，某些科技项目，特别是军事国防方面的研究项目，研制工作取得成果以后，根据实际情况并不一定马上投入生产。这些科技成果就是以科技档案的形式储存起来，待以后需要时再正式投入生产。但是，如果在科技、生产活动中不注意形成、积累科技档案，也就失去了这种科技储备手段，科技、生产活动就会受到严重影响。例如，某大学的一个重点科研项目研制成功并获奖，但没有保存完整的科技档案，过了一段时间，当要投产制造时，因为没有保留相关科技档案，失去了科技储备，只好安排几十名教师和科技人员，又用了一年多的时间重新进行试制。

正因为科技档案具有科技储备的功能，所以对于一个国家来说，如果有高质量的科技档案的丰富典藏，那就标志着这个国家科技资源储备雄厚；同样，对于一个企事业单位来说，如果它有质量较高、数量较多的科技档案库藏，就说明它有比较雄厚的科学技术基础。相反，假如一个企事业单位没有科技档案，或者科技档案数量少、质量低，那么它的科技发展就会遇到很多困难，在同行业的竞争中就会处于相对不利的地位。

二、依据凭证功能

（一）科技档案具有重要的依据作用

科技档案同科技、生产活动关系十分密切。要节约人力、物力、财力，提高产品质量，保证科技、生产活动有秩序、高效率地进行，必须有完整、准确的科技档案为依据。

科技档案是产品定型的依据。产品定型是产品研制、生产过程中的一个重要环节。产品经过设计、试制以后就进入定型阶段，定型之后才能正式投产。产品定型的依据之一就是产品在试制过程中形成的科技档案。没有产品试制档案及其提供的各项数据，产品定型就缺乏科学根据。

科技档案是产品再生产或停产产品恢复生产的依据。在产产品的连续生产，必然要求有关文件图纸的合理补充供应，其唯一来源就是归档保存的科技档案。以这些档案为母本不断地向车间、科室提供科技档案复制件，可以为产品的再生产提供依据条件。至于停产产品，在恢复生产时最基本的条件之一，是必须有齐全、准确的科技档案作为生产的依据。某机器制造厂要恢复生产 20 年前停产的某种型号的机床，档案部门及时提供了该产品的全套图纸和有关文件，使生产有了依据，遂能迅速恢复生产。

某些专业科技档案其生产的依据作用更为突出，如油田档案。石油深埋地下，只有依靠勘探、钻井中形成和积累的油田档案，才能掌握地下油层的蕴藏情况和活动规律，并以此为依据进行合理开采。

科技档案是维护、使用工程对象的依据，尤其是在工程改建、扩建或遭到破坏进行修复时，更离不开科技档案。

科技档案是设备使用、维护和管理的依据。现代化设备，结构复杂、精密、大型，必须以设备档案为依据，才便于使用、维护和管理。

科技档案是在特殊条件下或特殊需要时进行科学决断的依据。如在工程选址、防洪渡汛、土壤施肥、防病灭虫等活动中，完整、系统的科技档案常常可以为进行正确的分析判断和科学决策提供可靠的依据。

（二）科技档案具有客观的凭证作用

科技档案是科技、生产活动中直接形成的真实的历史记录，它是随着科技、生产活动的进程，根据科技、生产活动的客观需要有规律地形成的，而不是听凭人们的主观意愿随意编写或杜撰的，因此，科技档案具有客观的凭证作用。

在科技、生产和社会经济领域，有时会发生个人之间、单位之间、地区之间，甚至国家之间的知识产权争执。遇有这种情况，科技档案是最有力的凭证，谁拥有这项成果的完整、准确、系统的科技档案，谁就拥有该项成果知识产权的有效佐证。浙江省某集团公司的某品牌皮鞋相继荣获“中国首批免检产品”、“中国名牌”、“驰名商标”等称号。一些不法厂商不择手段，大肆假冒侵权。为维护品牌在消费者中的良好形象，公司在全国范围内开展了系统的知识产权保护工作。档案室利用综合企划部、企业文化中心、营销公司、知识产权部等各方面的档案信息，将品牌的设计、注册、使用、宣传、受保护等方面的原始材料和区域市场销售情况与受侵权案例等进行系统整理，形成一个整体的品牌建设与发展系统的编研资料。2002年10月，在应对一起非法侵权案时，公司据此为凭，迅速制止了不法厂商严重的侵权行为。

三、情报功能

科技档案的情报功能，是指科技档案的内容信息在科技、生产活动中所具有的科技参考作用和科技交流作用。

（一）科技档案是科技研究工作和开发设计工作的必要条件

科技研究工作和开发设计工作，具有一定的继承性，需要吸取和借鉴前人和他人的成果。恩格斯认为，科学的发展是同前一代人遗留下来的知识量成比例的，并且提出了科学发展在一般情况下是“按几何级数发展”的规律。继承、借鉴前人和他人的成果，是科学再生产的重要条件。因此，进行科技研究工作和工程、产品开发设计工作，都必须占有大量充分可靠的文献资料。科技档案就是科技研究工作和开发设计工作不可缺少的重要文献，是科技研究工作和开发设计工作的必要条件。

我们党和国家历来重视科技档案对于发展我国科技事业的条件作用。1956年周恩来总理在《关于知识分子问题的报告》中指出，为了实现向科学进军的计划，我们必须为发展科学研究准备一切必要的条件，具有首要意义的是要使科学家得到必要的图书、档案资料、技术资料和其他工作条件。他把科技档案作为向科学进军的“一切必要条件”中的“具有首要意义”的条件之一予以重视。1957年国务院批准的《关于改进档案、资料工作的方案》中指出，国家的档案和资料是进行各方面工作和进行科学研究工作的依据。

1. 科技档案为科技研究工作提供条件

任何一项科学技术研究，都离不开已有的科技成果以及相关的科技信息。科技档案正是已有科技成果的记录和实际反映。所以，在进行一项新课题的研究试验时，总要查阅有关的科技档案。一般来说，从选定题目、制定计划、拟制研究大纲，到编写试验方案、分析有关数据，甚至在编写阶段小结、撰写成果报告时，都经常要查找参阅科技档案。可以说，查阅科技档案几乎贯穿于一项科技研究的全过程。查阅有关的科技档案，可以帮助研究者了解过去的工作，便于在现有的基础上开展新的工作；同时又可以启发思路，开阔眼界，少走弯路，减少不必要的重复劳动，提高科研工作的效率和水平。

对科技档案有关内容的分析研究，也有助于在科技研究中探索事物发展、变化的规律性。黄河历史上灾害频仍，为了开发治理黄河，除害兴利，黄河水利研究部门掌握有自1919年以来的黄河水文观测档案，他们通过对几十年黄河观测档案的分析，发现了黄河枯水期的周期性变化规律，对黄河的开发治理、水利工程设计以及正确运用水库调节丰枯有重要意义。

科技档案也是进行科技史研究的重要条件。

2. 科技档案为工程设计和产品开发设计提供条件

工程设计和产品开发设计，是创造性的智能活动。为使设计的工程和开发设计的产品具有适用性和先进性，开发设计人员在接受一项任务时，需要查阅尽可能广泛的文献资料，以资参考、借鉴。这些文献资料有国外的、国内的，也有外单位和本单位的，其中本单位的就是在以前进行的工程或产品设计活动中形成的科技档案。

对工程设计而言，不论是工厂矿山设计、水利电力工程设计、交通铁路设计，还是民用工程设计等，一项设计任务下来，设计人员首先和经常要咨询的单位之一就是科技档案部门。那里库藏的丰富的设计档案，是他们进行新项目设计的不可或缺的重要条件。设计档案，为他们提供前人或他人的设计思想和设计手法，有关的技术数据和图形结构；有时则可直接选用其中的某些成果或采用其大部分成图。设计档案是设计工作形成的，反过来设计工作又离不开设计档案。这辩证地说明了科技档案同设计工作的相互关系，以及科技档案对设计工作的条件作用。

对产品开发设计而言，不论是改进设计或开发新产品，都离不开科技档案。某空气压缩机厂，近年来在开发新产品中先后设计了六种型号的空气压缩机，都是以本厂科技档案为条件，参考国外的有关技术，设计和研制成功的。

（二）科技档案是进行科学技术交流的工具

科技信息交流，是促进科学技术发展的一种重要手段，因此，科技交流在人类历史上占有重要的位置。马克思和恩格斯对此曾有过精辟的论述。他们认为，人类历史上的发明是否会失传，取决于交往扩展的情况，在历史发展的最初阶段，每天都在重新发明，而且每个地方都是单独进行的。说明了“交往扩展”、科技交流在人类发展史、特别是科技发展史上的意义。

我国的现代化建设，应该在社会主义大协作中推进。随着经济体制、科技体制改革和技术市场的发展，科技档案作为科技信息和科技成果的载体已经进入科技市场，企事业单位之间的有偿技术转让和技术交流，一般就是通过科技档案（复制件或整编成果）实现的，这进一步突出了科技档案作为科技交流工具的作用。

四、经济功能

（一）科技档案是科学技术与生产力诸要素结合的重要“媒介”

按照马克思主义关于生产力的学说，社会生产力由劳动者、劳动对象和劳动资料三个基本要素构成。科学技术是生产力发展的重要动力。科学技术日益渗透于经济发展和社会生活的各个领域，成为推动社会生产力发展的最活跃的因素。因此，邓小平同志提出了“科学技术是生产力，而且是第一生产力”的科学论断，丰富和发展了马克思主义关于生产力的学说。

在社会实践活动中，科学技术对社会生产力发展的推动作用，是在同社会生产力诸要素的结合中实现的。科学技术同生产力诸要素的结合，其“媒介”多种多样，而其重要的“媒介”之一就是科技档案。科技档案是科学技术的一种重要载体和存在形式，人们在科技、生产活动中形成的科技成果，首先以科技档案的形式予以存储并以科技档案的形式进行使用和交流，从而使科技档案成为科学技术与生产力三要素结合的“媒体”或“媒介”。

1. 科技档案是科学技术与劳动者相结合的重要媒体

劳动者是社会生产的主体，是社会生产力中最活跃的因素。因此，提高劳动者的科学文化素质和劳动技能，是发展社会生产力的关键。

科技档案是对劳动者进行岗位培训和科学技术再教育的特殊教材，对提高劳动者的素质和劳动技能有重要作用。科技档案作为一种“教科书”具有以下特点：(1) 相关性、针对性强。科技档案同劳动者（脑力劳动者和体力劳动者）所从事的科技、生产活动密切联系，因此更符合劳动者的实际需要。(2) 实践性、指导性强。科技档案所提供的不是系统的科学技术理论体系，而是同科技、生产活动紧密结合的实用性科学技术，可以直接用来指导劳动者的社会实践。(3) 生动性、形象性和效益性强。科技档案基本上是劳动者自己在科技、生产活动中直接形成的，极易为劳动者所接受，并在现实的科技、生产活动中取得事半功倍、立竿见影的效果。

2. 科技档案是改进和提高生产工具技术性能的重要条件

劳动资料即劳动手段，是劳动者把劳动传导给劳动对象并使其发挥效益的物质资料和物质条件。生产工具是最重要的劳动资料，是物化的科学技术。现代技术装备和生产工具的技术含量日益提高，其研制、生产、改进和发展都离不开作为科学技术重要载体和存储手段的科技档案；现代设备的正确使用和维护、管理，也必须以设备档案为依据和条件。

3. 科技档案对改善和拓展劳动对象具有重要作用

劳动对象包括自然的和人工的两种基本类型，前者如土地、森林、矿山等等，后者如各种人工合成的新材料等。为了向生产的深度和广度进军，人们要运用科学手段和最新的科学技术不断完善和充分利用天然的劳动对象，并且不断地开发和拓展人造劳动对象。在这个过程中，科技档案中储藏的相关科学技术和关于自然资源的相关信息，可以发挥重要的条件作用和指导作用。

综上所述，相对于物质形态的直接生产力而言，科技档案是一种知识形态的生产力，它作为科学技术的重要载体，同生产力诸要素之间存在密切的关系，利用科技档案改善和强化生产力诸要素的过程，就是科技档案中存储的科学技术向物质形态的生产力转化并推动生产力不断发展、提高的过程。这就是科技档案促进生产力发展的社会功能。

（二）科技档案具有提高经济效益的功能

在科技、生产活动中，管好、用好科技档案可以降低或节约活劳动消耗和物化劳动消耗，如节约工时，避免重复劳动，使新产品提前投产，设备大修提前完成，技术改造增产降耗，节约原材料，以及挖掘生产潜力，开发新产品等等，从而提高经济效益。

1. 复用科技档案，节约设计工时，提高经济效益

在工程设计和产品开发设计活动中，新的设计常常要复用已有的设计档案。就是在新设计中直接采用或套用某项设计的已有成图，既不用重新设计，也不用重新制图，只以原有的设计档案进行复制就行了。在设计活动中对科技档案的复用率一般都比较高。根据原电力部某建筑设计院的抽样统计，在当年的设计图纸中，科技档案的复用率高达 80%，即全年出 1 万张图纸，有 8 000 张是复用原有设计的档案成图。某汽车制造厂在试制某型汽车时，3 万多个零部件，90%以上是复用原某型汽车的科技档案，使试制时间缩短了一半，成本降低 1/3。复用科技档案，使得设计活动节约了大量的劳动支付，从而相应地提高了设计活动的经济效益。

2. 发挥科技档案的依据凭证作用，取得经济效益

科技档案在技术上的依据凭证作用，可以在经济方面取得相应的效益。某钢铁公司热轧薄板厂是国外引进项目，对于其设备基础工程，外方设计人员提出需打进数量很大的钢管桩，投资数百万元；我方专家用完整、准确的地质档案证明，可以不采用外商的基础设计方式。在确凿的档案数据面前，外商采纳了我方意见，从而节省了数百万元资金，并缩短了工期，取得了良好的经济效益。

3. 进行科技交流，避免重复劳动，取得社会经济效益

某省地震局为搞好测震工作，需要进行有关地域范围内的地形测量，测量部门为其提供了该地区的数十个水准点的测量档案数据，从而省去了测量工作，节约了投资。又如，沿海各省、市为了发展近海水产业、海洋化工和交通运输，急需完整的海图资料，如果各地方、各单位从头进行测绘，则费用大，时间长。海军有关部门向沿海各省、市提供了海图档案，使有关地方和单位节省了巨额测量费用。

4. 管好用好科技档案，是发展内涵扩大再生产、提高经济效益的重要条件

内涵扩大再生产，是扩大再生产中经常和大量采用的一种重要形式，而企业要实现以挖掘生产潜力、进行技术改造为内容的内涵扩大再生产，从而提高经济效益，管好用好科技档案是必备的重要条件之一。

在企业挖掘生产潜力中重视发挥科技档案的作用，可以取得明显的经济效益。某油田在勘探开发中注意发挥科技档案的作用，通过对油田地质勘探档案数据的重新处理和分析研究，开拓和扩大了油、气源，增加了油、气资源储备，打出了一批新的高产油井；并且通过分析研究井史档案，有针对性地对近百口积压井采取相应的技术措施，促进了原油增产。

有重点、有步骤地进行技术改造，充分发挥现有企业的作用，提高经济效益，是我国经济建设的一条重要方针。在各单位进行的技术改造工作中，科技档案发挥了重要作用。

【本章小结】

科技档案是珍贵的科学技术资源，是国家宝贵的历史文化财富。在社会主义现代化建设中，科技档案对于促进科技、生产的发展和社会生产力的提高，具有重要的现实作用，并且具有长远的历史查考价值。科技档案价值是科技档案这一客体对从事社会实践活动的主体所具有的意义。科技档案具有多种价值形态，并具有知识储备功能、依据凭证功能、情报功能和经济功能。

【讨论题】

1. 试述科技档案的价值及其含义。
2. 简述科技档案的价值形态。
3. 试述科技档案的知识储备功能。
4. 试述科技档案的依据凭证功能。
5. 简述科技档案的情报功能。
6. 结合具体案例分析科技档案的经济功能。

【主要参考资料】

1. 王传宇．科技档案管理．北京：中国人民大学出版社，1999
2. 冯惠玲，张辑哲．档案学概论．北京：中国人民大学出版社，2006
3. 张斌．档案价值论．北京：中央文献出版社，2000
4. 王传宇，李统祜．科技档案管理导论．南京：南京大学出版社，1993

第二编

科技档案工作

21世纪档案学系列教材

第四章
科技档案工作的内容和原则

【本章要点】

阐述了科技档案工作及其内容，揭示了科技档案工作的专业性、管理性、服务性和机要性，论述了科技档案工作的基本原则和管理原则。

【关键词】

科技档案工作○业务管理○事业管理○基本原则○专业管理原则○前端控制原则○全程管理原则○知识管理原则

第一节　科技档案工作的内容与性质

一、科技档案工作的内容

科技档案工作是国家档案工作的重要组成部分。它是以完整地保存和科学地管理科技档案，充分发挥科技档案的作用为目的的诸项管理活动的总称。

科技档案工作的基本任务是：在科技档案工作基本原则指导下，建立、健全科技档案工作的法规制度，科学地管理科技档案，积极开发科技档案信息资源，及时、有效地提供科技档案，为经济建设和科技发展服务，为党和国家的各项事业服务。

科技档案工作包括科技档案业务管理和科技档案事业管理两项基本内容。

（一）科技档案业务管理

科技档案业务管理又称为科技档案微观管理，是以科技档案为对象的科技档案管理工作。承担这项任务的是基层科技档案管理机构和科技专业档案馆。其基本内容包括科技档案的收集、整理、鉴定、保管、统计和开发利用等项业务工作。

科技档案业务管理的任务是，对科技专业档案馆、基层科技档案管理机构的各项业务建设进行组织协调，制定科技档案管理的业务原则与标准，选择和使用优化的管理技术与措施，实现科技档案的科学管理和有效利用。科技档案业务管理对整个科技档案事业基础的巩固与发展具有决定性作用。

（二）科技档案事业管理

科技档案事业管理，是以科技档案的宏观管理活动为内容的科技档案管理工作，因此，也称科技档案的宏观管理。承担这项任务的主要是国家和地方档案行政管理部门和各级专业主管部门。其基本内容是：建立和完善科技档案管理体制，规定各级、各类科技档案机构的设置与职权范围，建设科技档案工作者队伍，对科技档案工作实行法制管理、规划管理和标准化管理。

科技档案事业管理的任务是，制定科技档案工作的方针政策，协调科技档案工作的各种因素和关系，从总体上优化科技档案工作。科技档案事业管理对国家科技档案事业的健康、持续发展具有重要作用。

我国社会主义国家规模的科技档案事业，是由科技档案业务管理和事业管理构成的有机整体。没有国家对科技档案事业的管理，科技档案工作就不能形成合理的层次结构，无法健康、协调地发展，也就不能形成国家规模的科技档案事业。同样，没有科技档案业务管理，科技档案事业就失去了存在和发展的基础。

二、科技档案工作的性质

明确科技档案工作的性质是正确认识科技档案工作的地位、作用，正确处理科技档案工作和其他有关工作关系的基础。只有正确地认识科技档案工作的性质，才能把握科技档案工作的方向与方法，更好地完成科技档案工作的基本任务。

（一）科技档案工作的专业性

专业性是科技档案工作区别于包括一般档案管理在内的其他文献管理工作的基本依据之一，也是科技档案工作发展成熟的标志。科技档案工作的专业性表现在以下几个方面。

1. 科技档案工作有自己独立的物质对象

科技档案工作的物质对象是科技档案，它们都是一定科技、生产活动的记录；科技档案既不同于一般文书档案，也不同于科技情报和科技资料。科技档案具有自己独特的性质和功能，必须依据科技档案的特点对科技档案进行科学管理，这是科技档案工作的一项主要的任务和要求，它决定了科技档案工作具有很强的专业性。

2. 科技档案业务管理有特定的工作内容和专门的工作方法

科技档案业务管理，是从形成科技文件的科技、生产职能机构和科技人员的直接管理下分离出来的，并发展成由科技档案工作者和科技档案机构实行的专业管理。它包括从检查、协助科技文件的形成、积累、整理、归档开始，到进行科技档案的收集、整理、鉴定、保管、统计和开发利用等一系列业务内容，并按照科技档案形成规律和特点，形成了一套专门的工作方法。从企事业基层科技档案管理机构和各类科技专业档案馆，到国家各级档案行政管理部门和专业主管机关档案部门的科技档案微观管理和宏观管理，构成了国家规模的科技档案事业体系。

3. 科技档案工作有比较完整的专业理论知识体系

科技档案工作的专业理论来自科技档案工作实践，又用于指导其工作实践，其知识体系逐步丰富，并且随着科技档案事业的发展不断充实和完善。科技档案理论与知识体系的形成，标志着科技档案工作从经验管理上升为科学管理，真正成为国家一项专门的事业。

（二）科技档案工作的管理性

管理是人类社会的一种职能。生产社会化越发展，对管理科学性的要求越高；科技档案管理就是科学管理的必然结果。

1. 科技档案工作是科技管理工作的组成部分

科技管理是指对有关科学技术和生产的人、财、物、时、事进行计划、组织、指挥、控制和协调的行为。科技档案是伴随科技活动产生的一种信息资源，是继续进行科技、生产活动的必要条件。在现代组织管理中，科技档案管理已经成为科技管理的不可分割的一部分，通过对科技档案信息的控制并嵌入业务流程，可以优化科技管理，提高科技、生产活动的质量。在党和国家颁布的许多关于企业管理和科技管理的法规性文件中，都设专门的条款规定了对科技档案工作的要求；在生产、科研、设计和施工单位，科技档案机构总是置于管理或指挥系统之中。这些都表明了科技档案工作在科技管理工作中的重要地位。

2. 科技档案管理是基础性科技管理工作

科技管理分为职能性管理和基础性管理。职能性管理直接发挥着计划、组织、控制等职能作用；基础性管理则主要为各项职能性管理提供依据和条件，同时也担负着某种特定的管理职能。

科技档案管理是一项基础性管理工作。科学技术现代化依靠管理的科学化，管理的科学化必须建立在准确占有科技信息的基础上。科技档案准确地记录和反映了企事业单位各种原始信息，能够为科学管理、生产决策提供依据和条件。企业目标的确定、科技工作计划的制定以及资源的使用和配置都需要详细的科技档案信息；其他基础性管理工作，如定额管理、标准化管理、计量管理和人员的培训，也需要科技档案信息的支持，否则就失去了基础，难以发挥其应有的效能。

3. 科技档案管理是对科技信息和科技成果的管理

科技档案管理属于企事业的科技信息管理。企事业科技信息包括科技档案、科技情报、科技图书和科技资料中蕴涵的信息，以及各种相关的统计信息等。科技档案管理在科技信息管理中处于主导地位。

现代科技、生产活动不仅要形成各种物质成果，还要形成知识成果。甚至一些科技活动只有知识成果而没有物质成果。这些知识成果最终就成为企事业单位的科技档案。科学技术的发展使人们日益认识到知识成果的重要性，它既是生产物质产品、再现科技活动的依据，又是技术创新的条件，起着物质成果起不到的作用，成为企事业单位重要的科技资源。

科技档案管理实际上是对企事业单位科技成果和科技信息资源的管理。因此，丰富的科技档案典藏已成为企事业单位科技资源雄厚的标志之一。

（三）科技档案工作的服务性

服务性是对科技档案工作内容和方式的本质概括。

1. 就科技档案工作目的而言，它是为科技、生产活动创造条件的工作

科技档案作为一种重要的科技资源，它既不是科技档案部门产生的，也不是供科技档案部门使用的。科技档案部门收集、保管、开发利用科技档案的目的，是为科技、生产及其管理活动提供条件和依据，也只有在科技、生产部门和科技管理部门利用的过程中，才能体现科技档案工作的价值和意义。

2. 就科技档案工作职能的特点而言，它是科技保障性的管理工作

它通过管理和提供档案信息服务参与科技管理活动，通过对科技文件形成、积累、归档工作的监督与指导行使科技管理职能。

3. 就科技档案宏观管理而言，其基本任务之一就是为科技档案部门服务

宏观管理，就是对科技档案事业以规划、组织、控制、协调的方式进行政策

引导和咨询服务；而且科技档案事业本身又是为国家的现代化建设事业服务的。因此，科技档案宏观管理的服务性更为明显。

（四）科技档案工作的机要性

机要性是科技档案特点的反映。科技档案是科技、生产活动的真实记录，客观地记录了相关科技活动的过程与成果，是再现原有科技活动的依据。随着信息技术的发展，信息日益成为一种重要的战略资源，如果失去对信息资源的控制和支配，国家利益将受到威胁。科技档案中有的内容涉及国家的利益与人民的安危，有的直接影响到企事业单位的技术、经济利益。对于这部分科技档案，更应妥善保管，并且合理地控制它们的使用。在市场经济条件下，科技档案工作的机要性，既是保护国家和人民利益的要求，又是保护科技档案形成者知识产权的反映。

第二节　科技档案工作的原则

一、科技档案工作的基本原则

1956年，国务院在《关于加强国家档案工作的决定》中，明确了档案工作实行“集中统一管理国家档案，维护档案的完整与安全，便于国家各项工作的利用”的基本原则。根据科技档案的特点，在1980年国务院批准的《科学技术档案工作条例》中，对科技档案工作的基本原则作了进一步阐述：“按照集中统一管理科技档案的基本原则，建立、健全科技档案工作，达到科技档案完整、准确、系统、安全和有效利用的要求。”多年的实践证明，科技档案工作的基本原则适应科技档案工作实际，符合《中华人民共和国档案法》的规定，对科技档案工作具有重要的指导作用。

科技档案工作的基本原则包括三个方面的内容。

（一）科技档案要实行集中统一管理

集中统一管理科技档案是基本原则的核心，它规定了科技档案工作的组织原则与基本管理方式。

1. 科技档案实行集中统一管理的内容

（1）科技档案是国家的财富。这一点包括丰富的内涵，一方面它反映了国家对国有科技档案的所有权，即凡是国家规定应当归档的国有档案，必须向科技档案部门移交；另一方面反映了国家对非国有科技档案的控制权，即对于个人和集体所有的对国家和社会具有保存价值的或者应当保密的科技档案，如果其所有者保管不善，应由档案行政管理部门代管，或向国家档案部门寄存或出售。

（2）科技档案按专业实行分级管理。这是指除了档案行政管理部门分级对科技档案工作进行监督、指导和检查外，各级专业主管部门要加强对所属企事业单位和本专业系统科技档案工作的监督和指导。在企事业单位内部，由科技档案部门对本单位的科技档案实行集中统一管理；重要的、需要长远保存的科技档案，要按照有关规定集中在科技专业档案馆保存。

（3）科技档案的管理要遵循统一的管理制度。即由国家档案行政管理部门和专业主管部门制定科技档案管理的章则制度，各级科技档案管理机构应该以国家和本专业的科技档案管理章则制度为依据，制定本单位的科技档案管理制度，以保证科技档案基本管理制度方法的统一。

2. 科技档案集中统一管理的特点

“集中统一管理”是我国档案工作的基本原则，要使这一原则在科技档案工作中真正落实，必须结合科技档案及其管理的实际，体现其具体特点。

（1）科技档案按专业实行分级管理。科技档案是科技、生产活动的伴生物，不同学科或不同专业活动形成的科技档案，在科技文件的形成、科技档案的内容构成及其保管、利用等方面都存在着各自不同的特点，只有根据各专业或行业科技档案的特点，总结管理经验，制定分级管理的要求和标准，才能实现对科技档案的科学管理。

（2）科技档案工作纳入本单位的科技、生产指挥系统。科技档案的突出特点之一就是具有很强的现实性，同本单位科技、生产的联系十分密切。为了加强科技档案的管理，充分发挥科技档案的作用，应从组织系统上理顺关系。把科技档案机构纳入统一的科技、生产指挥系统，将科技档案工作置于企事业单位科研、生产负责人或总工程师的直接领导之下，是实行集中统一管理的组织保证。

（3）科技档案的集中统一管理，更强调统一的科技档案法规的作用。社会主义市场经济是法制经济，企业是市场经济的主体。现代企业制度实行政企分开、自主经营，企业行为受法律和行政法规的约束。因此，必须依靠档案法律和科技法规的约束力，凭借科技档案章则制度，尽最大努力保证现代企业中科技档案工作的健康发展。

3. 实施科技档案集中统一管理的优越性

（1）有益于保护科技档案，保守科技机密。科技档案部门，尤其是科技专业档案馆，一般都具有良好的保护条件，有健全的管理制度和科学的管理方法。将科技档案集中或分级保管在科技档案部门，对保护科技档案的安全、避免或减少对科技档案的损害，对保守国家机密、保护科技专利，都是十分有益的。

（2）有利于形成科技资源储备中心和交流中心。科技档案实行按专业分级、统一管理，除了企事业单位的科技档案由本单位档案部门集中统一管理外，那些重要的、需要长久保存的科技档案，还应按规定移交到有关科技专业档案馆统一保管，这就形成了不同专业、不同规模、不同层次的科技档案储备中心和交流中心。尤其是各类科技专业档案馆储存了各专业科技成果的精华，成为国家与专业系统科技资源的保管基地，能够创造良好的利用条件，扩大科技档案工作的服务面，有利于充分开发科技档案资源。

(3) 有助于加强科技档案工作，促进科技档案工作的现代化。科技档案工作是一项技术基础工作，集中统一管理科技档案，使科技档案部门能够及时、直接为科技管理工作提供各种决策信息，为科技管理从经验管理向科学管理和现代化管理过渡提供信息保障。在实现科技管理现代化的进程中，同步实现了科技档案工作的现代化。

企事业单位实行科技档案的集中统一管理，能够形成一支科技档案工作者队伍，对提高科技档案工作的水平和质量大有裨益。同时，集中统一管理科技档案，减少了分散管理占用的较多的人力、物力和财力，避免了重复劳动，提高了科技档案工作的效益。

(二) 科技档案完整、准确、系统、安全的基本要求

为了实现科技档案的功能，科技档案工作的基本原则提出科技档案的质量和管理要求。

1. 科技档案质量和管理要求

“科技档案的完整”，要求科技档案齐全成套，并且种类完备。这项要求包括两方面的内容：一方面，就一项科技、生产活动形成的科技档案而言，应该包括该活动全过程中形成的所有具有保存价值的科技文件，符合成套性的要求；另一方面，就一定的库藏范围而言，科技档案的种类与其形成单位科技活动范围应该一致，使科技档案从个体到整体的构成更加合理，维护科技档案的不可分散性。

“科技档案的准确”，要求科技档案必须是真实的历史记录，并且在内容上始终与它所反映的科技对象相一致。这项要求强调，科技档案首先应该是其科技、生产活动同期形成的真实的历史记录，保证如实地记录和反映科技对象的历史面貌；其次，要求科技档案能够动态地反映科技文件归档后其科技对象发展变化的基本情况，使科技档案为历史研究和现实使用提供可靠的依据和凭证。

“科技档案的系统”，要求保持科技档案之间的有机联系，不得任意肢解与组合，并且要实现库藏科技档案分类排列的有序化。

“科技档案的安全”，要求保证科技档案实体的安全，尽可能延长其自然寿

命；同时还要求保护科技档案信息的安全，保守科技秘密，保护知识产权。

2. 科技档案质量和管理要求的必要性

科技档案工作基本要求的提出具有坚实的现实基础和客观必然性，它适应了科技档案的形成规律和特点，反映了科技、生产活动的客观需要，是对科技档案工作经验的总结，对科技档案工作具有重要的指导意义。

(1) 反映了科技档案成套性的特点。成套性是科技档案的重要特点。科技档案的完整首先是以“成套”的形式表现出来的，这是科技档案区别于其他档案的一个显著标志。成套材料的形成源于科技、生产活动的综合性和复杂性，由于一项活动涉及很多的学科和专业，因此形成的科技档案数量十分可观。例如，某油田 30 万吨乙烯工程的竣工档案就有 18 225 卷（册），涉及美国、日本、英国、德国 4 个国家 21 家公司和国内 25 个设计院、35 个施工单位。这 18 225 个案卷构成了该项目科技档案的完整形态。为将不同项目的案卷相区别，在科技档案管理中需要在案卷的概念上，增加“套”的概念，以便客观地反映科技、生产活动的全貌，因此，科技档案必须以“套”作为其完整形态。齐全成套的要求就是对科技档案完整的具体规定。

(2) 反映了科技档案持续形成和现实性强的特点。由于科技、生产活动的延续及其与科技档案的密切关系，科技、生产实践对科技档案的内在质量提出了较高的要求，科技档案不仅要齐全成套，而且其内容必须是准确无误的。科技档案的准确性是一个比较特殊的问题。因为科技、生产活动是一个持续的过程，有的科技活动如自然观测活动，一旦开始就要不间断地一直进行下去；有的科技活动如工业产品的生产活动，要随着客观需要不断改进。这些决定了科技档案的形成具有长期性或持续性的特点，它要随着科技活动的发展不断充实新的内容。同时，科技档案具有现实性强的特点，维护其准确性包含着满足现实利用的要求，必须动态地反映科技、生产活动的面貌，才能保持与科技对象相一致。因此，准确性作为一个特殊的要求，对科技档案的质量起到了重要的保证作用。

(3) 反映了科技档案管理的实质性要求。系统性是维护科技档案内容联系和有序化的基本要求。由于科技档案成分多、内容复杂，其系统化的任务就比较艰巨；加之科技档案在各方面的需求非常广泛，其实体和信息的系统化成为满足利用需求的重要基础。科技档案的系统性要求在科技档案业务管理中占有重要的地位，它有利于促进科技档案工作水平的提高。

3. 科技档案质量要求的内涵是发展变化的

随着科技档案工作的发展，科技档案质量要求的内涵也不断变化。

（1）这种变化来自科技活动的客观需要。科技、生产及其管理活动的发展，对科技档案的内在和外在质量不断提出新的要求。以对科技档案完整性的要求为例，其具体内容在不断变化着。对于生产型企业来说，产品档案不缺图纸，能够维持产品的再生产，就基本达到了完整的要求；而企业转变成为生产经营型企业以后，要直接参与市场竞争，其产品档案的构成，就要相应增加同生产经营、质量管理等有关的内容。同时，完整性要求不止一项科技活动的档案必须成套，而且要扩展到库藏结构，要求档案的种类必须同其形成单位科技活动的范围相一致，以适应科技、生产活动的各种需要。

（2）这种变化还来自科技档案工作本身。随着科技档案工作科学性的提高，科技档案工作者对质量要求的认识不断深化。例如，对科技档案系统性的认识，在科技档案数量有限的情况下，科技档案工作者比较重视单套科技档案的系统性，随着科技档案库藏规模的不断扩大，库藏科技档案整体的系统性成为科技档案工作的重要问题，因此系统性的要求就向前拓展了。科技档案质量要求的发展变化，不断为科技档案工作提出新的目标，促进了科技档案工作水平的提高。基本要求的发展变化成为科技档案工作发展的推动力。

（三）实现科技档案的有效利用

科技档案是科技、生产人员劳动与智慧的结晶，是一种重要的科技信息资源，具有较高的使用价值。正是为了保护和开发利用科技档案，才产生了科技档案工作；而能否有效地发挥科技档案的作用，就成为衡量和检验科技档案工作的重要标准。因此，科技档案工作的基本原则特别强调了利用工作的重要性。

1. 利用工作是实现科技档案价值的重要措施

科技档案的价值或作用是客观的又是潜在的，科技档案的价值只有同特定需求结合起来才能得以实现。科技档案利用工作，就是创造条件，为有价值的科技档案寻找特定的利用需求，为特定的利用需求提供相关的科技档案，使科技档案的潜在价值变为现实的价值。因此，利用工作是实现科技档案价值的主要措施和直接手段。

2. 有效利用提出了科技档案利用的标准

强调利用的有效性，对科技档案工作的发展具有指导意义。有效利用就是指对科技档案利用应该取得相应的技术、经济效益或社会效益。有效性要求注重利用的实际效果，而不是满足于科技档案利用的行为和利用的数量。强调利用的有效性，就要研究科技档案的利用是否真正满足了客观需要及其满足的程度。为此，科技档案工作者必须研究科技、生产活动的规律，掌握各种需求的特点，积极开发科技档案信息资源，提高科技档案部门对信息的加工处理能力和反馈控制能力，使科技档案部门真正成为科技管理的决策支持系统和科技生产的信息保障系统。

“有效利用”要求提高科技档案利用工作的效率。衡量科技档案利用效率包括两个具体指标：其一是满意程度指标。由于科技档案的利用需求多种多样，而且这些需求还会随着科学技术的发展与科技政策、有关计划的调整而不断变化，使科技档案部门有可能提供没有使用价值的盲目服务，这种盲目服务越多，科技档案利用的满意程度就越低。其二是快捷度和准确度指标。为保证利用工作的有效性，提高其工作效率，应该迅速准确地提供利用，及时地满足利用者的需求。

科技档案工作的基本原则具有丰富的内涵，是相互联系的有机整体。科技档案只有实行集中统一管理，才能创造实现其完整、准确、系统和安全的条件，其最终目的又都是为了达到有效的利用；而有效利用则扩大了科技档案工作的影响，促进了科技人员做好科技文件形成、积累、整理和归档工作，有助于更好地实现科技档案的集中统一管理，促进了完整、准确、系统和安全水平的不断提高。

二、科技档案工作的管理原则

在遵循科技档案工作基本原则的同时，还应根据科技档案和科技档案工作的特点，实行以下具体的管理原则。

（一）专业管理原则

科技档案工作的专业管理原则，是由科技档案和科技档案工作的专业性特点决定的。

科技档案是科技、生产活动的伴生物，不同学科或不同专业活动形成的科技档案，在科技文件的形成、科技档案的内容构成及其保管、利用等方面都存在着各自不同的特点，只有根据各专业或行业科技档案的特点，总结管理经验，制定管理的要求和标准，才能实现对科技档案的科学管理。

科技档案工作由科技档案业务管理和科技档案事业管理两部分组成。科技档案业务管理和科技档案事业管理都具有明显的专业性特点，按专业规划和管理科技档案工作是我国档案工作的一条有益的经验。随着社会主义市场经济的发展和政府职能的转变，一些专业主管部门被撤销，但还有很多专业主管部门和专业性管理工作存在，按专业管理科技档案工作的基本内涵并没有发生变化。

（二）前端控制原则

前端控制以文件生命周期理论为基础，把科技文件从形成到永久保存或销毁的不同阶段看做一个完整的过程。在这个过程中，科技文件的形成是前端，处理、鉴定、整理、编目等具体管理活动是中端，永久保管或销毁是末端。前端控制是对整个管理过程的目标、要求和规则进行系统分析、科学整合，使需要和可能在科技文件形成阶段实现或部分实现的管理功能尽量在这一阶段实现。科技文件形成周期长、数量大、涉及部门多、专业复杂、载体类型多样，如果不加强前段控制，科技档案的完整性和准确性就很难保障。

前端控制的原则在电子科技文件管理中更是至关重要的。其必要性主要体现在以下两个方面。第一，前端控制是确保电子科技文件真实可靠、完整安全、长期可读的有效策略。第二，前端控制是优化管理功能，提高管理效率的科学理念。

（三）全程管理原则

全程管理原则是指根据科技、生产活动的特点以及科技档案的成套性特点，建立一个完整的管理体系，对科技文件从产生到永久保存或销毁的整个生命周期进行全程管理。

全程管理是一种全面的管理，因为它涵盖科技文件和科技档案全部管理活动；全程管理是一种系统的管理，因为它强调各项管理内容和要求的无缝链接、系统整合和总体效应；全程管理是一种过程管理，它强调通过过程控制来实现结果控制，将管理要求融入每一个管理流程，有益于优化科技、生产管理流程。

（四）知识管理原则

知识管理作为一种全新的管理模式和方法，是市场经济和知识经济高度发展的产物。知识管理是指为了提高组织竞争力而对组织内外各种信息、知识进行有效的识别、全面的收集、科学的加工和充分的运用；并且通过促进知识共享，鼓励知识创新，实现知识增值。它是利用集体智慧来提高组织的应变能力和创新能力，是为组织实现显性知识和隐性知识共享提供的新途径。从一定意义上讲，知识管理，就是一个组织管理其拥有的知识和运用知识参与管理的过程。

知识的分类方法有多种，根据其表达、传递方式，知识一般被划分为显性知识（explicit knowledge）和隐性知识（tacit knowledge）两种类型。显性知识是指可以用正式语言清楚表达和传播的知识，主要存在于企业文献如图书、情报、档案之中。隐性知识是指不易用语言表达的、隐藏在组织层次或个人头脑中的知识，如企业的文化、价值，员工的技能、解决问题的思路等。

科技档案是国家和组织重要的知识资源。美国 Delphi 咨询集团的一项调查表明：在组织所获取的知识中，大约 46%是以文本和电子文档的形式存在的。

科技档案直接记述了人们的科技、生产活动过程、经验和成果，它所储备的是在科技、生产活动中直接产生和形成的原生信息，蕴涵着丰富的知识，是国家和组织珍贵的科学技术资源和显性知识。

既然科技档案是重要的知识资源，那么，科技档案管理本身就是对知识的一种管理活动和过程。科技档案管理工作，包括对科技文件形成、积累、整理和归档的监督、协助和控制，以及对科技档案的收集、整理、编目、鉴定、保管、统计、检索和开发利用等工作。这一管理过程，实际上是对科技文件、档案这种显性知识的获取、积累、储存、保护、控制和开发。

科技档案工作应遵循知识管理原则，通过对科技档案的科学管理和有效开发利用，不断强化科技档案知识服务意识，实现科技档案知识共享，为组织的科技、生产及其管理活动提供直接依据和参考。科技档案管理者必须停止单纯扮演实体保管员的角色，而成为概念、知识的提供者，成为知识管理者。

【本章小结】

科技档案工作是国家档案工作的重要组成部分。科技档案工作的基本任务是：在科技档案工作基本原则指导下，建立、健全科技档案工作的法规制度，科学地管理科技档案，积极开发科技档案信息资源，及时、有效地提供科技档案，为经济建设和科技发展服务，为党和国家的各项事业服务。科技档案工作包括科技档案业务管理和科技档案事业管理两项基本内容。科技档案具有专业性、管理性、服务性和机要性等性质。科技档案工作的基本原则是：集中统一管理科技档案，维护科技档案的完整、准确、系统和安全，实现科技档案的有效利用。科技档案管理应遵循专业管理原则、前端控制原则、全程管理原则和知识管理原则。

【讨论题】

1. 简述科技档案工作及其内容。
2. 试分析科技档案工作的性质。
3. 试述科技档案工作的基本原则。
4. 试述科技档案的管理原则。
5. 简述科技档案工作的知识管理原则。

【主要参考资料】

1. 王传宇，李统祜．科技档案管理导论．南京：南京大学出版社，1993

2. 冯惠玲．电子文件管理．北京：中国人民大学出版社，2001

3. 张斌．新经济时代的企业档案管理．北京：中国档案出版社，2007

4. 王遭，马素萍．现代企业文件与档案工作实用教程，北京：中国人民大学出版社，1999

第五章 科技档案事业的组织

【本章要点】

论述了我国科技档案管理体制的形成过程和科技档案管理体制的基本内容。阐述了我国科技档案事业的组织系统、队伍建设以及科技档案机构。

【关键词】

科技档案管理体制〇属地管理〇组织系统〇队伍建设〇基层科技档案管理机构〇科技专业档案馆〇科技档案事业管理机构

第一节 科技档案管理体制

科技档案管理体制主要是指科技档案工作的组织体系、运行机制与管理形式。我国科技档案管理体制包括宏观管理体制和微观管理体制两个方面。前者是从国家、地区和专业系统的角度确立对科技档案事业的宏观管理职能、组织原则和运行机制，主要包括国家档案行政管理机构和专业主管机关对科技档案工作的统筹规划、组织协调、统一制度以及监督指导。后者则是从组织机构自身的角度来具体确定本单位科技档案工作的微观管理模式、组织体系、运行机制和基本管理形式，如科技档案管理职能定位、隶属关系、组织体系构架、管理方式等。

在我国，一方面，科技档案管理体制的演变和发展一直受到国家政治、经济体制改革的影响和制约。另一方面，科技档案管理体制对我国当前科技档案工作诸多问题具有重要的制约和指导意义。特别是在计划经济向市场经济转变的过程中，如何建立适合国家政治进步、经济建设、科技文化发展需要的具有中国特色的科技档案管理体制，越来越成为亟待解决的重要理论和实践问题。

一、“条块结合”的科技档案管理体制的形成和内容

（一）“条块结合”即专业管理和属地管理相结合的管理体制的形成

在1949—1953年国民经济恢复的任务完成后，我国进入了第一个五年计划时期。1954—1965年期间，国务院和国家档案局发布了一系列有关建立与加强技术档案资料管理的文件，初步形成了我国科技档案工作的管理体制。

在1957年9月6日国务院全体会议批准的《关于改进档案、资料工作的方案》中，在同年同月周恩来总理签发的《国务院关于改进企业、事业、机关等单位接受学校师生前往参观、学习、进修等工作和为科学研究提供资料工作的指示》中，在1961年9月16日国务院颁布的《国营工业企业工作条例（草案）》以及1962年6月15日国务院批转的国家档案局《关于工业企业技术档案工作的报告》等文件中，都在不同程度上提出了档案事业管理机关和专业主管机关应加强对技术档案资料工作的指导和领导问题。

1960年2月29日国务院批准颁布的《技术档案室工作暂行通则》和1964年3月3日中共中央、国务院批转的国家档案局《关于进一步加强技术档案工作的报告》，都对企业内部技术档案管理的领导、隶属关系和管理形式，以及企业外部对技术档案管理的领导和指导关系，作了更具体更明确的规定，基本确立了“条块”结合、以“条”为主的科技档案宏观管理体制。《关于进一步加强技术档案工作的报告》明确要求：“各工业、交通和科学技术主管机关应当切实加强对技术档案工作的领导。由于技术档案的主要特点是专业性强，数量大，与生产、建设和科学技术研究工作的联系很紧密，因此必须实行按专业统一管理的办法。”

党的十一届三中全会以来，党中央、国务院和有关部门作出了一系列有关恢复档案工作的决定。1980年12月9日国务院批准国家经委、建委、科委和国家档案局发布实施《科学技术档案工作条例》，国家以档案法规的形式全面地规定了科技档案工作管理体制。该《条例》专门设“科技档案工作管理体制”一章，第二十六条规定：“国家档案局和各级档案管理机关应当加强对科技档案工作的指导、监督和检查”；第二十七条规定：“科技档案工作必须按专业实行统一管理。国务院所属的各专业主管机关和省、自治区、直辖市人民政府所属的各专业

主管机关，应当建立相应的档案机构，加强对所属企业、事业单位科技档案工作的领导。”

（二）“条块结合”的科技档案管理体制的内容

“条块结合”的科技档案管理体制就是：在国家档案局的统一掌管下，按专业实行统一管理，中央和地方各级专业主管机关对所属系统的科技档案工作实行领导和指导，国家各级档案行政管理部门实行监督、指导和检查的管理体制。

1. 国家档案局统一掌管全国科技档案工作

经国务院常务会议批准的《国家档案局组织简则》规定：“国家档案局在国务院直接领导下掌管国家档案事务。”《中华人民共和国档案法》规定：“国家档案行政管理部门主管全国档案事业”。因此，国家档案局是我国档案事业的最高管理机关，根据国家法律和法令，处理我国档案事业建设和发展中的一切重大问题。科技档案是国家全部档案的一个重要门类，科技档案工作是我国档案事业的重要组成部分，为此，我国的科技档案工作也由国家档案局统一掌管。

国家档案局对科技档案事业的宏观管理，即“统筹规划，组织协调，统一制度，监督和指导”。通过制定和完善有关的规章制度、标准、规范，使科技档案工作在国家档案事业发展的方针、政策、计划的指导下协调发展；通过加强各专业主管机关和国家档案行政管理部门之间的密切合作，促进各专业科技档案工作的健康发展。

2. 按专业统一管理

中央各专业主管部门对本专业（行业）系统和直属的企事业单位，在贯彻执行国家档案工作的法律、规章和方针政策，建立、健全科技档案工作的规章制度等方面，进行监督和指导；在指导本专业（行业）系统企事业单位加强科技管理工作时，提出本专业科技档案工作的具体要求，并以此进行专业的指导和监督。按专业统一管理科技档案事业这一机制的形成，有着深刻的主客观原因。

第一，科技档案专业性和现实性很强，同生产、建设和科学技术的关系非常密切。不同专业技术内容的科技档案具有不同的特点，各专业系统根据本专业科技档案的特点制定业务标准、技术规范，实行统一管理，才能收到更好的管理效果。

第二，科技档案工作是科技管理工作的基础，也是科技管理工作的一个重要组成部分。搞好科技管理必须要加强科技档案管理，并且把它纳入专业系统和企事业单位的生产技术指挥系统。因此要强化专业系统的科技管理工作，必须按专业统筹规划科技档案的管理工作。

第三，科技档案按专业实行统一管理，是科技档案工作基本原则的具体实施。为科技专业档案馆的建设与发展提供了物质保障。

3. 各级档案行政管理部门的监督与指导

《中华人民共和国档案法》规定，各级档案行政管理部门“主管本行政区域内的档案事业，并对本行政区域内机关、团体、企事业单位和其他组织的档案工作实行监督和指导”。这是科技档案管理体制重要的组成部分。

二、科技档案管理体制的发展和探索

1984 年和 1985 年中共中央作出了关于经济体制改革与科技体制改革的决定。国家经济体制和科技体制改革的深入发展，一方面给强化科技档案统一管理的微观管理体制带来了新的契机，另一方面，现代企业制度的建立也必然会影响到科技档案工作宏观管理体制的必要调整。1992 年，以邓小平同志南巡讲话和 3 月中央政治局会议为标志，我国经济体制改革进入了一个新的发展阶段。这一时期改革的重点是按照政企分开和精简、统一、效能的原则，把相当一部分专业主管部门逐步改组为不具有政府职能的经济实体，或改为国家授权经营国有资产的单位和自律性行业管理组织。随着国家经济体制和科技体制改革的不断深入，科技档案管理体制呈现出以下变化：

1. 城市和地方档案行政管理部门的监管权力加大

第一，原来直属于中央各专业主管部门的企事业单位已经部分或全部下放到地方，进一步密切了这些单位与所在城市和地方的联系。城市和地方档案行政管理部门，必然强化对它们的科技档案工作的监督与指导。

第二，随着国家工作重点的转移，发展经济和繁荣科学技术成为城市和各级地方政府的主要任务，由此形成了大量的反映城市和地方技术经济活动的基建档案、设备档案、科研档案以及其他科技档案。因此，城市和各级地方政府，必然要加强对本城市和本地区科技档案工作的领导和指导。在体制改革过程中，各级专业主管部门实行简政放权。

第三，改革开放以来，城市和地方的中外合资及外商独资企业明显增加。《中华人民共和国中外合资经营企业法》规定：“合资企业一切活动应遵守中华人民共和国法律、法令和有关条例规定”。《中华人民共和国中外合资经营企业法实施条例》进一步明确：“中国合营者的政府主管部门就是合资企业的主管部门”，“企业主管部门对合资企业负有指导、帮助和监督的职责”，合资企业结束或解散后，其“各项账册及文件应由原中国经营者保存”。所以，加强对合资企业档案工作的指导、监督和检查是城市和地方档案行政管理的重要内容。

第四，经济体制改革使我国所有制形式呈现出多样性，涌现出一批从事科研、设计、技术咨询的民营或私营企业。特别是实行现代企业制度以后，原有的一批国有企业也将成为无主管企业。根据档案管理的属地原则，城市和各级地方档案行政管理部门，对它们的科技档案工作负有监督、指导的职责。

2. 投资主管部门和专业（行业）主管部门仍承担着较繁重的监管职责

由于科技档案的专业性特点很强，因此投资主管部门和专业（行业）主管部门仍然承担着比较繁重的监督管理任务。

面对这些变化，档案界开始对市场经济条件下的我国科技档案管理体制进行新的探索和研究。当前我国的科技档案管理体制是：在国家各级档案行政管理部门的监督、指导下，以法律法规为依据，投资主管部门和专业（行业）主管部门加强对核准投资项目或所属企事业单位科技档案工作的监督、指导和协助、咨询，企事业单位或投资主体对科技档案实行集中或分级管理。

（一）国家各级档案行政管理部门对科技档案工作实行监督和指导，强化“属地管理”

国家档案局是我国档案事业的最高管理机关，根据国家法律，处理我国档案事业建设和发展中的一切重大问题。科技档案是国家全部档案的一个重要门类，科技档案工作是我国档案事业的重要组成部分，因此，我国的科技档案工作由国家档案局实行统一掌管。

国家档案局对科技档案事业的管理，主要体现在“统筹规划，组织协调，统一制度，监督和指导”几个方面。通过制定和完善有关的科技档案工作法规、制度、标准，使科技档案工作在国家档案事业发展的方针、政策、计划的指导下协调、健康发展。国家档案局要对中央所属企业的科技档案工作进行直接监督和指导。

《中华人民共和国档案法》规定，各级档案行政管理部门“主管本行政区域内的档案事业，并对本行政区域内机关、团体、企事业单位和其他组织的档案工作实行监督和指导”。这是科技档案管理体制重要的组成部分。随着国家经济体制的改革，以城市为依托的地方经济与技术有了很大的发展，城市和地方的科技档案与科技档案工作出现的新情况，进一步显示了按“属地管理”科技档案工作的重要性。

（二）强化科技档案法制管理

在社会主义市场经济逐步纳入法制化轨道后，依法行政成为国家各级政府机关实施行政权力的主要形式。法制管理，强调科技档案管理的主要方式是依靠法律法规，各级档案行政管理部门要依法行政，将科技档案管理逐渐纳入法制管理轨道。国家各级档案行政管理部门应根据《中华人民共和国档案法》和科技档案工作的有关法律法规，对科技档案工作实行监督、指导和检查，属地内任何企事业单位应依法自觉接受当地档案行政管理部门的监督、指导和检查。凡属因单位领导失职、渎职引起的科技档案损毁、丢失等重大问题，属地内的档案行政管理部门有权给予其行政处罚，严重者可移交当地司法部门。

（三）投资主管部门和专业（行业）主管部门加强对核准投资项目或所属企事业单位科技档案工作的监督、指导和协助、咨询

2004 年 9 月，国家发展和改革委员会颁布《企业投资项目核准暂行办法》，明确国务院投资主管部门是国家发展和改革委员会；地方政府投资主管部门是地方政府发展改革委（计委）和地方政府规定具有投资管理职能的经贸委（经委）。《企业投资项目核准暂行办法》规定："企业投资建设实行核准制的项目，应按国家有关要求编制项目申请报告，报送项目核准机关。项目核准机关应依法进行核准，并加强监督管理。"各投资主管部门应加强对核准投资项目科技档案工作的监督和指导。

各专业主管部门加强对所属企事业单位科技档案工作的监督和指导。各级国有资产监督管理部门应加强对国有企业档案工作的监督和指导，以防止国有企业档案在资产重组和产权变动过程中流失；科技部、教育部、工业和信息化部、国土资源部、环境保护部、住房和城乡建设部、交通运输部、铁道部、水利部、农业部、商务部、文化部、卫生部等主管部门应加强对所属企事业单位科技档案工作的监督和指导。

各行业组织应强化对本行业内相关单位科技档案工作的指导、协助和咨询工作。

投资主管部门和专业（行业）主管部门应该研究市场经济条件下科技档案管理体制的变化及其特点，积极采用法律手段、经济手段、培训手段，实行重点监控与自主管理相结合，进一步发挥行业部门或协会对科技档案工作的宏观调控和指导职能。

（四）企事业单位或投资主体对科技档案实行集中或分级管理

《中华人民共和国档案法》规定，机关、团体、企事业单位和其他组织的档案机构或者档案工作人员，负责保管本单位的档案，并对所属机构的档案工作实行监督和指导。《科学技术档案工作条例》也规定，各单位应当按照集中统一管理科技档案的基本原则，建立、健全科技档案工作，达到科技档案完整、准确、系统、安全和有效利用的要求。因此，各企事业单位应对本单位的科技档案实行集中或分级管理。

我国在经济体制改革以前，投资基本上属于国家行为。随着市场经济体制的建立，投资主体呈多元化趋势。投资主体，是指具有相对独立投资权力的政府机构、经济实体和个人。作为投资主体，一般要具有以下三个条件：（1）在社会、

经济发展过程中有相对独立地作出投资决策的权力；（2）有足够的资金来源进行投资；（3）对投资所形成的资产有所有权或支配权，并能相对自主地或委托他人进行经营。

目前我国的投资主体主要有：（1）中央政府作为投资主体，其投资重点一般为公用事业、基础设施、基础工业、极少数大型骨干企业和国防、航天、高技术等战略产业的投资。（2）地方政府作为投资主体，主要从事区域性公用事业、基础设施、教育、卫生、社会福利等方面的投资。（3）企业作为投资主体。企业作为相对独立的经济实体，根据市场需求和企业更新技术、改进工艺等要求，作出相应的投资决策，进行投资活动。（4）个人作为投资主体。相对于前三个投资主体而言，它具有范围广、数额小、灵活性强等特点。（5）外国投资主体。指外国政府、金融机构、企业和个人对我国进行的直接投资、合资等。

由于投资主体的多元化及投资体系的多样性，企业可以根据自身的具体情况确定科技档案工作的微观管理模式、组织体系、运行机制和基本管理形式，对本企业的科技档案实行集中或分级管理。

第二节　科技档案事业的组织系统与队伍建设

一、科技档案事业的组织系统

组织是指按照一定的宗旨和结构建立起来的集体或机构。科技档案管理是国家的一项专门事业。为了适应这项事业的建设与发展，形成了担负不同任务的科技档案工作机构，由此构成了科技档案事业的组织系统。

（一）科技档案资源管理系统

科技档案资源管理系统，由企事业单位科技档案管理机构和各级、各类科技专业档案馆构成，担负着科技档案资源的管理和开发利用工作的职能。

（二）科技档案事业管理系统

科技档案事业管理系统，由国家各级档案行政管理部门和专业主管部门构成。该系统负责对科技档案事业的宏观管理。

（三）科技档案教育和研究系统

科技档案教育和研究系统，由学校教育、研究系统和在职教育、研究系统构成，包括国家、地方和各专业所属的不同层次的科技档案教育机构和档案科学研究机构。该系统的任务是，培养科技档案专门人才、进行科技档案管理理论与技术方法的研究。

二、科技档案工作者队伍建设

（一）科技档案工作者的素质要求

1. 政治思想和道德素质

科技档案工作者应具备较高的政治思想和道德素质。首要的是必须坚持“四项基本原则”，树立全心全意为人民服务和为社会主义事业服务的思想，事业心强，工作认真负责。这是做好科技档案工作的思想政治条件。

2. 业务素质

（1）树立科技档案和科技档案工作意识。树立科技档案意识是科技档案工作者搞好本职工作的专业思想基础。必须深刻理解科技档案是科学技术和经济建设的直接记录，是广大科技人员劳动和智慧的结晶，是国家宝贵的科技文化财富，要自觉地重视和爱护这些科技资源，充分发挥科技档案的作用，为科技、生产服务，为党和国家的各项工作服务。

树立科技档案工作意识，是指科技档案工作者深刻认识科技档案工作的重要性和严肃性，明确自己肩负的光荣而又重要的责任。具有较强的科技档案工作意识，科技档案工作者才能有强烈的职业责任感，严格遵守职业纪律，从而对科技档案工作忠于职守。

（2）熟知科技档案工作的法律、法规和章则制度。熟悉《中华人民共和国档案法》和《中华人民共和国档案法实施办法》，熟知党和国家有关科技档案工作的方针、政策以及科技档案工作的章则制度，是科技档案工作者必须具备的业务条件。

（3）具有系统的科技档案管理的理论修养，掌握各项科技档案业务工作的原则和方法。对于科技档案的收集、分类、鉴定、保管、统计等各项业务工作的原则和方法，运用熟练、精益求精。在此基础上掌握现代信息处理技术和开发科技档案信息的本领。这对于从事微观管理工作的科技档案工作者尤为必要。

（4）具备一定的法律知识和外语水平。随着我国经济体制改革和对外开放的深入发展，科技档案管理的对象也发生了深刻的变化。一方面，科技档案的所有制形式，从单一的公有制形式变为以公有制为主、多种所有制形式并存，需要依法调节科技档案工作中的各种利益关系。这就要求科技档案工作者熟悉科技法、经济法、知识产权法等有关法律知识，保证国家和人民的利益，维护科技档案所有者的合法权益。另一方面，随着经济全球化进程的加快，我国与外国的技术交流、经济合作、贸易往来以及文化教育等交往日益扩大，科技档案部门不仅接收了大量的外文科技档案，而且也将输出具有技术、经济价值的科技档案信息。科技档案工作者具备外语能力，熟悉国外科技文献资料的特点，是适应科技档案工作发展的需要。

3. 懂得相关科学技术知识和管理知识

（1）懂得与科技档案内容有关的科学技术知识。科技档案的内容记述和反映了一定专业的科学技术活动，是相关专业科学技术存储的一种形式。科技档案工作者只有懂得相关的科学技术知识，才能管理好科技档案，有针对性地、主动地为科技生产活动服务。

（2）掌握信息技术。随着国民经济信息化，现代信息技术逐渐成为科技档案现代化管理的重要手段。科技档案工作者必须掌握计算机和网络技术及其管理方法，才能有效地管理和开发科技档案资源。

（3）掌握识图、制图的知识。科技档案中有大量图样文件，各种专业技术图样都是以特定的技术语言表达专业技术的重要形式。不同专业的技术图样，具有不同的制图理论、制图技术、制图方法与要求。科技档案工作者要管好科技档案，必须掌握相关专业的制图知识，读懂各种专业图样。

（4）熟悉科技管理知识。管理是一门科学，科技档案工作者应当具备一定的科技、生产管理知识，掌握管理科学及本专业科学管理的知识。这样就能比较容易地把握本单位或本专业科技管理的一般规律，做好科技档案管理工作。对于组织和管理国家、地方和专业系统的科技档案工作者来说，熟悉科技管理知识是搞好科技档案事业管理的必要条件。

（二）科技档案工作者的队伍建设

1. 注意科技档案人才的合理配备

建设一支有开拓精神、强有力的科技档案工作者队伍，除了要求人才的知识构成外，还应该注意高级、中级和初级人才的合理结构。合理配备人才是合理使用人才、提高科技档案队伍水平和保持其稳定的重要措施。高、中、初级人才应该按小、中、大的比例组成“金字塔”形结构，其组配的具体比例，应该根据科技档案机构的任务和地位而定。

2. 要配备一定数量的科技干部从事科技档案工作

由于科技档案内容具有很强的专业技术性，开发科技档案信息资源必须对相关专业技术有比较深入的了解。为此，大、中型企事业单位科技档案部门，应根据实际需要配备一定数量的科技干部，作为科技档案信息研究开发工作的骨干力量。科技干部从事科技档案工作，密切了科技档案工作与科技工作的联系，有助于改善科技档案管理和提高科技档案开发利用工作的水平，将对科技档案工作的深入发展起到重要的促进作用。

3. 力求科技档案工作者队伍的相对稳定

科技档案是社会历史的产物，具有连续性，加之日积月累数量庞大，管好科技档案需要有扎实的业务基础。根据这个特点，不仅要为科技档案部门配备足够数量和能够胜任科技档案工作的人员，更要求保持科技档案工作者队伍的稳定。稳定的科技档案工作者队伍，有利于掌握情况、熟悉业务、提高水平，从而保证科技档案管理工作稳步发展。

4. 加强对科技档案工作者的教育和培训

随着科学技术的发展，科技档案工作也在不断深化，科技档案事业要发展，必须不断地提高科技档案工作者的专业水平，加强科技档案工作者的教育和培训。

科技档案工作者的教育培训采取多种层次、多种渠道和多种方式。除普通高等院校举办科技档案专业教育外，中央各部属院校结合本专业特点办学，更具有针对性。理工科院校开设科技文件与档案管理的课程，对于提高科技人员的科技档案意识极为有益。此外，还应加强中等专业教育和职业教育，形成科技档案人才的梯级结构。随着科技档案工作者素质的提高，应特别注意加强对科技档案工作者的继续教育，不断更新知识，以适应不断发展的科技档案工作的需要。

5. 建立和完善档案专业技术职务聘任制度

档案专业技术职务聘任制度，是提高科技档案工作者素质，加强业务建设，稳定科技档案工作者队伍，发展科技档案事业的保障。应该根据科技档案事业的发展，不断完善，持之以恒。

第三节　科技档案工作机构

一、基层科技档案管理机构

（一）基层科技档案管理机构的性质

1. 基层科技档案管理机构是企事业单位设置的管理科技档案的职能部门

基层科技档案管理机构是我国科技档案工作法规明确规定的最基本的档案机构形式。基层科技档案工作对企事业单位的科技工作和管理工作有重要意义。科技档案来自科技、生产第一线，基层科技档案管理机构及时收集和管理科技档案，直接面对企事业单位的利用者，便于充分发挥科技档案的现实作用。

2. 它是企事业单位的科技管理部门

由于科技档案工作的重要性及其管理性质，这类机构一般都置于企事业单位负责人或总工程师的直接领导之下；基层科技档案管理机构的优劣，直接影响企事业单位科技、生产活动的质量与经济效益，直接影响企事业单位的科技管理水平。

3. 它是国家科技档案工作的基层业务机构

基层科技档案管理机构对保证科技专业档案馆馆藏的来源和质量有决定性作用，关系到国家科技档案事业的巩固和发展。

（二）基层科技档案管理机构的类型

《科学技术档案工作条例》规定："大、中型企事业单位要设立直属的科技档案机构；小型企事业单位可以设立单独的科技档案室，也可以设立文书档案和科技档案统一管理的档案室，或配备专（兼）职人员管理。"随着科技档案事业的发展和科技体制、企业制度的改革，在企事业单位逐渐确立了四种类型的科技档案管理机构。

1. 综合性档案机构

综合性档案机构，是指企事业单位内设置的统一管理科技档案和其他各门类档案的档案机构，如档案室、档案处（科）、档案馆。综合性档案机构的特点是：(1) 适应规模发展的需要，便于集中统一地管理一个单位的全部档案资源，实现档案的综合管理和档案信息的综合开发利用。(2) 有利于加强对档案工作的领导。

2. 单独的科技档案机构

单独的科技档案机构，是指企事业单位设立的专门管理科技档案的机构。由于科技档案是企事业单位档案的主体，与科技、生产及其管理工作关系密切，单独的科技档案机构一般都置于科研或生产技术的指挥系统中，便于与科技、生产工作相协调，及时为科技、生产服务。

3. 信息一体化机构

信息一体化机构，指对包括科技档案、科技资料、科技图书、科技情报在内的所有信息资源实行统一管理的信息机构，一般称为信息中心或信息部。这种机构的特点是：(1) 有利于各种科技信息的综合利用，便于专业信息的交流；(2) 有利于对科技信息管理工作的统一领导；(3) 比较适应企事业单位精简机构的要求。

4. 知识管理机构

知识管理机构，指对包括科技档案在内的企业显性知识和隐性知识实行统一管理的机构。这是适应知识经济发展的一种新型管理机构，其特点是对企业整个知识资源进行统一管理、挖掘和利用。该机构有多种设置形式，如知识管理委员会、知识管理部、知识资源管理中心等。

（三）基层科技档案管理机构的组织形式

1. 集中管理的形式

集中管理的形式也称为一级管理或大集中的管理形式，即企事业单位内部只设立一个档案机构，将所有档案全部集中起来，实行完全意义上的集中管理。对综合性档案机构来说，就是设一个机构将各种档案都集中起来管理；对单独的科技档案机构来说，就是设一个科技档案机构将产品档案、科研档案、设备档案、基建档案等不同种类的科技档案集中起来管理。对于知识管理机构而言，可以建立企业统一的知识库（数据库）系统，构建一个统一的知识管理平台。

2. 集中领导分级管理的形式

集中领导分级管理的形式，是指在企事业单位设置两级以上（含两级）的档案机构。除设置总档案室（处、科）或中心档案室外，还下设若干档案分室。在统一领导下，按照统一的制度和统一的管理方法，对档案实行多级管理。以单独的科技档案机构为例，可以设总档案室保管重要的或主要的产品档案、科研档案等，将某种使用针对性比较强的科技档案，在其利用者比较集中的地方设置诸如工艺档案分室、基建档案分室等。对信息一体化机构而言，则可以在信息中心或信息部之下，设置科技档案分室、科技图书分室等等。

上述类型和组织形式，各具特点、各有所长。企事业单位可以根据科技档案工作基本原则，从本单位实际情况出发，如管理体制、规模大小、科技档案数量多少、科技档案利用率的高低、科技档案的保密程度，以及单位驻地的集中与分散等，合理选择科技档案管理机构的类型与组织形式。

（四）基层科技档案管理机构的任务

基层科技档案机构的基本任务是：统一管理本单位的科技档案，维护其完整与安全，积极为本单位科技、生产工作服务，在保证企业利益的前提下，为社会利用服务。具体任务如下。

1. 制定本单位科技档案管理制度和参与制定有关科技管理制度

基层科技档案管理机构根据档案工作的法律、法规和方针政策，制定本单位科技档案的各项管理制度。这些制度主要有：科技档案分类、编号制度，科技档案保管、保密、检查制度，科技档案借阅、利用制度，科技档案鉴定、销毁制度，科技档案统计工作制度等。

基层科技档案管理机构还要积极参与制定各项有关科技管理制度，把科技文件形成、积累、整理和归档的要求纳入相关的科技管理制度之中，以便从来源上保证科技档案的质量。这些科技管理制度，一般是指生产管理、设备管理、基建施工管理、科研管理和设计管理制度，科技文件形成、积累、整理和归档制度，科技图样更改、补充制度，科技图纸发放和回收制度等。

2. 科技档案管理的各项业务工作

(1) 接收各科技、生产部门科技文件的归档，做好科技档案的收集工作；

（2）对科技档案进行分类、编目、统计和保管工作；

（3）定期组织对科技档案密级的审查，根据有关规定及时解密或调整密级，以扩大利用和交流的范围；

（4）定期组织科技档案价值和质量的鉴定工作，承担科技档案销毁的具体事宜；

（5）负责向科技专业档案馆移交规定进馆的科技档案，以及其他接收和移交工作；

（6）搜集、管理科技资料。

3. 业务指导、监督和检查工作

（1）对科技、生产部门科技文件的形成、积累、整理和归档，以及图纸的更改、补充工作进行协助、检查和指导；

（2）参与产品、工程、科研成果的技术鉴定和竣工验收，以及引进技术和购置设备的开箱检查等活动，负责对相关科技文件进行评定和验收；

（3）对下属单位的科技档案管理机构或科技档案分室进行业务指导，并监督和检查其制度的执行情况与科技档案管理状况。

4. 开发科技档案信息资源，做好利用工作

（1）编制必要的检索工具，开发编研成品；

（2）为科技、生产工作提供有关科技档案，做好图纸的配套复制工作；

（3）参与本单位科技成果的推广应用活动，为科技成果进入科技市场、进行科技贸易，提供有关科技档案的复制本，并承担相关的技术咨询工作；

（4）进行科技资料的交流工作。

二、科技专业档案馆

科技专业档案馆是保管对国家和社会具有长远保存价值的重要科技档案的机构，是科技档案信息资源的储备中心、咨询中心和交流中心。

（一）建立科技专业档案馆的必要性

建立科技专业档案馆，是科技档案事业发展的需要，也是科技档案按专业实行统一管理的重要措施。

1. 适应现代化建设的需要，在更大范围内发挥科技档案的作用

科技档案首先服务于其形成单位，但是，它的作用并不仅限于此，对本专业系统乃至国家的经济建设和科学研究活动都具有广泛的利用价值。为便于社会各方面依法利用科技档案，有效地开发科技档案信息资源，扩大科技档案交流利用的范围，必须建立科技专业档案馆。

2. 妥善保存科技档案精华，为发展国家的科学技术事业服务

科技专业档案馆是专门保管和开发科技档案资源的机构，拥有良好的保管条件和科学的管理技术，适于长久保存那些具有重要价值的科技档案，能够为国家积累、保管珍贵的科技文化资源，为国家科学技术事业的长远发展服务。

3. 形成专业科技档案信息中心和咨询中心，促进科技交流

科技专业档案馆作为永久保管科技档案的基地，其科技档案的来源比较广泛，内容更具典型性，它使科技专业档案馆拥有高质量和丰富的科技档案典藏，能够吸引更多的科技档案利用者。特别是科技专业档案馆与本专业或本行业的科技档案部门保持着密切的业务交流关系，能够形成以科技专业档案馆为中心的科技档案信息交流和传递网络，并逐步发展成为科技档案的目录中心。

（二）科技专业档案馆的类型

科技专业档案馆的建设是科技档案工作的重大课题，是合理构成国家档案馆网络体系的具体步骤。目前我国已经建成的科技专业档案馆有以下类型。

1. 中央级科技专业档案馆

中央级科技专业档案馆，是指由国务院所属各经济、科技主管部门建立的保管本系统或本行业重要档案的机构。根据接收范围的不同，中央级科技专业档案馆分为两种形式。

一种为综合性科技专业档案馆，它同时接收进馆单位的科技档案、文书档案和其他有关档案。它将同一个单位的各种档案集中保存在一个档案馆中，保证了一个单位全部档案的完整，便于各项工作对档案的利用。

另一种为专门性科技专业档案馆，它只接收相关种类的科技档案。例如，国土资源部的地质资料馆主要接收保管全国各专业系统地质勘探工作的成果档案。

2. 区域性科技专业档案馆

（1）省、市级科技专业档案馆。是由省、市级专业主管部门按行政区域建立的科技专业档案馆，如省气象档案馆等。这类档案馆的建立应根据科技档案的特点、数量和实际工作的需要，不必与中央级科技专业档案馆相对应。

（2）自然区域性科技专业档案馆。我国疆域辽阔，自然条件和地理环境对某一区域内科学技术和经济发展有较大的影响。按照自然区域建立科技专业档案馆，适应了同一地区科技发展及科技档案管理的需要。比如，水利部门按大江、大河的水系流域建立的流域档案馆，集中保存了该流域的水利、水电工程形成的水利勘察、水文观测、流域规划、工程设计、科学研究和基本建设档案，完整地反映了整个流域的开发、治理活动，充分满足了该流域各有关专业科技活动的需要。

（3）经济区域性科技专业档案馆。改革开放以来，国家调整了过去部门分割的经济结构，在大力发展科技和经济的过程中，自然形成了一些以城市为中心，跨行业、跨地区的经济组织和经济协作区。这些经济组织和经济协作区在自己的活动中形成了大量的科技、经济档案，如果硬性按行政区域或隶属关系将这些档案分开保存，势必会割裂它们的有机联系。因此，要根据地区经济协作发展的需要，建立经济协作区档案馆，使这些科技档案更好地为地区经济、技术的发展服务。

3. 城市建设档案馆

城市建设档案馆保存城市范围内，与城市规划、建设、管理有关的活动中形成的有重要价值的档案。遵照国家的要求，我国20万以上人口的大、中城市建立城市建设档案馆。它是我国科技专业档案馆中筹建较早、近几年发展较快的一种科技专业档案馆类型，是集地域特征与专业特征于一身的科技专业档案馆。

（三）科技专业档案馆的性质和任务

1. 科技专业档案馆的性质

《中华人民共和国档案法》规定："中央和县级以上地方各级各类档案馆，是集中管理档案的文化事业机构"。因此，科技专业档案馆具有科技文化事业单位的属性。

（1）科技档案是人类社会一定历史时期物质文明和精神文明建设的历史记录，科技专业档案馆长久地珍藏这些具有重要价值的科技档案，成为国家和民族积累和存储科技档案财富的坚实的基地。

（2）科技档案是进行现代化建设的一种重要的科技资源，科技专业档案馆的重要任务，就是要大力开发科技档案信息资源，不断提供优化的科技档案信息，为本专业领域和全社会的科学研究与历史研究服务，为各项工作活动服务。

（3）科技专业档案馆在发展国家的科技档案事业中处于重要地位，在科技信息交流、传递中起着枢纽的作用。

2. 科技专业档案馆的任务

（1）接收、征集本专业馆藏范围或按照有关规定需要长远保存的重要的科技档案，并接受委托人的委托，代管其他有关科技档案；

（2）运用科学的管理理论和现代化管理手段，对科技档案进行科学妥善的管理；

（3）积极开展科技档案利用与咨询工作，为社会各项事业服务；

（4）根据实际需要和馆藏科技档案的状况，编辑出版有关科技档案编研成品，系统地开发本专业科技档案资源；

(5) 组织建设本专业或行业领域的科技档案目录中心，促进本专业或行业科技档案信息传递、交流渠道与网络的形成和发展；

(6) 从保证馆藏质量出发，对档案移交单位准备进馆的科技档案的管理进行业务指导与检查；

(7) 搜集、储存和加工本专业其他有关文献资料，建设专业科技信息交流咨询中心。

三、科技档案事业管理机构

(一) 科技档案事业管理机构的性质与构成

1. 科技档案事业管理机构的性质

科技档案事业管理机构，是指由国家授权对科技档案工作实行管理与监督的政府职能部门。它们是行使国家权力的机构，把科技档案工作作为一项国家事务进行管理，具有专业行政管理的性质。

2. 科技档案事业管理机构的构成

我国的科技档案事业管理机构，由国家档案行政管理机构和专业主管部门组成。科技档案行政管理机构包括国家档案行政管理机构和各级地方政府的档案行政管理机构。专业主管部门包括国务院各经济、科技主管部门和地方各级经济、科技主管部门。

(二) 科技档案事业管理机构的职责

1. 档案行政管理机构的职责

(1) 依据国家的法律、法规和政策，研究制定科技档案工作的方针政策，起草科技档案法规，制定科技档案工作的基本章则制度；

(2) 制定科技档案事业发展规划，组织协调科技档案事业，监督检查科技档案工作，特别是有关法律、法规和方针政策的实施；

(3) 对同级机关的科技档案工作以及下级科技档案行政管理部门，实行监督和指导；

(4) 组织并指导科技档案理论与技术的研究、科技档案教育、科技档案宣传以及科技档案工作者队伍的培训工作。

2. 专业主管部门档案机构的职责

(1) 制定本专业或行业科技档案的管理办法、规章制度，以及科技档案业务标准和技术规范等；

(2) 制定本专业或行业科技档案工作的发展规划或计划，组织召开本专业或行业科技档案工作会议，进行经验交流；

(3) 组织并指导本专业或行业科技档案工作理论与实践的学术研究与交流；

(4) 监督、指导所属企事业单位的科技档案工作；

(5) 对本专业或行业的科技档案工作者进行专业培训；

(6) 接受国家档案行政管理部门的监督和指导。

四、科技档案教育机构

目前我国科技档案教育机构有三类。

(一) 学校

根据科技档案工作的需要，我国已经形成了培养专科、大学本科、硕士研究生和博士研究生等不同层次的科技档案管理人才的教育结构。

(二) 在职培训机构

在职培训机构是指对科技档案工作者进行职业教育的机构。随着科技档案事业的发展，在职教育越来越向不断提高科技档案工作者的素质和及时传授新理论、新技术，更新专业知识的继续教育方向发展。这类机构包括：档案系统设置的教育中心以及函授、电视大学与成人教育学院中设置的科技档案专业。

(三) 档案自学考试委员会

我国实行自学考试制度，是科技档案工作者自学成才的重要途径。自学考试委员会开设了档案学专业，培养了数量可观的科技档案管理人才。

【本章小结】

科技档案管理体制主要是指科技档案工作的组织体系、运行机制与管理形式。我国科技档案管理体制是：在国家各级档案行政管理部门的监督、指导下，以法律法规为依据，投资主管部门和专业（行业）主管部门加强对核准投资项目或所属企事业单位科技档案工作的监督、指导和协助、咨询，企事业单位或投资主体对科技档案实行集中或分级管理。科技档案事业的组织系统由科技档案资源管理系统、科技档案事业管理系统、科技档案教育和研究系统组成。科技档案工作机构主要包括基层科技档案管理机构、科技专业档案馆、科技档案事业管理机构和科技档案教育机构。

【讨论题】

1. 试述我国科技档案管理体制。
2. 简述科技档案工作者的素质要求。
3. 基层科技档案管理机构有哪些类型？
4. 简述科技专业档案馆的性质。
5. 试述科技专业档案馆的任务。

【主要参考资料】

1. 王传宇，李统祜．科技档案管理导论．南京：南京大学出版社，1993

2. 张斌．新经济时代的企业档案管理．北京：中国档案出版社，2007

3. 宫晓东．企业档案管理学．北京：高等教育出版社，1999

4. 王遐，马素萍．现代企业文件与档案工作实用教程．北京：中国人民大学出版社，1999

5. 宗培岭．现代企业制度下企业档案工作运行机制研究．北京：中国档案出版社，2006

第六章 科技档案事业管理

【本章要点】

揭示了科技档案法制管理的必要性，阐述了科技档案法规体系建设的内容。论述了科技档案规划管理的基本内容和方法。阐述了科技档案标准化管理的必要性，介绍了科技档案标准体系。

【关键词】

法制管理○规划管理○标准化管理

第一节　科技档案的法制管理

科技档案事业管理，是指各级人民政府的档案行政管理部门和各级专业主管部门，为贯彻落实党和国家关于科技档案事业的方针、政策，使科技档案事业与社会主义建设事业协调发展，依照法律对科技档案工作实施的计划、组织、控制与协调活动。随着体制改革与社会主义市场经济的发展，政府行政管理职能由微观管理转向宏观管理，从直接管理变为间接管理，从单纯的控制转向强化服务，必然要加大科学管理的力度，通过法制管理、规划管理和标准化管理，保证与促进科技档案事业的发展。

科技档案的法制管理即国家通过制定有关科技档案管理的法律、法规和严格执法，形成良好的科技档案工作秩序，保证科技档案事业健康发展。

一、科技档案法制管理的必要性

发展社会主义科技档案事业是一项长期、艰巨的任务。科技档案管理涉及面广，对国家经济、科技事业的发展具有直接影响，必须按照社会主义市场经济的规律和科技档案工作的规律，加强对科技档案事业的法制管理。

（一）科技档案法制管理是科技档案事业顺利发展的保障

科技档案事业是保护和利用国家科技档案信息资源的事业。随着我国经济、科技事业的日益繁荣和发展，科技档案管理涉及的各种关系日益复杂，比如：档案行政管理部门与专业主管部门的关系，专业主管部门与企事业单位档案机构之间的关系，内外经济、技术合作中各方面的关系，以至于企事业单位领导、科技人员与科技档案管理机构及其人员的关系等等，只有对这些关系进行合理的规范和调整，科技档案事业才能顺利发展。而在各种管理方式中，法制管理是调节各种关系，保证各方面合法权益的最为有效的手段。它可以在科技档案管理活动中建立起必要的法律秩序，使科技档案事业在法制的条件下进行，以法律允许的方式健康发展。

加强科技档案事业的法制管理，还有一个特别重要的现实意义。由于我国的经济、科技现代化管理工作起步较晚，人们的档案意识淡薄，还存在着轻视科学管理的小生产意识。在一些单位中，科技档案工作的好坏，往往取决于领导者个人对科技档案工作的重视程度，领导的更替又导致科技档案工作的起伏，这种“人治”的状态，不利于科技档案事业的健康发展。加强法制管理，使科技档案工作法规化、制度化，这是科技档案事业顺利发展的基本保障。

（二）科技档案法制管理为保护和开发科技档案信息资源提供法律依据

科技档案来源广泛，内容丰富，经济、科技效益显著，必须有相应的法律、法规为依据，切实保护好科技档案这种珍贵的科技文化财富。《中华人民共和国档案法》（以下简称《档案法》）、《科学技术档案工作条例》及其他有关法律、法规都设立了专门的条款，从工作程序到工作措施等方面，为科技档案收集、保管等业务工作提供了法律依据。

科技档案是一种重要的科技资源，大力开发科技档案信息资源，为社会主义建设服务，是科技档案工作的根本目的。但是，目前科技档案的作用远远没有发挥出来，其重要的原因之一，就是开发、利用科技档案信息资源涉及比较复杂的利益关系。加强科技档案法制建设，就是要把管理与开发科技档案同有关方面的合法权益，以法律、法规的形式确定下来，使科技档案信息资源更好地为党和国家的各项工作服务，为各方面的合法需要服务。

（三）科技档案法制管理是国家对科技档案事业实现有效管理的手段

国家对科技档案事业的管理，主要是通过各级档案行政管理部门和专业主管部门实现的。为了保证它们对科技档案事业的有效管理，《档案法》和有关科技档案的法规都明确规定了档案行政管理部门和专业主管部门的职责，这是它们进行行政管理和监督、指导科技档案工作的法律依据。

国家通过法律授权档案行政管理部门和专业主管部门监督和管理科技档案事业，保证了党和国家对科技档案工作的领导。一方面，科技档案行政管理部门和专业主管机关在职责范围内，积极地贯彻、落实党和国家的方针、政策，有效地从事科技档案的行政管理；另一方面，它们还要自觉遵守档案法律法规中规定的基本原则和工作方式，根据有关法规制定科技档案管理的规章制度。对于违背科技档案法规、制度的行为，法制管理将运用惩戒手段对其实行制约。尤其是改革开放以来，我国的所有制由单一的公有制变为国有为主，集体、个人所有并存的多样化形式，更需要以法为据，强化科技档案的法制管理。

二、科技档案法规体系建设

（一）档案法规体系

档案法规体系是以《档案法》为核心，由若干档案行政法规和档案行政规章组成的互相联系与协调的统一体。根据其效力分为以下四个层次。

1. 档案法律

《中华人民共和国档案法》是由全国人大常委会制定的，在档案法规体系中具有最高法律效力，是其他档案法规、规章制定的根本依据。

2. 档案行政法规

档案行政法规，是由国务院制定或经国务院批准由国家档案局制定发布的，它的效力低于档案法律，高于其他档案法规与规章，如《中华人民共和国档案法实施办法》。

3. 中央档案行政规章

中央档案行政规章，是指由国家档案局依照法定权限制定的档案行政规章，以及国家档案局与国务院其他主管部门联合制定的档案行政规章。如《国家档案局科学技术进步奖励办法》、国家财政部和国家档案局《关于企业档案库房建设和购置设备所需要费用如何列支的规定》。

4. 地方档案行政法规和行政规章

地方档案行政法规和规章，是指省、自治区、直辖市以及省会城市和经国务院批准的较大的市，根据法律和行政法规制定的有关档案工作的法规性文件，包括由地方人大制定的档案行政法规和由地方人民政府制定的档案行政规章。

（二）科技档案法规体系的形成

科技档案法规体系是档案法规体系的重要组成部分，它是随着我国科技档案事业发展的需要逐步形成的。1960 年 2 月，国务院批准的《技术档案室工作暂行通则》是我国科技档案工作历史上的第一个行政法规。它的发布、执行有力地推动了我国社会主义国家规模的科技档案事业的建立和发展。1980 年 12 月，国务院批准的，由国家经委、国家建委、国家科委和国家档案局联合发布的《科学技术档案工作条例》，是新时期我国科技档案工作重要的行政法规。

改革开放和科技档案事业的发展，使我国科技档案法规建设向各专业领域拓展，在《科学技术档案工作条例》的基础上，建立了主要门类科技档案管理的行政规章。1987 年 3 月至 11 月，国家档案局先后同国家科委、国家经委、国家计委和城乡建设环境保护部等，联合制发了《科学技术研究档案管理暂行规定》、《国营企业档案管理暂行规定》和《城市建设档案管理暂行规定》三个重要的科技档案行政规章。国务院有关专业主管机关也相继制定了一批涉及航空、化工、机械、电子、交通、农牧渔业、水利、气象、农业资源调查与农业区划、海岸带与海涂资源、乡镇企业、企业法人登记、测绘、环境保护、南极考察、海岛资源综合调查和医疗卫生等方面科技档案的行政规章。各级地方人民政府根据本地的实际情况，也颁布了一些有关科技档案的地方行政规章，如沈阳市档案局与市劳动局、财政局联合制定的《沈阳市开发科技档案资源奖励办法》等。

科技档案作用的日益显著，使科技档案事业得到了社会的广泛重视，在许多单行法或相关法规中，都设立了有关科技档案工作的条款。如《中华人民共和国矿产资源法》第十二条规定："矿产资源成果档案资料和各类矿产储量的统计资料，实行统一的管理制度，按照国务院规定汇交或者填报。"国家科委关于《科学技术成果鉴定办法若干问题的说明》第七条第二款，对申请进行科技成果鉴定的条件作出明确规定："学术或技术资料必须齐全，并符合科技档案管理部门的要求。"

经过多年的努力，我国科技档案法规体系业已基本形成。它是以《档案法》和《中华人民共和国档案法实施办法》为核心，以科技档案行政法规和行政规章为主体，包括其他有关科技档案的法律规范组成的一个有机整体。科技档案法规体系的形成，为科技档案的法制管理提供了可靠的依据和保证。

三、科技档案执法

立法和执法是科技档案法制管理不可分割的两项内容。立法使科技档案工作有法可依；要使科技档案法规真正对科技档案管理起作用，使不合法的档案行为得到制止或处理，就要依靠执法。

（一）加强科技档案法规的宣传教育，增强档案法制观念

要使法制管理真正成为科技档案工作的有效手段，必须在全社会，特别是经济和科技活动领域，大力加强以《档案法》为中心的科技档案法规体系的宣传和教育，使人们牢固树立“依法治档”、“依法用档”观念，自觉地维护档案法律、法规的权威。由于历史的原因，人们的档案法制观念还比较薄弱，甚至有人认为《档案法》和科技档案法规是档案管理部门的事，与己无关。为此，必须持久地开展科技档案法规的系统宣传，使人们深入了解《档案法》和有关科技档案法规的内容，提高人们知法、守法的档案法制观念，形成“执法必严，违法必究”的法律秩序。

（二）加强科技档案执法队伍的建设

对科技档案事业实行法制管理需要有执法机构，更需要有既懂得科技档案专业知识又懂得法律的执法队伍，使法制管理有可靠的组织保障。

（三）建立、健全专业部门和基层单位的科技档案管理制度，使科技档案法规具体化

科技档案管理制度，是人们在科技档案管理活动中必须遵循的规定、准则、办法和程序的总称。它根据《档案法》和科技档案行政法规与规章，结合本专业或本单位的具体情况，将科技档案管理的指导原则、科学的管理技术和行之有效的管理方法，以制度的形式确定下来，将科技档案法规的精神体现在各项管理之中，进一步保证了科技档案法规的实施。

（四）加强科技档案执法检查

各级科技档案行政管理部门坚持依法行政，严格执法检查，是进行科技档案法制管理的重要措施。其内容包括：(1) 检查科技档案法规和规章是否得到正确的实施；(2) 了解执法中存在的问题，纠正执法中的偏差；(3) 督查和处理违法案件。

科技档案执法要奖惩分明：对保存、积累和开发科技档案资源做出成绩或贡献、取得重大经济效益和社会效益的，应给予表彰或奖励；对不重视科技档案管理给国家造成损失的，应依法惩处，特别严重的应该追究法律责任。

第二节　科技档案的规划管理

“统筹规划”是《档案法》赋予国家档案行政管理部门的职责，也是科技档

案规划管理的基本依据。规划管理就是根据国家的方针、政策和经济、科技的发展状况，确定科技档案工作发展的战略目标，通过具体规划或计划的制定与实施，指导科技档案事业持续、稳步地发展。

一、科技档案规划管理的必要性

（一）通过科技档案规划落实党和国家发展科技档案事业的战略部署

科技档案规划管理是党和国家发展科技档案事业战略部署的具体化。它是以一定时期党的路线、方针、政策为制定依据，不仅指导科技档案工作更好地适应党和国家的要求，为社会主义事业服务，而且保证了科技档案事业健康发展。同时，科技档案规划还是党和国家了解科技档案工作情况的重要途径。党和国家通过科技档案规划，发现科技档案工作的问题，及时进行指导，并根据科技档案规划，为科技档案事业的发展创造良好的外部条件。

（二）科技档案规划管理协调着科技档案事业与国家经济建设和科学技术的同步发展

科技档案事业与国家经济建设和科技开发有密切联系，是党和国家各项建设事业必不可少的环节。社会主义市场经济的建立，国家科学技术的发展，都是在国家长远规划和产业政策的宏观调控下进行的。科技档案事业通过发展规划，具体体现国家科技规划和产业政策的要求，自觉适应国家经济建设和科学技术发展的需要，在更好地为之服务的同时，指导与促进科技档案事业自身的发展。

（三）科技档案规划管理提供了科技档案宏观管理的依据

《档案法》把统筹规划作为档案行政管理的首要职能，表明了它在各项管理职能中的重要地位。这是因为，规划不仅是档案行政管理工作的开端，而且也是控制和管理各项档案工作的依据。没有科技档案规划，缺乏对科技档案事业监督、指导、评估和调整的依据，就无法实现对科技档案事业建设与发展的有效控制。

（四）科技档案规划管理提出了微观管理的目标

科技档案规划具有很强的操作性，为了便于组织实施，规划一般要将科技档案工作的战略目标，分解成更为具体的目的和要求，这就为科技档案微观管理指明了各层次的工作目标。科技档案机构根据自己的实际情况，把一定层次的目标作为自己的努力方向，运用目标管理的方法，组织本部门全体人员进一步明确自己的工作目标和实施办法，调动每一个科技档案工作者的积极性，对科技档案工作实行全员、全过程的管理，必将不断提高科技档案微观管理的水平。

二、科技档案规划的类别与内容

（一）科技档案规划的类别

按时间划分，科技档案规划分为长期规划和近期规划。长期规划一般指 10

年及10年以上的规划，它是对科技档案事业发展远景或发展趋势的一种战略设想，是制定近期规划的依据。近期规划是指10年以下的规划，它是长期规划在近期的落实，具有连续性和继承性的特点。长期规划和近期规划各有重点，相互衔接，形成了完整的科技档案规划体系。

根据适用范围划分，科技档案规划分为全国性规划、专业系统和地区规划、企事业单位规划。全国性规划是规划的最高层次，它提出了国家发展科技档案事业总的战略目标，凡是列入全国规划的项目都是带有全局性的重大项目。专业系统规划和地区规划，是根据国家发展科技档案事业的总体目标和发展方向，结合本专业或本地区的特点和需要编制的。企事业单位规划是基层单位档案机构的规划，它是根据国家规划、专业规划和地区规划提出的目标和要求，结合本单位的特点和实际情况制定的。

（二）科技档案规划的内容结构

1. 规划目标

即根据国家经济建设和科学技术发展的需要，以及科技档案管理的实际，提出科技档案事业在规划期内总的奋斗目标和总的任务要求。规划目标是规划的灵魂，体现在整个规划的内容之中。

2. 规划项目

这是规划目标的具体化，它详细地列举出为实现规划目标，要求完成的有关项目的名称、内容、承担者、协作者、时限等，是整个规划的主体部分。

3. 实现规划的步骤与措施

为完成规划项目，实现规划目标，便于规划的实施，一般要将规划期划分为若干个阶段，分步骤落实规划。因此，规划要明确每个阶段的具体任务和主要措施，包括规划项目的分解、必要的人员和机构、经费的筹措、检查与督促等等，使规划更便于执行与检查，也有助于及时发现问题，总结经验，提出改进意见，保证规划的全面落实与顺利完成。

三、科技档案规划的编制

（一）制定科技档案规划的指导思想

1. 要与经济建设和科学技术发展相协调

科技档案事业是为经济建设和科技事业服务的基础性工作。制定科技档案规划必须自觉与国家经济建设和科学技术发展的要求相适应。为此，一方面，应在研究和掌握国家有关方针、政策与发展规划的基础上，对未来科技档案工作的发展作出科学的预测，进而确定自身的发展目标；另一方面，应根据《档案法》的要求，将科技档案事业列入国民经济和社会发展规划，从根本上保证科技档案事业与经济建设和科学技术的协调发展。

2. 要保证目标的明确性和可操作性

目标是编制科技档案事业规划的关键。规划目标不可过于抽象概括，也不能包罗万象，必须根据客观需要和科技档案工作实际具体确定。为使目标明确，便于实施，应注意设置相应的计划指标，明确具体要求和数量界限，以便于规划内容的落实与检查。

3. 要注意规划内外部结构的合理性

科技档案规划内外部结构要合理，是系统思想对编制规划的要求，即把规划内容看成若干相互关联的部分为实现其总体功能而组成的一个有机整体。

科技档案规划的外部结构，指科技档案事业与经济建设和科学技术事业的比例适应关系。比如：科技档案馆的数量和布局，按专业和地区建立科技档案目录中心的步骤与措施，新形势下科技档案工作与科技、生产和科研管理同步的措施，以及科技档案工作为市场经济建设服务的方式等等，都必须与国家经济建设和科技事业发展水平和速度相适应。

科技档案规划的内部结构，指科技档案工作各方面的比例适应关系。例如：基层企事业单位科技档案工作与科技专业档案馆的业务建设的协调一致，科技档案专业人才的配备与培养同科技档案事业发展的协调一致等等。

（二）科技档案规划的编制程序

1. 调查现状

准确地了解科技档案事业的现状是科学制定规划的前提。在制定规划以前，必须对科技档案事业有深入、全面的了解，认真分析其内部和外部关系，形成对科技档案事业现状的客观认识。了解现状的基本办法是调查研究。应注意调查内容的真实性、系统性，以便掌握客观、准确的数据资料。

2. 研究历史

了解科技档案事业发展的历史，借鉴历史经验，尊重客观规律，是保证规划的连续性、科学性，指导规划制定的重要依据。研究科技档案事业的历史，必须坚持辩证唯物主义和历史唯物主义，进行全面、客观的分析比较。特别要注意对不同时期、不同地区、不同专业乃至不同国家科技档案工作历史的比较，以增强科技档案规划的科学性，保持与既往规划的衔接。

3. 预测未来

为保证科技档案规划的前瞻性，必须根据科技档案事业的发展规律，科学地预测其发展趋势与可能出现的情况，及时将它们反映在规划的内容之中。在确定科技档案事业发展的战略目标时，预测工作尤为重要，对于避免片面性、减少决策失误具有重要的意义。

4. 综合分析

这是规划编制阶段的重要内容，即对上述过程中收集和形成的各种数据材料、事实材料和经验进行系统分析，科学地确定规划目标、规划项目、具体要求及措施。综合分析应提出几个不同的方案，以备选择。

5. 优选决策

为了使规划更科学，首先，要对不同的方案或意见进行分析比较，以便确定一个最合理的方案。其次，对初步确定的方案要进一步优化，通过汲取其他方案中的合理成分，征求科技档案工作者与专家的意见，使方案进一步完善。最后，科技档案规划要上报有关主管部门或领导批准，方能实施。

四、科技档案规划的实施

科技档案规划管理，实际上就是以规划为依据，指导和协调国家科技档案事业的发展。应当十分重视科技档案规划的实施。

（一）学习规划和落实规划

科技档案规划制定后，为使广大科技档案工作者自觉落实规划，必须首先使他们了解和掌握规划的内容和精神。要在学习和研究规划内容的基础上，把规划目标和措施分解成各项具体任务，层层落实，保证规划任务的切实完成。

（二）加强规划落实情况的检查

科技档案行政管理部门检查科技档案规划的落实情况，是实施规划的重要内容。首先，各有关部门应定期将规划执行的进度、执行中的典型事例以及发现的问题，向档案行政管理部门报告。档案行政管理部门对有关的报告进行核实，对存在的问题提出解决的意见或给予帮助。其次，科技档案行政管理部门应实地检查规划落实的情况，通过定期公布规划落实情况的检查结果、有针对性地召开经验交流会等形式，进一步督促规划的落实。

（三）审慎地调整规划内容

科技档案规划的内容在规划期内应具有相对稳定性。但是，当主、客观情况发生重大变化时，相关的规划内容如不作相应的调整，势必失去其指导意义。在这种情形下，规划的制定机关要认真地进行调查研究，慎重地对有关内容作相应的调整，以保证规划的顺利实施。

（四）总结经验、表彰先进

规划目标实现后，科技档案行政管理部门应认真总结经验。一方面，要对规划内容的实施情况、实施结果、遗留问题进行客观的分析和总结；另一方面，要大力宣传落实规划的成就，对成绩突出的地方、单位或个人给予表彰或奖励。通过总结经验、表彰先进，为新规划的制定与实施打下良好的基础。

第三节　科技档案的标准化管理

《中华人民共和国标准化条例》指出："标准化是组织现代化生产的重要手段，是科学管理的重要组成部分。社会主义建设中推行标准化是国家的一项重要的技术经济政策，没有标准化，就没有专业化，就没有高质量、高速度。"科技档案标准化，就是通过科学地制定、贯彻和修订有关科技档案标准，逐步实现科技档案管理的统一化和规范化，以不断提高科技档案科学管理的水平。科技档案标准化包括以下具体含义：

第一，科技档案标准化，是在科技档案专业领域内，对科技档案工作中重复出现的事物和概念作出的统一规定，以便在科技档案工作中建立统一的准则和依据。

第二，科技档案标准化，通过对科技档案管理技术和方法的规范化，建立科学的科技档案工作秩序，以取得科技档案工作最佳的经济效益和社会效益。

第三，科技档案标准化，建立在科技档案业务管理和事业管理经验积累的基础上，要与有关部门协商一致，并且要得到标准化主管部门的批准。

第四，科技档案标准化是一个过程。任何标准只能在一定时期和一定条件下具有指导意义，随着标准化程度的不断提高，必须不断修订相关标准，才能保证其对科技档案工作的指导作用。

第五，科技档案标准具有一定的编制格式和相应的制定、颁布程序，体现了标准的统一性和标准文件的严肃性。

一、科技档案标准化管理的必要性

（一）科技档案标准化管理是实现科技档案管理科学化与现代化的基础

随着科技档案数量的激增和科技档案利用范围的扩大，科技档案工作日益繁重，客观上要求对其实行科学的和现代化的管理。必须制定统一的标准，作为规范科技档案作业方式、管理方法和岗位职责的行为准绳，为科技档案现代化管理创造良好的条件。因此，科技档案标准化工作，是运用现代化管理手段与科学的方法管理科技档案的基础。

（二）科技档案标准化管理是沟通和密切科技档案管理与经济建设、科学技术及其管理之间联系的纽带

制定和实施科技档案标准，必须以相关科学技术标准和管理标准为基础，并且主动与之相协调，这是科技档案标准的一个特点。制定标准不仅促进了科技档案工作自身的发展，而且加强了科学技术工作以及科技管理工作的科技基础，使

科技档案工作更好地为之服务。

（三）科技档案标准化管理是保证科技档案质量、提高科技档案工作效益的有效措施

科技档案是一种科技资源储备。科技档案质量对其作用的发挥具有重要影响。制定和实施统一的科技档案标准，为其形成、质量验收、日常管理和监督、检查工作提供了科学的依据，以避免和克服科技档案管理中操作无序、要求前后不一、劳而无功等弊病，有助于保证科技档案质量，合理配置科技档案部门的人力、物力、财力及时间资源，提高科技档案工作效益。

（四）科技档案标准化管理是促进科技档案理论研究与技术发展的必要条件

科技档案标准化的实施，在科技档案专业内部建立起共同语言，有助于科技档案经验的交流，为科技档案理论与技术的总结提高与丰富发展创造了条件。同时，制定和实施科技档案标准的过程，为档案部门了解与吸收相关学科的理论与知识提供了机会，进一步充实和完善了科技档案管理理论。

二、科技档案标准化管理的内容

（一）制定科技档案标准化工作计划

科技档案标准化工作，是科技档案管理的技术基础性工作，必须在科技档案事业发展方针、政策的指导下，根据科技档案事业的客观基础和实际需要，有计划地进行。

科技档案标准化工作计划，应根据标准的实施范围，分别由相应的科技档案部门制定，即全国性的科技档案标准化工作计划，由国家档案行政管理部门负责制定；地方性的科技档案标准化工作计划，由地方科技档案行政管理部门制定；各专业（行业）主管部门和企事业单位，根据实际情况，制定本专业（行业）和本单位科技档案标准化工作计划。

为保证科技档案标准的科学性和适用性，在制定标准化工作计划、选择标准化项目时，应注意以下内容：（1）根据科技档案工作的重点确定标准化项目；（2）密切结合国家经济和科技发展确定科技档案标准化项目；（3）根据科技档案标准的相关性和系统性，选择与之配套的内容作为标准化项目；（4）根据科技档案理论和实践的发展，选择比较成熟的标准化项目；（5）加强科学预测，选择有影响的标准化项目。

（二）科技档案标准的制定

1. 制定科技档案标准的原则

制定科技档案标准，应根据标准化原理，在党和国家有关方针、政策的指导下进行。（1）充分考虑实际使用需要；（2）技术先进、经济合理；（3）从科技档

案管理的全局出发，注重标准的社会效益；(4) 严格统一，衔接配套；(5) 积极采用国际标准；(6) 把握制定标准的时机。

2. 科技档案标准制定的程序

(1) 组织标准化项目工作组，编制工作方案。

(2) 编写标准草案。首先要经过调查研究、实验论证，编写出标准草案或征求意见稿，广泛征求意见，然后根据征求的意见修改加工成标准草案送审稿。标准送审稿应严格按照GB1.1－81《标准化工作导则编写标准的一般规定》的格式撰写。

(3) 审理和审查标准草案。标准草案送审稿首先要报归口的专业标准化技术组织审理，由其对送审稿的技术内容、编写方法、具体格式等是否符合规定，标准内容与相关标准和国家法令是否相抵触等问题提出审理意见。不符合要求的退回修改，符合要求的标准草案由其上报主管部门，标准化主管部门将对标准的技术内容和技术经济依据，以及指标要求是否适应科学技术水平和发展方向等方面进行审查、批准。

(4) 发布标准。

(三) 科技档案标准的修订

标准的修订是标准化工作的重要内容。标准化实质上就是不断用新标准代替旧标准，从而促进相关科技档案工作水平的提高。一项科技档案标准制定以后，只在一段时间内具有先进性和指导作用。当它规定的技术或方法已经成为普遍现实的时候，就需要对其进行修订，以更先进的技术、方法取代它，使其继续对相关科技档案工作起指导和促进作用。因此，我国《标准化管理条例》规定，标准隔3～5年复审一次，分别情况予以确认、修订或废除，使标准的修订制度化。标准的修订程序与标准的制定程序相同，并可根据具体情况，简化某些环节。经过修订的标准，其编号中顺序号不变，只改变其年号。

(四) 科技档案标准的贯彻执行

1. 准备

推行科技档案标准要做三方面的准备工作。(1) 认知准备，只有从思想上对贯彻的科技档案标准有一个正确的认识，才能在科技档案工作中自觉贯彻该项工作。(2) 技术准备，认真研究和掌握标准。有些标准的贯彻执行还要组织试点或示范，以便取得经验进一步推广。(3) 物质准备，有些标准的实施需要一定的物质条件，如推行科技档案案卷标准，就要准备标准的卷盒、案卷目录等。

2. 实施

科技档案标准的实施分为两种情况。一种是贯彻、推行单个标准，如案卷标准。另一种是围绕某项任务，同时贯彻、推行若干标准，例如围绕档案管理升级达标活动，就要同时贯彻与推行科技档案案卷标准和档案著录标准等。

3. 检查

应首先确定检查的内容与方法，特别要抓住科技档案标准化工作的主要实践者——基层科技档案工作这个重点。检查基层对科技档案标准的实施，一般应注意两个问题：一是要注意企业标准与专业标准的关系，要求尽量采用科技档案专业标准，并以此完善企业标准；二是抓落实，由于科技档案标准中软性成分较大，要防止基层单位以情况特殊为借口，不执行有关标准。

4. 总结

包括技术方面和贯彻方法方面的总结。总结要注意对下一步标准化工作提出意见或建议，这对促进标准化水平不断提高具有重要意义。

三、科技档案标准体系

标准体系是一个国家或一个部门所有标准构成的一个有机整体。科技档案标准体系主要由以下标准组成。

（一）基础标准

基础标准是以科技档案的技术事项为对象，并且在科技档案工作中广泛运用的标准。

1. 名词术语标准

科技档案专业领域的名词术语，是表达科技档案工作的事物和概念的。赋予科技档案专业领域事物和概念以规范的名词术语，为科技档案的学科研究与交流提供了共同语言，也为制定其他有关标准奠定了基础。

2. 科技文件标准

科技文件的质量决定着科技档案的质量和科技档案工作的效益。制定科技文件标准，不仅是科技工作和科技管理工作的任务，也同科技档案工作密切相关。科技文件标准包括：制图标准、科技文件格式、科技文件编写内容和深度标准、科技文件编号标准、科技文件完整性标准等。

3. 专业符号标准

专业符号标准包括档案检索语言中分类号的构成、科技档案编号、科技档案馆代号等标准。标准化的科技档案专业符号，对实现科技档案现代化管理有重要意义。

4. 案卷规格和质量标准

案卷是科技档案管理的基本单位，对科技档案工作影响很大，其标准包括：组卷方法标准，保管单位编目的项目、格式和方法标准，案卷内在质量标准，卷盒标准等。

5. 库房、设备标准

储存和保护好科技档案需要有一定的库房和设备条件，它们的质量直接关系科技档案的保护与安全，因此，必须制定库房、设备标准。包括：库房建筑设计标准，档案柜架的质地、规格标准，档案保护设备技术性能标准等。

6. 种类、计量单位标准

科技档案的种类是揭示科技档案内容、性质的标志，也是协调、指导科技档案工作合理、健康发展的依据。随着社会实践的发展，科技档案涵盖的范围越来越大，内容越来越丰富，必须提出其种类划分的依据标准和基本种类标准。为了配合科技档案管理，还应针对科技档案的特点，规定其相关的计量单位标准。

（二）业务技术标准

业务技术标准是以科技档案工作的程序、手续、职责、要求为对象制定的标准，以及某些与科技档案业务技术工作相关的标准。主要包括以下标准。

1. 业务建设标准

业务建设标准是针对科技档案实体管理工作制定的各项标准。包括：

（1）归档标准。科技文件归档是科技档案管理的基础。归档标准包括归档范围、归档数量、归档时间、归档要求、归档手续、归档的义务与职责等。

（2）接收标准。接收是科技专业档案馆丰富馆藏的措施和保证。接收标准包括接收范围、接收要求、接收程序、接收方式、接收的职责与权益等。

（3）整理标准。包括实体分类标准、整理工作内容和质量标准等。

（4）鉴定标准。包括科技档案保管期限的划分标准、鉴定方法标准、更改补充的要求、销毁规则等。

（5）保管标准。包括科技档案装具标准、库房管理标准、科技档案入库标准、各种载体档案库房的温湿度标准、科技档案排架标准等。

（6）科技档案统计标准。包括统计项目、统计方法、统计计量单位、统计表格及各种登记用簿册账卡标准等。

2. 著录标引标准

著录标引是科技档案信息储存与检索的主要手段，其标准包括著录规则、标引规则等。

3. 开发、利用标准

开发、利用标准是规范科技档案服务的标准，包括科技档案利用范围、阅览室工作规范、有偿服务与计价标准、利用效益计算标准、科技档案信息交流的规范、科技档案编研成品质量标准等。

4. 现代化管理标准

现代化管理标准，主要是指应用现代技术装备管理科技档案的有关标准，如缩微品规格质量标准、新型档案载体材料质量标准、电子计算机使用与管理标准以及电子检索系统功能的评价标准等。

（三）科技档案行政管理标准

行政管理标准是针对科技档案部门和科技档案工作者制定的标准。如科技档案业务职责和机构设置标准、科技档案室职能标准、科技专业档案馆工作规范、各种科技档案工作者的岗位责任制等。

【本章小结】

科技档案事业管理，是指各级人民政府的档案行政管理部门和各级专业主管部门，为贯彻落实党和国家关于科技档案事业的方针、政策，使科技档案事业与社会主义建设事业协调发展，依照法律对科技档案工作实施的计划、组织、控制与协调活动。随着体制改革与社会主义市场经济的发展，政府行政管理职能由微观管理转向宏观管理，从直接管理变为间接管理，从单纯的控制转向强化服务，必然要加大科学管理的力度，通过法制管理、规划管理和标准化管理，保证与促进科技档案事业的发展。

【讨论题】

1. 简述科技档案法规体系。
2. 简述科技档案规划的内容结构。
3. 试述科技档案规划的编制程序。
4. 简述科技档案标准化及其含义。
5. 试述科技档案标准体系。

【主要参考资料】

1. 王传宇．科技档案管理．北京：中国人民大学出版社，1999

2. 宫晓东．企业档案管理学．北京：高等教育出版社，1999

3. 王遐，马素萍．现代企业文件与档案工作实用教程．北京：中国人民大学出版社，1999

第三编

科技文件的档案化管理

第七章 科技档案的管理流程

【本章要点】

揭示了科技档案管理流程的含义和特点，阐述了科技档案管理流程的设计内容、设计准则，明确了实现科技档案管理流程的组织、制度和技术等方面的支撑条件。

【关键词】

科技档案○管理流程○集成○流程设计○持续改进○三纳入○四参加○四同步○业务系统○档案管理系统○数字档案馆系统

第一节　科技档案管理流程的含义和特点

一、科技档案管理流程的含义

本书所称科技档案管理流程，并非仅指科技文件的档案化管理流程，而是包括科技文件档案化管理流程在内的，覆盖科技文件、科技档案整个生命周期的管理过程。

流程（process）起先是工业生产领域的概念，后被引入管理领域。按照ISO 9000的定义，流程是指一组将输入转化为输出的相互关联或相互作用的活动。在一份科技档案的管理过程中，存在多项相互关联的管理活动，如编号、分类、鉴定、归档、移交等，通过调度与使用人、财、物、制度等各种资源以确保科技档案的完整保存和有效利用。这些管理活动的有机组合即为科技档案管理流程。

科技档案管理流程是一组有关联的管理活动的组合体，它揭示了针对一份科技档案，有哪些管理主体在什么时间、以什么方式做了哪些事情。科技档案管理流程的构成要素包括目标、科技档案管理活动、科技档案管理活动之间的关系、科技档案管理活动的开展方式等。

（一）目标

相关科技档案管理活动之所以能够组合成为一个流程，其原因不仅在于这些活动有相同的管理对象，还在于它们具有相同的管理目标。概括地说，这个目标就是确保有保存价值的信息记录得以完整保存和有效利用。此外，在不同管理单位，科技档案管理流程还可能存在其他相互关联的具体目标，比如保全立档单位或国家的技术秘密、降低立档单位的法律风险等。目标是科技档案管理流程的灵魂。

（二）科技档案管理活动

科技档案管理活动是构成流程的单元。鉴于科技、生产管理实践的复杂性，科技档案管理活动本身是一个范围并不固定的概念，它具有多个层次。比如“鉴定”是一项档案管理活动，“确定保管期限”也是一项档案管理活动，不过后者只是前者的一项工作内容，除了确定保管期限之外，鉴定可能还包括检测科技档案的质量、对鉴定过程进行记录等。恰当地确定档案管理活动是设计科技档案管理流程的一个重要步骤。

（三）科技档案管理活动之间的关系

科技档案管理活动之间的关系是决定科技档案管理流程结构和功能的重要因素。科技档案管理流程不是若干档案管理活动随意的组合，而是有序的组合。相同的科技档案管理活动，不同的组合会形成不同的文件管理流程，这些文件管理流程的产出可能有较大的差异。科技档案管理活动之间的关系涉及多个方面，从时间上，有顺序关系、并行关系、循环关系等；从空间上，存在排他关系、反馈关系、合并关系等（如图 7—1 所示）。

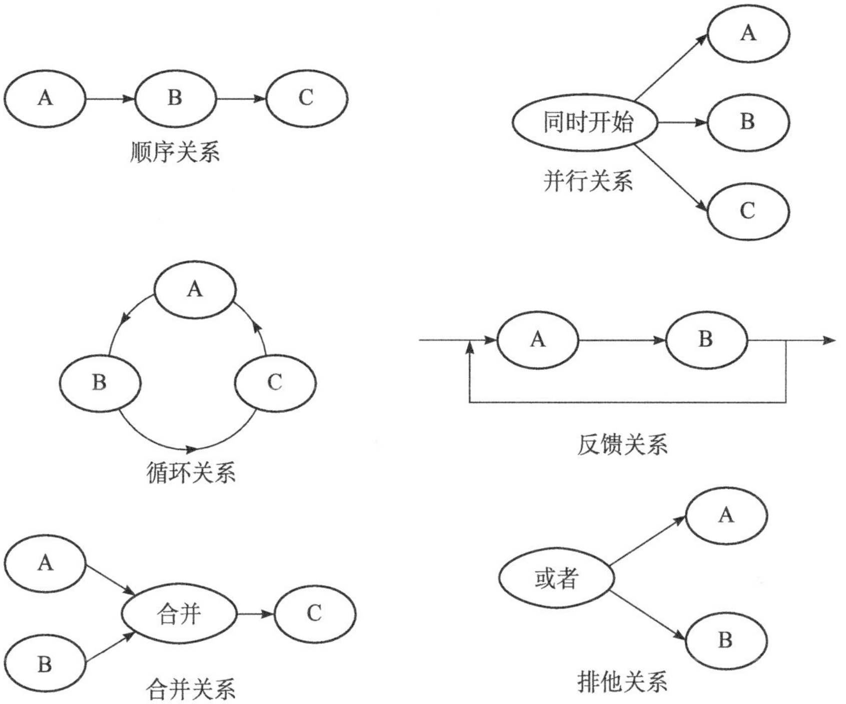

图 7—1　科技档案管理活动之间的关系

（四）科技档案管理活动的开展方式

科技档案管理活动的开展方式反映了科技档案管理的职责分工和业务方法，是决定科技档案管理活动之间关系的重要因素，继而影响到文件管理流程的具体结构和功能。不同业务、技术等环境下，相同的科技档案管理活动可能具有不同的管理主体、管理方法。比如，判断科技文件的保存价值时，如果采用职能鉴定法，在科技、生产活动开展之前就可以确定其形成的文件的价值大小；而如果采用阅读文件内容的直接鉴定法，则要等到文件处理完毕之后才可实施。再如，在手工环境中，著录信息的编制工作都是人工进行的；而电子环境中，这些管理活动的全部或部分可以实现自动化。

二、科技档案管理流程的特点

（一）整体性

科技档案管理流程的整体性主要表现为：科技档案管理流程并非仅仅涵盖

科技文件[①]处理完毕之后的保存阶段，而是涵盖了科技文件和科技档案的整个生命周期。科技档案管理流程的整体性是科技档案全程管理原则的必然要求。

完整的科技档案管理流程包含三个阶段：科技文件形成阶段、档案室保存阶段和档案馆保存阶段。其中科技文件形成阶段是指在科技文件从无到有的阶段，这个阶段的科技文件尚未具备固化形式，其内容、结构和背景信息还在形成过程中，但是其是否具有档案保存价值的内在属性已经确定，这个阶段也可称为科技档案的孕育阶段。科技档案的完整、准确和系统状态，基本上是由它的前身——科技文件承袭下来的，科技文件的完整、准确、系统，是科技档案完整、准确、系统的基础。为保证日后归档的科技文件具备作为档案加以管理的条件，需要从档案管理的角度对这个阶段的科技文件加以控制，这样的管理在本书中被称为"科技文件的档案化管理"。档案室保存阶段是指立档单位内部档案部门管理归档科技文件的阶段。档案馆保存阶段则是指科技档案自立档单位移交给科技专业档案馆之后的管理阶段。

（二）集成性

科技档案管理流程的集成性主要表现在以下两个方面。

1. 科技文件管理流程和科技档案管理流程的集成

科技文件管理流程和科技档案管理流程的集成，是文档一体化管理原则在科技档案管理实践中的具体要求。每一项形成文件的科技、生产活动，对科技文件都有有序管理的要求，以便能以合格的文件更好地支撑科技、生产活动，比如，设计图纸需要遵守一定的幅面、编号、格式、会签程序等要求。根据冯惠玲教授提出的"文件功能需求叠加模型"[②]，文件（档案）的运动流向是从生成端流向保管端，即从文件形成部门到档案室再到国家档案馆。而文件的管理需求则是从保管端叠加到生成端，表现为国家档案馆的管理需求向档案室的管理需求叠加，这些管理需求最终向文件形成部门叠加。鉴于后端的档案室、档案馆无法弥补科技文件在形成阶段可能产生的质量缺陷，因此在科技文件形成阶段，不仅需要着眼于科技、生产活动的需要开展管理，还要考虑到科技文件的留存需求，应集成科技、生产活动和档案管理活动的双重要求，统一实现，比如统一编号、统一分类、持续地记录元数据等。

① 本书采用狭义的文件概念，仅指处于现行阶段的文件。详细解释请参见第八章第一节。

② 此模型采用了大文件的概念。

科技文件管理流程和科技档案管理流程的集成不仅表现在部分科技档案管理活动的前置，也表现为部分科技文件管理活动向后端延续。比如，在电子环境下，不少设计单位采取实时归档、集中出图的做法，即计算机辅助设计（CAD）文件绘制完毕之后立即归档，由档案部门统一打印图纸，归档之后CAD文件仍可能发生变化，版本管理从形成阶段延续到档案室保存阶段。

2. 科技档案管理流程和科技、生产流程的集成

即将被我国采标的国际标准ISO 15489－1：2001《信息与文献——文件管理——通则》[①]，将“实现文件管理与业务系统和业务流程的集成”作为立档单位文件管理六项内容之一。我国科技档案管理的经验表明：科技档案具有很强的现实性，科技档案管理工作和现行的科技、生产活动关系密切。科技档案管理流程和科技、生产流程不仅存在着频繁的信息交换，而且存在管理内容的并行、交叉和衔接，比如由科技人员在制作科技文件的时候，同时著录了部分元数据；将科技档案的质量检测作为科技、生产活动质量检测工作的组成部分等。在一个信息系统高度集成、管理制度相对完善的立档单位，这种并行、交叉和衔接的关系尤其明显。

（三）结构化

所谓的结构化，是指科技档案管理流程各项内容可以被清楚地分解和界定，管理对象、管理职责、操作程序皆相对确定。科技档案管理流程结构化的特点与科技、生产流程结构化的特点相一致，后者遵循严格的逻辑程序。

以原信息产业部电子14所为例，该所档案室根据本所主要科技、生产活动结构化程度高的特点，于2002年开发了《整件明细表管理信息系统》软件，供设计部门、档案室、标准化室、物资处使用，在网络的支撑下，统一了科技档案的管理流程，明确了各部门的职责分工：设计师拟制明细表递交到档案室；档案室打印出底图，做好盖章及签署后，交标准化室会签，然后提交档案室归档；物资处打开归档的明细表，进行物资编码审改，将审改完的明细表保存；使用部门可以随时打开已归档的明细表，进行查询、打印等操作。具体流程如图7—2所示。[②]

---

① 2009年1月采用ISO 15489－1：2001的国家标准征求意见稿公布。该标准同样采用了大文件的概念。

② 参见胡雪飞：《档案信息化建设的一次有益尝试——〈整体明细表管理信息系统〉》，载《机电兵船档案》，2002（3）。

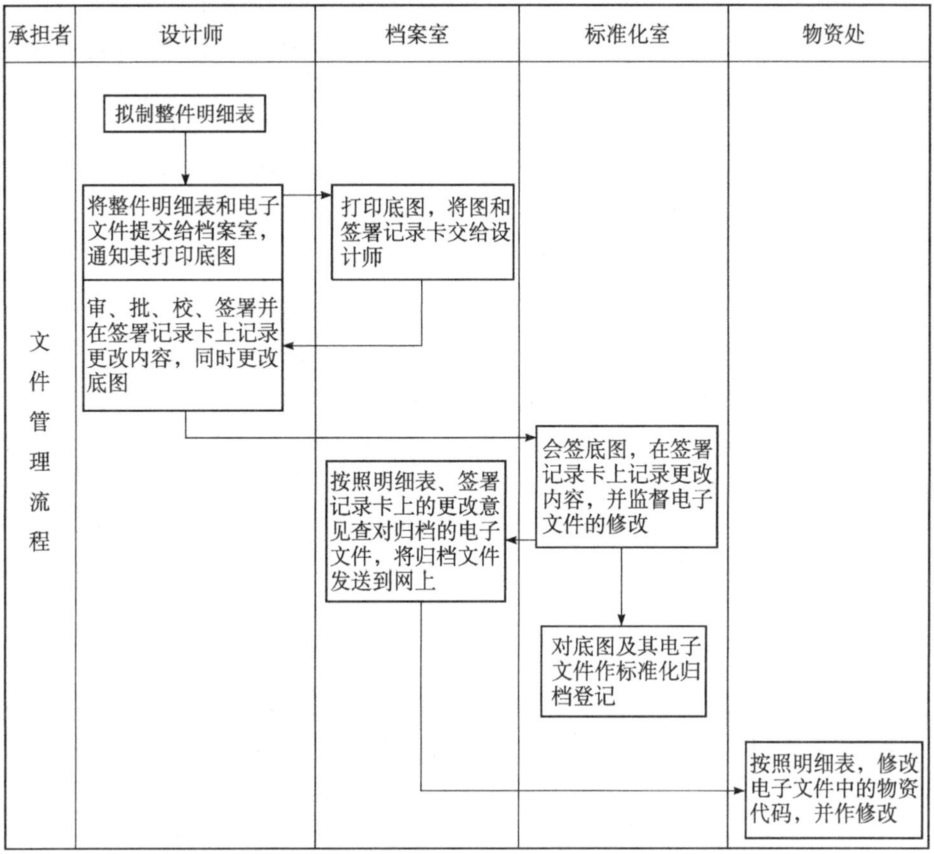

图 7—2　原信息产业部电子 14 所科技档案管理流程示意图

第二节　科技档案管理流程的设计

一、科技档案管理流程设计的内容

科技档案管理流程的设计，最好与科技、生产管理流程的设计同步，以便实现科技档案管理与科技文件管理，科技、生产管理的集成，理顺职责分工，以较低成本实现高效、统一的科技档案管理。

设计科技档案管理流程，至少需要开展以下工作。

（一）明确管理目标

设计科技档案管理流程，首先应结合法规规范的要求，科技、生产业务的需求和科技档案管理面临的风险，明确其管理目标。

对于立档单位而言，科技档案管理目标体系包括三个层次：整体目标、业务目标和质量目标。整体目标是指立档单位科技、生产管理活动的整体目标，如遵守国家法律法规，形成并提高核心竞争力等；业务目标是指立档单位科技、生产业务对档案管理提出的要求，如以备业务查考、保护信息资产、提高检索效率、传承机构历史等；质量目标是指科技档案的质量要求，如真实、准确、完整、安全、可用等。三者关系如图 7—3 所示。在流程设计时，应保持科技档案管理质量目标和业务目标、整体目标的协调一致。

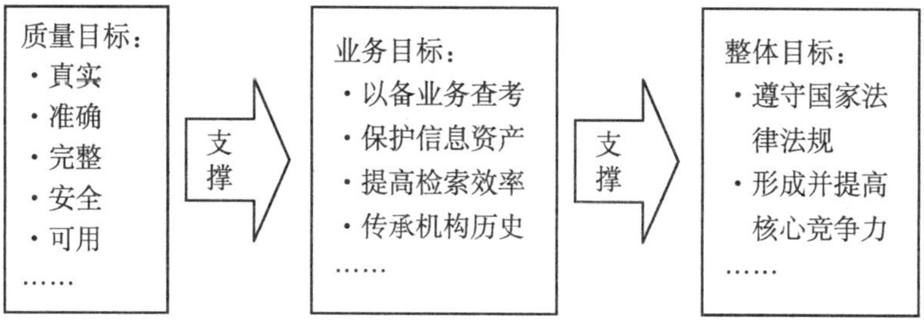

图 7—3　立档单位科技档案管理流程的目标体系

而对于科技专业档案馆而言，由于其主体业务就是管理档案，因此其科技档案管理目标体系只包括两个层次：整体目标和质量目标。其中整体目标包括保存科技档案和提供利用两个方面。两者关系如图 7—4 所示。

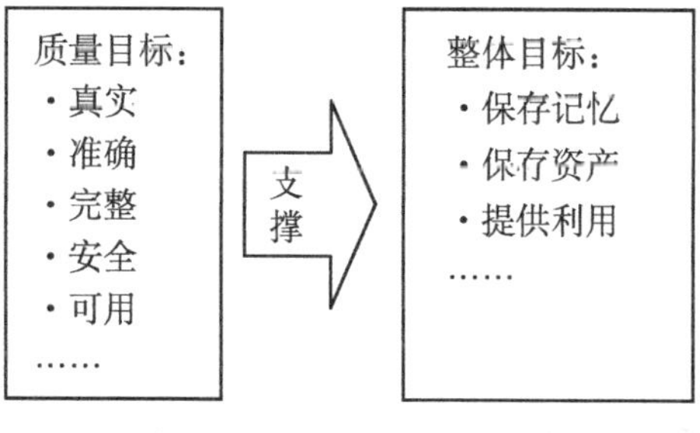

图 7—4　科技专业档案馆科技档案管理流程的目标体系

（二）明确管理对象

科技档案具有成套性特征，明确科技档案管理流程的管理对象，就是要分析一项科技、生产活动中产生了哪些科技文件，列出文件清单，揭示文件的种类、形成者、保管期限，并将那些属于归档范围之内的科技文件作为管理对象。

（三）确定需要开展的科技档案管理活动

按照科技档案管理活动所承担的功能，可以将其分为七类：确认、捕获、组织、传递、维护、提供利用和监控。其中，确认类管理活动的功能是明确哪些科技档案需要管理，具体包括鉴定、销毁、移交等工作内容；捕获类管理活动是将科技档案纳入管理的范畴，具体包括登记、归档、存储、版本控制等工作内容；组织类管理活动负责将档案信息有序化，具体包括分类、编号、著录、编目、编研等工作内容；传递类管理活动负责将文件在相关人员之间传递，具体包括会签、审批、分发等工作内容；维护类管理活动提供档案信息和载体的安全保护，具体包括温湿度控制、备份、载体转换、权限控制等工作内容；提供利用类管理活动负责将档案信息提供给利用者，具体包括利用申请审批、阅览、复制供应等工作内容；监控类管理活动负责监督科技档案管理全过程，保证相关管理制度的贯彻和执行，发现不妥或错误后进行适当调整或改正，具体包括跟踪、统计、审计等工作内容。

在科技档案管理流程的设计中，应注重不同管理活动之间的相互衔接和相互影响，协调归档前后的各项管理活动，避免不同管理活动、不同阶段劳动成果的矛盾、重复和相互抵消。

（四）确定各项科技档案管理活动的承担者和开展时间

科技档案管理活动的承担者主要包括科技人员、档案管理人员、质量管理人员、信息技术人员、信息系统等。其中科技人员主要承担科技文件形成阶段的管理，档案管理人员主要承担档案室保存阶段和档案馆保存阶段的管理，质量管理人员负责科技档案的质量控制，信息技术人员负责电子环境中科技档案的技术维护，信息系统能够承担可由系统自动完成的任务。

科技档案管理活动的开展时间包括科技文件产生之前（即科技、生产活动开始之前）、科技文件形成阶段、科技文件归档之后（即科技档案在档案室和档案馆保存阶段）、贯穿于整个科技文件和科技档案生命周期等几种情况。理论和实践已经证明：除了期满鉴定、销毁、移交等少数管理活动之外，大部分科技档案管理活动可以前移到科技文件形成阶段甚至形成之前。著录、安全维护等管理活动则贯穿于整个科技文件和科技档案的生命周期之中。[①]

二、科技档案管理流程的设计准则

科技档案管理流程内容复杂，经由的部门众多，与科技、生产活动的集成度

① 参见刘越男：《建立新秩序——电子文件管理流程研究》，82～92页，北京，中国人民大学出版社，2005。

高，各个单位的流程设计不完全相通。遵循以下准则，可在一定程度上提高流程设计的适用性。

（一）数据一次采集，多次使用

在确定科技档案管理活动的承担者及其开展时间时，对于科技文件、档案以及描述其内容、结构、背景和管理过程的元数据信息，应尽量在其源头实时采集，在随后的管理活动中共享，多次使用。这种数据采集方式与各管理环节独立采集方式相比工作量大为减少，有效防止了重复采集中数据的误差，并且保证了用于档案管理和开发利用所需数据的完整齐全和真实可信。

（二）分工合作，协同配合

科技档案管理活动承担者的职责分工并非固定不变，也非截然分开，应根据各单位的情况统筹安排，确定科技档案管理活动承担者的最佳人选和开展的适宜时机，实现整个科技档案管理流程的协同化组织。比如：从理论上讲，科技文件应在其失去现行效用的时候归档，但为了实现科技档案的集中控制，归档时间普遍存在前移的倾向，归档工作并非一定是科技文件和科技档案的分水岭，档案界有人提出："没有立卷归档的文件不一定不是档案；已立卷归档的文件未必是档案"。[①] 因此，归档之后档案人员成为科技档案管理的主要责任者，但是科技人员依然会参与管理，比如在受控条件下对科技档案的相关内容进行更改。

（三）逐步优化，持续改进

科技档案管理流程的设计和实现，并不能一蹴而就，也不可能十全十美。应随着科技、生产管理的完善和自动化手段的应用，逐步优化科技档案管理流程，实现科技档案管理流程的持续改进。优化的手段主要包括自动化、削减、前置、合并、并行等。

1. 自动化

即将科技档案管理流程中部分管理活动或其部分工作步骤交由计算机系统执行，如作者、日期等系统可自记录的元数据项目的记录、跟踪、统计、检索等。

2. 削减

即削减科技档案管理流程中部分管理活动或其部分工作步骤，如重复性的数据录入、不必要的文件格式转换等。

3. 前置

即将科技档案管理流程中部分后续管理活动或其部分工作步骤提前。在相应的管理制度和技术手段的支撑下，在科技文件形成之初就可以确定其分类、利用

① 杨汉明：《档案是一个全集概念》，载《四川档案》，1997（3）。

范围和保管期限。

4. 合并

即将科技文件管理流程、科技档案管理流程，以及科技、生产管理流程中部分管理活动或其部分工作步骤合成一项管理活动或一个工作步骤。比如，将科技文件的编号融入科技、生产管理流程，作为文件形成的一个步骤。

5. 并行

即将科技档案管理流程中原先按照先后顺序一次执行的部分管理活动或其部分工作步骤并行执行。并行是电子环境下常见的流程优化方法。计算机网络系统为文件、档案及其管理数据的传递共享提供了渠道，极大地消除了因文件、档案载体的单一性导致的管理信息传递的障碍。分类、鉴定、归档、著录、追踪等管理活动可以在科技文件形成时期并行开展，并行可以大幅度地提升管理效率。

第三节　实现科技档案管理流程的支撑条件

一、组织支撑

任何科技档案管理流程都需要有合适的组织形式与之匹配，这关系到各项科技档案管理活动是否有合适的承担者。在组织机构变化频繁、机构设置扁平化、文档管理一体化的时代，形成文件的科技、生产部门和档案部门之间的职责分工和相应组织形式问题，最为引人关注。

（一）科技文件形成及管理是科技、生产部门的本职工作

科技文件的形成、积累、整理、归档工作，主要由科技、生产部门承担，做好科技文件管理是科技部门和科技人员的职责。

1. 科技文件的形成及管理是科技、生产及其管理活动的组成部分

科技文件是为科技、生产活动的客观需要而有目的地编制和形成的。人们在认识自然、改造自然的丰富的实践活动中，总是有计划地逐项进行着有关的科技、生产活动，如进行某项有特定内容和目的的课题研究，进行具有某种使用功能的产品或工程设计，进行某种自然现象的系统观测等。在这些具有特定内容的科技、生产活动中，为了达到预期的目的，或使整个活动能够顺利进行，客观上需要编制、更改、流转、传输、积累、整理相关内容的科技文件，为了日后参考的需要，要开展必要的归档工作。由此可见，科技文件不是科技、生产活动的“身外之物”，而是科技、生产活动的自身内容。它既是组织管理科技、生产活动的纽带，又是传达意图、交流信息的媒介和工具。实践证明，没有科技文件的形成和积累，没有科技文件的传递与运转，科技管理就会失去手段和依据。因此，

科技、生产及其管理活动本身就包含着形成和管理相应科技文件的内容。

2. 做好科技文件形成及其管理是科技、生产及其管理人员的职责

由于科技文件的形成及管理是科技、生产及其管理活动的组成部分，二者同步进行，密不可分，因此科技文件的形成、积累、整理、归档工作理所当然由科技、生产及其管理部门和人员承担，是其分内工作。在基层单位，把科技文件的形成、积累、整理、归档工作纳入科技人员的职责范围和岗位责任制，不仅有利于发挥科技文件的现行效用，而且能确保科技文件完整、准确、系统地归档保存。

3. 检查、协助科技文件的形成及管理是档案部门和档案人员的职责

从科技文件、档案运动的全过程来考察，科技档案的质量状况受两种因素的影响，一是“先天因素”，二是“后天因素”。所谓先天因素，就是科技文件形成阶段的各种因素。科技档案的先天素质如何，即科技文件形成、积累得是否完整、准确，科技文件整理得是否系统，对科技档案的“后天”发展阶段有重要影响。

科技档案不是科技档案部门自身产生的，它是从科技部门和科技人员那里接收来的，从归档起，科技档案的实际状况如何，已经成为“既成事实”。如果应该形成的文件没有形成，应该积累的文件没有积累，或已经形成、积累的文件不符合要求，要想改变或补救，是比较困难的，有时甚至无法补救。

鉴于科技档案同科技文件的密切关系，为了保证归档文件的质量，实现科技档案完整、准确、系统等基本要求，科技档案部门，尤其是基层立档单位的档案部门，必须把握科技文件的形成和运动规律，及时检查和协助科技部门和科技人员做好科技文件的形成、积累、整理和归档工作。

（二）档案部门和档案人员对科技文件管理的参与

尽管从理论上讲，科技文件管理由形成文件的科技、生产部门承担，档案部门对科技文件管理工作具有检查、协助的职责。然而，由于科技文件管理和科技档案管理皆为科技、生产管理的基础性工作，两者具有集成性，档案管理是科技文件管理的重要视角，因此，实践中档案部门和档案人员参与科技文件管理的现象非常普遍。由于基层立档单位的专业性质、生产类型、机构设置、任务分工、人员条件等的不同，档案部门参与科技文件管理的范围、内容和形式也不尽一致，概括起来有以下几种类型。

1. 全面承担科技文件管理工作

由档案部门全面承担科技文件管理工作的典型单位有某些机械和电子产品设计、研制和生产制造单位，部分电力企业等。这些单位，由于其产品研制和产品

制造的特点以及有关科技文件形成的特点，多由科技档案部门直接承担科技文件的各项管理工作，如科技文件的登记、配套、保管、复制、分发甚至更改等等。

全面承担科技文件管理工作的档案部门，管理着两种科技信息记录：一种是产品定型、设计定型或生产定型前，作为科技文件进行管理的信息记录；另一种是产品定型后，经过系统整理，办理归档手续，作为科技档案进行管理的信息记录。因此，这种类型的档案部门，实际上负有双重职责，承担着两种不同性质的工作，即科技文件管理工作和科技档案管理工作。这两种工作由一个部门来承担，可以很好地实现科技文件和科技档案的全程管理和集成管理。

2. 承担部分科技文件管理工作

由档案部门承担部分科技文件管理工作的典型单位如建筑工程设计单位。建筑工程设计单位，其设计成果直接表现为设计文件，即设计底图和蓝图。当设计室把底图绘制完成后，为满足建设单位和施工需要，常常要随时或按专业、按子项送交晒印部门进行复制，主要是晒成蓝图，发往建设单位或施工现场。目前，我国大多数工程设计单位是把设计文件的晒印工作放在档案部门，由档案部门承担底图的配套、复制和蓝图分发工作，很多采用了 CAD 技术的单位，还由档案部门集中打印底图。这种对设计文件的部分管理工作，有时是同接收归档工作结合进行的，比如成套底图晒印是以底图归档为前提，CAD 文件集中打印出图则以实时归档为前提。

3. 只是负责检查、协助科技文件管理工作

档案部门负责检查、协助科技文件管理工作的典型单位有科研单位、某些工矿企业和某些自然现象的观测部门等。在这些单位，档案部门一般不过多地参与科技文件管理工作，而主要是从保证归档文件的完整、准确、系统出发，检查和协助有关部门和有关人员做好科技文件的形成、积累、整理、归档工作。

（三）档案部门的组织变革

在参与科技文件管理的过程中，档案部门自身也发生了一些重要的组织变革，其隶属关系、职能分工都发生了值得关注的变化。

以中国寰球工程公司为例，该公司是集设计、采购、施工管理等多种功能为一体的，具有工程总承包能力的国际工程公司。随着业务的不断发展壮大，为进一步与国际先进工程公司项目文件控制工作接轨，2006 年该公司成立了文控部，人员由原图档部门的档案管理人员与项目部的项目文控秘书人员组成。文控部对文控秘书、档案人员实施统一领导、统一管理、统一培训和业务指导、统一专业标准规范、统一明确岗位职责。项目签约启动后，项目组即可成立文控中心，因项目的大小设有文控经理、文控工程师及文件

管理员岗位，负责项目过程中文件控制、最终版文件交付及归档，将档案管理要求前移，实现项目文件控制与档案管理的一体化。[①]

二、制度支撑

科技档案管理流程的实现需要明确的制度作为支撑。这些制度包括两种类型，其一是独立的科技档案管理制度，其二是包括了科技档案管理规定的其他制度。这两种类型的制度都很重要。

（一）独立的科技档案管理制度

科技档案管理制度规定了科技档案管理活动的开展方式和相互关系。按照其内容，又可以分为两种类型：其一，以科技档案为规范对象的制度，如分类方案、保管期限表、元数据方案、编号规则；其二，以科技档案管理活动为规范对象的制度，如科技档案管理规定、科技档案管理指南、档案管理系统操作指南等。这些制度也要体现科技文件管理和科技档案管理的集成。

1. 分类方案

分类方案揭示了科技档案各级类目及其相互关系，是对科技档案进行类别划分和正确归类的依据性文件。分类方案可以不止一个，不过在立档单位，科技文件、科技档案至少应共用一种分类方案，保证分类结果的一致性和继承性，减少重复劳动。

2. 保管期限表

保管期限表揭示了各类科技文件（档案）的名称、种类、来源、形式和保管期限，是划分科技文件和科技档案保管期限的依据性文件。保管期限表和分类方案之间有密切的关联，都以一类科技档案而不是单份科技档案为适用对象。在集成化程度比较高的科技档案管理流程中，科技文件形成后即可判断其所属类别，根据其类别便可判断这类科技文件的保管期限。

3. 元数据方案

元数据方案是立档单位或档案馆根据国家颁布的元数据标准制定的元数据规范，规定各类科技文件（档案）元数据元素的名称、相互关系、来源、著录规则、编码体系等，是元数据管理的依据性文件。元数据是描述文件内容、结构、背景和管理过程的数据，其形成和管理与文件的形成和管理同步。元数据是保证文件真实性的关键，是文件管理的基本工具。在传统工作环境中，元数据的存储相对分散，文件题名、更改通知单、著录卡片、案卷封面、案卷目录、检索工具

---

① 参见李军：《加强工程项目档案的前端控制——中国寰球工程公司对工程项目文档一体化管理模式的探索》，载《中国档案》，2008（9）。

等都包含了元数据，传统的档案著录是以结构化的方式描述元数据的代表性工作。电子环境下，元数据可以在源头采集，实现集中管理。ISO 23081－2：2007《信息与文献——文件管理——文件元数据——概念及实施》则进一步指出，无论在物理上元数据和文件是否分开存储，都应被当作是文件的一个组成部分。

（二）其他制度

科技档案管理流程另外一个方面的制度支撑，就是要以制度化的方式实现科技、生产管理活动对科技档案管理的纳入，如纳入科技、生产管理程序，纳入质量管理制度，纳入风险管理制度，纳入责任制度，纳入激励机制等。其中“三纳入”、“四参加”、“四同步”等就是我国科技档案管理制度创新的经验总结。

1. “三纳入”

“三纳入”是指将档案工作纳入立档单位领导的工作议事日程；纳入规章制度及工作流程；纳入有关人员的经济责任制或岗位责任制。

纳入立档单位领导的工作议事日程，就是将科技档案管理工作纳入分管档案工作的领导以及各部门和项目负责人的工作计划中，以保证在安排科技、生产计划和项目计划的同时，把有关科技文件档案化管理任务列入计划之中，同科技工作任务同时下达，在计划执行人员、时间、监督检查等方面配套保障措施。

纳入规章制度及工作流程，就是在相关的科技管理制度中，具体规定科技、生产活动全过程的每一个阶段应该形成、积累、管理哪些科技文件，将这些文件的名称以及管理程序、内容明确地规定下来。

纳入有关人员的经济责任制或岗位责任制，是指在相关制度中明确将科技文件、档案管理职责纳入科技、生产人员和科技、生产管理人员的经济责任和岗位责任。这里的“有关人员”，主要是指两方面的人员：其一，形成和利用文件的科技、生产人员，如工程设计人员、产品设计人员、生产操作人员、课题研究人员以及各种自然现象的观测、勘探人员等；其二，对某一项科技、生产活动负责的管理人员，即以总工程师为首的各级、各专业的管理人员，如质量管理人员、工程项目经理以及课题组长、设计（研究）室主任等。在上述有关人员的经济责任制或岗位责任制中，明确规定各自在科技文件档案化管理中的职责任务，将其完成任务的情况作为考核与奖励的一个条件。档案部门会同计划、标准化、质量检查等有关部门，对有关人员岗位责任制的执行情况进行监督和检查。

2. “四参加”

“四参加”是指立档单位档案部门或档案人员参加产品鉴定，参加科研课题审定，参加基建项目验收，参加设备开箱验收或引进项目接收，负责检查归档科技文件是否齐全、完整、准确、系统。这里“四参加”的对象都是一项科技、生产活动的检验审定工作，要求将科技档案及其管理质量作为检验审定的重要内容。不同性质、经营业务的单位在执行时可以根据自己的情况灵活变通。

以徐州发电厂为例，该厂采取了以下将科技档案管理纳入科技、生产管理体系的做法，保证了科技档案的质量。(1) 专门下发文件《徐州发电厂设备检修资料归档工作管理规定》，把机组大修资料归档纳入机组检修质量的考核内容，规定机组大修资料归档范围；并规定设备异动后，工程技术人员必须及时到档案室对原图进行修改。(2) 专门下发文件《徐州发电厂基本建设档案资料管理规定》，同基建管理部门一同检查验收基建工程的科技文件材料和图纸，尤其看上级机关的批复、土地使用证、建设许可证、地下管线图及竣工的科技文件材料和竣工图纸是否完整、系统，图纸是否有统一的编号，图面是否清晰，图样审核、签署项目是否齐全，有无注明文件和图样的编制日期，各种印章是否有漏盖和不清楚的，图纸幅面大小是否符合规定，标题栏构成格式、施工记录的种类、内容是否齐全、系统，有无使用铅笔、圆珠笔现象等。没有经过厂办综合档案组签字或盖章，工程不予验收，不得进行工程结算付款。(3) 参加重要的仪器设备的开箱验收，档案人员根据随机文件的装箱清单，一一对照验收归档。①

3. “四同步”

“四同步”是指立档单位下达科技、生产项目计划任务与提出项目文件材料的归档要求同步，检查项目计划进度与检查项目文件材料积累情况同步，验收、鉴定项目成果与验收、鉴定项目文件材料归档情况同步，项目总结与项目文件材料完成归档同步。

“四同步”的实质就是以制度化的方式规定了在科技、生产活动的每一个阶段，包括计划、检查进度、验收、总结等阶段，都要同步开展相关的科技档案管理工作，实现科技档案管理流程和科技、生产流程的集成。不同性质、经营业务的单位在执行时可以根据自己的情况灵活变通。比如有些科研单位规定：申报登记和评审奖励科技成果以及科技人员晋级考核与档案部门出具专题归档情况证明材料同步。

三、技术支撑

信息化环境中越来越多的科技文件、科技档案以数字方式产生、管理和利用。计算机系统在科技档案管理流程中承担着越来越重要的角色，科技档案管理流程的技术支撑也格外引人关注。承担科技档案管理职责的系统主要包括形成科

---

① 参见王巍：《科技档案工作应纳入企业科技管理体系》，载《科技档案》，2006 (2)。

技文件的业务系统、立档单位使用的档案管理系统和数字档案馆系统三种类型。

（一）科技文件的业务系统

形成科技文件的业务系统种类繁多，专业差异明显。按照功能，形成科技文件的业务系统主要分为桌面应用软件和网络协作系统两种类型。桌面应用软件是制作科技文件的主要工具，主要面向个人使用，一般不提供网络协作功能或者网络协作功能较弱。典型的应用软件如字处理软件 Microsoft Office、WPS，图形编辑软件 AutoCAD，图像处理软件 Photoshop，电路设计软件 Protel，项目管理软件 Microsoft Project 等。计算机应用一般从桌面应用软件的普及开始。网络协作系统则面向整个单位，供单位内多人按照规定流程处理科技文件使用，提供科技文件的传递、审批、会签、发布等功能，一般以一定的数据库系统作为平台。典型的网络协作系统如办公自动化系统 OA，产品管理系统 CAD，资产管理系统 EAM 等。网络协作系统一般要实现与桌面应用软件的集成，以便对文件格式、版本、元数据等进行有效的控制。

相比而言，桌面级应用软件管理分散，欠缺有效的集中控制手段，对于科技档案管理流程的支撑能力弱于网络协作系统。

（二）立档单位使用的档案管理系统

按照使用范围，档案管理系统可分为单机版和网络版。按照技术架构，档案管理系统有 C/S 结构和 B/S 结构之分。按照管理对象，档案管理系统可分为档案辅助管理系统、电子文件管理系统（亦称电子档案管理系统）、集成档案管理系统。档案辅助管理系统是利用计算机的数据处理能力，对档案整理、编目、保管和利用工作进行辅助管理的系统，管理对象主要是处于非现行阶段的传统档案及其数字化版本，机读目录是其发挥辅助功能的基本工具。电子文件管理系统以电子文件、电子档案为对象，涵盖其从生成到永久保存或销毁的全过程，元数据是其发挥功能的基本工具。集成档案管理系统是对档案辅助管理系统和电子文件管理系统的集成，适用于多载体档案并存的情况，可实现传统档案和电子文件的统一管理和提供利用。

我国的档案管理系统正在经历由单机版档案辅助管理系统向电子文件管理系统和档案集成管理系统的发展，对于多载体档案的全流程管理的支持力度也在不断增强。

（三）数字档案馆系统

数字档案馆系统是各级各类档案馆使用的业务系统，该系统用来维护和提供具有长久保存价值的档案。从管理对象来看，也可分为档案辅助管理系统、电子文件长期保存系统和集成档案管理系统。

通过与相关组织措施和管理措施的配套，实现业务系统、档案管理系统和数字档案馆系统三类系统的无缝衔接，可有效地支撑起科技档案管理的整个流程。

【本章小结】

在一份科技档案的管理过程中，存在多项相互关联的管理活动，如编号、分类、鉴定、归档、移交等，调度与使用人、财、物、制度等各种资源能确保科技档案的完整保存和有效利用。这些管理活动的有机组合即为科技档案管理流程。科技档案管理流程的构成要素包括目标、科技档案管理活动、科技档案管理活动之间的关系、科技档案管理活动的开展方式等。完整的科技档案管理流程包含三个阶段：科技文件形成阶段、档案室保存阶段和档案馆保存阶段。科技文件管理流程，科技档案管理流程，以及科技、生产流程具有密切的集成关系。在设计科技档案管理流程时，宜采用数据一次采集、多次使用、分工合作、协同配合、逐步优化、持续改进的准则，依次明确目标、管理对象、科技档案管理活动及其承担者和开展时间。科技档案管理流程的支撑条件包括组织、制度、技术等多个方面。通过合理的流程安排，实现科技文件管理，科技档案管理，以及科技、生产活动的集成，是科学管理科技档案的关键。

【讨论题】

1. 什么是科技档案管理流程？
2. 科技档案管理流程有哪些特点？
3. 简述科技档案管理流程设计的内容和准则。
4. 简述档案部门和档案人员对科技文件管理工作的参与形式。
5. 谈谈你对“三纳入”、“四参加”、“四同步”的理解。

【主要参考资料】

1. 吴筑清主编．CAD 文件管理和 CAD 光盘存档．北京：中国标准出版社，1999

2. ［美］迈克尔·哈默．企业行动纲领．北京：中信出版社，2002

3. ［英］J. 佩帕德，P. 罗兰．业务流程再造精要．北京：中信出版社，2003

4. 刘越男．建立新秩序 —— 电子文件管理流程研究．北京：中国档案出版社，2005

第八章 科技文件的形成及其管理

【本章要点】

阐述了科技文件与科技档案的区别与联系，揭示了科技文件管理的质量目标，明确了科技文件形成、管理的内容和方法，分析了科技文件立卷和案卷编目的内容和方法。

【关键词】

科技文件◯形成◯编制◯更改◯登记◯积累◯保管◯整理◯分类◯编号◯更改管理◯版本管理◯立卷◯案卷编目

第一节 科技文件及其形成

一、科技文件

对于文件的概念以及文件与档案之间的关系，业界大致有两种表述：其一，采用广义的文件概念，即大文件观，认为文件是业务活动的信息记录，其中具有保存价值的称为档案，档案又称归档文件或进馆文件。这个概念涵盖文件整个生命周期。其二，采用狭义的文件概念，认为文件是档案的前身，两者处于不同的生命阶段。本书采用狭义的文件概念。

（一）科技文件与科技档案的联系

科技文件是在科技、生产活动中直接形成的、处于使用和运行过程中的信息记录。科技文件是科技档案的前身，科技档案继承了科技文件的很多属性和特点，比如客观记录性、专业性、多样性、成套性等。

1. 客观记录性

科技文件直接记述和反映科技、生产活动的过程和成果，是一手文献。

2. 专业性

科技文件的形成领域和内容特点具有鲜明的专业性特点。不同专业领域形成的科技文件，其内容构成往往差异很大，管理要求也各有特色，管理复杂度较高。

3. 多样性

科技文件种类繁多、类型复杂，包括图样、文字、表册、照片、录音和录像等多种形式，其中非文字性内容，尤其是图表类内容的比重非常大。以图样为例，有零件图、装配图等产品图样，有总平面图、平面图、大样图、竣工图等建筑工程图样，有地形地质图、工程地质图、地质剖面图、地质勘察图等地质图等。

科技文件种类和类型的多样性对于科技文件管理的适用性和规范性提出了很高的要求。在手工环境下，不同科技文件的幅面、格式、编号规则有所不同。在电子环境下，不同科技文件往往产生于不同的专业软件，格式的通用程度不一，对形成软件依赖性普遍较强。

4. 成套性

一项科技、生产活动中所形成的所有文件具有密切的有机联系，通常需要作为一个整体加以管理。

（二）科技文件与科技档案的区别

1. 价值形态不同

科技文件是根据科技、生产活动的需要产生的，其价值主要表现为对形成文件的科技、生产活动的支撑作用，是记录和指导现行科技、生产活动的工具。科技档案的价值则主要表现为对其他业务活动的支撑作用，是其他活动借鉴参考的工具。

2. 覆盖范围不同

科技、生产活动直接形成的所有信息记录皆为文件，而那些具有保存价值的部分才是档案。

3. 运动状态不同

科技文件正在科技、生产活动中形成着或使用着，处于运动变化状态和运转、承办过程。科技档案则已经办理完毕，具有固化形式。

二、科技文件的形成

形成是一个概括度比较高的词，用以描述科技文件从无到有的过程，具体包括编制、流转、更改、分发、传输等内容。需要注意的是，除了编制之外，其他活动均没有普适性。也就是说，一份科技文件的形成，并不一定必然要经历流转、更改、分发、传输等活动。

（一）编制

编制又称产生、创建、制作等，是指科技、生产人员根据科技、生产活动的需要，借助于一定的工具生成文件的过程。科技文件编制的方式主要包括三类：其一，科技文件的作者通过编写、绘制、拍摄等手法生成文件；其二，科技文件的接收者接收外单位的来文；其三，将科技文件扫描以便流转，将书面形式的科技文件扫描成电子格式，是全面实施网络协作办公的需求。

编制是所有种类科技文件都要经历的形成活动。在 ·项科技、生产活动的各个阶段都可能开展文件编制工作。以外购设备管理为例，设备购置阶段可能形成设备购置计划、预算书、批准书、购置合同等文件，开箱验收阶段可能形成装箱单、开箱验收单、设备安装说明书、设备使用说明书等文件，安装调试阶段可能形成设备运行试验单、设备试车记录、设备移交使用记录等，设备管理使用阶段可能形成设备事故报告单、设备台账等，设备维护修理阶段可能形成设备检修记录、设备修理验收单等。

（二）流转

流转又称办理、审批、审签等，是指科技文件由立档单位内部多个部门、多个人员处理生效的过程。如建设工程设计人员完成施工图之后，需要由工艺、土建、上下水、暖通、管道、电气、设备等有关专业的负责人对设计文件进行会签。再如国家自然科学基金项目申请书需要依次经过科技部门初审、同行专家通信评审、专家评审组、委务会议审批等阶段，通过后申请项目方可正式立项。在网络协作型业务系统中，可以为不同类型的文件设定相对固定的流转路径，也可允许用户为一份文件自定义流转路径。

（三）更改

更改是指按照一定的原则、制度和要求，应用特定的方式修改、补充或变更科技文件某些内容的过程。科技文件的更改，不是科技文件形成过程中的普遍现象，主要发生在工业产品设计、研制、生产和设备管理领域，以及建设工程项目规划设计、施工和管理领域，涉及范围比较广泛。

更改科技文件时，一般要经历提出更改建议、审批更改建议、执行更改几个过程。更改建议一般要填写在更改单中，更改单审批生效后，方由具有更改权限的有关人员实施。更改单是更改科技文件的依据和凭证。更改具有多种类型，比如根据更改时效，更改可分为临时更改和永久更改。相应的更改单及其审批流程也有所区别，更改单的具体形式包括更改通知单、更改审批单、技术更改单、变更单等。电子环境中，更改单的填写和审批、科技文件的更改均可以在网络中进行。更改通知单示例，见图 8—1。

<table>
<tr><td colspan="6">工程名称：</td></tr>
<tr><td colspan="2">更改内容</td><td>更改原因</td><td colspan="2">原为：</td><td>更改为：</td></tr>
<tr><td colspan="2"></td><td></td><td colspan="2"></td><td></td></tr>
<tr><td colspan="2"></td><td></td><td colspan="2"></td><td></td></tr>
<tr><td colspan="2"></td><td></td><td colspan="2"></td><td></td></tr>
<tr><td colspan="2"></td><td></td><td colspan="2"></td><td></td></tr>
<tr><td colspan="3">申请单位（人）： 日期：</td><td rowspan="5">分发单位</td><td colspan="2"></td></tr>
<tr><td colspan="3">审核单位（人）： 日期：</td><td colspan="2"></td></tr>
<tr><td rowspan="2">批准会签</td><td colspan="2">设计施工单位： 日期：</td><td colspan="2"></td></tr>
<tr><td colspan="2">建设监理单位： 日期：</td><td colspan="2"></td></tr>
<tr><td colspan="3">更改实施日期：</td><td colspan="2"></td></tr>
</table>

图 8—1 更改通知单示例

资料来源：http：//www. risn. org. cn/Norm/ _ uploadpic/Qt/092301.

（四）分发

分发是指将科技文件向其使用者发送的过程。分发一般在立档单位内部进行。将科技文件向外协单位的发送在本书中称为传输。在手工环境中，分发通常伴随着复制活动。比如复制设计图样向生产人员分发，晒印蓝图向施工人员分发。在电子环境中，可以通过网络进行科技文件的分发。

中国空间技术研究院通过产品研制系统 AVIDM 功能的完善，实现了评审文件、正式文件和图纸的电子分发、签收和在线阅读。为规范进行文件（在该系统中称为文档资料）的后期管理，AVIDM 系统中规定了多种不同的技术角色和分发方式，角色包括资料调度员（承担正式文件的调度，资料调度员通常由型号调度担当）、二级调度员（承担文件的二级调度，把文件从研究室分发到个人）、资料评审员等。分发方式包括四种：(1) 直接分发。指不经过中间人，资料调度员直接将电子文件分发到接收文件的个人；(2) 间接分发。资料调度员不把文件直接发给文件接收人，而是首先发给研究室，然后由研究室的二级调度员分发给具体的文件接收人。（3）直接补发。资料调度员发现文件漏发的情况后，将漏发的文件补充分发给接收文件的个人。（4）间接补发。资料调度员首先把文件补发到相应的研究室，由研究室的二级调度员将文件分发到具体人。

AVIDM 系统还对电子分发具有有效性和时间控制的功能。（1）有效性控制。当文件受控更改后，资料调度人员需对新生成的文件进行分发。AVIDM 系统内签收人看到的文件始终是文件分发的版本。当受控的文件被销毁后，文件自动从签收者的已签收文件列表中转移到销毁文件列表中。（2）时间控制。资料调度员可对文件的阅读权限进行时间限制，在规定的时间内，文件接收人可阅读文件内容；过期后，已接收文件自动从接收列表中转移到退回文件列表，并且接收人失去对该文件的阅读权限。①

（五）传输

传输是指正式生效后的科技文件在不同立档单位之间的传递过程。一个单位的发文经过传输成为另一个单位的来文。文件的传输可以人工进行，也可以通过网络传递。网络传输大致有两种形式：一是通过公共网络，一般可利用电子邮件、即时通信等工具传递，这种传输方式并不安全；二是通过专门网络传递，如虚拟专用网（VPN）或企业网，可通过电子邮件、即时通信等工具传递，也可通过专门的传输软件传递，后者一般采用了加密、数字签名等技术手段，安全性更高。

第二节　科技文件的管理

一、科技文件管理的质量目标

科技文件管理的质量目标包括完整性、准确性、系统性、真实性、可用性等。

（一）完整性

完整性是指文件的信息齐全。科技文件的完整性具有两个方面的含义：

1. 单份科技文件内容、结构和背景信息没有缺损

为保证单份科技文件的完整，科技文件应该按照既定的程序和要求形成。该审批的要审批，该更改的要更改。形成过程的规范是保证单份科技文件完整性的关键。

① 参见周孝伦，刘霞，王江永：《科技文件电子分发模式探索》，载《中国制造业信息化》，2008（2）。

这个质量目标在电子环境下显得格外突出，这是因为电子文件的内容、结构和背景信息可能分散保存，且相关信息并不是固定于某个特定载体上，而是可能历经多次存储位置、载体、系统的变化，而信息不全可能影响文件的真实性、准确性。

2. 一项科技、生产活动中形成的具有有机联系的科技文件齐全成套，没有缺失

为保证科技文件的成套性，要满足两个层次的要求：其一，应该形成的科技文件得以形成，一套科技文件中应既有原始依据性文件，又有过程性和成果性文件，能够完整地反映该项科技活动的全部内容和历史面貌。其二，形成之后的文件不丢失，不损坏。

（二）准确性

准确性即文件反映客观事实。科技文件的准确性，表现在两个方面的“一致”上：其一，科技文件应该同它所记载和反映的科技对象或科技过程相一致；其二，同一个项目的科技文件相互之间在内容上应该协调一致，如底图和蓝图应保持一致，成果报告和实验记录或阶段小结应保持衔接一致等。电子环境中，科技文件的准确性，还表现在电子文件与打印件的一致上。

科技文件的准确性对于科技档案凭证参考价值的发挥有决定性的影响。为确保文件准确，需要实施严格的管理制度，明确更改流程，开展有效的监督和审核。

（三）系统性

系统性是指一套科技文件之间的有机联系得以揭示。系统性以完整性为前提，是完整性目标在科技文件管理领域的拓展目标。揭示科技文件之间有机联系的方法包括分类、立卷、编号等，其结果依靠编号系统和目录系统形成一套科技文件的层次体系。

（四）真实性

真实性指科技文件确系科技、生产活动的真实记录，不是伪造的，也没有经过篡改或误改。真实性是保证科技文件在科技、生产活动中的有效性和法律证据性的前提。手工环境下，一般通过维护原始载体的真实来确保文件信息内容的真实。在电子环境下，由于电子文件不能拥有固定不变的原始载体，且其信息容易改变，因此需要采用系统管理的方法来确保文件的真实性，即通过借助于程序严明、功能完备的文件管理系统（包括业务系统和档案管理系统）来维护电子文件的真实性。

以秦山二核为例，在电子文件生效之前，该公司主要通过两种方式来确

保文件的真实性。一是借助工作流平台软件，这种方法的好处是可追溯性好，每个流程节点的工作记录都很清楚。二是在各个应用软件中以简单的审批记录方式自行实现的简单流程，这样的流程可追溯性较差，不能详细记录各个流程节点的操作，其记录也容易被篡改，但在公司局域网范围内，通过严密的身份认证和严格的管理制度，使一个文件的编、审、会签、批准过程的可信性得到保证。电子文件在生效发布时，由文件发布部门应用非对称加密技术做了数字签名处理，实现了电子文件的不可更改和不可抵赖性，保证了文件生效后的真实。①

(五) 可用性

可用性是指科技文件可被合法用户无障碍地使用和利用。这就要求科技文件：

1. 得到集中控制

科技文件在形成后，不应仅仅掌握在单个人员或部门手中，具有利用权限的用户都可以查看、利用。在手工环境下，实践领域摸索出一套行之有效的积累方法，如设立兼职档案员、制发积累袋等，其目的之一就是实现集中控制。电子环境中，可以通过集中存储、统一存取等手段实现集中控制。

2. 得到有效组织

即科技文件具有系统性，有联系的科技文件其关联性得到了揭示，用户可以通过编号系统、目录系统查找利用文件。

3. 可读、可交换

科技文件必须使用符合要求的笔墨、字体、字号、图表符号编制文件，格式规范。在电子环境下，还要求保证文件在系统频繁变化背景下仍然可用人所能理解的方式输出。

二、科技文件管理的内容及方法

科技文件管理的内容非常丰富，每一项科技文件的形成活动必然伴随着相应的管理工作，许多科技档案管理活动也可提前到科技文件形成阶段开展，和有关的科技文件管理活动集成。下面是几项具有代表性的科技文件管理活动，这些管理活动之间并没有严格的界限，相互集成的现象较为普遍。

(一) 登记、积累与保管

1. 登记

科技文件形成之后，应该予以登记。登记是保证科技文件完整性的重要手

① 参见韩春林：《秦山二核文档管理信息化实践》，载《浙江档案》，2007 (4)。

段。手工环境下，登记通常是积累的一项工作内容，可由科技、生产人员自行登记，或兼职档案员代行登记。电子环境下，可以由形成科技文件的业务系统对每一份文件实施实时的、自动的登记。

2. 积累

在没有实施实时归档的立档单位，科技文件形成与归档之间尚有一段时间。这段时间需要对科技文件进行有效的积累和暂时的保管，以实现科技文件的适度集中，防止散失。积累工作一般由项目负责人总体负责，由兼职档案员具体执行，兼职档案员一般由熟悉档案工作的科技、生产人员担任，负责科技文件积累过程中的收集、登记、保管、提供利用、鉴定、立卷和归档工作。积累是项具体细致的工作，收集、登记、借用、催还都要及时，要有据可查。由于积累的时间相对较长，许多管理活动都是在积累过程中完成的，它也几乎成为科技文件形成之后除归档之外的所有管理活动的代名词。

手工环境下，积累一般分为两步：其一，先由科技、生产人员自行积累，待项目结束或项目分阶段结束时再予以集中。为此，有些单位专门给科技文件形成者印发了科技文件积累袋，要求随时将科技文件装入积累袋中，以防散失。其二，在兼职档案员手中积累，由兼职档案员整理、归档。电子环境下，可以在科技、生产部门设立一个用来积累科技文件的数据库，称为暂存库，文件一旦形成，可由其形成者或系统自动将文件发送至暂存库中。归档时再由暂存库发送到档案管理系统中。

3. 保管

科技文件形成之后，就处于持续的保管过程之中，其保管的责任随着管理权限的转变而转变。保管的主要内容包括内容维护和载体维护两个方面。手工环境下，以载体维护为核心；电子环境下，以内容维护为重点。

（二）整理

整理是将科技文件有序化的组织过程，其任务在于揭示科技文件之间的有机联系，建立管理秩序。整理主要包括分类、编号、立卷等内容。科技文件的整理要与科技档案的整理（请见第十一章）实现有效集成，保持方法的一致性，以保证整理成果的可继承性，消除重复劳动，提高管理效率。

1. 分类

科技文件的分类，就是依据分类方案中所规定的逻辑结构、方法和程序规则，对科技文件进行的系统标识和整理过程。科技文件分类方案是科技、生产活动的业务分类方案的自然延伸，不同科技、生产活动形成的文件构成不同类别。科技、生产流程具有结构化特征，一般情况下，在一项科技、生产活动开展之前，项目的周期、阶段、工作内容、工作程序便可以确定，各个阶段、各项工作中形成的文件类别也可以确定。在立档单位内部，科技文件分类方法与科技档案分类方法相一致。

科技文件分类和科技档案分类的关注点略有区别，科技文件分类更强调的是形成一套科技文件内部的层级结构，而立档单位的科技档案分类注重形成一个单位内多套档案之间的层级结构，而档案馆内的分类则侧重于形成多个全宗之间的层级结构。也就是说，分类结果是不断继承的。

2. 编号

编号，又称编码，它由代字和代号组成，作为科技文件的标识符，揭示其内容特征和形式特征。编号具有高度概括性，是一种多部门、多人员共同使用的简洁的技术语言，是管理科技文件的基本工具。在计算机系统中，科技文件的编号通常作为唯一标识符，对于文件的定位有重要意义。理想状态下，科技文件制作时要同时赋予编号，最晚在登记时要予以编号。

科技文件的编号，要遵循统一的编号规则。各专业系统、各立档单位一般都有自己的一套编号规则，编号方法也各不相同。总体说来，科技文件的编号方法有分类编号法、流水编号法和分类流水编号法三种。

（1）分类编号法

分类编号法，是指按照科技文件在整个分类体系中的位置赋予其标识符，通常由“分类号＋顺序号”构成，其中分类号是指科技文件所属类别的代号，一般要从最高级别类号逐层向最低级别类号依次展开，顺序号是指最低类别下文件的先后顺序。分类编号法可以完整地揭示整套科技文件之间的有机联系。前提是必须事先制定详细完整的文件分类方案和编号方案。

（2）流水编号法

流水编号法，是指按照科技文件制作或登记的顺序号给文件依次编号。流水编号法是最简单的编号法，它无法有效揭示科技文件之间的有机联系。

（3）分类流水编号法

分类流水编号法，是分类编号法和流水编号法的结合，采用“分类号＋流水号”的构成，这里分类号的层级在整个分类体系中较高，有时只标注到大类，不同类别下再按照流水编号。分类流水编号法可以部分地揭示科技文件之间的有机联系。

科技文件归档之后也需要编号，即赋予其档号，在不少单位，对科技文件、科技档案统一编号。

以大亚湾核电站为例。对于核电生产过程中产生的记录和报告，不再分别在现行阶段和档案管理阶段采用文件管理模式（产生、编码、分发、储存管理）和档案管理模式（分类、编码、立卷、入库），而是实施统一的一体化管理，其编号采用四级类目编码方式。

一级类目用 1 个字母 G 代表大亚湾核电站生产活动中产生的记录报告。

二级类目用 3 个字母表示主活动项，通常按照记录报告产生的方式与系统/设备有无直接关系区分类别。若有关系，就只用 3 个字母的系统代码；若没有关系，就根据记录报告的内容按照《生产质量管理手册》中所使用的 3 个字母功能码来表示，《生产质量管理手册》将生产记录报告划分为 19 个功能领域。

三级类目用 3 位数字表示某类型活动下各种专业性工作，3 位数字中第 1 位通常作为区分专业工作的区分符，第 2、3 位数字通常作为记录报告的顺序流水号。考虑到记录报告随着核电站生产管理情况的变化可能会增加、撤销、更改等情况，3 位数字不连续。

四级类目用 4 位字符表示记录报告产生时间或与时间相关的信息。

为了适应核电站记录报告种类多、状态变化大的特点，采用树状结构图表示不同专业功能领域下各级文件的逻辑关系以及相应编号，以实施动态控制，快速定位、管理和使用文件。图 8—2 为该核电站运行记录报告结构树。①

3. 立卷

立卷，也称组织案卷、组卷，是指将同一类别下一组科技文件组合为案卷的过程。案卷是一组具有有机联系、价值相同、密级相同的科技文件的最小集合体。

立卷工作一般要在分类、鉴定之后开展。只有具有保存价值的科技文件才有立卷的必要，从性质来看，立卷已经属于科技档案管理的范畴，但是一般发生在归档之前，尚未履行将其转化为档案的手续，且由科技、生产部门负责，故而习惯上还是称为“科技文件的立卷”。本书将相关内容和方法放在本章阐述，详见第三节。

4. 案卷编目

案卷编目是指为案卷编制目录的过程。本章第四节专门阐述案卷编目事宜。

（三）更改管理和版本管理

1. 更改管理

在某些专业活动中，科技文件的更改非常频繁。加强更改管理，可从以下几个方面入手：

---

① 参见贺禹主编：《大亚湾核电生产文件档案使用指南》，153～155 页，北京，中国电力出版社，2003。

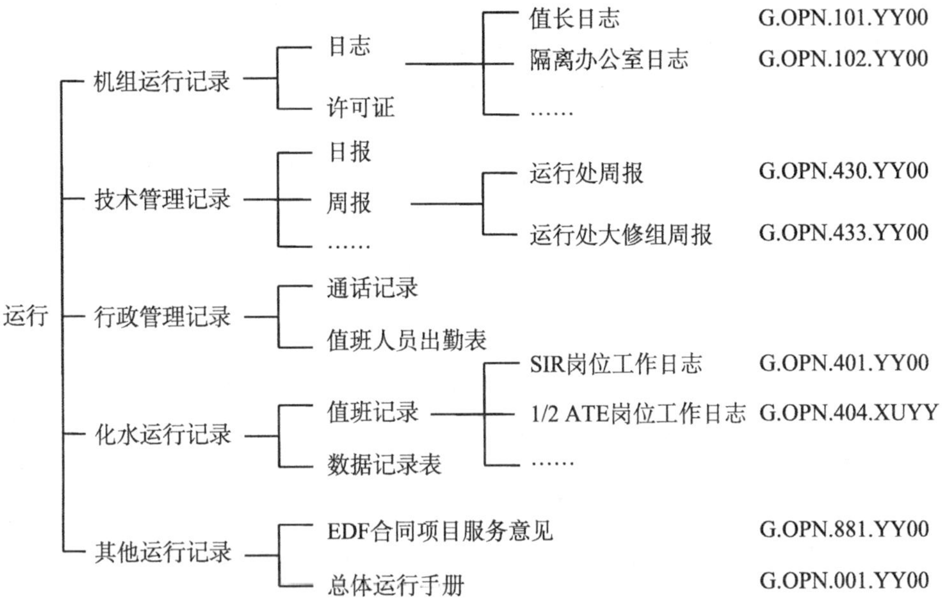

图 8—2　大亚湾核电站运行记录报告树状结构图

其一，严格更改手续和流程，确保更改经过相关审批。

其二，采取“以我为主”的原则，明确更改权限，即谁设计、谁更改。

其三，明确更改方法。不同专业领域、不同类别的文件、不同的更改类型，其更改方法亦有所区别，常见的有杠改、叉改、划改、刮改、圈改等，其中杠改法是指用一条实线将被修改的部分划去，在其附近适当的位置填写变更后的内容，并注明修改依据。叉改法即用“×”将被修改部分划去，在其附近适当位置填写修改后的内容，注明修改依据。划改法是指用一条细实线将要改动的内容划掉，在其附近适当位置填写修改后的内容，注明修改依据。刮改法是将需要更改的内容，用刮、洗、擦的方法将原来内容去掉，然后填注新内容，并且注明修改依据。圈改法是指在需要修改的部位打上圆圈，在其附近适当位置填写修改后的内容，注明修改依据。

《国家重大建设项目文件归档要求与档案整理规范》（DA/T28－2002）对竣工图的更改方法作出如下规定：

6.3　竣工图的更改方法

6.3.1　文字、数字更改一般是杠改；线条更改一般是划改；局部图形更改可以圈出更改部位，在原图空白处重新绘制。

6.3.2　利用施工图更改，应在更改处注明更改依据文件的名称、日期、编号和条款号。

6.3.3 无法在图纸上表达清楚的，应在标题栏上方或左边用文字说明。

6.3.4 图上各种引出说明应与图框平行，引出线不交叉，不遮盖其他线条。

6.3.5 有关施工技术要求或材料明细表等有文字更改的，应在修改变更处进行杠改。当更改内容较多时，可采用注记说明。

6.3.6 新增加的文字说明，应在其涉及的竣工图上作相应的添加和变更。

其四，将更改单同被更改的科技文件一起积累、保存，将每一份被修改的科技文件都与相应的更改单关联，以确保科技文件的准确性，保证科技文件形成过程的可回溯性。

2. 版本管理

更改的结果就是形成多个版本的科技文件，应加强版本管理，确保同一文件的不同版本既相互区别，又相互关联，确保文件的修改过程得以完整全面地记录，维护档案的凭证价值。许多网络协作型业务软件都有一定的版本管理功能。

（四）鉴定与归档

科技文件的鉴定是指根据科技文件保管期限表，赋予其保管期限的过程。科技文件的鉴定是科技档案价值判断的第一步，科技档案鉴定的另一项工作是对保存期满的科技档案再次鉴定。归档是将具有保存价值的文件纳入档案管理范畴的过程，其标志性动作是将文件的管理职责由科技、生产部门移交给档案部门。

鉴定、归档是衔接科技文件管理和科技档案管理的核心内容，本书将分别在第十二章和第九章中单独叙述。

（五）电子环境下新增的管理活动

电子环境下新增的管理活动皆具有技术管理的性质，如为文件命名、确定文件的存储格式、信息系统安全管理等。

1. 为文件命名

文件名是操作系统识别文件的主要标识，文件命名应遵循统一的规则，以防命名随意所导致的重名、无法体现内容等不良情况。文字型科技文件的命名可以与其标题一致，图样型科技文件的命名可以与其编号一致。

2. 确定文件的存储格式

最好在编制科技文件的时候就采用通用格式或开放格式，以免事后格式转换造成信息损失，这实际上是在选购应用软件时就要考虑的。如果难以采用开放格式，应尽量选用覆盖面广、成为事实标准的、没有法律限制的存储格式，以降低未来格式迁移的难度。

3. 信息系统安全管理

在信息系统环境中，可采取权限控制、身份认证、加密、数字签名、入侵检测、物理隔离、防火墙、防病毒、操作日志等技术和配套的管理措施，保证信息系统及其中文件的安全。

4. 元数据管理

在科技文件形成及其管理过程中，会不断产生描述科技文件及其形成、管理活动的元数据，如作者、标题、时间、存储格式、编号、类别、存储位置等，应该予以实时捕获、集中管理。严格说来，元数据管理并不是电子文件管理特有的工作内容，也不是仅仅存在于文件形成阶段的工作内容。在手工环境中，这项工作一般为其他相关管理活动，如登记、更改管理、版本控制、案卷编目等所包含。电子环境中，一方面，所有文件管理活动都会形成元数据；另一方面，系统可在后台自动捕获和管理元数据，其覆盖面和开展方式有了很大的变化。

三、档案部门对科技文件管理工作的检查、协助

（一）检查、协助科技文件管理工作的内容

档案部门检查、协助科技文件管理工作的内容主要包括以下几个方面：

其一，参与科技、生产管理部门制定相关管理方法，包括科技文件形成、积累的质量标准和管理办法，科技文件编号、更改、复制、分发等制度和方法等。

其二，深入科技、生产活动一线，具体检查和协助科技人员做好科技文件的形成和积累工作，确保文件完整和质量。

其三，宣传科技档案的作用和科技档案工作的意义，贯彻执行《中华人民共和国档案法》和有关科技档案工作的方针政策与章则制度，提高科技、生产人员和各级管理人员对科技档案管理和科技文件管理之间关系的认识。

其四，为科技、生产及其管理人员的科技文件管理工作提供各项必要的物质条件和方法指导。

（二）检查、协助科技文件管理工作的方法和措施

由于科技文件的形成、积累贯穿科技、生产活动的全过程，同科技、生产活动是同步进行的，因此，基层科技档案部门对科技文件的形成、积累，也要随着科技、生产活动的进行实行同步管理。同时，由于各个不同专业和不同类型的单位，其科技、生产活动和科技文件有着不同的内容和特点，为了达到预期目的，档案部门还要根据具体情况有针对性地采取相应的方法和措施。

1. 以科技、生产程序和有关标准、规范为依据

科技、生产程序和有关的技术规则、标准，是一切科技、生产活动都必须遵循的，是进行科技、生产活动的依据。它规定了科技、生产活动的阶段、步骤和

整个工作过程，规定了每个阶段、步骤的工作任务和相应形成的科技文件，规定了各种科技文件的记述、表述和编制方法。因此，科技、生产程序和有关的标准、规范，既是科技部门和科技人员进行科技、生产活动的基本依据，又是科技档案部门检查、协助科技文件管理工作的基本依据。科技档案部门应该以此为依据，检查每一项科技、生产活动形成的科技文件是否完整、准确、系统、真实、可用；检查科技文件的规格、编号、书写、绘制、签署等是否符合标准规定；检查、协助有关科技人员做好科技文件的平时积累、整理和归档。

2. 建立责任保证体系和监督管理网络

检查、协助科技文件管理工作，应建立一个自上而下的责任保证体系和监督管理网络。比如，在一个设计单位，建立从主管技术的院长、总工程师、室主任、主任工程师、设计组长、专业设计负责人、设计人到制图人员的责任保证体系；建立从设计管理、质量管理、计划管理、标准化管理、生产管理到科技档案管理的监督管理网络。在这个责任保证体系和监督管理网络中，有关人员和有关部门各司其职，各尽其责，从本人和本部门的职责任务出发，参与科技文件的管理，对科技文件质量负责。

3. 推动科技文件管理的制度化

推行科技文件、档案管理一体化模式，立足科技文件管理和科技档案管理制度，依赖“三纳入”、“四参加”、“四同步”等集成化管理制度，做到组织上有保证，制度上有规定，职责上有分工，工作上有安排，管理上有考核；确保对科技文件管理工作协助、检查的有效性。

4. 根据科技、生产活动的性质和特点

不同专业领域和工作活动中，具体情况和任务的不同，科技文件形成、管理的重点也不同，需要采用有针对性的方法。

以工业产品开发研制文件为例，工业产品的开发研制可划分为若干不同的开发类型，如全新产品的开发研制、变型产品的开发研制等。全新产品的开发研制，其技术指标、工作性能、整体结构、技术规格等方面都具有创新性质。因此，全新产品的开发研制涉及面较广、难度较大、周期较长，其科技文件基本上是在开发研制过程中新编制的。对这类科技文件要实行全过程跟踪管理，即从调查决策、编写新产品开发建议书开始，直到产品投产和经营销售为止，对每一工作阶段和每一工作环节科技文件的形成和管理，都要进行有效的监控，以确保科技文件的完整和质量。对产品的其他开发研制类型，则需根据每种开发类型的特点，抓住重点和关键环节，保证重点和关键环节科技文件的完整和质量。

再以建设工程项目文件为例，建设工程项目按其建设性质分为新建项目、扩建项目、改建项目等不同类型。工程项目的建设性质不同，其任务范围、工作基础和形成的科技文件的内容和多少也不相同，因此，对不同性质建筑工程科技文件管理工作的检查、协助方法也不相同。对新建项目科技文件，必须实行全过程监督管理，以确保新建项目成套科技文件的完整、准确和系统。对扩建项目和改建项目的科技文件，则实行重点环节的监督和检查，以保证扩建或改建部分科技文件的完整和质量。

5. 抓住薄弱环节和难以形成的科技文件

在科技、生产活动中，从科技文件形成和管理的角度看，存在某些带有普遍性的薄弱环节。有目的、有针对性地抓住这些薄弱环节，对于保证科技文件的完整具有重要的作用。比如，一项科技、生产活动的开始阶段，常常是科技文件形成和管理的薄弱环节。这是因为，一项科技、生产活动的开始或初期阶段，或因人员刚刚搭配，或因缺乏工作基础，或因制度不够健全等原因，常常不太注意或无暇顾及科技文件形成和管理的质量。因此，科技档案部门应注意做好这一阶段科技文件管理的检查和协助工作。应该明确：一项科技、生产活动的开始，也就是这项科技、生产活动的科技文件形成和积累工作的开始，而且在开始阶段形成的文件往往是很重要的，如各种依据性文件、原始基础性文件等。所以，一个科技项目最终形成的科技文件是否完整成套，至关重要的一环是能否抓好“开始关”，能否在科技项目一开始就把科技文件的形成和积累工作做好，能否在一开始就建立有效的监督管理。

在科技、生产活动中，有些科技文件比较容易形成和积累，如科技研究活动中的成果报告，工程或产品设计活动中的图样文件等。但是，还有某些带有普遍性的难以形成和积累的科技文件，如科技研究活动中的某些实验记录，基本建设活动中的竣工图，产品设计、研制活动中的某些计算文件和原始记录等。在一个科技项目的成套文件里常常缺少这些文件。拿科技研究活动中的实验记录来说，它是科技研究活动中形成的原始或中间性文件，完整、精确、系统的实验记录，是整理科研成果、撰写课题报告和学术论文的依据和基础。但是，人们常常忽视对实验记录的完整形成和积累。这种只重视成果文件而轻视原始、中间性文件的倾向，是造成科技研究活动中实验文件难以形成和积累的一个原因。对于难以形成和积累的科技文件，档案部门应作为检查、协助工作的重点，切实抓好，如制发“科技文件积累袋”，设立暂存数据库，定期对积累袋的使用情况和暂存数据库的使用情况进行检查和指导。

6. 适当运用经济手段

适当运用经济手段，是提高科技文件管理水平的有效方式。具体包括外部和内部两种情况。对外运用经济手段，是指对承担本单位科技、生产项目的外单位运用经济手段。如在工程承包合同或协议书中作出明确规定：由施工单位承担竣工图的编制工作，若不编制或编制不合格，则要支付一定的经济赔偿。对内运用经济手段，可以同有关人员的岗位责任制相结合，即把科技文件的形成与管理作为考核与奖励的一个条件，同有关人员的经济利益合理地联系起来，从而推动科技文件的形成与管理。

第三节　科技文件的立卷

一、立卷的要求

立卷是科技文件整理工作的核心内容，也是对科技文件予以档案化管理的重要内容。作为科技文件和科技档案管理的最小集合，案卷存在的形式有逻辑卷和物理卷之分。所谓物理卷，就是一组科技文件的实体组合，是一个物理保管单元。一个物理卷通常有统一的装具，如案卷封皮、卷盒等。所谓逻辑卷，就是一组科技文件在计算机系统中的虚拟组合，通常表现为一个文件夹的形式，卷内文件并不必然存放在相同的物理位置，但是在逻辑上可以实行集中控制，可以案卷为单位实现统一处理、安全控制和开发利用。

实践已经表明：不管是否组织物理卷，都要用计算机建立逻辑卷，以揭示科技文件之间的有机联系。随着计算机的应用，有一些单位在文件管理实践中开始尝试不立物理卷、按件保管的做法。但是对于科技文件，由于成套文件之间的有机联系非常突出，一味采用按件保管的做法，将割裂科技文件的有机联系。因此，即便是高度信息化的单位，对于传统载体形式的科技文件，也还是提倡建立物理卷，当然，可以先在计算机系统中建立逻辑卷，按件积累，归档前再行组织物理卷。

不管采用哪种案卷形式，都要满足下列要求：

（一）案卷必须是一组具有有机联系的科技文件

这就是说，案卷不是内容毫不相关的一堆文件的随意组合，而是由相互之间有密切联系的科技文件组成的保管单位。“有机联系”，是案卷的本质特征，也是立卷的基本要求。立卷不能打破成套性原则，从整个整理工作的角度来看，一套文件内同属于一个类别的文件才可能组织成为一个案卷。比如，一个科技项目的科技文件可以组成一个案卷，如果这个项目的文件数量比较多，那么，也可以按其内部类别划分，组成若干个案卷。

（二）案卷内科技文件的数量要适度

组织案卷不仅要保持科技文件之间的有机联系，而且还要从有利于保管和利用的目的出发，正确处理整体与部分、大的联系与小的联系之间的关系，从而使案卷内科技文件的数量适当。比如，一架飞机的图纸上万张，作为一套文件，它们之间具有有机联系；这架飞机的组成部分发动机有上百张图纸，其内部之间也存在着有机联系。这说明，“有机联系”的范围，其大小幅度伸缩性很大。很显然，把一架飞机上万张图纸组成一个案卷是不适宜的，既不便于管理，也不便于利用。对于案卷，质的要求必须是一组具有有机联系的科技文件，同时，还应该有一个量的界限，这就是案卷的组合度。

案卷的组合度，在手工环境下，直观地表现为案卷的厚度；在电子环境下，表现为文件的数量和容量，由于科技文件的载体复杂，案卷的形式多样，因此组成案卷的数量界限只能是相对的，可按国家标准《科学技术档案案卷构成的一般要求》的规定，依科技文件的具体情况确定。

（三）案卷内科技文件的保存价值和密级应基本一致

在一般情况下，一个案卷既是一组具有有机联系的科技文件，也是一组保存价值和密级相同的科技文件，三者基本上是一致的。但是，由于保持“有机联系”和“区分价值”、“划分密级”是从三个不同的角度提出的要求，其衡量标准不可能完全一致。解决这个矛盾一般应以保持有机联系为主，在维护有机联系的前提下，再考虑按不同价值和密级组织案卷；如果因为区分价值和划分密级而有损于保持科技文件的有机联系，那么就不要硬性分开，在日后鉴定、保管和利用时，价值小的服从价值大的，密级低的服从密级高的。

二、立卷的方法

科技文件之间的联系是多方面的，分类的方法多种多样，因此立卷的方法也是较为多元化的。通常的方法有以下几种。

（一）按结构立卷

这种方法，主要适用于机械产品和设备科技文件，尤其是其图样部分。其做法是：按照机械产品和设备的组、部件或系统，将记载和反映其各组成部分的科技文件组成案卷。比如，一台铣床，是由床身、传动机构、变速机构、进给机构、升降机构、工作台、电气系统、润滑系统等部分组成，各结构部分的相关科技文件，即可分别立卷。

（二）按子项或子课题立卷

前者主要适用于建设工程科技文件，即按照建设工程的子项将其科技文件组成案卷。比如，某机械厂建设工程由铸工车间、金属加工车间、机修车间、锅炉房、原料库、成品库等子项组成，各子项的科技文件可分别立卷。

后者适用于科研课题文件。大的科技研究课题常常由若干个子课题构成，每个子课题的科技文件是具有有机联系的，可分别立卷。

（三）按工序或阶段立卷

按工序或阶段立卷，就是根据科技、生产程序或工作过程，把反映同一程序或过程的科技文件组成案卷。这种方法适用性较广。比如，工艺文件可以按加工工序的不同，组织相应的案卷；科研文件和设计文件，可以按科研、设计阶段分别立卷；地质勘探文件可以按踏勘、初探等工作进程立卷等。

（四）按专业立卷

按专业立卷，是按照科技文件内容所涉及的专业来分别立卷。比如，一个机械产品的工艺文件，可以按照铸造、锻造、热处理、焊接、电镀、油漆等不同专业分别组织案卷。建设工程的图样，可以按建筑、结构、电气、通风、给水和排水等不同专业分别立卷。

（五）按问题立卷

这种方法是按照科技文件反映的不同问题分别立卷。比如，某项综合调查或考察、某个专业讨论会等，均可按照调查或考察、讨论中的不同问题，将其科技文件分别立卷。

（六）按名称或文件性质立卷

前者是按照科技文件的不同名称，如设计任务书、计算书、说明书、工程预算书等分别立卷；后者是按照科技文件的不同性质，如原始基础性文件、中间过程性文件、成果性文件等分别立卷。

（七）按地区立卷

这种方法是按照科技文件反映的地区分别立卷。它主要适用于地质勘探文件、地形测量文件，以及水文、气象观测等文件。

（八）按时间立卷

这种方法是按照科技文件所反映或形成的时间分别立卷。它主要适用于水文、气象、天文、地震等观测文件。如气象预报，可按时间把一年内形成的气象月报集中在一起组成案卷；也可以把一年内形成的月报和本年度的年报集中到一起组成案卷。

（九）按作者立卷

作者，亦称责任者，包括个人作者、集体作者或机构。按照作者立卷，就是把同一作者形成的科技文件单独组成保管单位。比如，专家关于科学技术问题的建议，科学家的考察报告、论文、专著手稿等，均可以按不同的作者分别立卷。

上述九种方法，是立卷常用的主要方法。由于科技文件种类繁多，类型和载体复杂，在具体运用时，可根据科技文件的具体情况，选用既能保持科技文件的有机联系，又便于科技档案管理和利用的方法。

三、立卷时可能遇到的问题与解决方法

在科技文件整理立卷工作中，常会碰到以下问题，应予以灵活、妥善的解决。

（一）重复件的立卷

当机械产品或电器产品发展成系列产品，或进行产品变型改装时，基型产品同系列产品之间，或基型产品同变型产品之间，有些科技文件，特别是图样，会有重复现象。对此，在整理和立卷时，可以基型产品为基础，保持科技文件的完整成套，相关系列产品或变型产品的科技文件则不必求全配齐，只保存本身专用的科技文件即可，这样可以避免科技文件的大量重复保管。为使系列产品或变型改装产品的全套科技文件也能得到反映，可以通过编制产品文件明细表的办法来解决。

（二）标准图、通用图和借用图的立卷

对产品、工程设计和专用（非标准）设备中采用的标准图、通用图和借用图，也不必复制全套进行整理、归档，只需在目录中注明所采用的标准图、通用图和借用图的名称、图号即可。

（三）补充文件的立卷

随着产品和设备的革新、改进，工程项目和设备的使用、维修，还会逐步形成和补充一些新的科技文件。对于新形成的科技文件，可以单独立卷。这样做的目的，一是为了避免拆散原来已经组织好并归档的案卷，减少不必要的重复劳动；二是有利于反映科技、生产发展变化的历史过程，并且便于查找和利用。

四、案卷内科技文件的排列

案卷内科技文件的系统排列，也是立卷的一项工作内容，其目的是为了更好地保持和正确地反映科技文件之间的有机联系，便于日后的管理和查找利用。

（一）图样的排列

图样在形成时一般有两种情况：一种是在形成时编制了图样目录；另一种是在形成时没有编制图样目录。对于第一种情况，可以按已编制的图样目录顺序进行排列。对于第二种情况，在进行排列时有以下几种方法可供选择。

1. 按隶属关系排列

这种方法适用于机械产品图样的排列。机械产品图样一般是运用结构特征组织案卷，同这种组卷方法相适应，卷内图样可按“隶属关系”进行排列。其一般顺序是：总图在前，其他图样在后；组件图在前，部件图和零件图排后，即按照“总图—组件图—部件图—零件图”的顺序进行排列。如果按组件组织案卷，其排列顺序为："组件图—第一部件图及其所属零件图—第二部件图及其所属零件图—直属组件的零件图"等。如果图样是按隶属编号法进行编号的，即可按图号依次排列。

2. 按总体和局部关系排列

这种方法主要适用于建设工程图样的排列。其总的排列次序是"总体布置图—系统图—平面图（或立面图、剖面图）—大样图"等，即总体性、综合性的图样在前，局部性的图样居中，细部的、大样性的图样排后。

3. 按比例尺大小进行排列

这种方法主要适用于大地和地形测绘、测量图样的系统排列。

4. 按地区特征进行排列

这种方法主要用于地质勘探图样、地震观测图样的系统排列。

5. 按时间顺序排列

主要用于某些自然现象观测图样，如水文观测图样、气象观测图样的系统排列。

（二）文字材料的排列

案卷内科技文字材料的排列，主要有以下几种方法。

1. 按重要程度排列

即按科技文件重要程度的高低进行排列。比如在一个案卷内，既有成果性文件，又有中间过程性文件和原始记录，则应根据重要程度按以下顺序排列："成果性文件—原始记录—中间过程性文件"。这样排列，不仅可以体现出科技文件的重要程度，而且也符合一般的查找利用规律。

2. 按地区排列

根据科技文件所反映的地区特征，按顺序进行排列。

3. 按时间排列

根据科技文件的形成时间或其内容所反映的时间进行排列。这种方法是常用的系统排列方法。

4. 按习惯排列

这主要指：来文和复文，复文在前，来文在后；正文和附件，正文在前，附件在后；正本和原稿，正本在前，原稿在后。

（三）图文混合文件的排列

有的案卷是由图样和文字材料混合组成的，其系统排列一般是文字材料在前，图样在后。

第四节　案卷编目

一、案卷编目的内容和要求

案卷编目，是在组成案卷的基础上进行的一项工作，也是科技文件整理工作的一项内容。

（一）编目内容

案卷编目，是以案卷为对象，通过一定的形式固定案卷系统整理成果，揭示案卷内科技文件内容与成分的工作。其内容包括编页号、填制案卷内科技文件目录、填写备考表、填制案卷封面和脊背标签。其中，编制案卷内科技文件目录是核心内容。

（二）编目要求

案卷编目应符合以下三点要求。

其一，要准确地反映案卷系统整理成果，揭示出案卷内科技文件的内容与成分，以便于科技文件和科技档案管理人员掌握案卷内文件（档案）的基本情况，维护和监督科技档案的完整与安全，对不同案卷开展有针对性的管理，迅速、准确地查找和提供科技档案，为科技、生产活动服务。

其二，要能够固定案卷内科技文件的排列顺序和位置，便于归档后立档单位档案部门和档案馆的管理。

其三，使用标准化、规范化的语言、数字和符号，文字简明、书写工整、字迹清楚。

二、案卷编目的方法

在电子环境中，编页号、填制案卷内科技文件目录、填写备考表、填制案卷封面和脊背标签等工作都可以实现自动化或半自动化。

（一）编页号

即为案卷内每一页文件编制顺序号，以便固定案卷内科技文件的顺序，确切统计案卷内科技文件的数量，有助于保护和查找使用。其方法是：(1) 凡是有书写内容的页面，都要采用阿拉伯数字从“1”开始依次逐页标注。(2) 单面书写的文件在右下角编号；双面书写的文件，正面在右下角编号，背面在左下角编号。(3) 卷内目录、备考表和案卷封面不编写页号。

某些科技文件，如成套图样、说明书、计算书等，在编制时已经编有页号，不必另行编号。只有在案卷内科技文件没有统一顺序号，或者编号顺序不连贯，或者排列次序不连贯，或者排列次序有了变动及出现差误时，才需要编页号或重新编页号。

（二）填制案卷内科技文件目录

案卷内科技文件目录，是卷内每一份文字材料或每一张图样的明细表。它对于管理和使用案卷具有重要作用。

成套图样或科技文字材料，一般在编制时就有图样目录或文件目录，编目时应尽量利用原有目录。如果在科技文件形成时没有编制目录，或原有目录不适用时，则要编制或重新编制目录。

案卷内科技文件目录的主要项目有序号、题名、编号、责任者、日期以及备注和页次等。其中，序号指该份文字材料或图样在案卷内的排列序号；题名指该份文字材料或图样的标题，一般要使用全称；编号指该份文字材料的文件号或图样的图号；责任者指该份文字材料或图样的直接编制部门或个人的姓名；日期指该份文字材料或图样的编制日期。

（三）填写备考表

备考表是用来记载和说明归档前和归档后案卷内科技文件基本情况和变化情况的一种工具。它对于案卷的保管和使用，乃至鉴定和统计，都有一定的作用。

备考表的项目主要包括两个部分：一部分是对立卷时卷内科技文件基本情况的有关记载和说明，如图样、照片、文字材料等数量的记载，以及归档单位或立卷人员对卷内科技文件完整、准确情况的说明。这部分内容是由有关的科技人员填写的。另一部分是科技文件归档后，在科技档案管理工作过程中，对有关该案卷变化情况的记载和说明。这部分内容由科技档案部门的有关人员负责填写。

备考表排列在案卷内科技文件的尾页之后。

（四）填制案卷封面

案卷封面，是以一定的格式概要介绍卷内科技文件内容和形式特征的一种工具。同时，它又对案卷内的科技文件起着保护作用。封面编制的质量和水平，将直接影响到对科技档案著录和检索工具的编制，关系到科技档案的管理和开发利用。

封面的内容项目，主要由案卷题名、案卷的管理性内容项目、档号项三个部分组成。

1. 案卷题名

案卷题名又称案卷标题，是案卷内科技文件的综合名称。它概括地反映了案卷的内容特征，是直接指引和帮助利用科技档案的向导，是档案著录和日后管理科技档案的依据。因此，案卷题名是案卷封面的核心内容，置于封面的中心突出部位。

案卷题名在结构上一般由三部分组成：一是项目名称，即案卷内科技文件所属工程、产品、课题或设备等的名称。二是案卷内科技文件的内容特征，如机械产品某组成部分的科技文件，其内容特征即该机械产品的结构特征；工程设计项目某设计阶段的科技文件，其内容特征即该工程设计项目的阶段特征；某专业领域内的科技文件，其内容特征即其专业特征等。三是科技文件名称特征，如图样、说明书、计算书、实验记录、成果报告等。

拟写案卷题名，要注意概括性，做到文字简练，表达准确，不可繁杂冗长，防止卷内科技文件名称的简单罗列；同时要注意完整性，能够恰当地揭示案卷的内容和成分，避免不适当的简化。

2. 案卷的管理性内容项目

这一部分包括编制单位（责任者）、编制日期、保管期限、密级等。编制单位指案卷内科技文件是由何人、何部门编制的；编制日期指案卷内科技文件的形成日期或起止日期；保管期限指卷内科技文件经鉴别划定的保管期限；密级指根据保密规定为卷内科技文件划定的保密等级。

3. 档号项

这一部分包括档号、档案馆（室）号、缩微号等。档号即本案卷的科技档案号，由分类号和案卷排列顺序号组成；档案馆（室）号即国家给定的本档案馆（室）的编号；缩微号即缩微时给定的本案卷的编号。

（五）编制案卷脊背标签

脊背标签，是管理和使用案卷的必备工具，其项目有案卷题名和档号。

【本章小结】

科技文件是在科技、生产活动中直接形成的，处于使用和运行过程中的信息记录。科技文件是科技档案的前身，科技档案继承了科技文件的很多属性和特点。科技文件的形成阶段是实施档案化管理的重要阶段。科技文件管理与形成同步。档案部门应以科技、生产程序和有关标准、规范为依据，依靠责任保证体系和监督管理网络，检查、协助科技文件管理工作。将同一类别下一组科技文件组合为案卷，是科技文件整理工作的核心内容，也是对科技文件予以档案化管理的重要内容。

【讨论题】

1. 谈谈你对科技文件与科技档案、科技文件管理与科技档案管理之间关系的认识。

2. 就一种科技文件，阐述其形成和管理的主要内容与方法。

3. 科技文件的立卷工作有哪些特色？

【主要参考资料】

1. 高鹏云．现代科技文件管理．北京：学苑出版社，1990

2. 刘宗斌．国际认证标准管理体系文件简约化．北京：清华大学出版社，2003

3. 贺禹主编．大亚湾核电生产文件档案使用指南．北京：中国电力出版社，2003

21世纪档案学系列教材

第九章 科技文件的归档

【本章要点】

揭示了科技文件归档制度的内容、意义和制定要求，详细阐述了科技文件的归档范围、归档方式、归档时间、归档要求和归档手续。

【关键词】

科技文件○归档○归档制度○归档范围○归档方式○逻辑归档○物理归档○归档时间○定期归档○实时归档○归档要求○归档手续

第一节　科技文件归档制度的制定

一、科技文件归档制度的内容和意义

归档，电子环境中亦称捕获，是一项将具有保存价值的科技文件置于档案管理范畴的活动，标志着文件管理职责由形成文件的科技、生产部门向档案部门和档案人员的移交。在设有档案部门的立档单位，在管理职责转移的同时，通常归档文件的实体也一并向档案部门移交。为保证这项工作顺利进行，明确相关部门及人员的职责，确保归档文件的质量，必须建立、健全科技文件归档制度。

科技文件归档制度的内容一般包括归档范围、归档方式、归档时间、归档要求、归档手续等。其表现形式相对灵活，既有独立成篇的部分，比如很多单位专门制定了归档范围；也有纳入其他管理制度、与其他管理制度集成的部分，比如一些单位将归档作为档案管理制度的主要内容之一，将归档责任纳入岗位责任制等。

科技文件归档制度具有双重性质，它既是一项科技、生产管理制度，又是一项档案管理制度；既是科技、生产部门开展归档工作的基本规范，又是档案部门协助、指导科技业务部门做好归档工作和接收归档的依据。因此，建立、健全科技文件归档制度具有重要意义。

（一）科技文件归档制度，是归档工作和检查、接收归档的依据

科技文件归档工作，连接着科技、生产部门的移交归档工作和档案部门的接收归档工作。要做好移交和接收，必须制定科学的并符合本单位科技、生产活动特点和科技文件形成规律的归档制度。有了归档制度，科技、生产部门及其工作人员才能有章可循，履行其归档职责；基层立档单位档案部门及其工作人员才能按章办事，做好对归档工作的协助和指导，并做好接收工作以保证归档工作顺利进行。

（二）科技文件归档制度，是保证归档文件质量的重要条件

归档之后的科技文件通常被称为科技档案，归档保存通常是针对全面实施科技档案管理的主要标志。实践证明，没有健全的归档制度和移交工作，就没有高质量的科技档案和科技档案管理工作。只有建立、健全和严格执行科技文件归档制度，才有可能不断地向档案部门输送完整、准确、系统的科技档案。

二、制定科技文件归档制度的要求

科技文件归档制度，是科技管理和档案管理的基本制度之一，其有关规定是否科学和切实可行，将直接影响归档文件的质量和归档工作的顺利进行。为此，国家和各专业主管部门对建立和健全归档制度提出了基本要求，各基层单位在制定本单位归档制度时，要遵循集中统一管理本单位科技档案的原则，认真贯彻国家和专业主管部门有关归档方面的规定。其具体要求如下。

（一）依据国家相关规定

在制定归档制度之前，有关人员要认真学习科技档案工作指导性和参考性文件，主要有《中华人民共和国档案法》、《中华人民共和国档案法实施办法》、《科学技术档案工作条例》、《国营企业档案管理暂行规定》、《科学技术研究档案管理暂行规定》、《电子文件归档与管理规范》、《科学技术档案案卷构成的一般要求》、《企业档案管理规定》、《国有企业文件材料归档办法》、《关于企业执行〈科学技

术档案案卷构成一般要求〉和〈归档文件整理规则〉的意见》，以及相关法律法规、各专业主管部门制定的科技档案管理办法等，将其作为制定科技文件归档制度的基本依据。

（二）必须符合本单位科技、生产活动和科技文件的实际

制定归档制度，一定要从本单位的实际出发，既要考虑本单位科技、生产活动的性质、任务和特点，又要考虑科技文件的种类、内容和形成规律，不能盲目抄袭、生搬硬套。只有这样，归档制度才能切实可行，归档工作才能保证质量。

（三）必须与本单位其他相关的科技、生产管理制度协调一致

归档制度不是一项孤立的管理制度，而应该同其他各项有关的科技、生产管理制度和其他科技档案管理制度相衔接，使其成为本单位整个管理制度的有机组成部分。

其一，要与产品开发管理制度、设计管理制度、科研管理制度、工程施工管理制度、设备管理制度、各种自然现象观测管理制度等相互衔接，将有关科技文件归档问题列入上述管理制度，并在归档制度中反映上述管理制度的要求。

其二，要与全面质量管理、标准化管理制度等相衔接，把归档文件和归档工作的质量作为质量管理和质量控制的重要对象，并纳入标准化管理体系之中。比如，归档文件的完整性、准确性、系统性和各种书写材料、幅面要求等，都应符合有关标准规定或经标准化部门审查。

其三，要与计划管理制度、绩效考核制度和奖励制度相衔接。比如，把归档任务的完成和归档文件的质量要求纳入计划管理制度，并且同有关人员的经济利益挂起钩来，在其绩效考核中得以体现，以保证归档制度的正确贯彻执行。

其四，要与风险管理、保密管理等制度相衔接，通过归档任务的完成降低科技、生产活动的风险等，并遵守国家和单位内部的保密制度。

其五，要与科技人员的岗位责任制相衔接，把科技文件的归档纳入有关人员的岗位责任制。

其六，要与其他科技档案管理制度相衔接。比如，归档范围要与分类方案、保管期限表相呼应，归档要求和档案保管要求相匹配等。

（四）有关规定应具体、明确

科技文件归档制度的有关规定，应该明确、具体，便于贯彻执行。

（五）开展调查研究，广泛征求意见

归档制度不能由科技档案部门主观拟定，而是应该对本单位各专业部门的科技、生产活动及其科技文件的形成过程和特点进行深入细致的调查研究，尤其要有计划、有目的地广泛听取各专业科技、生产人员和有关科技、生产管理部门的

意见，使所定的归档制度符合客观实际。这样的归档制度才能够顺利地得到贯彻执行。

第二节　科技文件的归档范围

一、确定归档范围的标准

确定归档范围，就是确定一个单位内哪些科技文件应该归档，作为档案保存备查。归档范围是科技文件归档制度的核心内容。正确划定科技文件归档范围，是保证本单位科技档案完整和质量的关键。

在一般意义上，确定归档范围的标准是科技文件是否具有保存或继续使用的价值。其保存价值既包括在当前或一定时期内具有依据和参考作用，也包括具有长远的历史参考价值。因此，凡是直接记述和反映本单位科技、生产活动的，具有现实和长远参考价值的科技文件，都应列入归档范围。

在操作层面上，由于归档范围实际上是保管期限大于零的科技文件的集合，因此归档范围和保管期限表在内容上可以合并，制定工作也应同步开展，互相配套。而职能分析、业务分析和风险分析是科技文件鉴定的三大视角，故而总体而言，凡是反映主要科技、生产活动的，为未来的科技、生产活动业务参考所需的，防范法律风险、安全风险的科技文件，皆应列入归档范围。

二、确定归档范围的要求

具体来说，在制定归档范围时应把握以下三个方面的要求。

（一）把在基本职能活动中形成的科技文件作为归档范围的主体

立档单位基本职能活动中形成的科技文件是归档范围的主体。在制定归档范围时，应对本单位的职能活动展开分析，首先应保证在基本职能活动中形成的科技文件归档范围清楚、明确。这些职能活动中科技文件的形成，往往耗费了很多的成本，价值也十分重大，往往是一个单位重要的资产。比如，上海海洋地质调查局在参与组建“上海石油天然气公司”时，就以其在东湖油气田勘探阶段所获得的资料和成果作价人民币 1.2 亿元，作为注册资本认缴。①

然后，还要以基本职能活动为中心，研究和分析围绕基本职能活动进行的其他科技、生产活动形成的科技文件，进而确定这些科技文件的归档范围。这样，就能既把握重点，又照顾全面，主次分明地制定出本单位科技文件的归档范围。

---

① 参见王岚：《强化信息资源意识，促进企业档案管理创新》，2008 年中国信息资源论坛发言稿，2008-06-21（未公开出版）。

（二）兼顾业务查考和风险防范的要求

科技档案是科技、生产活动的依据和凭证。而科技、生产活动既有一定的继承性，也有一定的创新性。有时候，创新性科技、生产活动要利用的科技档案可能是多年之前的记录，或者可能是某一次探索性、尝试性的甚至是失败的科技活动的记录。因此在分析归档范围时，要根据本单位科技、生产活动的范围与任务，对科技文件内容的潜在价值展开分析预测，具体划定哪些科技文件应该归档，哪些科技文件不必归档，不要让部分科技、经济含量极高的文件成为“漏网之鱼”。

从另一个角度来说，归档也是防范日后重复投资、重复失败风险的有效措施。有学者专门就负结果项目文件的归档问题进行了如下阐述：

> 科技活动，特别是科研试验项目，常常会出现一些失败的环节和结果，即负结果项目。负结果项目，特别是投资额大或重大课题的研究项目，其归档范围应与成功项目一样，形成的各种文件材料均应及时归档。但负结果项目在文件形成上往往会虎头蛇尾，档案部门更应督促最终文件的形成。在负结果项目的归档中，切忌报喜不报忧的现象，更要注意杜绝虚假记录。成功的项目也会有许多失败的环节或数据，在档案中均应如实反映，如实记录，否则将会失去负面借鉴价值。[①]

此外，随着法律环境的完善，科技文件的形成、归档保存一方面已经成为法律、法规的要求，另一方面也成为应对法律诉讼的有力武器。在制定归档范围时，应该具备法律风险意识，分析本单位的法律环境及其对科技文件归档提出的要求。比如《联合国海洋公约》第248条规定：“各国和各主管国际组织有意在一个沿海国的专属经济区内或大陆架上进行海洋科学研究，应在海洋科学研究计划预定开始日期至少六个月前，向该国提供关于下列各项详细说明：(a) 计划的性质和目标；(b) 使用的方法和工具，包括船只的船名、吨位、类型和级别，以及科学装备的说明；(c) 进行计划的精确地理区域；(d) 研究船最初到达和最后离开的预定日期，或装备的部署和拆除的预定日期，视情况而定；(e) 主持机构的名称、主持人和计划负责人的姓名；(f) 认为沿海国应能参加或有代表参与计划的程度。”那么这六个方面的文件以及文件提供证明均应纳入归档范围。

（三）电子环境下，适当拓宽归档范围

电子环境下，科技文件归档范围的拓宽主要表现在新型文件、支持系统、原始数据、元数据、多载体文件等方面。

---

① 参见霍振礼，张瑞梅：《我国科技文件的归档制度及优越性》，载《山西档案》，2008 (1)。

1. 新型文件

所谓新类型文件，是指手工环境下无法形成或难以形成的文件，如音频、视频、多媒体文件，数码照片，网页文件，大型数据库文件等。这些新型文件或者没有纸质复制件，如音频、视频、多媒体文件；或者难以制作纸质拷贝，如大型数据库文件；或者相比传统文件，数量成倍增长，没有必要一一制作打印输出，比如数码照片、电子邮件。应将其中具有当前或长远价值的记录纳入归档范围。

2. 支持系统

电子文件具有软硬件依赖性，如果不以开放格式、通用格式保存，一旦软硬件系统变化，其可读性将面临挑战。而将其支持系统归档，是保证文件长期可读的一种方法。

3. 原始数据

手工环境下，受保管空间的限制，科技、生产活动中形成的原始数据，如日报、周报、月报和统计报告的基础数据等，很多不在归档范围之内。电子环境下，存储密度不断增高，存储设备成本日益下降，为保存更多信息提供了可能。可以逐步将重要的原始数据纳入归档范围。

4. 元数据

电子环境下，描述科技文件内容、结构、背景和管理过程的各种元数据也应属于归档范围。这些元数据可能独立于科技文件存在，也可能与科技文件组合在一起。

5. 多载体文件

在有些情况下，需要将具有永久保存价值的文字、图样打印输出，实行电子版本和纸质版本的双套归档。此外，在同一科技、生产活动中，除电子载体之外，往往还会生成纸质、缩微胶片等其他载体的科技文件，这些文件共同构成特定活动的完整记录。为了保持科技文件的完整性，应将各种载体的科技文件一同归档。

第三节　科技文件的归档方式和归档时间

一、归档方式

科技文件的归档方式，主要有物理归档和逻辑归档两种。

（一）物理归档

物理归档是实体移交和管理权限移交两位一体的归档方式，即将归档文件的实体移交给档案部门，同时管理职责或者说管理权限由科技、生产部门向档案部门移交。手工条件下，科技文件在立卷之后由科技、生产部门移交到档案部门。电子环境下，科技文件以网络传输或介质传递方式移交给档案部门，保存在指定位置。其中以网络传输方式进行的归档亦称在线归档，以介质传递方式进行的归档亦称离线归档。

物理归档可以实现科技文件的集中保管和统一开发利用，是非常普遍的归档方式。归档过程中，文件管理权限随着文件实体向档案部门转移，实体保管者同时也是信息管理者，这两个角色是统一的。

> 中国建筑西南设计院自2000年4月开始通过院局域网开展CAD电子文件的归档。为了做好CAD电子文件的网上归档工作，计算机室协助档案室做了周密的安排。为保证归档文件的安全，档案部门使用一个专门的服务器用于接收和存放归档的电子文件，并开设归档专用邮箱。全院各部门均由专人担任网络管理员，参加了计算机室组织的培训。在设计出图的同时，各专业负责人填写《电子文件归档表》交档案室网络管理员；部门的网络管理员在接下来的一周内将电子文件以邮件的方式发送到档案室邮箱内；档案室的网络管理员收到电子文件后，按工程项目为单位建立文件夹，依据《电子文件归档表》核对图纸张数，待各专业图纸归档齐全后刻录光盘保存，同时建立相应的机读目录，以备日后查找利用。对结构、水、电、设备等专业的计算书，凡是有电算内容的，要求一并归档。《电子文件归档表》上要写明所使用的软件的名称。各分支机构，或者集中刻录光盘交院档案处，或者通过互联网发送电子邮件将CAD文件集中发回院电子信箱。两种方式都必须附归档文件清单，注明所使用的软件名称。计算机室协助档案室保存全院各时期所使用过的各种设计、计算软件，以保证日后对CAD电子文件的利用。①

（二）逻辑归档

逻辑归档是指归档文件的实体并未向档案部门移交，但是管理权限由其形成部门向档案部门转移。归档之后，科技文件可能仍然存储在其原来位置，也可能集中保存在信息技术部门。档案部门能够通过网络直接查阅和控制该科技文件，逻辑归档后的档案信息可以全部在网络中显示和检索利用。

逻辑归档有助于充分利用立档单位内部的网络资源，实现信息共享。这种方式多存在于信息化水平较高的单位，其计算机网络环境的建设相对成熟，有统一的系统集中管理、数据集中存储的方案，必须保证归档科技文件信息的完整无损，保证归档科技文件实体得到持续的保管，信息得以统一开发利用。应保证档

---

① 参见喻杨：《关于CAD电子文件归档管理的实践探索》，载《山西档案》，2002（2）。

案部门在不实际拥有科技文件数据的情况下，对其安全保管和合法存取进行有效的监控。

二、归档时间

正确规定归档时间，对维护科技文件的完整与安全，确保科技部门和科技档案部门的正常工作秩序，都有实际意义。各种科技文件的归档时间，应该根据科技文件的形成规律和特点来作具体规定。归档时间过晚，科技文件长期滞留在各部门或科技人员手中，容易散失、损坏，并且会给科技文件形成部门造成负担，还会增加科技档案部门接收时的困难。归档时间过早，会影响科技、生产部门对科技文件的使用，也会影响科技档案部门正常业务工作的开展。科技文件归档时间可以划分为定期归档和实时归档两种类型。

（一）定期归档

定期归档是指按照有关规定，科技文件在形成处理完毕一段时间之后再向档案部门移交。综合各种科技、生产活动和科技文件的形成特点，定期归档主要包括以下四种具体类型：

1. 按项目结束时间归档

按项目结束时间归档，是指在一项科技、生产活动（如一项工程设计、一个产品研制或一项课题研究等）结束后归档。一项科技、生产活动结束后，围绕该项活动的科技文件的形成过程也告结束，这时把有保存价值的科技文件系统整理后归档，符合科技、生产活动的自然过程，易于保持科技文件的完整，并使归档工作和科技、生产活动的总结收尾工作相协调。一般来说，形成周期不太长的科技文件，较适于采用这种方式归档。此外，专业性技术会议和学术会议形成的文件，也应在会议结束后及时整理归档。

2. 按工作阶段归档

科技、生产活动周期过长的科技文件，可以按形成阶段归档。当一项科技、生产活动按照其工作程序完成一个工作阶段后，即可将该阶段形成的科技文件整理归档。比如，在一项重点工程或一个复杂的新产品设计活动中，其科技文件可按可行性研究阶段、初步设计阶段、施工图或工作图设计阶段等，分别进行归档。这种归档时间，主要是为了方便科技部门的工作和便于保护科技档案。有些科技、生产项目，从开始到结束周期很长，往往需要三年五年、十年八年，甚至更长的时间。由于时间跨度比较大，如果不分阶段而等到项目完结后归档，大量的科技文件长期地散放在形成部门，无疑对形成部门是个负担，而且不利于维护科技文件的完整与安全。所以，对形成周期较长的科技文件，按阶段进行归档是必要的。

3. 按子项结束时间归档

大型项目或研究课题，不仅设计、施工和研制的周期较长，而且每个项目往往由若干子项（单项工程或子课题）组成。比如一个大型钢铁联合企业的设计和施工，包括烧结、炼铁、炼钢、轧钢等多个单项工程；又如一个航天飞行器的研制，涉及动力系统、控制系统、机身系统等多个系统。这些“单项”或“系统”作为整个工程或课题的组成部分，不仅是各自相对独立的，而且在工作进展上也常常不平衡。根据这种特点，为保证工作正常进行和科技档案的完整、系统，当一个子项工程结束后，即可先行归档。

4. 按年度归档

按年度归档，就是在每年的初始阶段，将上一个年度形成的科技文件整理归档。这大体适用于以下三种科技文件：其一，活动和形成周期较长，依年度比按阶段归档更合适的科技项目形成的文件；其二，某些自然观察或观测活动中形成的科技文件，如气象、水文等观测活动，需要每时、每日、每年的连续观测，具有时间连续性强的特点，对这些科技活动中形成的科技文件，可按年度进行归档；其三，应该作为科技档案保存备查的科技管理性文件，可按年度归档。

（二）实时归档

实时归档，也称随时归档，是指在科技文件形成时就将其归档，或者形成处理完毕之后立即归档。主要有下述几种情况：

1. 科技文件复制部门同科技档案部门合一的设计单位的施工图

这样的单位为了及时向用户（甲方）发出施工蓝图，常常对施工图随设计、随归档、随复制、随发出，而不等工程设计完毕，甚至不等一个设计阶段完毕。归档成为科技文件编制、复制、发出的中间环节。

2. 机密性强的特殊科技文件

由于保密的需要，要求这些科技文件随形成、随归档。

3. 外来文件

例如，外购设备的随机图样和文字说明材料、委托外单位设计的科技文件等，为了保护外来文件的完整与安全，应该随时进行归档。

电子环境下，科技文件在归档后并不影响形成部门的日常工作查考，因而在实际工作中，存在提前归档、实时归档的趋势。归档时间的提前，有利于及时控制和管理科技文件信息，保护其完整与安全。

第四节　科技文件的归档要求和归档手续

一、归档要求

科技文件的归档要求，因具体单位和各种科技文件的不同而不尽一致。一般包括归档工作要求和归档文件质量要求两个方面。

（一）归档工作要求

1. 科技、生产部门是归档工作的主体

由科技、生产部门和有关科技人员负责科技文件的归档工作，是由科技、生产活动和科技文件形成的特点决定的，业已成为国家的一项规定。

科技、生产部门和有关科技人员，既是科技、生产活动的组织者和参加者，又是科技文件的形成者。科技、生产活动结束，科技文件归档，形式上好像两项工作，实际上是一个工作过程的两个方面。当一项科技、生产活动结束或告一段落后，由科技业务部门和有关科技人员将形成的科技文件加以系统整理，并及时向科技档案部门移交归档，是一个顺乎自然的事情，而不是额外附加的工作。

由科技业务部门和有关科技人员进行科技文件归档，能确保归档文件的质量。科技业务部门和有关科技人员是科技文件的具体形成者和经办者，对科技文件形成过程及其相互关系，乃至科技文件的保存价值，都十分熟悉。因此，由科技文件的直接形成者负责归档，能保证归档文件的完整、准确、系统，也便于日后的查阅使用。

2. 实行科技文件归档审批表制度

为确保归档文件的完整和质量，凡需要归档的科技文件，都应经过项目负责人审定和有关领导审批。为此，建立和健全科技文件归档审批表制度是一个行之有效的措施。审批表的内容包括：归档文件的项目名称（如课题名称、工程项目名称、产品名称、设备名称等）、项目代号、归档文件形成时间、项目负责人姓名、归档文件完整情况评价、审批人签字和日期等。

科技文件归档审批表，同归档文件一起移交给科技档案部门。

（二）归档文件质量要求

1. 选用优质的制成材料

对于纸质科技文件来讲，凡是需要归档的科技文件，都应当做到书写材料优良、字迹工整、图形清晰、有利于长久保存。具体要求有两点：其一，不用铅笔、普通圆珠笔或复写纸书写科技文件。如果是劣质书写材料，或字迹和图形模糊不清的，应采取补救措施方可归档。其二，要根据国家和专业主管部门对书写用纸格式或图幅的有关规定，做到科技文件标准化、规范化，保证归档文件的整齐划一。

对于采用离线方式归档的科技文件，应尽量选用质量优良并符合工业标准的载体。归档之后，应将电子文件保存在适宜长期保存的载体上。

2. 经过鉴定和系统整理

凡是需要归档的文件，由科技业务部门和有关科技人员收集齐全、核对准确，并划分好保管期限，加以系统整理，组成案卷，方可归档。

电子环境下，立卷在计算机平台上开展，也就是将密切相关的文件汇集在一起形成“逻辑卷”。对于采用离线方式归档的科技文件，还应对其载体简单整理，在载体或其包装盒表面贴上标签，注明编号、名称、密级、保管期限、软硬件环境等。

3. 完整、准确

归档科技文件，必须齐全成套，内容准确，重要版本都应留存。电子环境中，归档科技文件还应注意每一份文件内容、结构、背景以及元数据的完整；如果电子文件与其打印件双套归档，则要保证两者一致，且都有最终版本。

根据马鞍山钢铁设计总院的经验，电子文件与归档底图内容不一致的产生，主要有以下三方面原因：一是设计图纸成品电子文件在送文印出图（透明图）的同时，电子文件也归档，但是设计人员取回透明图后，要进行设计、校对、审核签字，这一过程中可能对底图再次进行局部修改，从而产生不一致；二是由于设计人员误传电子文件归档，造成不一致；三是极少数人员人为将归档电子文件中部分内容删减，不愿意自己的设计成果被他人利用而产生不一致。

该设计院为使两者一致，采取了两个方面的措施：

一个是质量管理措施。具体包括：（1）建立规范的电子文件归档制度。如在实物图纸归档的同时，电子文件必须归档，否则不计实物归档工作量。建立电子文件归档登记制度，由设计人对已归档的电子文件的一致性进行确认。制定一定的奖罚机制，与个人效益联系，也与部门负责人年终考核挂钩。（2）执行必要的抽查、检查制度。（3）聘请专门的 CAD 制图人员对照底图，修改电子文件不一致的地方。这种方法也会产生一定的负面影响，少数人员依赖有专门人员帮助修改而愈加忽视归档电子文件的质量，另外增加单位人员成本。

另一个是技术解决办法。具体包括：（1）管理系统自动归档。通过项目管理系统，从工程设计项目策划开始，到设计过程中的资料互相委托、再到成品图纸电子文件发送到文印出图和档案归档，包括校对和审核在内的整个设计流程实现网上控制，从而避免人为对电子文件的删减和误传归档造成的不一致现象的发生，也促进了设计人员尽量将错误控制在送文印出图前解决。(2) 采用扫描归档。将入库图纸扫描成电子文件，使两者一致。但由于图纸数量大，扫描效率低，且扫描后文件为非矢量化的 TIFF 格式文件，设计利用率不高，故而该设计院在试行一段时间后不再采取该方法。[①]

4. 份数适宜

在手工环境下，归档份数即保管份数。科技文件的归档份数应该适当合理，归档份数过多，会造成人力物力的浪费，不利于管理工作；归档份数过少，则不能满足利用需要，也不利于保护科技档案。凡是需要归档的科技文件一般归档一份，但重要的、使用频繁的则需归档若干份。不过，确定科技文件的归档份数不宜笼统，也不能按套作出统一规定，而应根据不同文件的具体情况和具体需要，有针对性地作出规定，只有这样才便于贯彻执行。比如一个研究课题的文件，原始记录只有一份，也只能归档一份；但课题报告却有足量的副本，即可根据具体情况和实际需要归档一份或几份。又如基建工程设计文件，其设计依据性文件通常只有一份，也只能归档一份；但施工图样，却可以根据需要，除底图归档外，还可以归档一至几份蓝图。

电子环境下，归档份数和保管份数并非一一对应。可以只归档一份，归档之后进行必要的备份，一般至少要在不同材质的载体上脱机备份三套，且定期抽查质量和予以必要的载体转换。此外，纸质文件归档后也可进行数字化转换，可将数字化版本提供利用，这样也降低了对归档份数的要求。

二、归档手续

（一）编写归档文件简要说明

为了便于对归档文件进行检查和验收，并且有助于日后对归档文件的管理和使用，在归档时，应由有关的归档人员编写归档文件简要说明。归档文件简要说明，一般包括下述内容：项目名称和代号；项目的任务来源和工作依据、主要任务和实施过程；项目的科技水平、质量评价和技术经济效益；科技文件完整、准确、系统的情况；项目主持人和参加人姓名和分工；归档文件整理人和说明书撰写人姓名、日期等。电子环境下，归档文件简要说明还要包括：形成文件的硬件环境、软件平台、应用软件等。

（二）对归档文件进行核查

根据归档要求，结合归档工作存在的常见问题，档案部门对归档文件的数量

---

① 参见张先文：《工程设计电子文件归档一致性探讨》，载《中国档案》，2004 (12)。

和质量进行核查，核查主要通过将文件与目录比对、抽查等方式开展，部分核查工作可以借助于计算机系统实现。

以勘测工程电子文件归档为例，常出现的问题有：(1) 归档文件不完整，作业部门提交的成果有缺漏。(2) 归档文件内容错误、缺漏，如必须填写的内容没有填写或填写不完整。(3) 归档文件内容不一致，特别是纸质文件和电子文件不一致。(4) 工程属性错误，主要是指整理电子文件时生成的工程信息文件中元数据录入不合规范要求，如重复性录入，必填属性缺漏或空白，工程日期等出现非数字字符，档案号未按标准格式录入等；具有逻辑关系的属性间发生错误（如工程开始日期比结束日期晚）；相关联的属性不一致（主要是档案号与任务号中的年度、类别和流水号不相同）等。(5) 电子文件缺漏或错放，导致工程任务夹中电子文件与工程信息的记录不一致，出现缺漏、文件命名不统一等情况。

针对上述问题，武汉市勘测设计研究院建立了一套质量检查机制，主要包括：(1) 由人工完成纸质文件的完整性和准确性，采用人机交互方式检查电子文件的完整性和准确性。(2) 将纸质文件与电子文件进行一一比对，检查两者是否相同，特别是图纸和电子图的比较，需运用 AutoCAD 专业软件。(3) 利用“工程电子档案质量检查”软件自动检查电子档案工程属性的规范性，以及相关电子文件和工程信息中罗列的电子文件名称的一致性。(4) 将电子档案导入数据库后，利用数据库高级语言的聚类分析、字符串处理、数学和逻辑函数查询、统计出各种数据，从全库整体角度检查错误。①

（三）填写归档文件移交清单

移交清单是科技文件归档和接收的凭证。移交清单由档案部门设计，移交单位填制一式两份，归档时交接双方按清单交点清楚，双方签字，各留一份，以备查考。

【本章小结】

归档，电子环境中亦称捕获，是一项将具有保存价值的科技文件置于档案管理范畴的活动，标志着文件管理职责由形成文件的科技、生产部门向档案部门和档案人员的移交。在管理职责转移的同时，通常归档文件的实体也一并向档案部门移交。为保证这项工作顺利进行，必须建立、健全科技文件归档制度。制定归档范围时，应把在基本职能活动中形成的科技文件作为归档范围的主体，兼顾业

---

① 参见黄雁，冯平，李黎：《勘测工程电子文件归档与质量控制》，载《中国档案》，2008 (2)。

务查考和风险防范的要求，适当拓宽电子文件的归档范围。科技文件的归档方式，主要有物理归档和逻辑归档两种。科技文件的归档时间分为实时归档和定期归档两种。科技、生产部门是开展归档工作的主体，交接双方要履行编写归档文件简要说明、核查归档文件、填写移交清单等手续。

【讨论题】

1. 如何制定科技文件的归档范围？
2. 如何选择、确定科技文件的归档方式和归档时间？
3. 科技文件的归档工作应该满足哪些要求？为何要履行一定的手续？

【主要参考资料】

1. 冯惠玲．电子文件管理教程．北京：中国人民大学出版社，2001
2. 霍振礼，王恩汉．现代科技档案管理．北京：国防工业出版社，1996
3. 冯鹤旺．经济科技档案工作实务．北京：中国档案出版社，2003

第四编

科技档案业务管理

21世纪档案学系列教材

第十章 科技档案收集工作

【本章要点】

阐述了科技档案收集工作的内容和意义，论述了科技档案收集工作的要求。具体介绍了基层科技档案部门与科技专业档案馆收集工作的方法。

【关键词】

科技档案收集○基层科技档案部门○科技专业档案馆

第一节　科技档案收集工作的意义与要求

一、科技档案收集工作的内容

科技档案收集工作，是指基层科技档案部门和科技专业档案馆，根据国家和专业主管机关的规定，通过接收等方式，把具有保存价值的科技文件或科技档案，集中到科技档案部门统一管理的一项业务管理活动。

需要说明的是，现代机构中，由于档案信息资源集成管理的需要，基层科技档案部门因机构的性质和职能不同，可能存在不同的表现形式。它既可以指机构内专门负责收集和管理科技档案的部门，也可以指机构内负责收集和管理包括科技档案在内的各类档案的综合性档案部门。为了便于叙述，本书中所指的基层科技档案部门包括了上述两种形式。

（一）科技档案收集工作的层次

基层科技档案部门的收集工作。是企事业单位的科技档案机构，按归档制度的有关规定接收本单位各部门在科技、生产活动中形成的有保存价值的、经过整理的科技文件。

科技专业档案馆的收集工作。是各级各类科技专业档案馆根据其进馆范围，有计划地接收有关单位科技档案部门及其他科技档案所有者移交的科技档案。

在科技档案收集工作的两个层次中，前者所实现的是科技档案在一个单位范围内的集中，而后者则意味着科技档案实现了国家规模的集中。因此，前者是一种低层次的集中，后者则是一种高层次的集中，但后者必须以前者为基础。

（二）科技档案收集工作的基本形式

1. 常规收集

常规收集是指按照有关接收、归档制度，成套地接收科技档案，是科技档案部门收集工作的典型形式。对基层科技档案部门而言，这种形式表现为，科技业务部门在一项科技活动结束或告一段落以后，按照科技管理和归档制度的要求，对科技文件进行筛选和系统整理，并向基层科技档案部门移交；基层科技档案部门对归档文件进行质量验收与清点，办理接收手续。这是正常情况下基层科技档案部门收集科技档案的主要方式。对科技专业档案馆而言，这种形式是指按照进馆范围，确定接收项目和主送单位，履行一定的进馆手续，将基层科技档案部门的科技档案接收进馆。

2. 补充收集

科技档案部门为保证馆（室）藏科技档案的质量，在常规收集的基础上，对与库藏内容有关的零散科技文件或其他有关的科技资料进行的再收集。

对一套科技档案而言，在正常的情况下，常规收集的形式一般只经历一次；而补充收集的方式则要根据情况多次进行。

（三）科技档案收集的途径

1. 接收

基层科技档案部门和科技专业档案馆，按照归档制度无偿地接收移交归档的科技文件或移交报送的科技档案。接收范围包括成套科技档案的收集和零散科技档案的收集。其特点是制度性和无偿性。科技档案部门的科技档案，绝大多数是通过这种方式获得的。

2. 征集

是科技档案部门经过协商或接受委托，向不同所有制单位或个人收集科技档案的一种方式。“这种方式一般表现为国家向集体或个人搜集具有国家保存意义的科技档案。其特点是收集单位对所要征集来的科技档案一般不拥有所有权，因此，通常要给捐赠者以必要的精神或物质奖励。”①

3. 征购或购买

是科技档案部门根据需要，向不同经济核算单位和不同所有制单位计价收购科技档案的方式。征购，一般是指科技档案售让方履行义务向科技档案部门出售科技档案而形成的一种价购方式；购买，则是指科技档案售让方无出售义务，科技档案部门完全通过平等协商，从科技档案所有者手中购买所需科技档案的方式。

4. 代存

是科技档案部门接受委托，将委托管理的科技档案暂时保存在科技档案部门。这些科技档案的所有权仍属委托单位。

5. 实测补制

这是科技档案补充收集的一种特殊方式，即通过对科技档案反映的物质对象进行实际测量，重新绘制出相应的科技文件，以弥补库藏科技档案的严重短缺。

二、科技档案收集工作的意义

（一）收集工作标志着科技文件性质的变化与科技档案自身运动的一个新阶段

首先，基层科技档案部门的收集工作，标志着科技文件在自身运动进程中发生了性质的变化。在接收归档以前，科技文件处于形成和现行使用的过程中；接收归档后，现行的科技文件转化为科技档案，它们已经或基本完成了科技文件的使命，开始具有科技档案的属性和使命。因此，科技文件归档以后，不论是数量和质量方面，还是存在形式和管理方式方面都发生了变化。认识并承认这种变化，是做好科技档案管理工作的理论与实践基础，也是建立和发展科技档案管理学的理论与实践基础。

其次，科技专业档案馆的收集工作，标志着科技档案运动的另一个阶段。科技档案在形成过程中经历了两次分离和集中。科技档案第一次分离和集中的过程，是在企事业单位内部的基层科技档案部门与科技业务部门之间进行的，也就是在科技档案的管理者和形成者之间进行的。通过归档和集中统一管理，科技档

---

① 陈作明：《科学技术档案管理学》，1版，140页，北京，中国档案出版社，1989。

案从它们的形成者手中分离出来，由专门的科技档案机构和科技档案工作者进行管理。科技档案的第二次分离和集中的过程，是在基层科技档案部门和科技专业档案馆之间进行的。通过将科技档案接收进馆，科技档案与它的形成单位分离，由科技专业档案馆实行集中统一管理，使全社会都能利用这部分科技档案，进一步体现了它们的国家财富性质。

（二）收集工作是科技档案工作的基础，是丰富科技档案馆（室）藏的重要手段

任何专门事业都有自己特定的物质对象。科技档案虽然是科技档案管理工作的物质对象，但是它并不是科技档案部门自己产生和形成的，而是各个有关单位的科技业务部门在科技、生产活动中形成的，必须通过收集工作才能将它们集中到科技档案部门。如果没有收集工作，科技档案部门就没有自己工作的物质对象，也就无从谈起科技档案的分类、保管、鉴定、统计、开发利用等管理活动。因此，不论是对一个单位或是对整个国家来说，科技档案收集工作既是建立科技档案工作的基础，又是扩大科技档案存储规模、丰富馆（室）藏、发展科技档案工作的基本手段。

（三）收集工作是贯彻科技档案工作基本原则的重要措施

首先，科技档案工作基本原则规定，科技档案要实行集中统一管理。这就是，在基层单位，科技档案由基层科技档案部门（或综合性档案部门）集中统一管理；就全国而言，科技档案由各级、各类科技专业档案馆集中统一管理。科技档案的收集是实行科技档案集中统一管理的前提，没有科技档案的收集工作，就不能把在生产、建设和科研、设计工作中形成的科技文件，作为国家的财富集中保管起来。所以，科技档案的收集工作，是贯彻集中统一管理原则的重要措施。

其次，科技档案工作的基本原则要求，必须维护科技档案的完整、准确、系统、安全。科技档案的收集工作是保证科技档案完整、准确的重要措施。一方面，科技文件分散在科技业务部门或个人手中，无法保证它们的完整、准确，必须由科技档案部门及时进行收集后才能妥善保管；另一方面，收集工作不仅对科技文件在形成过程中的完整、准确有重要影响，而且对其归档以后的完善具有更为重要的意义。随着科技、生产活动的延续，如产品定型后的不断改进，工程项目和设备在使用、运行中的不断维修和改造，还会陆续产生一些新的科技文件，为此就要不断地进行相关科技文件的补充收集工作，确保其完整和准确。同样，收集工作也有利于维护科技档案的系统和安全。未经收集的科技文件处于分散状态，很容易遗失或造成失密泄密，不仅使党和国家蒙受损失，也会影响企事业单位的利益。通过收集工作，对科技档案进行科学管理，有效地保证了科技档案的

系统和安全，保护了国家的科技机密。

（四）收集工作是保证科技档案信息资源得以有效开发利用和广泛共享的基础

科技档案是科学技术的载体和结晶，其蕴藏的丰富信息资源是其他资源难以替代的。因此，科技档案部门要充分地开发利用科技档案信息资源，尤其是在信息时代实现科技档案信息资源的广泛共享，按照国家信息化建设的要求，打破地区部门之间的界限，统一标准，协调分工，发挥其整体优势以避免重复劳动，提高信息综合利用水平。要想实现科技档案的有效开发利用和共享，就必须拥有大量、丰富、质量较高的科技档案，作为开发利用的物质基础和基本前提。收集和利用分别是科技档案工作的入口和出口，只有做好收集工作，才能实现科技档案为机构服务的目标，才能通过利用工作使机构的科技档案信息由潜在的知识储备转化为现实的生产力，从而真正实现科技档案的价值。

三、科技档案收集工作的要求

（一）在法律法规的指导下进行收集

首先，集中统一管理科技档案是《档案法》的明确规定。任何企事业单位的科技档案都应该由科技档案部门依法进行收集，实行统一管理，这是国家全部科技档案实现集中统一管理的基础。

其次，科技档案的具体收集工作，要符合《档案法》、《知识产权法》、《企业法》等有关法律的规定。科技档案集中统一管理实质是对无形资产的集中管理，还必须注意遵守其他政策和法规。特别是在市场经济条件下，科技档案收集的范围必须与相应的所有权相适应；征集和征购科技档案必须以自愿为前提。要处理好不同所有制科技档案的收集工作，尽可能地使科技档案财富在合法的原则下得到妥善保管，为国家和民族的长远利益服务。

（二）收集工作要遵循科技档案的自然形成规律

科技档案是伴随着科技、生产活动有规律形成的，科技档案收集工作是一个承前启后的环节。对于基层科技档案部门的收集和归档来说，它连接着科技、生产活动和科技档案管理活动；对于科技专业档案馆的收集来说，它联系着科技档案形成单位和科技专业档案馆的各项业务管理活动。这就要求科技档案收集工作必须遵循科技档案的自然形成规律，照顾到前后左右的工作关系，提高收集工作的科学性。特别是在基层企事业单位，科技文件的归档，实际上是科技、生产活动的一个具体程序或一项工作内容。因此，科技档案的收集工作必须符合科技、生产活动的规律和科技档案的形成规律，根据科技、生产活动的规律和科技文件的形成过程，确定适当的收集归档制度。这样才能既保证科技档案集中统一管理和科技档案的完整、安全，又不影响现行工作的使用。

（三）收集工作要保证科技档案的质量

收集是保证科技档案质量的重要关口，只有完整、准确、系统的科技档案才能充分发挥其应有的作用。所以科技档案的收集工作必须把好质量关。除做好科技文件归档前的监督、指导工作，还要特别加强接收归档的质量验收工作。尤其是科技档案载体类型越来越多，特殊载体的文件如缩微胶片、录像带、录音带、光盘等，已不像文字材料和图样材料的质量那么直观。因此，科技档案工作者要认真研究掌握各种载体科技档案质量的基本鉴别方法，确实保证归档科技文件的质量。

为了确保科技档案收集质量，可以实行“科技档案质量检验单”制度（参见表10—1），对准备入库的科技档案逐项进行严格的质量验收，对存在的问题必须予以解决后才能接收。

表10—1　　科技档案质量检验单　　第　页

项目名称		归档单位		归档人		
归档文件	自然图　张，折合标准图　张，文字材料　页					
	存在问题	图号	数量	存在问题	图号	数量
	图纸破损			归档文件缺项		
	底图有异常墨迹			复印图不清楚		
	文字材料格式不符			文件数量不够		
	图样目录编排有误			图纸签署不全		
	图纸修改不干净					
	案卷外形不规范					
质量评价						
科技档案验收人				年　月　日		

第二节　基层科技档案部门的科技档案收集工作

基层科技档案部门的收集工作，是整个科技档案工作的基础，是科技档案收集工作中最繁重、最活跃的部分，必须讲求收集方法，以加强这项工作的科学性和有效性。

科技档案是科技档案工作的物质对象，由于它并不是科技档案部门自己产生和形成的，而是机构业务部门在科技生产活动中形成的，所以必须通过业务部门归档、档案部门收集的方式才能将它们集中到科技档案部门加以管理。按照归档制度接收科技文件归档，是基层科技档案部门收集科技档案的基本方法。因此，归档制度是科技业务部门做好归档工作的基本规范，同时又是科技档案部门协助、指导、接收归档的依据。

机构科技文件归档制度应当以国家、专业（行业）相关制度和标准作为依据，尤其要关注国家针对某些专门科技档案出台的管理规定，如《国家重大建设项目文件归档要求与档案整理规范》（DA/T 28－2002）。此外，由于信息技术广泛应用于各类科技、生产活动，因此会生成大量的电子科技文件，如CAD文件，这类科技文件的归档也应根据国家规定，纳入机构的归档制度中。

一、明确和疏通科技档案收集渠道，定向定内容进行收集

科技档案是由科技文件转化而来的，是在科技业务部门的具体科技、生产活动中产生的，科技档案收集的总方向是明确的。但是，科技、生产活动是按专业分别进行的，每个专业内的科技、生产活动又是在分工协作的基础上完成的。因此，每项科技、生产活动科技文件的形成又具有一定的随机性和特殊性。为了保证收集工作有效、顺利地进行，科技档案部门必须明确和疏通具体的收集渠道，以便对科技档案进行定向、定内容收集。

（一）收集和接收本单位科技业务部门形成的科技档案

1. 接收科技部门归档的成套科技档案

这是基层科技档案部门收集科技档案的主要渠道。在一般情况下，科技部门每进行一项科技、生产活动，比如一种新产品的开发、一项新工程项目的建设等，在科技、生产活动结束或告一段落之后，都要按照归档制度的规定，把所形成的、具有保存价值的全部文件，经过整理向基层的科技档案机构归档。其中包括：

（1）科技生产活动正常结束，取得成果的全套文件；

（2）科技生产活动因故中断、截至中断时已形成的全部文件；

（3）与外单位协作，按协议由协作单位移交来的全套文件。

对于协作项目科技档案的收集，则应以主持单位作为收集的主渠道。科技档案部门要根据本单位在该项科技活动中所处的地位，具体确定收集内容与方法，以保证协作项目科技档案收集工作的质量。任何协作项目都有主持单位和参加单位，参加单位可能很多，但主持单位一般只有一个。以主持单位作为收集工作的主渠道，是做好协作项目科技档案收集的保证。协作项目科技档案的收集，分为两种情况。当本单位是该协作项目的主持单位时，科技档案部门要督促本单位该项目负责人做好该项目成套科技档案的收集工作。具体方法是：各参加单位负责将各自承担任务形成的科技文件收集齐全，经过鉴别整理，按预定的要求，移交给项目的主持单位；由主持单位将各参加单位汇交来的科技文件与本单位承担该项目形成的科技文件一起进行系统整理，统一向本单位科技档案部门移交归档。当本单位只是该协作项目的参加单位时，科技档案部门只要求项目参与部门将有关参与部分的科技文件按归档要求整理归档，如果也需要成套收集该项目的档案材料，则可向主持单位提出要求，以复制件形式进行收集。

2. 向科技部门或科技人员收集零散科技档案

所谓零散科技档案，是相对于成套科技档案而言的，是不成套的。产生零散科技档案有正常和非正常两种情况。

(1) 正常情况。这是对已归档的成套科技档案的零星补充。某些科技、生产活动由于其实体对象的存在，持续的时间会相应地拉长，这样就会有零散的科技档案源源不断地产生。最典型的是基本建设活动和设备仪器的管理活动。以基本建设活动为例，从工程设计开始，到工程施工、竣工验收为止，形成了成套的基建档案。但严格说，基本建设活动并没有最终完结，因为围绕基本建设活动的产物——建筑物或构筑物，人们还会进行使用、管理、维护甚至改建、扩建等，在此过程中自然也会形成相应的科技档案，与已经形成的成套基建档案相比，它是零散的，同时也是必不可少的补充。因此，这种产生零散科技档案的情况，是由某些科技、生产活动的特殊性所决定的，是正常的，也是不可避免的。

(2) 非正常情况。这是由于有关的规章制度不健全，应该集中保存的科技档案没有完全集中起来，有一部分还散落在科技部门或科技人员手中，于是就要开展收集零散科技档案的工作。还有一种情况是由于保管不当或使用不当，损坏或丢失了一些科技档案，也需要零星补充。

无论是正常情况，还是非正常情况，基层科技档案机构收集零散科技档案都是一条不可忽视的渠道。

(二) 征集本单位人员非职务活动形成的科技成果档案

科技人员的非职务活动，是指科技人员的非职务发明和其他业余科技活动。本单位人员非职务活动形成的科技成果一般应属于个人，其形成的科技档案也是归个人所有的。但是，由于某些非职务活动与本单位职能活动有密切的联系，许多单位已经将这类科技成果视为有关人员工作成绩和水平的标志，予以肯定或给予奖励。因此，如本单位认为其中某些科技文件有保存价值时，可以与科技文件的所有者协商，经本人同意，征集或代管其原件或复制件。

(三) 收集和接收外单位转让或移交的有关科技档案

企事业单位科技档案部门的收集渠道主要是单位内部的各有关部门，但也会涉及某些外单位。比如对建筑物的使用单位来说，当基建档案即建设工程档案残缺不全时，常常需要向原设计单位和施工单位收集有关的图样和文字材料，或向勘察、测绘部门收集工程地质、水文地质、地形测量等方面的技术文件等。作为设备的使用单位，向外单位补充收集有关设备档案材料的情况更是多见。因为购买设备时提供的随机文件是有限的，在设备的维修、改造过程中，常常感到随机文件不能满足利用需要，特别是当设备档案散失或残缺不全时，更需要向设备生产单位补充收集有关的科技文件。

随着科技贸易的发展，企事业单位越来越多地向外单位乃至外国公司购买科学技术成果，它们大量地表现为科技文件，这是引进单位科技活动的重要依据。因此，接收有关科技成果转让单位提供的科技文件，也就成为科技档案部门收集科技档案的另一条渠道。

另外，随着某些企业破产或被兼并，出现了档案资产转移问题。这些企业应按规定向兼并和接收转让的企业移交全部或部分档案。

二、研究形成规律，把握收集时机

科技文件是科技、生产活动的伴生物，它们是按照科技活动的程序有规律形成的，科技档案部门应该掌握科技文件的形成规律和收集规律，抓住科技文件形成的重要环节或关键阶段，不失时机地做好收集工作。

（一）机械产品档案的收集

机械产品从设计、试制到定型生产、进入市场，要经过一个比较长的过程。这期间要进行设计和工艺方面的反复试验和修改，形成的科技文件数量大，变化也很多。在机械产品设计、研制的全过程中，不论研制对象如何复杂，不论其设计和研制周期多么长，从科技档案收集工作来看，关键是要抓住以下两个阶段。

1. 样机鉴定阶段

样机在鉴定之前处于试制过程，有关设计文件、图纸和工艺文件随着试制的进行不断地更改、增减，很不稳定。但是，样机一旦进入鉴定阶段，所有应该形成的科技文件，特别是设计文件都已齐全完整，符合标准化要求，并且内容基本上稳定下来，以便进行下一阶段的工作。因此，这是科技文件归档和科技档案收集工作的一个关键阶段，它对于保证设计档案的完整、准确，提高科技档案收集质量至关重要，一定要切实抓好。

2. 试制鉴定或产品定型鉴定阶段

产品经过小批量试制或产品定型鉴定，不仅设计文件再次受到考验，而且其工艺文件也编制齐全，并且经过了实践的检验，达到完整、科学的要求。因此，这是机械产品文件归档和收集工作的又一个关键阶段。

（二）工程设计档案的收集

工程设计因工程的使用性质和技术难度的不同，设计周期的长短也不相同。但是无论它们如何不同，凡工程设计一般都具有这样两个共同的特点：其一，任何工程设计都是按设计程序分阶段进行的，比如，设计前期工作阶段、初步设计阶段、技术设计阶段、施工图设计阶段等；其二，任何工程设计都是为建筑施工提供依据，设计活动与建筑施工活动紧密相连。科技档案部门要注意分析工程设计活动的一般规律，把握以上提到的两个特点，抓住其中的关键阶段，以使工程设计档案的收集工作做得更好。

中、小型或设计周期较短的工程设计，可以在设计结束后将其科技文件一次收集归档。但对大型工程或设计周期比较长的工程，为维护工程设计档案的完整，保证收集工作的质量，一般实行分阶段收集归档。为此，科技档案部门应抓住以下两个重要阶段做好收集工作。

1. 初步设计完成阶段

在工程设计的各个阶段中，初步设计十分重要。这是因为，工程经过前期准备阶段，形成了可行性研究报告、设计任务书以及相应的审批文件，取得了设计工作的基本依据，在此基础上进行工程的初步设计。这一阶段形成的文件具有以下特点：其一，以文件形式的文字材料为主；其二，内容综合性、概要性比较强，是整个工程设计活动的重要依据；其三，文件来源渠道比较多；其四，文件一般为孤本，管理不当极易散失。根据上述情况和特点，基层科技档案部门应抓住时机，在初步设计结束时，及时做好这部分科技文件的收集归档工作。

2. 设计结束和总结阶段

工程设计活动经过技术设计、施工图设计，即进入设计总结阶段。这时该项设计的科技文件已全部形成，科技档案部门应抓紧时机，将该项设计活动形成的有保存价值的科技文件全部收集归档。

工程设计单位是通过提供工程设计文件为建设单位服务的。在整个设计活动中，围绕工程对象，设计单位同建设单位保持着紧密的工作联系。尤其在初步设计前后和施工图出图以后，相互之间的联系最为频繁。因此，抓住这些时机做好科技文件的收集工作，不仅有利于工程设计单位本身的科技文件的收集，而且有利于工程使用（建设）单位形成的同工程设计有关的科技文件的收集。

（三）工程施工和竣工档案的收集

基建工程施工和竣工档案的收集，关键是要抓住竣工验收阶段。基建工程的竣工，犹如机械产品定型，从文件形成的角度看，应该形成的科技文件都已经形成，并且已经有条件反映建筑物的实际面貌。从工作活动来看，基建工程的施工活动已经结束，施工单位同建设单位将办理移交手续，其中不仅要移交建筑物，同时还要移交有关科技文件。即使就建设单位本身而言，围绕此项工程建设形成的科技文件，也完成了其现行使命，可以归档了。因此，抓住工程竣工验收这一工作环节，集中力量做好科技档案的收集工作，适应了施工文件的形成规律，是收集施工和竣工档案的一条重要经验。

（四）设备档案的收集

设备档案情况比较复杂，科技档案部门应根据各种设备的不同情况，抓住各自的关键环节，分别做好设备档案的收集工作。

1. 同土建工程连在一起的设备档案的收集

这类设备如石油、冶金、化工等企业的各种大型装置以及某些管道线路等设备的档案，由于它们是同该项目的土建工程连在一起的，可同相应的基建档案一样，在基本建设工程竣工验收阶段一并进行收集。

2. 自制设备档案的收集

一些企事业单位使用的某些专用设备，需要自行设计制造。对这类设备档案的收集，可以借鉴机械产品档案的收集经验，抓住设备鉴定这个环节，集中做好有关科技文件的归档收集工作。

3. 外购设备档案的收集

绝大多数企事业单位的设备都是外购的，收集外购设备档案应抓住两个环节：(1) 设备开箱验收。外购设备到货开箱验收时，及时清点和收集随机科技文件，可有效地防止随机文件的散失与损坏。对其中设备安装、调试等活动急需的科技文件，也要先收集归档，经过登记后再借出使用或复制后将副本借出使用。(2) 设备安装、调试完毕。外购设备在安装、调试（试车）过程中还会形成设备精度检验记录、设备性能检查与运行记录、设备安装基础竣工图、设备安装验收记录和设备移交使用记录等科技文件，应在设备安装、调试（试车）完毕后及时收集归档。

此外，在设备的使用过程中，将陆续形成一些使用规范和维修、更新改造等方面的科技文件。为保证精度，设备要定期大修，这时不仅要更换磨损的零件，还要对相关的部分进行调整，这将形成许多新的技术文件。因此，对各种设备档案的收集，还应注意抓住其大修这个环节，及时收集相应形成的科技文件，以保证设备档案的完整与准确。

（五）科研档案的收集

科研档案形成的随机性比较强，科技档案部门应该根据科研工作的规律，抓住以下两个环节做好收集工作。

1. 年终总结

有些科研课题研究周期比较长，如农业、林业方面的研究课题，需要年复一年地持续进行，它们的特点是一个年度基本上是一个试验阶段，年终时进行当年试验研究的总结，利用这一时机，可以收集当年试验研究形成的科技文件。还有的科研活动虽然不是以年度为阶段，但由于该科技活动研究周期长，年终都要根据科研管理的要求，对一年中从事的科研工作进行总结，利用这个机会，科技档案部门可以将已经取得的有关成果的科技文件收集归档。

2. 成果鉴定

科研成果鉴定标志着该科研课题研究工作已经完成，有关的科技文件已经形成，课题组将转向新的研究方向。根据国家有关科技成果鉴定制度的规定，科技档案部门在成果鉴定中担负着审查有关技术文件的职责，科技档案部门应该利用成果鉴定这一环节，及时做好科研档案的接收归档工作。

三、科技档案收集工作的实施与控制

（一）科技档案收集工作的实施

收集工作不仅是科技档案工作的重要环节，也是科技管理工作的重要内容。为保证收集质量，提高收集效果，收集工作应实行多种形式互相结合的方式。

1. 收集工作与计划管理相结合

首先，科技档案部门要同计划部门紧密配合，准确掌握科技、生产活动的具体安排。科技文件的形成与科技、生产活动密切相关，而科技、生产活动的具体安排离不开计划管理。科技档案部门同生产计划部门密切配合，随时了解和掌握科技、生产活动的动态，有利于及时、完整地收集科技档案。为此，每年年初，科技档案部门应主动了解该年度本单位科技、生产活动的计划内容，掌握本年度的计划项目及其工作进度，明确计划项目应该形成的科技文件的内容与时间，以便及时、主动地做好科技档案的收集工作与归档的监督指导工作。

其次，科技档案部门应根据生产计划制定归档计划，并把它纳入计划管理，以便将有关科技文件的归档作为科技项目完成计划任务的一个标志和科技项目考核的一项内容，在有计划地做好收集工作的同时，发挥其科技管理的职能。

2. 接收归档与现场收集相结合

基层科技档案部门的收集工作，主要是通过接收科技文件归档实现的。为了保证科技档案的完整、准确、系统，科技档案部门还应深入科室、车间、施工现场等形成科技文件的第一线，主动做好科技档案的收集工作。在一般情况下，特别是归档制度比较健全、执行比较严格的情况下，现场收集同接收归档相比较处于辅助地位。但是，在归档制度不够健全，或者虽有归档制度而执行不够严格的单位，现场收集仍处于重要的地位。基层科技档案部门应正确运用“接收归档”、“现场收集”这两种方法，以提高科技档案收集的质量。

3. 随时收集与集中收集相结合

在科技档案收集工作中，随时收集占有一定的比重。这种方式能够根据发现的问题及时、灵活、简便地做好收集工作。特别是对归档遗漏的零散科技文件、有关人员调动时应移交归档的材料、工作项目中断或发生变化时清理的材料以及出国人员带回的应归档保存的科技文件等，必须采取随时收集的方式。而做好这类收集工作，只有同企事业单位日常管理工作相结合，才能取得理想的效果。

在随时收集的过程中，科技档案部门特别要重视突击形式的集中收集。如结合企业整顿、质量检查、保密检查等工作，突击集中收集有关的科技文件。这种方式因势利导，收集效率高，效果显著，对保证科技档案的完整、准确有重要意义。

4. 实测补制与科技、生产任务相结合

实测补制是科技档案补充收集的重要形式。由于这种方法牵涉面大、费用高，应与有关科技、生产任务结合起来进行，比如，对某一设备档案进行实测补制，可以结合设备大修等活动进行；对某一基建档案的实测补制，可以结合该建筑物的维修或抗震检测等工作一起完成。

（二）科技档案收集工作的控制

科技档案收集工作的目标，是完整、准确、及时地集中管理科技档案。基层科技档案机构围绕这个目标，根据不同的收集渠道，应采用灵活多样的控制手段。

1. 制度控制

前文已经提及，对科技文件的形成和积累实行有效的管理，最根本的措施是实行“三纳入”，即把科技文件的形成和积累纳入科技工作程序，纳入生产、科研、基本建设等工作计划，纳入有关部门和有关人员的职责范围。而科技档案的收集与科技文件形成和积累具有时空上的相继性，二者在制度规定上需要保持一致性和协调性，只有这样才能够保证科技档案的收集质量。有鉴于此，科技档案的收集制度需要根据每类科技文件形成和积累的纳入情况，明确收集的时间、范围、方式、责任人和要求等内容。

2. 经济控制

在市场经济条件下，适当运用经济控制，是保证科技档案收集工作顺利开展的有效控制手段。运用经济控制手段，包括外部和内部两种情况。

对外运用经济控制，是指对承担本单位科技项目任务的外单位运用经济控制。如竣工图的编制就属于这种情况。在工程承包合同中，可以明确规定竣工图的编制是施工单位的责任，并且以经济控制手段确保竣工图的有效收集。

对内运用经济控制，就是将科技档案的收集与档案人员的岗位责任制和绩效考核结合起来，把科技档案的收集作为考核与奖励的一个条件。例如，如果在规定的期限内，该归档的科技档案没有及时、按要求地收集到档案部门，且属于档案人员的过错，则降低责任人的绩效考核成绩，扣除一定数额的奖金。通过这种方法，科技档案的收集与档案人员的经济利益可以合理地联系起来。

3. 管理控制

管理控制就是要把好收集这一关。做好归档科技文件的质量检查，力求使进入档案部门保存的科技档案完整、系统、准确、齐全，符合科技档案管理要求。检查工作一定要认真、细致、不厌其烦，发现问题及时指出，并加以补救。如果有需要科技文件形成部门进行重新修改的，则予以退回。

第三节　科技专业档案馆的收集工作

科技专业档案馆是国家保存科技档案资源的基地，它的基本任务是积累国家的科技档案资源，为社会服务。科技专业档案馆收集工作必须围绕这一宗旨展开。

一、科技专业档案馆的进馆范围

进馆范围是科技专业档案馆业务建设的基础，是合理构成科技专业档案馆馆藏结构的依据。只有科学地确定科技专业档案馆的进馆范围，其收集工作才有明确的对象，才能合理配置国家科技档案资源，并使科技专业档案馆工作与基层科技档案工作协调发展，进而发挥国家科技档案事业的综合效益。

科技专业档案馆的进馆范围是由其性质和任务决定的，即着眼于保存社会科技档案资源，为国家长远需要服务。因此，确定科技专业档案馆的进馆范围应考虑以下原则。

（一）价值原则

科技专业档案馆是永久保存科技档案的基地，应接收具有重要价值并需要长远保存的科技档案。为了确保科技专业档案馆的功能，对接收的档案应当有比较高的要求，首先是要有较高的价值要求。

1. 历史研究价值

科技专业档案馆保存的科技档案，应反映本专业科学技术发展的历史面貌和历史过程，使科技专业档案馆成为专业史研究的基地。通过进馆范围，能够将那些反映本专业各个历史发展阶段的、具有代表性的科技档案集中在科技专业档案馆中，以便客观地反映本专业科学技术发展的历史脉络。

2. 现实查考利用价值

科技专业档案馆不仅应保存从历史角度看具有重要史料价值的科技档案，而且还要适应现实利用的需要，主要是宏观决策和应付意外事件的需要。这就要求接收反映重要或重大科技、生产活动和具有普遍的社会利用价值的科技档案，使科技专业档案馆成为科技信息的利用和咨询中心。

（二）专业原则

科技专业档案馆是国家专业科技信息的储备中心，对保持本专业科技信息资源的完整负有重要使命。应该根据学科和专业分工的要求，保存本专业重要的科技档案和其他相关的科技资料。科技专业档案馆在确定进馆范围时，应当从专业角度解决好以下问题。

1. 以反映本专业重要科技、生产活动的科技档案为馆藏主体

为保证我国科技专业档案馆事业的整体最佳功能，档案馆馆藏内容的范围应有一定的分工。每个科技专业档案馆都是国家某一专业科技信息的储备中心，坚持和强调馆藏内容以本专业为重点，是实现对科技专业档案馆宏观管理和科技档案资源配置合理性、科学性的重要措施。

2. 从科技档案的来源上保证科技专业档案馆的专业特点

对科技专业档案馆而言，反映本专业内容的科技档案，主要来自本专业系统的基层科技档案部门。但是由于科技、生产活动的相关性和我国经济体制的制约，在其他专业系统也形成了一些与本专业密切相关的重要的科技档案。从合理建构国家科技专业档案馆的馆藏结构，充分发挥科技档案的作用出发，科技专业档案馆作为国家某一专业科技档案资源的保存基地，原则上有必要接收保存其他系统或单位形成的与本专业密切相关的、重要的科技档案。如地质档案资料馆负责接收各专业系统形成的地质成果档案，就是这一原则的体现。

3. 科技专业档案馆还应保存本专业重要的科技资料

科技专业档案馆作为特定专业科技信息资源的储备中心和交流中心，为了有效地储存和开发利用本专业的科技信息资源，充分发挥其馆藏功能，必然要承担搜集和保管反映本专业内容的其他重要信息载体，如年鉴、国际交流资料等科技资料或科技出版物的职责。

（三）分级管理原则

我国的科技档案是在集中统一管理的原则指导下，按专业实行分级管理的。因此，在确定各科技专业档案馆的进馆范围时，必须根据分级管理的原则通盘

考虑。

1. 对科技档案移交单位应有层次之分

为了保证馆藏内容的合理分布，各级科技专业档案馆，原则上只接收同级专业主管部门及其直属企事业单位的科技档案。比如根据科技专业档案馆的层级，国家邮电档案馆主要接收邮电部及其直属单位移交的科技档案，而省邮电档案馆主要接收本省邮电厅（局）及省属邮电单位移交的有关科技档案。

2. 对科技档案成套性的要求应有详略之别

科技专业档案馆同基层科技档案部门相比较，作为两个管理层次，在接收成套科技档案的内容和成分方面应有一定的差别。科技专业档案馆是面向社会服务的，以满足历史研究和部分现实查考的需要为己任；基层科技档案部门是面向科技、生产第一线的，其任务是满足本单位科技、生产活动的需要。由于两者的任务和服务对象不同，科技专业档案馆与基层科技档案部门保存的科技档案的成套性应该有所区别。特别是科技档案进馆后，其形成单位仍保留着原件，为减少不必要的重复，提高科技专业档案馆工作的效率，对于成套的科技档案材料，科技专业档案馆只需保存最基本的部分，而不需要全部接收。

（四）综合性原则

科技专业档案馆是各专业系统以科技档案为主体的综合性档案馆，应该保存本专业需要长远保存的重要科技档案和需要永久保存的其他档案。

根据国家档案馆建设的有关规定，科技专业档案馆都是由各专业主管部门设置的。任何一个科技专业系统，其各项工作活动都是密切联系的，在这些活动中形成了以科技档案为主体的、互相紧密联系的各种档案成分。为了遵循其形成规律和管理利用规律，并且客观地反映该专业系统的历史面貌，发挥档案的整体功能，科技专业档案馆除接收反映本专业科技、生产活动的科技档案外，还应同时接收反映其他活动的需要永久保存的档案成分。因此，就馆藏内容而言，科技专业档案馆应该是以科技档案为主的综合性的专业档案馆。

二、科技专业档案馆的接收制度

（一）科技档案实行无偿进馆制

科技专业档案馆接收科技档案，是对国有科技文化财富实行集中统一管理的手段，不是科学技术的转让。科技专业档案馆不向档案的移交单位交费或提供补偿。

无论在计划经济条件下，还是在社会主义市场经济条件下，科技档案的主体都是国家支持或投资的科技、生产活动的知识成果，在其产生和形成的过程中，国家已经投入了相应的人力、财力和物力，使这些科技档案早已成为国家财产。

因此，科技档案实行无偿进馆制。

（二）科技档案实行相关单位主送制

科技专业档案馆接收科技档案实行相关单位主送制，即对不同种类乃至不同项目的科技档案，按照国家和专业主管部门的有关规定，分别确定其主送单位，对科技档案采取重点接收的进馆方式。

主送制是科技专业档案馆接收进馆的特殊方式。科技档案与其他档案不同，凡属永久保存的其他档案都需要全部接收进馆；而科技档案具有特殊性，并非任何单位永久保存的科技档案都应一律进馆。这是因为：一种产品的科技档案，常常不止一个单位拥有，一项基建工程的档案也远不止一个单位拥有；同一型号设备的随机文件，更是广泛保存于各设备使用单位。

基于上述特点，科技档案一般不采取普遍接收进馆的方式，而实行相关单位主送制。主送单位报送档案中不足或缺少的部分，如果需要，由其他有关单位补送。相关单位主送制的作用，是在丰富馆藏的过程中避免科技档案内容的大量重复，有利于科技专业档案馆的业务建设和科技档案的集约化管理，有利于保证馆藏质量，提高馆藏的综合效益。

（三）科技档案实行补送制

科技档案的原移交单位，负责补充报送反映其进馆项目发展、变化的科技档案材料，以保证馆藏科技档案的质量。如进馆产品的改型换代，进馆基建工程项目的重大改建、扩建等等，都属于原科技档案移交单位补送的范围。具体可采取重大变化随时补送、一般变化定期补送的办法。

科技档案补送制是科技专业档案馆收集工作的重要制度。建立补送制的目的，是为了适应科技档案的形成特点，保持馆藏科技档案的完整性和准确性，实现科技专业档案馆的职能。

三、科技档案进馆的手续和要求

（一）把住质量关，保证进馆科技档案完整、准确和有序

科技专业档案馆是国家专业档案的储备中心，必须保证其馆藏质量，这是对科技专业档案馆收集工作以及对其整个馆藏的基本要求。科技专业档案馆馆藏档案质量的基础在档案的移交单位，这是因为：科技专业档案馆所藏档案是各移交单位在其工作活动中形成的，它们的质量状况是由其移交单位科技档案工作的状况决定的。为了确保馆藏档案的质量，必须把好接收进馆档案的质量关，协助和指导移交单位认真做好进馆档案的筛选、必要的补充收集和系统整理工作。对于大宗档案的进馆，科技专业档案馆应派专人到移交单位进行现场预检，确保科技档案的完整、准确、有序。

（二）摸清底数，制定稳妥可行的收集进馆方案

科技专业档案馆在接收科技档案进馆以前，应做好调查研究工作。摸清每年有多少个单位的科技档案需要进馆，每个单位的进馆数量、种类、保管状况、分类整理方法以及科技档案的质量状况。在掌握上述情况的基础上，根据自己的馆藏条件和接收能力，具体制定接收进馆方案。

接收进馆方案是科技专业档案馆接收科技档案的计划指导性文件，应尽量科学具体，既要考虑进馆的需要——分别确定科技档案的移交项目及主送单位，又要考虑进馆的可能——科技专业档案馆的接收、保管能力，还要兼顾科技专业档案馆自身和科技档案移交单位的实际情况，考虑收集工作同科技专业档案馆各项业务工作的衔接。在统筹安排的基础上，分别轻重缓急，有计划、有步骤、分期分批地做好接收工作。切不可不顾条件和可能，不问移交单位和科技档案的实际情况盲目地接收，那样不仅将造成接收工作的被动，而且影响收集质量，甚至影响整个科技专业档案馆的业务建设。

（三）严格检查，做好进馆档案的验收工作

为了确保馆藏质量，科技专业档案馆接收档案时，应实行严格的检查验收制度。凡是准备进馆的科技档案，不仅在进馆前要经过馆方的实地检查，而且在正式接收时，还要再次进行严格、全面的检查。

检查的内容主要有两方面：一方面要认真检查档案的内容质量，对进馆档案要根据移交清册逐项、逐卷、逐件地进行核对，确保其完整无缺。另一方面要仔细检查档案的保管质量，包括各种载体的质量，信息记录的质量，有无霉斑、虫蛀、受潮等痕迹，以采取适当的措施，确保这些档案能够长久保存。

对接收档案进行检查，应做出验收记录，对其质量状况要作出评价，并对发现的问题提出处理意见。

（四）科技档案进馆的交接手续

向科技专业档案馆移交科技档案时，移交单位需要准备一式两份的移交清册和有关科技档案的考证材料。科技档案考证材料，是为了使科技专业档案馆掌握相关科技档案的情况而撰写的有关科技、生产活动及其科技档案状况的说明，它对于科学管理和开发利用科技档案有重要的参考作用。

对进馆科技档案进行检查验收以后，科技专业档案馆与科技档案移交单位要在移交清册和验收记录上签字，交接双方各留一份备查。

【本章小结】

科技档案收集工作主要是指基层企事业单位的档案部门和国家各级各类科技

专业档案馆，按照国家的档案法律法规和上级专业主管机关的规章制度，通过接收等方式将散放在其他部门或个人手中的，具有利用、保存价值的科技文件材料，集中到档案部门的一项业务管理活动。这是贯彻我国档案“集中统一管理”原则的最基础工作，可以有效地保证科技档案的齐全、完整、系统，并确保涉密科技档案的安全、保密。同时，收集工作亦是开展其他科技档案业务管理工作的基础。基层科技档案部门的收集工作需要一方面明确和疏通科技档案收集渠道，定向定内容进行收集；另一方面要研究科技文件的形成规律，把握收集时机。为了确保收集工作的质量，需要有计划、有步骤地实施收集工作并配合有效的控制。科技专业档案馆的收集工作则需要明确进馆范围，制定科学的接收制度，并履行进馆手续。

【讨论题】

1. 试分析科技档案收集工作的含义及其意义。
2. 试述科技档案收集工作的要求。
3. 基层科技档案部门如何开展科技档案收集工作？
4. 试述科技档案收集工作的实施与控制。
5. 试分析确定科技专业档案馆进馆范围的原则。

【主要参考资料】

1. 吴建华．科技档案管理学．南京：南京大学出版社，2002
2. 翟乐华．科技档案收集工作存在困境的原因分析及应对措施．机电兵船档案，2006（3）
3. 黄晓冬．关于测绘科技档案收集问题的探索．科技档案，2007（3）
4. 张燕，张春红．浅谈科技档案的收集方式．黑龙江交通科技，2007（12）
5. 姜明．企业科技档案的收集．档案时空，2006（6）

第十一章 科技档案整理工作

【本章要点】

论述了科技档案整理的意义，明确了科技档案整理应遵循的原则。介绍了科技档案分类方案的制定，分类方法的运用，以及科技档案号编注的基本方法。

【关键词】

科技档案整理〇分类〇排架〇档号

第一节　科技档案整理的意义与原则

整理，是科技档案进入档案部门后经历的第一次技术处理过程，即通过对科技档案的分类或归类，确定其在科技档案库藏体系中的位置，并以编号的形式将其固定下来。

整理在科技档案业务管理中占有重要的地位，它既是科技档案进入保管状态的标志，又是对科技档案实行科学管理的基础。科技档案是通过收集进入档案部门的，刚接收来的科技档案没有编入库藏体系，仍然处于无序状态，无法进行科学的管理。为此，首先要将它们归入科技档案库藏系统。这就要分析科技档案的内容和形成特征，将它们纳入已经形成的科技档案序列，使它们获得固定的存放位置及反映其位置的管理标记——科技档案号。其中科技档案的分类是整理的核心内容。

一、科技档案整理的意义

整理工作，是科技档案工作的中心环节。通过整理，科技文件完成了向科技档案转化的有序化过程。它对于管理好科技档案，充分发挥科技档案的作用，实现科技档案的有效利用，具有重要意义。

首先，整理是科技档案实行科学管理的基础。科技档案的整理，其实质就是对科技档案进行有序的组织。按照控制论的观点，管理就是控制，要实行控制，就要把被控对象有序地组织起来。苏联学者 A. Я. 列尔涅尔说："并不是每个系统都是可控的。可控的必要条件是，该系统是有组织的。"[①] 对于科技档案的管理，一是要实现对科技档案所含知识内容的控制，以利于查找利用；二是要实现对科技档案实体的控制，以利于科技档案安全保管。通过对科技档案内容特征的系统化，则可以达到对科技档案实体的控制。由此可见，科技档案整理是实现科学管理的基础。

其次，整理是科技档案查找利用的前提。科技档案是否经过整理，以及整理得是否科学，将直接影响到对它的利用。经过科学整理，科技档案就能够保持内部相互之间的有机联系以及信息的准确揭示，就易于科技档案工作者了解和熟悉所管理的科技档案，从而能够准确、迅速地提供利用；同样，也便于用户了解和查找其所需要的科技档案信息。有人认为，在计算机应用于档案管理之后，只要将科技档案信息输入计算机中，就可以实现多种检索，档案整理的好坏就不重要了。其实不然。无论是传统的实体档案，还是虚拟的电子科技档案，都需要借助分类实现系统、专业化的高效检索，都需要通过排架实现其存储载体的科学管理，都需要编制档号确定其身份和主要特征。因此，整理工作仍旧是科技档案业务管理中不可或缺的一环。

二、科技档案的整理原则

（一）整理原则的内容及含义

科技档案的整理原则是：遵循科技档案的形成规律，保持档案材料之间的有机联系，便于保管、保密和利用。这个原则包含了两个方面的含义：

（1）整理的指导思想。在整理科技档案时，一定要遵循科技档案的形成规律，保持其有机联系。规律是事物发展过程中的本质联系和必然趋势。科技档案

---

① ［苏］A. Я. 列尔涅尔：《控制论基础》，10 页，北京，科学出版社，1980。

形成规律，简单地讲，就是在什么样的科技、生产活动中就会形成什么样的科技档案；科技、生产活动中各个环节的联系方式和密切程度，必然会在科技档案中反映出来。遵循科技档案的形成规律，就是要把不同科技、生产活动中形成的科技档案区别开来，把互有联系的各个环节体现出来。由此可见，遵循规律与保持联系是互为因果的。

(2) 整理的目的和要求。即便于保管、保密和利用。整理目的、要求与指导思想之间存在着密切的内在关联，保持联系要以最有利于保管、保密和利用为标准。

（二）体现整理原则的主要方法

贯彻科技档案的整理原则，关键在于指导思想与目的、要求的统一，也就是要以便于保管、保密和利用为宗旨。遵循科技档案形成规律，选择最本质、最紧密的联系，包括内容联系和形式联系。为此，在具体的整理工作中，特别是在对科技档案分类的过程中，要着重考虑以下几点：

(1) 考虑科技文件形成的具体目的。科技文件的形成，都有特定的日的，记述着特定的内容。有的是为了探寻自然界某一事物或某种现象的发展规律而形成的，因此，要体现出它的连贯性，就应当保持时间方面的联系，如自然观测档案等。有的是为描述某事物的外貌和内部结构而形成的，虽然也有时间的先后，但主要的不是时间上的连贯性，而是要反映事物面貌和内部结构的真实性。因此，应当保持事物外貌或内部结构的联系，如产品、设备档案等。

(2) 考虑科技文件形成的历史阶段。一般的科技、生产活动，都是分阶段进行的。不同阶段形成的文件，如工程的设计阶段和施工阶段，科研的准备阶段和实验阶段等形成的文件，它们的内容、形式是各不相同的。在整理时，把不同阶段形成的文件区别开来，把同一阶段形成的文件集中起来，这也是遵循档案形成规律的一种方法。

(3) 考虑科技档案的形成部门。专业分工、部门分工都是客观规律的具体要求。不同专业、不同部门形成的科技档案总是记述着不同的内容，按专业或部门分类是很自然的，比如：在一个工业企业中，不要把生产技术管理部门、设备管理部门、质量检验部门等形成的科技档案相互混淆。

(4) 考虑科技档案的不同形式。不同形式的科技档案，如底图、蓝图、照片、磁盘、光盘等，为了达到便于保管和利用的目的，也要分开整理。如果说前三种情况都是保持科技档案的内容和来源联系的话，那么这一点是便于保持科技档案的形式联系。这对于科技档案的保管、保密和利用也是必要的。

第二节　科技档案分类

一、科技档案分类和分类规则

科技档案分类，就是根据科技档案的内容性质和形成特点，把一定范围的科技档案划分成不同的类别层次，从而形成具有一定从属关系和平行关系的不同等级的科技档案库藏系统。

对科技档案进行科学分类，是管理科技档案的必要手段，是科技档案整理工作的核心内容。它既是一种严密的思维活动，又是一项对科技档案管理产生深刻影响的业务实践，必须遵循科技档案的分类规则，以保证科技档案分类的科学性。分类的规则有如下几种。

（一）逻辑规则

1. 排他规则

科技档案分类时，同位类目必须互相排斥而不能重合。这就要求同位类目的内涵清楚，类目外延界限分明，如果类目外延重合、跨越了两个类目，这就很难保证归类的一致性。例如，某单位在对基建档案分类时，划分了生产性建筑、生活福利性建筑、公用建筑等若干个类别，其中生活福利性建筑类与公用建筑类外延重合，比如单位食堂的基建档案既有生活福利的特征，又有公用建筑的特征，必然导致归类不统一。

2. 同一规则

同一规则是保证类目排他性的规则。它要求针对同一上位类的划分必须使用同一个分类标准。因为类目的形成是运用分类标准去衡量某一个对象的结果。在每一层次的分类中，只有运用同一个标准去衡量或划分分类对象，形成的类目才能互相排斥；反之，用不同标准划分同一个上位类，必然造成类目之间的交叉或重合。例如，对机械加工设备档案的分类，可以有多种分类的标准，如按其使用性质、精密程度、设备的来源、通用性等等。但是在同一级的分类中，只能选择其中一个作为分类标准，如按使用性质可分为：车床类、铣床类、刨床类、磨床类等类目；按设备来源可分为：国产设备类、进口设备类等。但是绝不能将这两个标准同时运用到一次分类中。

运用同一规则，应该注意：（1）科技档案分类，不要求也不可能各层级都采用同一个标准，所以从整体上看，分类标准又是多样的，可以根据科技档案的实际状况将多种分类标准组合使用。（2）分类标准要逐次即逐层级地确定，必须根据上一级类目，确定下一级类目的分类标准，否则，凭空设计的分类标准，将降低类目的适用性。例如某企业的一级类目按照职能标准设有“科技活动”和“合同管理”两个类别，科技活动与合同管理属于性质差别较大的两类职能活动，因此，在设计二级类目时，必须根据一级类目的特点选定划分标准，比如，“科技活动”的二级类目可以按照活动内容划分，而“合同管理”则按照项目划分。

（二）适用规则

适用规则要求科技档案分类要适应科技档案及其管理特点，追求分类的整体适用效果。科技档案分类本身不是目的，而是科学管理的一种手段。因此衡量科技档案分类工作，重要的是看它能否为科学管理创造条件，这就决定了科技档案分类允许存在一定的灵活性。比如，科技档案分类层次和类目的设置比较灵活。科技档案分类同一般的逻辑分类不完全相同，逻辑分类要求遵循“相应相称”规则和“不越级”规则；科技档案分类则必须考虑分类对象的数量，无法彻底实现“相称”和“不越级”划分的要求。相反，从便于管理的需要出发，科技档案的分类层次并不是越多越细越好。层次越多，类目就越多，反而因增加了头绪而使管理变得复杂化。因此，对科技档案分类的层次与类目设置的要求是灵活处理，不强求一致。科技档案分类的灵活性，在不影响分类科学性的前提下，增加了分类的实用性，满足了科技档案科学管理的需要。

二、科技档案分类方案

科技档案分类方案，是对科技档案进行类别划分和正确归类的依据性文件。它提供了一个完整的分类体系，使科技档案的归类能够按部就班地顺利完成。同时，科技档案分类方案提纲挈领地将全部库藏的内容反映出来，借助于它可以概括地了解科技档案的库藏。因此，编制科技档案分类方案既是科技档案分类工作的一项重要内容，又是科技档案部门的一项基础建设。

（一）科技档案分类方案的构成

科技档案分类方案由说明、类目表和类号组成。

1. 说明

“说明”是分类方案的前置部分，它的任务是通过介绍类目及其使用方法，指导人们正确地使用分类方案。其内容一般包括：分类方案编制的指导思想以及分类方案的适用范围、分类标准的选择、类目排列的依据、分类号的含义以及类目表使用中应注意的问题等。

2. 类目表

“类目表”是分类方案的主体，它是由纵向类目和横向类目构成的，反映分类序列的科技档案类目体系。

类目是类别的名称，它是根据类别内容概括出来的。科技档案分类方案要求类目确切和稳定。确切，就是要求类目要恰如其分地反映类别的特征，类目的文字表达要准确；稳定，就是要求类目不能随意或经常变动，而应具有相对的稳定性。

类目表的表现形式主要有三种。

(1) 图示法。是用展开图表现类目关系的方法。这种方法明确、直观，适用于分类层次简单、类目数量较少的分类方案。具体表示方法又分为根系法和侧系法。

(2) 表格法。用表格的形式反映科技档案的类目结构，其竖栏表示类目的从属关系，横行表示类目的并列关系。这种方法制表比较简单，适宜反映类别层次少、同位类目多的大型分类方案。

(3) 缩行法。是根据类目等级关系，以缩行表示类目层级的方法。这种方法节省空间，便于通览类目，适于表示多层次、多类目的比较复杂的分类方案。

3. 类号

“类号”是类目的代字或代号，是类目标识符号。在分类表中，每一个类目都配有一个类号，这个类号既是类目的代表，又是反映类目排列顺序的依据。常用的类号形式有两种，一种是单纯号码制，即由单一形式的阿拉伯数字作为类号；另一种为混合号码制，即由两种或两种以上的符号组成类号，如由汉语拼音字母（代字）和数字（代号）作为类别符号。混合号码制的代字提倡以汉语拼音字母充当科技档案类目代字。这是因为汉语拼音字母与国际上通行的英文字母有明确的对应关系，国际标准化组织的文献工作标准化技术委员会，已经确定以我国《汉语拼音方案》作为中文文献转写英文字母的国际标准。用汉语拼音字母作代字，适用于手工管理和计算机管理，便于转换与识别，也利于进行国际交流。因此，应以 1958 年 2 月 11 日第一届全国人民代表大会第五次会议批准公布的《汉语拼音方案》为依据，选用相关的汉语拼音字母作为类目的代字。

类目代字应具有专指性，即同一个代字不能代表两个类目，至少在同一分类层次中不应出现两次。代字的选用有两种方法。其一，汉字声母法，简称“声母法”，它是以科技档案类目首字的汉语拼音声母作类目代字。这种方法的优点是，可以借用代字的谐音，标识鲜明，容易识别与记忆。由于汉语拼音声母有限，为避免重复可以采取选用类目中其他有代表性含义的汉字的声母作代字。其二，拼音字序法，简称“字序法”，它是在类目顺序确定以后，按照汉语拼音字母的顺序分别依次标注各类目。这种做法的优点是代字不容易重复，便于识别类目的顺序，但不如“声母法”直观。在混合制的类号中，代字一般用于表示一级类目或较高层级的类目。

（二）科技档案分类方案的编制

1. 科技档案分类方案的编制要求

（1）要保证科技档案分类方案类目体系的严整性。科技档案分类方案的类目体系是分类方案的主体，它是各级类目构成的一个具有横向和纵向关系的等级系统。横向表现了各级同位类之间的并列关系，形成了各级“类列”，纵向表现了上位类与下位类之间的从属关系，构成了一个个“类系”。严整性就是要求同类列的类目之间应该平行并列，各类系的上下位类目应该线性排列。严整的类目体系是顺利进行分类的重要保证。

（2）科技档案分类方案的类目体系应具有可包容性。即科技档案分类方案必须具有足够的容量，其具体类目的设置，要能够体现并且容纳本单位科技档案的全部内容。使每一种和每一部分科技档案，都能够在分类方案的类目体系中找到自己应有的合理位置，否则，分类方案的指导作用就会大大降低。

（3）科技档案分类方案应具有相对稳定性。分类是对科技档案进行科学管理的基础，关系到科技档案管理工作的全局。如果库藏科技档案的分类发生变化，则会牵一发而动全身，将引起相应业务管理的一系列变化，有些工作甚至要从头做起。因此，科技档案的分类，必须保持相对的稳定。科技档案分类方案是科技档案分类的依据，也是保证科技档案分类相对稳定的关键。为此，在制定科技档案分类方案时，首先，必须进行缜密的研究、全面的考察，务必使分类方案的类目体系设计得科学、合理；其次，要对今后科技档案的形成发展趋势作出科学的预测，将近期可能产生的类目及时反映出来，使分类方案具有更长的适用期，以保证科技档案管理秩序的相对稳定。

2. 科技档案分类方案的编制程序

（1）调查研究。编制一个科学的、相对稳定的科技档案分类方案，一方面要掌握科技档案分类规则，正确把握和运用有关分类的理论和技术；另一方面要研究和把握分类对象以及同分类有关的其他问题。比如，要了解和掌握库藏科技档案的内容构成，包括库藏科技档案的种类及其成分的演变；研究和掌握科技对象的有关情况，包括相关科技活动的程序，相关科技对象的结构和规模；还要研究科技活动的组织管理方式，掌握利用查找的规律等等。这些直接关系到类目层次与类别的划分，是科学分类的物质基础。

（2）形成科技档案类目体系。形成类目体系是编制分类方案的实质性阶段。其内容是，根据库藏科技档案的内容构成、形成特点、数量和利用规律，遵循分类规则和编制要求，设计科学、合理的类目体系。具体步骤如下：

第一，划分大类，确定类列。大类是科技档案分类方案的一级类目。设置大类实质是确定各类系之首，它决定着整个类目体系的类系数量与类目层次的多少，并且会对日后的管理工作产生重要的影响。科技档案一级类目的划分，同库藏科技档案的种类构成直接相关，它反映了一个单位科技、生产活动的领域和内容范围。因此，以科技档案的种类作为标准，是划分一级类目常用的方法。

第二，划分属类、形成类系。划分属类的实质是展开类目，形成科学、合理的类目层次，即以每个一级类目为基础，以上位类和下位类的形式构成科技档案的类系。比较而言，在科技档案分类体系中，一级类目的划分标准比较单一，划分的方法也比较简单。而属类的层次多，划分的标准也多，分类方法更为丰富多彩。常用的标准有：属性标准、程序标准、结构标准、专业标准、时间标准、地域标准等等。

第三，进行类目排序。所谓类目排序，是指横向类目的排序。科技档案分类的类目设置包括类目划分与类目排列。前者是解决分类的问题，即将总体划分为部分，再把部分划分为更小的部分；后者则是解决顺序的问题，即给每一个类目确定一个合理的位置。只有类目而没有排序，仍然不能组成科学的类目体系。

在类目的排序中，一级类目的排序与其他各级属类类目的排序，其要求是不同的。一级类目是划分科技档案的种类，它反映的是企事业单位的各项职能活动。而一个企事业单位通常只有一种基本职能活动，因此，一级类目的排列，应突出反映企事业单位的基本职能活动，以便于使用。比如，工矿企业科技档案一级类目的排序，一般应从产品档案（生产技术档案）排起；设计单位一级类目的排序必须要设计档案在前；科技研究单位一级类目的排列应将课题档案列在首位。一级类目的首位确定之后，就可以根据企事业单位各辅助职能活动的关系，安排其他一级类目的排列次序。

各级属类类目的横向排序比较复杂，应该根据具体情况，按照以下几种关系排列。

其一，主次关系。同位类目从分类的意义上说，它们的地位都是平等的，是同一个上位类目下同级的并列类目，但是就类目内容的重要程度而言，却常常有主要和次要之分。比如，同是基建档案类所属的“生产性建筑类”和“辅助性建筑类”，两个属类内容的重要程度是不同的，应按它们内容的主次关系，先主要后次要地进行类目的排列。

其二，一般和特殊的关系。同级类目在某些情况下还存在着一般和特殊的关系。比如，某机床厂主要生产各型号的万能铣床，但是在生产过程中也为用户研制过一些专用铣床。这两种档案的排序，就可按先一般后特殊的顺序，将通用万能铣床类排在前，专用铣床类排在后。

其三，程序衔接关系。科技程序的衔接关系，如工作阶段、工期前后等是属类类目中常见的衔接关系，可以根据这种关系进行同位类目的排序。比如，地质档案划分为普查、详查、初勘和详勘等属类。这些属类按阶段排序，鲜明地体现了地质勘探活动的阶段性与连续性，便于按其形成规律管理和使用。

其四，位序关系。位序关系是指同位类目之间体现的科技档案内容在空间方面的规定性，如地理位置方面的规定性、物体结构或组成部分的规定性等。

其五，时间关系。在科技档案类别划分时，有些类目是以时期或年度标准划分的，以便使同位类目体现出时间的先后顺序。这种情况不仅在气象、天文、水文和地震等档案的分类中存在，就是在科研档案乃至产品档案中也经常出现。这就要求，在对与此相关的同位类目排序时，按时间顺序进行科学的排序。

(3) 给定类号。类目体系形成以后，即可根据已确定的类号形式，给每一个类目配上相应的符号。

(4) 制成文件或图表。根据类目的规模，选择适宜的类目表现形式。

(5) 撰写编制说明。

分类方案的初稿形成以后，应当在档案部门进行充分的讨论，并征求档案利用者的意见。分类方案还须经过有关领导的审查批准才能实行。

第三节　科技档案分类方法

科技档案分类，是根据科技档案分类方案进行的。

一、科技档案分类的基本方法

科技档案是科技、生产活动的记录，科技、生产活动既是科技档案形成之源，也是科技档案分类的基本依据。根据科技成果的形态考察，科技、生产活动大体有两种类型。

第一种类型，是以一定的实物为对象的科技、生产活动，如产品、设备的生产制造活动和基建工程的设计施工活动。这种类型的科技、生产活动（如设计、研制、加工、装配、施工、采掘、炼制等）的目的，是为了获得某种满足人们需要的物质产品，因此，这类科技、生产活动使人们取得两种形态的成果：一种是物质形态的成果，如各种生产资料和生活用品等等；另一种是知识形态的成果，即科技文件。

第二种类型，是针对各种自然现象和自然规律进行的研究活动，如气象观（探）测活动、水文测验活动等等。在这类科技活动中，人们对自然界某一特定的自然现象，遵循一定的科技规范，采用相应的技术方法和手段，进行定点、定时或连续地观察、测验和分析，从中探索某种自然现象的发展、演变规律，其目的是为人类的生产、生活提供必要的信息或结论。这种科技活动不产生物质形态的成果，只形成以科技文件为载体的科技信息。上述科技活动及其成果的具体情况，形成了科技档案实体分类的两种基本方法。

（一）对象分类法

对象分类法就是以一个实物对象的开发、设计、生产制造等活动形成的整套科技档案为单元进行分类的方法。其典型的形式是型号分类法、工程项目分类法和课题分类法。这种分类方法的特征是：(1) 以套为分类单元，维护了科技档案的完整性；(2) 外部界限明确，便于进行归类；(3) 保持了科技文件之间的有机联系。

对象分类法适合第一种类型科技、生产活动形成的科技档案的分类。这类科技活动的目的是为了获得某种物质产品，因此形成的科技档案大都具有以下特点：其一，它们都是以特定的实物对象为中心，围绕着某一实物对象的研制、生产形成的。这些档案对象明确，实体单一，档案材料联系密切，构成了一个有机的整体。其二，它们都是按照特定的程序，分阶段、有步骤地自然形成的。其三，它们都是按照结构或专业形成的，产品一般都是由不同功能而又紧密相关的部分构成的具有一定功能的整体，它们的设计、研制和制造，是按各个组成部分进行的；而建筑工程项目的设计和施工都是按专业进行的，是不同专业技术协同作战的统一体。这类科技、生产活动对其档案的利用，要求保证科技档案的成套性，以反映其活动规律，对象分类法则满足了这一要求。

（二）特征分类法

特征分类法，就是以科技档案的内容特征为依据进行分类的方法。其典型的形式是专业特征分类法、时间特征分类法和地域特征分类法。

特征分类法，适应第二种类型的科技、生产活动形成的科技档案的分类。此类科技活动具有以下特征：其一，按专业分工进行。如地震监测就分为地磁观测、地电观测、地下水及地球化学观测、地形变观测、地应力观测、重力观测等等。各专业活动形成的科技档案是一个有机联系的整体。其二，按时间进行。为了保证观测效果，自然现象观测活动都是按有关规范定时、持续地进行，具有严格的时间要求。其三，按地域进行。如按行政区划、水系流域或其他地域特征等，分别设置观测单位。每一个观测单位按照地域划分，负责本区域范围内相关自然现象的观测。自然观测活动的特点，使其档案具有显著的专业和时空特征，这些特征为其分类提供了重要的依据。

科学研究活动是介于前述两种类型之间，并且常常是渗透在两种类型之中的一种科技活动。因此，科研档案的分类方法应依科研活动的具体情况而定：按课题独立进行的，适合采用课题分类法；同实物对象的设计、制造活动融为一体的，其档案则是该实物对象档案的组成部分；伴随自然观测活动所进行的科研活动，其档案材料无疑是自然观测档案的有机组成部分。

二、科技档案分类方法的综合运用

（一）基本建设（建设项目）档案的分类

基建档案的基本分类方法是工程项目分类法，即以工程项目作为分类单元进行分类的方法。具体到不同单位和不同建设项目，其档案主要有以下几种具体分类方法。

1. 性质—工程项目分类法

性质—工程项目分类法是以工程项目为基础，结合工程项目的使用性质或专业性质进行分类的方法。

工程设计档案（包括工业工程设计和民用工程设计）以及施工档案，适合按性质—工程项目分类法进行分类。以民用建筑工程设计档案为例，其分类如表11—1。

城市建设档案也适用按性质—工程项目分类法进行分类。它以工程项目为基础，首先按专业或使用性质分为：市政工程类、工业建筑类、民用建筑类、名胜古迹和园林绿化类以及人防工程类等，然后再按工程项目分类。

企业基建档案，也可以按基建项目的使用性质和档案内容，划分为厂区综合档案类、生产性建筑档案类、辅助性生产建筑档案类、办公和生活性建筑档案类等，然后再以单项工程划分档案的类别。

表11—1　　　　某设计院民用建筑工程设计档案分类示意表

工程性质	工程项目	工程设计代码
B 办公性建筑设计	1. 邮电部大楼 2. 煤炭部大楼 3. 市委大楼 ……	(57006) (58004) (58006)
W 文化性建筑设计	1. 市少年宫 2. 民族文化宫 3. 历史博物馆 ……	(57003) (58011) (59020)

此外，对于某些大型企业，如大型水电企业、核电企业，这类企业的工程档

案构成相对比较复杂。根据现代企业的经营特点，这些企业在开展工程项目建设过程中，通常是以工程项目建设合同作为建设活动的主要依据，工程档案的形成也随之呈现出以项目合同成套的特点。因此，在构建工程档案的分类体系时，可以适当考虑按照项目合同的标准进行类别的划分。

2. 流域（水系）—工程项目分类法

这种方法是以工程项目为基础，结合其所在流域（水系）进行分类的方法。这种方法适用于水利、水电设计部门及其管理部门档案的分类。这些单位的工程设计或工程项目都分布在各水系或流域中，其工程设计和建设档案，不仅以工程项目为一个独立的整体，而且与同一流域或水系其他工程的档案联系在一起。

以东北地区为例，这里分布着黑龙江、松花江、图们江、辽河等较大的河流，分别构成若干流域（水系）。各流域中分布着若干水利工程，适宜采用流域—工程项目分类法。

流域（水系）—工程项目分类的类目排列：流域（水系）可以按其流域面积的大小，也可以按方位排序；各工程项目可以按河流的走向，也可以按建设的时间排列。

性质—工程项目分类法和流域（水系）—工程项目分类法，维护了工程项目档案的完整，并且体现了工程的使用性质和地域特征，便于管理与使用。

（二）产品档案的分类

产品的标识是型号，因此，产品档案的基本分类方法是型号分类法，即以一个型号产品的科技档案作为分类单元，对产品档案进行类别划分。产品档案之所以适于按型号进行分类，是因为型号本身就是分类的结果。所谓型号，就是表示产品的品种、性能、规格、技术参数、结构特征的一种代号。按产品型号进行分类，实际上就是运用产品的品种、使用性质等特征对产品档案进行科学分类。由于产品种类繁多，各种产品代号也不尽相同，因此在型号分类法的基础上，派生出许多具体分类方法，比较常用的有：

1. 使用性质—型号分类法

以型号为基础，首先将产品档案按使用性质进行类别划分，然后再按型号分类。

2. 系列—型号分类法

产品的生产往往是围绕某一基型产品形成不同规格或参数的一组产品即系列产品。对系列产品档案可采用系列—型号分类法，即以型号为分类基础，首先将产品档案按不同系列划分类别，然后再按型号进行分类。由于社会需要是多方面的，有些产品划分为系列、类型、型号，其档案可以采用系列—类型—型号分类法。

3. 年度—纱号分类法

纱号是棉纺产品型号的一种特殊形式，是表示棉纱粗细程度的代号，即以1 000米长的棉纱重量为标准，重量为多少克就称为多少号纱。由于每年原料来源和质量不同，纺纱产品一般采用年度—纱号或者纱号—年度分类法。即以纱号为分类基础，首先将棉纺产品档案按年度划分类别，然后再按纱号进行类别划分。

在产品档案的分类中，还有一种特殊的方法，即十进分类法。这种分类方法的最大特点是它突破了最终产品的形态和企事业单位的界限，以产品、部件、零件的科技档案为分类单元，按其特征、结构或用途，以十进制的方法划分类别。这种分类方法适应于专业化生产方式和产品的通用化、组合化程度较高的工业生产部门，电器、仪表等产品档案多采用此种分类方法。

（三）设备档案的分类

设备的标识是型号，因此，设备档案的基本分类方法是型号分类法。根据生产组织形式和设备类型的不同，设备档案具体的分类主要有两种方法。

1. 性质—型号分类法

这种方法就是按照设备的使用性质结合设备型号，对设备档案进行分类。此方法适用于独立性较强的单体设备档案的分类，是设备档案常用的分类方法（见图 11—1）。

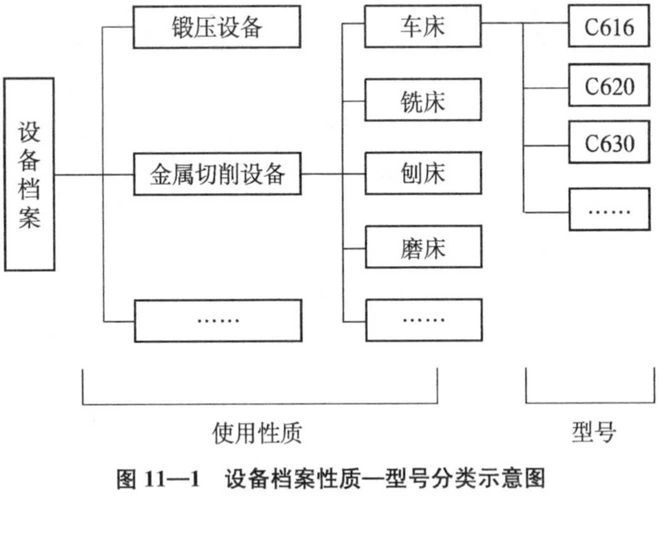

图 11—1　设备档案性质—型号分类示意图

2. 工序—型号分类法

这种方法是以型号为基础，按生产或工艺过程对设备档案进行类别划分的。工序—型号分类法比较适合于生产连续性较强的设备或装置档案的分类（见图11—2）。

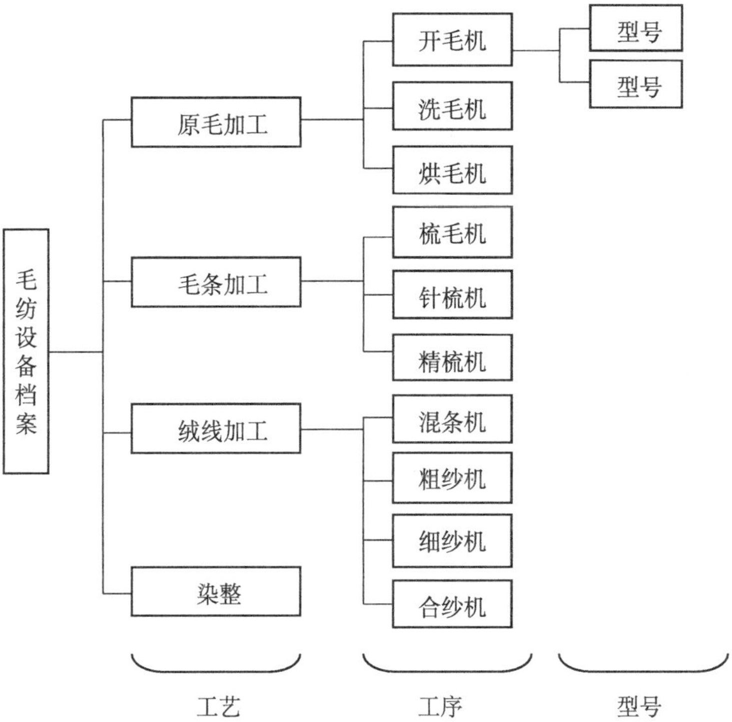

图 11—2 设备档案工序—型号分类示意图

工序—型号分类法的特点是：以型号为基础保持了每台设备档案的完整；设备档案的分类和排列，反映了生产工艺或工序的连续性和阶段性。就类别的划分和排列来说，图中每个大类（原毛设备类、毛条设备类、绒线设备类和染整设备类）既是一个独立的类别，相互之间又以生产流程紧密衔接，反映着绒线生产的整个过程；各大类中每个属类，其划分与排列也是以工艺过程联系着；再按照本工序各种型号设备的使用顺序确定档案次序。由此可见，整个设备档案的分类和排列，是以型号为基础，以整个生产过程为主线进行的。以生产过程或工艺过程为主线对设备档案进行分类、排列，大体上反映出设备实体的实际排列次序及其在工作现场的平面布置，便于利用者根据设备的实际位置查找利用科技档案，也便于对这些档案进行管理。

（四）科研档案的分类

由于大多数科研活动是按课题组织管理的，围绕一个课题形成了科研档案的有机整体，所以，科研档案适宜按课题进行分类。常用的科研档案分类方法有：

1. 学科—课题分类法

这种方法是以课题为基础，结合所属学科进行分类。这种方法一般适合于基础科学研究档案的分类。

2. 专业—课题分类法

由于科学研究活动都是在一定学科范围内分专业进行的，而且许多科研单位的机构是按专业设置的，因此形成了专业—课题分类法，即以课题为基础，结合专业分工进行分类。这种方法一般适合应用性和开发性科研档案的分类。

（五）自然观测档案的分类

由于自然观测活动的时空特点和专业特点，自然观测档案的分类适宜采用特征分类法，即以反映其时空特征的测站、年度为标准，结合各项观测活动的专业特点进行类别划分。

1. 气象档案的分类

气象部门形成的科技档案，以气象观测记录为其主体或核心。因为气象观测记录档案是气象观测活动最原始的记录，而气象观测活动又是整个气象工作的基础，它对一定范围内气象状况及其变化，进行系统、连续的观察和测定，为天气预报、气象情报、气候分析和气象科研提供重要依据。

气象观测活动的突出特点是时间性、地域性强，根据一定的专业分工严格地在规定时间（一般每天 4 次）和地域（以观测台、站为标志）范围内进行。气象观测记录档案准确地记载和反映了相应时间和观测区内各项气象要素和气象现象。因此，气象观测记录档案在分类时必须突出其专业、时间和地域特征。

国家气象主管部门为适应现代化管理的需要，根据标准化、规范化发展的要求，于 1986 年制定了《气象科技档案分类法》，其中对气象观测记录档案正是以上述特征进行分类的：

《气象科技档案分类法》节录

10	气象观（探）测记录档案
100	地面观测记录档案
101	高空探测记录档案
102	日射、热量平均观测记录档案
103	农业气象观测记录档案

104	海洋、航空观测记录档案
…………	
1000	观测簿
1001	自记纸
1002	月报表
10020	月总簿
10021	地面气象观测月报表（气表-1）
10022p	气压自记记录月报表（气表-2P）
10022t	气温自记记录月报表（气表-2T）
10022n	相对湿度记录月报表（气表-2H）
10023	地温观测记录月报表（气表-3）
…………	
1003	年报表
10030	年总簿
10031	地面气象观测记录年报表（气表-21）
10032p	气压自记记录年报表（气表-22P）
…………	

《气象科技档案分类法》是从气象工作总体的角度对气象档案进行分类。具体到省气象局或市、县气象局（台、站），并不具有分类法中所有的类目。可以根据上述分类法体系，结合本单位的实际情况，运用时间和地域的特征进行具体分类（见图11—3）。

2. 水文档案的分类

水文档案都是在一定的地域和时间范围内形成的，并且反映着该地域范围内的水文现象和水文规律。因此水文档案的形成和利用，突出了地域特征和时间特征。而水文档案的地域特征取决于水文站的设置，为保证观测的科学性和可靠性，水文站大多按河流水系合理分布。因此，水文档案的地域特征又具体表现为"河流—测站"特征。由于水文档案持续地反映一定地域范围内历年水文变化的情况和规律，其时间特征又具体表现为年度特征。一个水文站形成的水文档案按其性质可以划分为：水文测验原始档案、水情预报档案、站网档案和水资源档案等。各类二级类目的划分，应根据它们的具体情况而定。

水文测验原始档案是水文档案的主体。水文工作的人力、物力、财力大部分都用于水文测验活动，水文测验所取得的原始材料是整个水文工作的基础，水文成果整编工作、水情预报工作以及水文计算分析等工作都要以其为基本依据。水

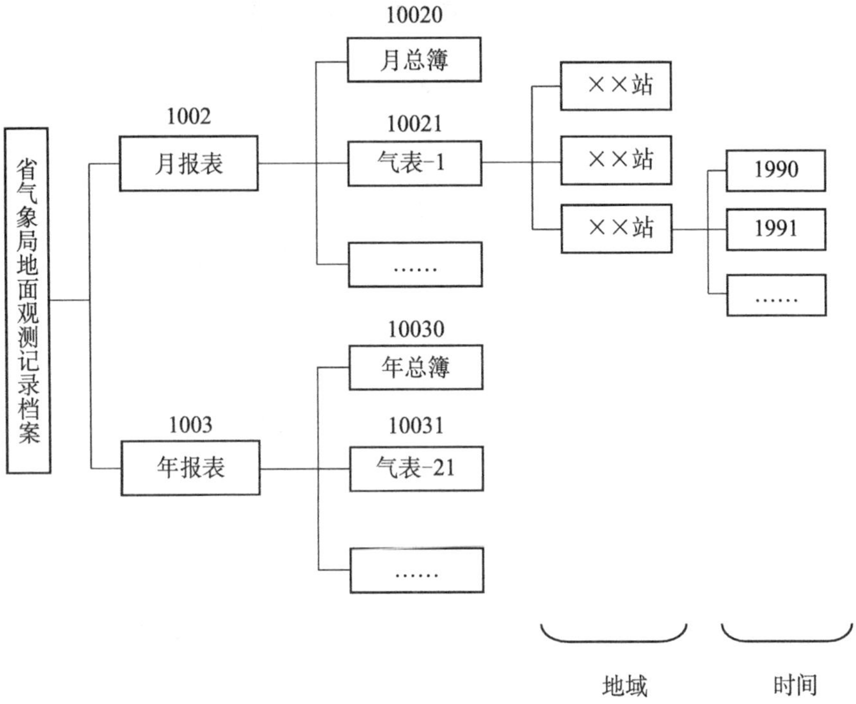

图 11—3　某省地面气象观测记录档案分类示意图

文测验原始档案材料的基本分类方法，是“流域（水系）—测站—年度分类法”（见图 11—4）。

3. 地震档案的分类

地震工作和地震档案的特点是：（1）专业特点。地震工作是按照地球物理、地震监测、地震预报等专业进行的。（2）地域特点。地震工作是按地域范围进行地震活动的监测与研究的，地震档案是按测站形成的。（3）手段特点。地震监测是采用多种技术手段完成的，不同监测手段形成的档案各具特色。（4）时间特点。地震监测活动时间要求严格，是逐日逐年连续进行的，因此地震监测档案表现出鲜明的时间特征。地震工作和地震档案的上述特点，是地震档案分类的依据，并体现在各级分类中。

地震档案的大类，按专业划分为：

0　地震监测档案类

1　地震预报档案类

2　地震调查档案类

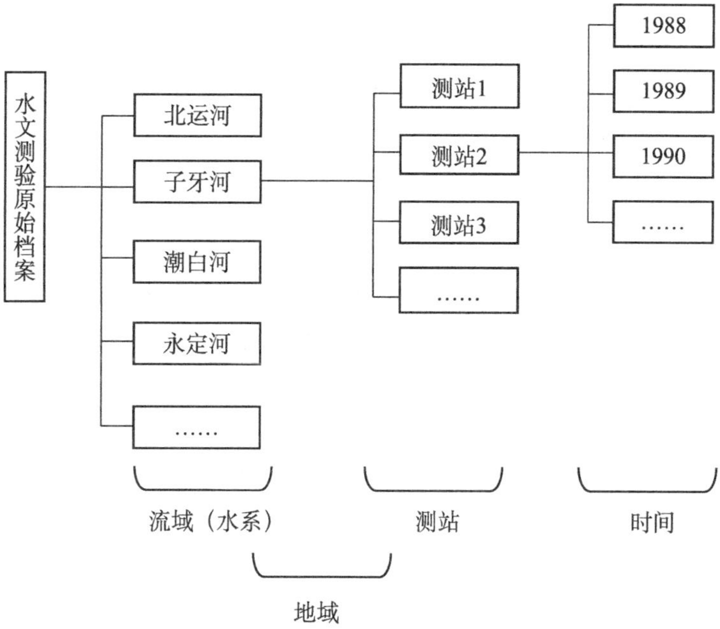

图 11—4　水文测验原始档案分类示意图

3　地球物理档案类

4　地震地质档案类

5　地震测量档案类

6　地震工程档案类

…………

地震档案的属类可以按相应的技术手段划分，以上述地震监测档案类为例：

01　测震档案

02　地磁观测档案

03　地电观测档案

04　地下水观测档案

05　地形变观测档案

06　重力观测档案

07　地应力观测档案

08　气象观测档案

09　计算机传输技术档案

地震档案的小类，可以按档案材料类型划分，以测震档案类为例：

011　地震记录图纸、缩微胶卷、磁带
012　地震分析卡片
013　地震观测报告、地震目录及底稿
014　仪器标定及使用记录
015　对钟表及钟差曲线
016　工作日记
…………

以上三级分类构成了地震档案分类体系的基本框架，规范着地震工作系统各单位地震档案的分类。各单位的分类都是在此基础上，根据各自的特点，进一步体现地域（测站）、时间（年度）和手段（仪器）特点。

第四节　编注科技档案号

编号是一切文献管理工作不可缺少的符号语言，它简洁、概括地揭示了文献的内容特征和管理特征，成为科学管理文献的重要工具。

一、科技档案号的特征和种类

（一）科技档案号及其特征

科技档案号是科技档案案卷的编号或代号，是科技档案部门用以反映案卷内容特征和管理特征的一组符号。科技档案号具有以下特征。

1. 科技档案号是以科技档案案卷为单位编制的

科技档案的案卷不是自然形成的，而是人们根据科技档案形成规律和组卷要求，由若干有保存价值的科技文件组成的。作为案卷的编号或代号，实际上是一组科技文件共有的编号或代号。这是科技档案号的基本特征，也是它与科技文件号以及档案的其他标记符号的主要区别。

2. 科技档案号是反映科技档案内容特征和管理特征的编号

案卷是科技档案管理的基本单位，无论是接收科技档案、保管科技档案还是提供科技档案，基本上都是以案卷的形式进行的。为了方便案卷的管理，科技档案号应着重反映科技档案的管理特征和内容特征，如库藏的状况、分类层次，特别是案卷排列的顺序或存放位置等。

（二）科技档案号的种类与作用

1. 科技档案号的种类

科技档案号所反映的内容主要有两个方面，一方面是科技档案分类管理的情况，另一方面是科技档案的积累情况，因而科技档案号主要有两种基本形式。

（1）分类式科技档案号。分类式科技档案号是反映科技档案分类层次及案卷排列顺序的科技档案号。分类式科技档案号反映了科技档案的内容特征，便于科技档案的分类排列和按内容性质调卷。这种编号适用于对科技档案实行分类排架管理的单位。

（2）累积式科技档案号。累积式科技档案号是反映科技档案总量与接收顺序的科技档案号，也称为总号或流水号。它是在对科技档案进行登记时，按其接收顺序编注的。这种编号简单易行，适用于对科技档案实行流水排架管理的单位。

在科技档案管理工作实践中，科技档案业务部门根据自己的需要，有的选择其中一种作为科技档案号；有的则是两种形式的科技档案号兼收并蓄，合二为一，形成一种既反映库藏情况又反映分类情况的综合号。但是，从编注科技档案号的目的出发，科技档案号应该简洁、易记、便于识别和使用。

2. 科技档案号的作用

分类式科技档案号在日常管理中的作用主要是：（1）指导科技档案案卷排列，固定排架的位置；（2）指示科技档案案卷在科技档案目录中的位置；（3）反映科技档案的内容特征和分类层次，提供调卷的依据。

累积式科技档案号在日常管理中的作用是：（1）指示科技档案案卷排列，固定排架的位置；（2）反映科技档案接收总数量与入库顺序；（3）随时反映科技档案当前的数量，便于进行总量统计。

二、科技档案号的编注

（一）科技档案号的结构模式

1. 分类式科技档案号的结构模式

在我国基层企事业单位和科技专业档案馆中，科技档案的编号主要有单纯号码制和混合号码制两种型制。单纯号码制，是全部以数字进行科技档案编号；混合号码制，是以数字和代字混合进行科技档案编号。

不论采用哪种号码制，分类式科技档案号都是由科技档案的分类结构代字（代号）和案卷顺序号联合组成的。以下是分类式科技档案号的基本结构模式（见图 11—5），即：

科技档案号＝分类号＋案卷顺序号

2. 累积式科技档案号的结构模式

累积式科技档案号是反映案卷流水排序和库藏总量的科技档案号，因此只采用单纯号码制，即以阿拉伯数字按库藏排序，以案卷为单位依次进行累积编注。

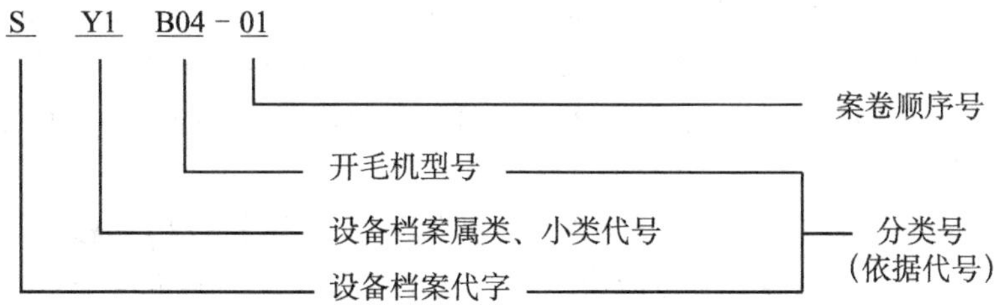

图 11—5　分类式科技档案号的结构模式

（二）科技档案号的编注要求

1. 科技档案号的结构要清楚

科技档案号具有一定的结构模式，而且根据需要还可以适当增加其他内容。这些内容在编号中都要有所区别，特别是基本部分的区别要清楚，并且位置也应固定，以便于识别。

2. 科技档案号代字的含义要明确

科技档案号是由代字、代号组成的，它们是一定类别或内容的代称。首先，代字要具有专指性，一个代字不能同时代表两个特征；其次，代字的含义要确切。为了明确代字的含义，可以编制代字表或在有关编号制度中，以规定其含义的方法限定代字的内容。

3. 科技档案号的位置要醒目

科技档案号是管理科技档案的工具，在案卷上的位置应十分醒目。一般应在封面的左上角和案卷脊背上同时标明，使案卷无论平放或立放，都能清楚地显示其科技档案号。

（三）科技档案号的编注程序

第一，设计科技档案号。根据库藏组织和编号要求确定科技档案号的类型和结构模式。

第二，编制科技档案代字表。为了明确代字的含义，便于编号和使用，对于决定采用的代字，都要分别作出规定。

第三，纳入辅助代号。根据需要，设定其他有关符号，酌情编入科技档案号，如库位号。库位号也叫档案的收藏号或保管号，其作用是指明案卷的库藏位置，保证迅速调卷和归卷。对于科技档案数量浩大和采用流水排架的案卷较为重要。

档案特殊载体代号。随着科技工作的现代化，各种新兴的档案载体和形式大量产生，有时需要在科技档案编号中加以说明，对此应按照国家规定的文献载体代码标准注释（参见表11—2）。

表11—2　　　　　　　　　　文献载体代码表

名称	简称	代码
缩微胶卷	卷	SJ
缩微平片	平	SP
唱片	唱	CP
录像带	像	LX
电影片	影	DY
幻灯片	幻	HD
照片	照	ZP
光盘	盘	GP
机读磁性制品 （磁带、磁盘、磁卡）	机	JD

【本章小结】

科技档案的整理是进行科技档案有序化组织的关键环节，是科学管理科技档案的基础。只有经过系统整理和科学编目，才能使收集起来的科技档案处于有序状态，便于保管和利用。对科技档案的科学分类，是管理科技档案的必要手段，是科技档案管理工作的核心内容。应在分类的基础上，进行科技档案实体的排列，并按照一定规则编制档案号。科技档案的分类、排架和编制档案号三项工作共同完成了科技档案的系统化目标，并将这个目标外化出来。

【讨论题】

1. 简述科技档案整理工作的基本内容。
2. 简述科技档案的整理原则。
3. 分析科技档案分类规则。
4. 科技档案分类的基本方法有哪些？
5. 如何编制科技档案号？

【主要参考资料】

1. 吴建华．科技档案管理学．南京：南京大学出版社，2002
2. 陈秀菊．电力科技档案管理手册（第二版）．北京：中国电力出版

社，2006

3. 中华人民共和国国家标准．建设工程文件档案整理规范（GB/T 50328－2001）

4. 韩云云．从档案信息处理视角看档案整理实践的演变．浙江档案，2007（4）

5. 李兆明．关于档案分类理论与实践的反思．档案学研究，2004（2）

第十二章 科技档案鉴定工作

【本章要点】

明确了科技档案鉴定的内容、意义与组织，阐述了科技档案鉴定的原则。介绍了科技档案保管期限表的类型、结构和编制方法，规定了科技档案鉴定的方法和程序。

【关键词】

科技档案鉴定○价值鉴定○质量鉴别○技术鉴定○保管期限表

第一节　科技档案鉴定的内容与组织

科技档案作为科技活动真实的历史记录，是国家重要的科技资源，企事业单位的无形资产。随着经济建设和科技活动的发展，科技档案的数量与日俱增，鉴定就成为保证科技档案质量，使科技档案更好地发挥作用的一项重要措施。

一、鉴定工作的内容

科技档案鉴定就是根据一定的原则和标准，科学地判定科技档案历史与现实的价值，确定其保管期限；通过价值核查和质量核查，对失去保存价值，或者内容失真和不完整的科技档案，按照规定的手续进行处置的科技档案业务管理活动。

科技档案鉴定工作包括对科技档案的价值鉴定和质量鉴别两方面相辅相成的内容。科技档案价值鉴定，实际上是科技档案保存价值的鉴定，即根据对科技档案历史和现实价值的鉴别和预测，确定其保管期限，对于超过保管期限的，要进一步判定其保存价值，进而决定它们是继续保存还是剔除销毁。科技档案价值鉴定，是科技档案鉴定工作的主要内容。科技档案质量的鉴别，即根据科技档案动态性的特点，对其准确性和完整性的状况进行甄别与核查，以便采取相应的措施保证库藏科技档案的质量。

随着信息技术的日益发展，越来越多的信息系统应用于科技生产活动，随之生成了大量的电子科技档案。对这种新型科技档案进行鉴定，在原有价值鉴定和质量鉴别的基础上，还要充分考虑价值实现的物质基础，即电子科技档案的有效性。有效性鉴定就是要判断需要归档保存的电子科技档案是否能够在保管期限内具备真实性、完整性和可用性。只有有效的电子科技档案才能充分发挥其作用。因此，对于电子科技档案而言，鉴定工作除包含上述两个方面外，还应增加技术鉴定的内容。

科技档案鉴定工作是通过以下两个过程实现的。

（一）保管期限的鉴定

保管期限的鉴定，是鉴定工作的第一个过程。它是在科技文件归档前，由有关科技业务部门在科技档案部门的协助下，对科技文件进行的鉴定工作。这次鉴定工作主要解决四个问题。其一，鉴别、核查归档材料的完整性和准确性；其二，鉴定科技文件的保存价值，从而决定其取舍，并将筛选出的科技文件组成案卷；其三，判定科技文件价值的大小，根据保管期限表分别划定每个案卷的保管期限；其四，如果科技文件是电子形式的，需要检查其有效性。

这一鉴定过程，一方面补齐了归档材料的短缺，纠正了其内容的差误，另一方面对科技文件进行了筛选，确定了保管期限，从而奠定了科技档案的质量基础。

（二）保管期限的复查

保管期限的复查，是科技档案鉴定工作的第二个过程。它是在科技文件归档以后，由科技档案部门定期进行的。其任务是：(1) 对超过保管期限的科技档案重新进行价值审查，将失去保存价值的科技档案剔除销毁；(2) 对原保管期限划定不当的科技档案重新进行价值鉴定，调整其保管期限；(3) 审查科技档案的机密等级，根据实际情况解密或进行密级调整；(4) 核查科技档案的内容，鉴别其准确性和完整性，做好相应的补充工作；（5）对处于保管期限内的电子科技档案进行有效性检查，如果发现无法读取的状况，则应进行及时的技术处理。

第二个鉴定过程，通过对库藏科技档案进行筛选、调整和补充，进一步保证和提高了科技档案的质量。这一过程是根据库藏科技档案的实际状况和科技工作的需要有计划、定期进行的。

保管期限的鉴定与保管期限的复查，这两个鉴定过程具有密切的联系。保管期限的鉴定是基础，它通过对归档材料的鉴别、核查、筛选，划定了归档材料的保管期限。正是在此基础上，鉴定的第二过程，对科技档案保管期限重新进行审查与鉴别，纠正某些划分不当的保管期限，把确实已经失去保存价值的科技档案剔除销毁，并根据实际情况进一步完善科技档案，保证科技档案的质量。

从上述分析可以看出，科技档案两个鉴定过程的任务不同，承担工作的部门也不同。但是由于过去科技文件归档制度不够健全或执行不够严格，也由于这项工作难度大，实践经验不足，有些单位保管期限的鉴定不够准确、科学，只能作为参考；有的单位甚至在归档时没有划定保管期限。这就增加了科技档案部门鉴定时的工作任务，使许多科技档案部门实际不得不承担上述两项工作。

二、鉴定工作的意义

（一）鉴定工作有利于保护有价值的科技档案

在鉴定工作中，根据科技档案的保存价值对科技档案进行了不同档次的划分，为有效地保管科技档案提供了依据。首先，根据有无保存价值，将科技文件划分为保存和剔除两大部分，奠定了有效保存科技档案的基础，便于对它们进行科学的管理和有效的利用。其次，根据科技档案价值的大小，对科技档案进一步划分为永久、长期和短期三个档次。突出了有重要价值的、需要永久保存的科技档案，便于对它们进行重点保护。一旦发生火灾、水灾或其他突然事件，便于进行重点抢救和重点转移，确保了科技档案精华的安全。

（二）鉴定工作有利于保证科技档案的库藏质量

维护科技档案的完整、准确，是对科技档案管理的基本要求。由于影响科技档案完整、准确的因素较多，不仅科技、生产活动处于不断的发展、运动之中，而且科技对象本身也存在着变化的情况，加上科技档案材料在形成、运转、管理过程中出现的各种问题等等，这些都直接或间接地影响了科技档案的完整性和准确性。只有适时地开展鉴定工作，不断地核查和鉴别科技档案的质量状况，对不完整、不准确的科技档案采取相应的措施进行补救，才能使科技档案始终处于完整、准确的状态。就库藏总体而言，经过鉴定工作的“去粗存精”，库藏数量虽然减少了，但是库藏质量水平相对提高了，所以，鉴定工作是提高科技档案库藏质量的重要手段。

（三）鉴定工作有利于提高科技档案的利用效率和保管效益

鉴定工作的核心是分析、研究科技档案的价值。通过鉴定工作，科技档案部门进一步掌握了科技档案的内容与价值，不仅能够客观地确定科技档案的保管期限，同时，还能针对鉴定对象的实际情况，提出开发利用的具体意见和建议，指导科技档案的利用工作，使有价值的科技档案充分发挥其作用。另外，通过鉴定剔除了失去保存价值的科技档案，使在科技档案保管方面的投入（资金、人力、物力）发挥更加积极、有效的作用，从而提高科技档案工作的效益。

（四）鉴定工作为科技档案计算机存储和缩微化创造条件

利用电子计算机管理科技档案，实现科技档案存储和检索的现代化，是科技档案工作发展的方向。但是，这些技术的实施必须要解决两个问题：一是科技档案信息的合理存储问题。任何计算机无论容量有多么大，信息的存储量总是有限的。由于科技档案数量较大，使用计算机存储科技档案信息时，尤其要注意存储的效率，把真正有价值、值得存储的科技档案信息存入计算机。二是计算机存储的前期准备问题。将科技档案信息输入计算机，需要做大量的著录标引等前期处理工作，只有严格掌握存储对象的价值，这项技术才能及时形成实际效益。

同样，从实现科技档案缩微化的角度来看，科技档案缩微的工作量大，成本比较高。为了经济、合理地开展缩微工作，必须首先排除那些保存价值低、保管期限短的科技档案。这也要求事先对科技档案进行鉴定。

（五）鉴定工作有利于缓和库房和设备的紧张状况

由于科技档案数量大、增长迅速，科技档案部门库房和设备的紧张状况一般都比较严重。通过鉴定工作剔除一部分失去保存价值的科技档案，有助于在一定程度上缓解库房和装具方面的压力。诚然，鉴定工作的目的是提高库藏质量，并非为了减轻库房和设备的负担消极地销毁、处理科技档案；然而，鉴定工作在这方面所起的作用，也是不能否认的。

三、鉴定工作的组织

科技档案鉴定工作涉及科技档案的存毁，是一项具有技术性和政策性的十分严肃的工作。科技档案的价值不仅受专业技术水平的影响，同时还要受科技管理水平的制约。而人们受工作的局限难免带有一定的片面性，为了客观地判定科技档案的价值，需要建立一定的组织即科技档案鉴定小组，具体承担这项工作。

鉴定小组是从事科技档案鉴定工作的临时机构。根据其职责分为两种情况。

一种是科技档案鉴定领导小组，一般由有关的技术领导组成。由于其人数比较少，一般不承担具体的鉴定任务，只负责对科技档案鉴定工作进行领导和技术、业务的指导。另一种是承担全部具体任务的鉴定工作小组。其任务是：（1）研究、编制本单位科技档案保管期限表；（2）定期进行库藏科技档案价值和质量的鉴定工作；（3）负责处理剔除的失去保存价值的科技档案。

关于鉴定工作小组的组成，《科学技术档案工作条例》规定："鉴定工作要在总工程师或科研负责人的领导下，由科技领导干部、熟悉有关专业的科技人员和科技档案人员共同组成。"实践证明，了解本单位的全面情况和科技发展的方针政策，熟悉科技档案的形成过程和利用价值，并且掌握科技档案鉴定工作的一般要求和方法，是正确鉴别科技档案质量、判断科技档案价值、提出合理的存毁意见的保证。而鉴定小组上述"三结合"的组织形式，适应了鉴定工作的实际需要，是科技档案鉴定工作经验的总结。

鉴定小组中的科技人员，对保证鉴定工作的质量起着重要的作用。因此，要特别注意聘请有较高的思想、政策水平，工作认真负责，具有较高的业务技术水平，熟悉本单位科技、生产活动的历史发展情况等与鉴定内容有关的部门和专业的科技人员参加鉴定工作小组。

第二节　科技档案鉴定工作的原则与依据

一、科技档案价值鉴定的原则

科技档案价值的鉴定过程，实际上是一个对科技档案价值进行具体、深入的分析研究的过程，是研究性和业务管理性的统一。档案价值鉴定"常常是许多国家的档案工作者不得不应付的最困难的问题之一"[①]。而科技档案的鉴定与一般文书档案的鉴定相比较，还有许多特殊的方面，其难度更大。为了比较客观地、准确地开展科技档案价值的鉴定工作，应该遵循以下鉴定原则。

（一）全面与辩证分析原则

全面与辩证分析原则，要求从宏观和微观的角度，充分地认识科技档案的各种价值形态，辩证地分析有关价值因素，科学地判定科技档案的价值。

全面地研究和分析科技档案的价值，是科技档案价值形态的多样性或多维性的必然要求。科技档案的价值是多方面的，它不仅对其形成单位具有重要的作用，而且对其他单位、对国家和社会都具有重要的作用；它既有现实的查考利用

① ［美］谢伦伯格：《现代档案——原则与技术》，144页，北京，中国档案出版社，1983。

价值，又有历史的参考研究价值；它不仅具有权威的依据、凭证的功能，而且还具有信息交流的技术情报功能。科技档案价值形态的多样性或多维性，要求人们在鉴定科技档案的价值时，必须坚持全面的原则，多角度、多侧面地研究和分析科技档案的价值，只有这样，才能正确地认识和鉴别科技档案的价值，从而客观地确定科技档案的保管期限。

科技档案价值的鉴定是一个复杂的分析过程，其中充满了各种各样的关系和矛盾。比如，科技档案鉴定中普遍存在的各种价值形态之间的关系，各种价值因素之间的关系，以及科技档案库藏质量与库藏数量的矛盾，科技档案库藏数量与库藏效益的矛盾，科技档案的保存与科技档案价值实现的矛盾，科技档案的完整成套和成套材料中不同价值等级的矛盾等等。对所有这些关系和矛盾的正确分析和处理，无不依赖于科学的辩证理论和辩证方法。科技档案鉴定中的辩证原则，是唯物辩证方法在科技档案鉴定中的具体运用。全面分析和辩证分析的原则是统一的、相辅相成的，是科技档案鉴定工作的基本原则。

（二）技术原则

鉴定科技档案价值必须从其内容分析入手，着重研究分析科技档案内容的技术水平。技术水平是科技档案利用的焦点。科技档案内容技术水平的高低，决定了其利用需求是否具有普遍性；离开了技术原则，脱离了对科技档案记载和反映的对象和内容的技术水平的分析研究，就无法开展科技档案的鉴定工作。在此意义上，科技档案价值的鉴定，实际上是对科技档案技术价值的鉴定。

科技档案价值鉴定坚持技术原则，是技术因素在科技档案价值中重要作用的反映。在一般情况下，技术因素是影响和规定科技档案价值量大小的决定因素，也是科技档案诸价值因素的首要因素，因此，科技档案鉴定必须以技术水平的高低作为鉴别和衡量科技档案价值的主要尺度。

（三）功能原则

功能原则要求鉴别科技档案的价值必须密切联系科技档案的具体功能作用，根据保存单位对科技档案客体价值的具体需求鉴定科技档案的价值。技术原则是科技档案鉴定工作中的重要原则，但是只有技术原则并不能全面地解决科技档案的价值鉴定问题。功能原则就是对技术原则不可或缺的重要补充。科技档案形成于人们认识自然和改造自然的复杂多样的科技、生产活动，具有多方面的利用价值。人们对科技档案的价值需求，也因科技活动的多样性而呈现出复杂、多样的情况。因此，鉴定科技档案的价值，除了要把握其内容的技术水平以外，还要从科技档案特定功能效用的角度具体判断其价值的大小。比如，对基建档案和设备档案价值的鉴定，除坚持技术原则外，还必须正确运用功能原则，根据它们同建筑物实体和设备实体的关系，以它们所具有的具体的功能作用，以及人们对它们的客观需要来判断其价值。

（四）典型原则

典型原则要求充分考虑科技档案的典型意义，特别是其在技术方面和历史代表性方面所具有的典型意义，以保证科技档案鉴定的科学性和正确性。

典型原则是历史唯物主义在科技档案鉴定工作中的反映。科技、生产活动的发展具有渐进性和阶段性，在其发展的各个阶段都形成了一些具有典型性或代表性的科技成果，以及记载和反映这些成果的科技档案。它们既反映了特定阶段科技活动的面貌，又从科技发展的角度表现了相关科技活动的不断进步。长久地保存这些具有典型意义的科技档案，能以少量的科技档案库藏反映丰富多彩的科技活动及其发展，以便后人准确地了解有关科技活动的面貌，借鉴和研究历史，特别是为专业技术发展史的研究和企事业单位科技、生产活动历史提供鲜活、生动的史料。所以，科技档案的鉴定除了考虑技术水平外，还要注重科技档案的典型意义。

一方面，要立足于企事业单位，把那些在本单位的科技、生产发展中具有典型或代表意义的成果的科技档案有重点地保存下来，以反映本单位科技、生产发展的历史面貌；另一方面，尤其要立足全局，把那些对于整个国家的科技发展、对于整个专业技术领域的科技发展具有典型价值的科技档案重点保存下来。

（五）高龄原则

高龄原则是我国档案价值鉴定工作历来坚持的重要原则，它包括两层含义：(1) 为了保护相对数量极少而显得格外珍贵的历史性档案文献，应使高龄档案全部得到妥善永久保存，即高龄档案不存在销毁问题。但是所谓高龄是一个相对概念，对多少年算“高龄”的问题，目前我国科技档案管理部门还没有对此作出明确的规定，各企事业单位和科技档案专业档案馆一般以中华人民共和国成立为限，将 1949 年 10 月以前的科技档案定为高龄档案。(2) 凡是年代比较久远的科技档案，在鉴定其保存价值时，应适当放宽尺度，从而体现高龄档案应受到尊重的思想。

综上所述，全面和辩证分析原则、技术原则、功能原则、典型原则和高龄原则，是多年来在我国科技档案鉴定工作中，一直被科技档案工作者自觉遵循的原则。它们基本上体现和反映了科技档案鉴定工作的特点与规律，是指导科技档案鉴定工作的理论依据。

科技档案价值鉴定的上述原则，是相互密切联系的整体，但是它们的地位和作用是不同的。全面和辩证分析原则是一条重要的思想方法原则，它要体现和贯穿于鉴定工作的全过程，并且体现在其他几项原则的贯彻运用之中。因此，它是科技档案价值鉴定工作的基础和前提。技术原则、功能原则、典型原则和高龄原则，是鉴定工作的业务技术原则，在这四项原则中，又以技术原则最为重要，是最普遍适用的原则，其他原则作为技术原则的补充，虽不可缺少，但只是处于辅助地位。

二、科技档案的价值表征

科技档案的价值，是科技档案对人们的有用属性，它蕴涵在科技档案这一客观事物的内部；而一切事物的内在属性和矛盾运动，都有其外在的表现形式，科技档案的价值表征就是科技档案价值的外在表现形式，我们借助科技档案的价值表征，就能正确分析判断科技档案的价值。

（一）科技档案所属项目特征

项目的重要程度是相关科技档案价值的基础，而且它非常明确，很容易被人们所认识，因此，表明项目特征的一些标志，也就成为相关科技档案价值的外在表现形式。主要有：（1）项目的重要性；（2）项目管理级别；（3）项目鉴定验收的级别；（4）项目的使用或生产“寿命”；（5）项目的典型意义或纪念意义。

（二）科技档案所属项目的科技水平

科技项目达到的科学技术水平，集中体现了科技档案的内容及其利用前景，是鉴别科技档案价值的主要依据。包括：（1）科技项目获奖种类与级别；（2）科技项目的新颖性；（3）科技成果公布（发表）的级别；（4）科技成果推广、应用的范围。

（三）科技档案所属项目投入产出情况

科学技术与经济建设的关系密不可分，科技项目投入产出情况，反映了该科技项目在国民经济中的地位和作用，直接影响和规定着科技档案的价值。具体包括：（1）项目的投资；（2）科技贸易额；（3）技术、经济效益；（4）科技档案的社会效益。

（四）科技档案形成的时间

任何科技活动都是在一定的历史条件与特定的时间范围内进行的，时间特征也就成为科技档案价值的重要标志。一方面，对形成历史久远的科技档案，应体现高龄原则；另一方面，对于阶段性或渐进性的科技活动而言，后一阶段或时期形成的科技文件一般比前一阶段或时期形成的科技文件更成熟，其价值更高些；同样内容的科技档案，持续形成的比间断形成的，价值更高。

（五）科技档案的形成者

在科技档案价值判定中，其形成者作为价值表征，有以下情况：（1）是本单位编制形成的，还是外单位编制形成的；（2）本单位具体形成者的情况；（3）外单位形成的，应区别是直接上级单位、间接上级单位、兄弟单位，还是下属单位。在其他条件相同的情况下，形成者不同，科技档案的价值会受到不同程度的影响。通常情况下，本单位形成的、重要作者形成的、直接上级形成的，其保存价值相对要大些。

（六）科技档案的状况

科技档案自身的情况，对科技档案价值及其实现，对科技档案长期保管的可能性也有一定的影响。包括：（1）科技档案材料的名称；（2）科技档案的质量；（3）科技档案的利用状况等。

三、科技档案保管期限表

科技档案保管期限表，是鉴定科技档案价值，划分科技档案保管期限的依据性文件。它是根据国家关于划分科技档案保管期限的原则，列举科技档案材料的名称、种类、来源、形式，并注明保管期限的表格式文件。

编制科技档案保管期限表的目的，是为了保证鉴定工作的质量，提高鉴定工作的效率，为参加鉴定的人员提供统一的、具体的标准，避免因个人认识和理解的不同，致使分寸掌握得不统一，造成鉴定失误。

（一）科技档案的保管期限

科技档案鉴定工作中判定科技档案价值的大小，是通过保管期限的长短表示的。表示方法有：（1）三分法。将科技档案的保存价值区分为永久保存、长期保存和短期保存三个档次。（2）标时法。根据实际情况，分别规定科技档案保存的具体时间。（3）两分法。将科技档案区分为永久保存和定期保存两部分，对定期保存的科技档案再按实际需要划分若干保管期限（如每10年为一档）。这三种划分科技档案保管期限的方法中，较常用的是三分法。

（二）科技档案保管期限表的类型

1. 专业系统科技档案保管期限表

专业系统科技档案保管期限表，是一个专业或行业科技档案价值鉴定工作的指导性文件，由国务院各专业主管机关根据《科学技术档案工作条例》和其他有关规定，结合本专业科技档案的具体情况制定。中央各专业主管机关编制的本专业科技档案保管期限表需经本机关领导人批准，报国家档案行政管理部门备案。

2. 基层单位科技档案保管期限表

基层单位科技档案保管期限表，是各企事业单位根据《科学技术档案工作条例》和本专业系统科技档案保管期限表，结合本单位具体情况编制的，适用于本单位的科技档案保管期限表。基层单位的科技档案保管期限表，需要经本单位领导人批准，并报上级专业主管机关和当地档案行政管理机关备案。

（三）科技档案保管期限表的结构

科技档案保管期限表由“说明”和“条款”两部分组成。

1. 说明部分

说明部分用来介绍编制和使用科技档案保管期限表的有关问题。一般包括下述内容：保管期限表的编制依据；确定保管期限的原则；保管期限表的适用范围；保管期限表内条款的分类、排列方法；保管期限的计算方法；保管期限表的批准时间和开始使用的日期；使用保管期限表应注意的问题等。

文字说明部分对使用科技档案保管期限表具有指导作用，应置于保管期限表的前部。

2. 条款部分

条款部分是保管期限表的主体，它具体指明了各种不同的科技档案材料应划定的保管期限。条款部分一般由以下几个项目组成。

(1) 顺序号。是指条款排列的序号，也是条款的代号。它是在确定了条款的分类、排列次序以后编定的。其目的是为了方便鉴定工作，使用中可以顺序号代表条款名称。

(2) 条款名称。是指一组同类型的科技档案的名称。它不是某一具体科技档案材料的名称，而是对一类文件名称的概括，如“课题研究报告”、“产品鉴定书”、“隐蔽工程图”等。

当保管期限表中的条款较多时，为了便于使用，可以分类编制保管期限表，如工业企业科技档案保管期限表可分为综合性保管期限表、生产技术档案保管期限表、设备与基建档案保管期限表、科研档案保管期限表等等；也可以在同一保管期限表中，对条款进行分类，在每一类别内对条款按重要程度或档案的形成顺序进行排列。

(3) 区别依据。是指区分同一条款文件不同价值的依据。在实际工作中同一条款的文件常常存在着价值的差异，鉴定时必须分别确定它们的保管期限。各类型文件的区分依据不同，有的用重要程度来区分，有的以作者来区分，有的以工程项目的等级来区分等等。设置区分依据应注意，虽然同一条款文件可以有不同的区分依据和相应的保管期限，但它们必须共有一个顺序号，以便查找使用。

(4) 保管期限。它应与每一条款或条款中的各区分依据相对应，准确反映保管期限的具体档次，或者直接注明保管年限。

(5) 备注。是在必要时对条款、条款中的各档次以及保管期限进行注释和说明的栏目。

基层单位科技档案保管期限表，是专供本单位鉴定科技档案价值而使用的依据性文件，具有很强的操作性。其内容要囊括该单位工作活动中可能产生的全部科技档案。由于保管期限表的内容与科技文件归档范围相同，目前许多单位在制定科技档案管理制度时，就把它们合二为一，即在归档范围的项目中增加了保管期限的有关内容，简化了编制工作。

第三节　科技档案的鉴定方法

一、科技档案价值鉴定的方法

（一）定性分析的方法

定性分析的方法是以实践经验为基础，在价值鉴定原则的指导下，依据价值表征，认真分析科技档案中蕴涵的具体价值及其大小，从而确定科技档案保管期限。

定性分析的方法是一种经验性的判断方法，在科技档案价值鉴定工作中，有着比较长的应用历史，积累了一定的经验，其中比较典型的方法就是直接鉴定法。

直接鉴定法，是指在分析、判定科技档案价值时，以“套”为基础，以保管期限表为依据，直接审阅科技档案的内容，逐卷地判定科技档案的价值。实施直接鉴定法应注意以下问题。

1. 一个项目成套材料的整体价值是科技档案价值鉴定的基础

科技档案的价值鉴定工作，并不是孤立地以案卷或以单份文件、单张图纸来判定其价值的。每一个案卷的价值，每一份文件或图纸的价值，都在一定程度上受到整套档案价值的制约，它们都不能完全脱离所属的科技项目的价值。比如同是课题研究报告，获国家奖的项目同一般研究项目的价值会有所不同。因此，科技档案价值鉴定，必须紧密联系其所属科技活动的意义，以该活动形成的科技档案的整体价值水平作为价值鉴定的基础。

2. 案卷是确定科技档案保管期限的单位

一个项目科技活动的意义，虽然规定了该套科技档案价值的基本水平，但是，一个项目中科技档案材料的价值又是不同的。比如，某一型号产品档案中，有总体设计文件、零件和部件设计文件，这些文件又分为试制文件、定型文件等等，显然，这些文件价值的大小是不等的。因此，一套科技档案不可能统一划定为一种保管期限。而案卷作为一组具有有机联系的档案材料，其价值基本相同。所以，鉴别科技档案的价值、划分科技档案的保管期限，应该以科技档案的案卷为对象分别确定。从这个意义上说，案卷既是科技档案保管的单位，也是科技档案价值鉴定的单位。

3. 直接审阅科技档案的内容是直接鉴定法的关键

在科技档案的管理活动中形成了很多能够反映科技档案内容的标志，如案卷目录、案卷标题、文件名称等。但是科技档案的价值鉴定却不能以此为根据。因为这些都不可能全面、具体地反映科技档案的全部内容，单纯地以它们为依据，容易导致价值鉴定的失误。实践证明，只有采取直接审阅科技档案内容的方法，才能客观地、准确地判定科技档案的价值，正确地划分保管期限，决定科技档案的存毁。

（二）定性与定量分析相结合的方法

随着科技档案工作的发展，科技档案工作者在科技档案价值量化分析的探索方面，取得了一定的经验，其中加权平均法具有一定的代表性。

加权平均法是运用综合评判方法，按科技档案具体的价值因素（技术因素、功能因素、时间因素、典型因素、作者因素、名称因素）分项计分，计算科技档案价值量的方法。例如，某单位在评定科技档案的价值时，确定了下列四项价值因素：技术因素、时间因素、作者因素、典型因素；依次评出被鉴定科技档案各项价值因素的得分；并且根据该单位的实际明确各价值因素的权数，权数不同反映了各价值因素所起作用的不同。在此基础上，按下述公式计算出各项价值因素的加权平均值，规定科技档案的加权平均值在80分以上者为永久保存，80分以下者为定期保存，低于20分的没有保存价值。表12—1中，被鉴定的科技档案，其加权平均值为73分，应列为定期保存。计算公式为：

表12—1　　某项科技档案价值综合评判表

价值因素	技术因素	时间因素	作者因素	典型因素
得分	80	80	60	50
权数	40%	30%	20%	10%
加权平均数	80×0.4+80×0.3+60×0.2+50×0.1=73分			

$$V=\sum_{i=1}^{n} f_i \times v_i$$

式中，V表示加权平均数，即综合评价的分数；$\sum$表示求和（从第1到第i个数之和）；f_i表示第i（$i=1, 2, 3, \cdots, n$）个因素所占权重；v_i表示对第i个因素的单因素评价。

综上所述，直接鉴定法是一种经验性的定性分析方法，它主要凭借人们的实际经验来评价和确定科技档案的保存价值，方法比较灵活，是目前科技档案价值鉴定的基本方法，但这种方法受鉴定者主观因素影响较大，其准确性难以保证；而加权平均法是数学方法与经验方法的结合，其准确性比直接鉴定法更进了一步，对增加科技档案价值鉴定工作的科学性有重要意义，但这种方法计算复杂，还有待于发展，目前只能作为科技档案价值鉴定的辅助方法。

二、科技档案价值鉴定的程序

（一）鉴定准备工作

为使科技档案价值鉴定工作有计划、按步骤、高质量地进行，正式鉴定之前，应该认真做好以下各项准备工作。

1. 制定鉴定工作计划

科技档案鉴定工作需要占用一定的人力和较多的时间。在基层企事业单位进行科技档案鉴定工作，通常都成为档案部门的一项重大行动。它不仅占用科技档案部门的大部分人力和工作时间，而且还要牵涉到各有关的科技业务部门。为使科技档案鉴定工作既不影响各个科技业务部门的工作，又不影响科技档案的日常管理和利用，在鉴定工作之前，应制定出切实可行的工作计划，并得到主管领导的批准。

鉴定工作计划的内容包括：库藏科技档案状况的统计分析；本次鉴定工作的目的和要求；计划鉴定科技档案的内容范围；鉴定工作同其他有关工作的衔接和协调；计划工作量及需要动用的工作人员与时间；鉴定工作的后勤保障等等。

2. 做好鉴定的组织准备和物质准备

成立鉴定工作小组是鉴定工作重要的组织准备。鉴定小组的成员要按照选配条件，经过认真的酝酿和挑选，在征得本人同意后报请领导批准。鉴定小组成立以后，首先要学习国家关于科技档案鉴定工作的各项有关规定、上级主管机关制定的保管期限表，以及有关科技档案鉴定工作的经验材料，这是做好科技档案鉴定工作、提高鉴定质量的认知准备与组织保证。此外，还要做好必要的物质准备，如落实科技档案鉴定工作用房，印制鉴定工作需要的各种表格等等。

3. 编制和研究科技档案保管期限表

对于没有科技档案保管期限表的单位，在鉴定工作之前，要根据有关要求和规定，制定本单位的科技档案保管期限表。已经编制科技档案保管期限表的单位，则要对保管期限表进行认真的研究，以便掌握鉴定标准；对其中不适合的内容，应该按照一定的手续进行修订和补充，务必使科技档案保管期限表科学、适用，以保证鉴定工作的质量。

（二）价值判定工作

科技档案价值的判定采用直接鉴定法，一般以一套科技档案为基础，一个一个案卷地进行。某些例外的情况，如对一些明显失去保存价值的科技项目的档案可以成套鉴定；对一些案卷中特殊或重要的文件或图纸亦可单份地鉴定。但是，这些只是辅助的方法和个别的情况。具体判定时一般分两步进行。

1. 个人初步鉴定

个人初步鉴定，即鉴定小组成员根据分工，直接审阅科技档案的内容，根据实际情况提出鉴定意见，并将其填写在科技档案鉴定卡片上。

科技档案鉴定卡片是科技档案鉴定的原始记录。根据鉴定工作需求，应包括的项目有：卡片编号、案卷名称、科技档案号、项目名称、归档时间、原定保管期限、张数、鉴定人意见、鉴定人签字和签字时间、鉴定小组意见、鉴定小组负责人签字及时间等。

在鉴定卡片的各项栏目中，以鉴定人意见最为重要，它是价值判定的依据和初步结论。一个完整的鉴定意见，一般应反映：科技档案形成的背景情况；科技档案内容的技术经济水准及其历史与现实使用价值；利用情况的分析与预测；其他与鉴定结论有关的情况；鉴定人对该案卷的保管期限与存毁的具体建议等内容。

2. 集体审查

在个人初步鉴定的基础上，召开鉴定小组全体成员会议，听取每个鉴定人的说明，逐张审查鉴定卡片，进行综合平衡，形成集体的鉴定意见，由鉴定小组负责人将意见填入鉴定卡片。

集体审查，一般只就鉴定卡片内容进行分析讨论，如果有不同意见或遇到不明确的问题，才需要调出有关科技档案再次进行直接鉴定。必要时还可以请总工程师、技术负责人等专家进行评判。

上述方法基本上是定性分析的方法，随着鉴定工作经验的积累和鉴定人员素质的提高，可逐步增大定量分析的成分，将现代化手段引入科技档案鉴定工作，以提高科技档案鉴定工作的质量和效率。

（三）销毁与后处理工作

经过鉴定，对那些确实已失去保存价值的科技档案，可以着手销毁工作。为保证鉴定工作的严肃性，销毁工作必须严格手续。

1. 销毁手续

（1）编制科技档案销毁清册。科技档案销毁清册的内容和填制方法主要包括：

序号：按销毁材料的登记顺序填写。

科技档案号：指销毁材料所在的案卷号，如成套销毁则为项目号。

科技档案名称：有三种情况，如果是整套材料全部销毁的，应填写该套材料的项目名称；如果是一套材料中销毁部分案卷，则按案卷名称逐个填写；如果是销毁案卷中的部分文件或图纸，就要填写文件或图纸的具体名称。

形成单位：即形成科技档案的具体单位或科室。

数量：按整套或案卷填写时，应填写案卷数；按件或按张销毁时，只填写件数和张数。

鉴定卡片编号：填写有关案卷（项目、文件）相应的鉴定卡片的编号。

备注：用来简要说明有关事项。

科技档案销毁清册应填制封面。封面上需要反映：清册名称和单位；鉴定负责人姓名和鉴定时间；审批人姓名和审批时间；监销人和销毁人姓名及销毁时间等。

（2）撰写科技档案鉴定报告。科技档案鉴定报告是鉴定工作中形成的正式文件之一。其内容主要包括：鉴定工作的目的和要求；鉴定科技档案的范围（包括种类、年代、项目、数量）；鉴定小组成员名单及有关情况；鉴定的原则、具体方法与过程；鉴定中调整保管期限和销毁科技档案的数量；鉴定工作取得的经验和存在的问题；其他同本次鉴定有关的问题。

科技档案鉴定报告与销毁清册应一式三份，一份送本单位领导审查批准后，退回科技档案部门存档；另外两份分别报送上级专业主管机关和当地档案行政管理部门备案。

2. 科技档案销毁的方式

科技档案的销毁处理由档案部门具体实施。销毁时应同本单位保密或保卫部门取得联系，请他们指派专人监销。

科技档案的销毁涉及科技档案的“存亡”，必须十分慎重。为此，许多单位对准备销毁的科技档案采用封存观察的“冷”处理办法。观察期一般定为 3～5 年，同时建立封存档案的利用记录。观察期过后再一次进行甄别，对在观察期间仍然被利用的档案，应提交下一次鉴定时复审，将确实不曾利用的档案予以销毁。具体销毁方式，应根据科技档案内容的保密程度，采取就地销毁、回收和移交等不同方式。

3. 后处理工作

科技档案价值鉴定的后处理即善后工作，因各单位情况而有所不同。一般应做好以下工作。

(1) 注销。将销毁的科技档案从登记簿上划掉，并从有关检索工具中注明或撤销相应的条目或卡片。

(2) 变更。凡是鉴定中调整的科技档案保管期限，应对有关管理工具的记注事项做相应的改正。

(3) 调整案卷。案卷内文件有部分销毁的，应该对案卷进行调整或重新组合。

(4) 调整排架。对现有科技档案的排架情况进行相应的调整。

(5) 组织鉴定工作卷。将鉴定卡片按其编号排列装订成册，与鉴定工作中形成的其他文件，包括鉴定计划、鉴定报告、销毁清册、保管期限表等一起组成鉴定工作卷，妥善保存。

三、科技档案质量鉴别的内容与方法

科技档案是科技、生产活动的直接记录，客观地反映了科技、生产活动的历史过程和科技对象的实际面貌，完整、准确是科技档案质量的集中反映，也是科技档案质量鉴别的基本内容。科技档案失去了完整性和准确性，也就失去了发挥作用的基本条件。科技档案的准确性，首先表现在相关科技档案材料之间互相对应、彼此协调、内容一致；其次，还要能如实地记载和反映科技对象的变化，同科技对象的实际面貌保持一致。

科技、生产活动的不断发展和科技对象自身的变化，会对科技档案的完整性和准确性产生很大影响。一方面，静态的科技档案内容难以反映科技活动的动态变化；另一方面，相关的科技档案总是在不断地形成，致使原有的科技档案从相对的完整、准确变为不够完整、准确。因此，必须进行科技档案内容的核查与甄别，以保证科技档案的完整、准确，这又可以说是科技档案鉴定工作的特殊任务。

科技档案质量鉴别既是科技档案鉴定工作的内容，又是企事业单位科技管理的必然要求。企事业单位进行的技术整顿、企业升级等工作，都对科技档案的质量提出了具体要求，使科技档案质量鉴别经常与上述工作一并进行。具体鉴别方法如下。

(一) 通过科技档案同有关目录之间的核对进行鉴别

这种方法是以文件或科技档案目录为依据，鉴别科技档案的完整性和准确性。作为鉴别依据的目录有：产品或工程的设计图样目录、设计文件清单、有关明细表、底图登记簿、科技档案总目录和分类目录等。

采用这种方法鉴别科技档案的质量，应注意以下问题。

第一，要保证科技文件目录和档案目录的质量。目录是鉴别的基本依据，其内容的完整、准确，是质量鉴别工作的前提条件。如果没有必要的目录，或者目录本身就不完整、不准确，鉴别工作的质量和效果就难以保证。

第二，要以目录为依据，逐项（套）、逐卷、逐张（件）地仔细鉴别科技档案材料的内容。由于科技档案存在不同的版次，鉴别不能只停留在档案材料的标题上，而且要特别注意鉴别有关材料的内容、时间和稿本，以免关键文件和数据出现问题。

第三，对鉴别中发现的短缺材料，要了解其是否具有保存价值。凡是具有保存价值的短缺材料，应想方设法予以补齐。

（二）通过科技档案材料之间的核对进行鉴别

这种方法主要用于鉴别科技档案的准确性。科技档案材料不准确的表现主要是：底图档案与蓝图档案不一致，库藏科技档案同科室、车间使用的相同文件不一致，相关科技档案材料如产品图纸、技术条件、工艺文件相同内容之间不一致等等。造成这些不一致的重要原因是科技文件更改制度不健全，更改管理不规范。因此进行科技档案材料之间的核对，应特别注意有关文件的更改凭证，掌握其更改、变化的情况，有重点地进行核对，这是提高科技档案质量鉴别效率的重要方法。

（三）通过科技档案内容与科技对象之间的核对进行鉴别

前两种质量鉴别方法基本上是在科技档案部门内进行的，是“室内作业”；这种方法则要走出去，通过对科技对象的实地考察，对科技档案的内容进行鉴别。比如，到建筑物或构筑物现场考察其是否进行过改建或扩建，以建筑物和构筑物的现实情况为根据，鉴别基建档案的准确性；到设备安装现场，以设备使用或运行的实际情况为依据，鉴别设备档案的准确性等。

通过科技档案与其科技对象的查验和比较，即可发现实物已经发生了变化，而科技档案却没有反映的情况。对其重要和重大变化，应该及时采取补测、补绘等相应措施，使相关科技档案与其科技对象或实物保持一致，以保证科技档案的质量。

上述鉴别、核查科技档案质量的三种基本方法，各具特点、各有侧重，又是密切联系、互为补充的。无论采用哪种方法，在进行科技档案质量鉴别以后，都要十分重视做好相关材料的补充和处置。实践证明，科技活动和科技对象的变化虽然是影响科技档案完整、准确的重要因素，但是，相关管理制度和管理工作的不健全，对科技档案质量的影响更为严重。因此，应该采取有效措施，进一步完善和健全各项有关科技管理制度，强化科技档案部门的监督职能，以便从根本上保证科技档案的质量。

四、电子科技档案的技术鉴定

电子科技档案产生于各类业务系统，并广泛用于机构，尤其是企业的各项生产活动。由于电子科技档案的形成、流转、保存和利用都必须依赖于一定的软硬件环境，因此，为了保证电子科技档案在保管期限内的有效性，就需要在原有鉴定工作的基础上，对电子科技档案的价值实现状况即技术条件进行鉴定。鉴定的内容包括：

（一）电子科技档案的真实性鉴定

鉴定电子科技档案的真实性，即确定档案的“原始性”。主要认定档案是否就是当时当人当事形成的。

电子科技档案的真实性鉴定应针对真实性维护措施进行。具体内容包括：

（1）检查并依据电子科技档案管理系统所记载的文件形成、修改和批准时间，分析文件是否是原始的最终版本。

（2）检查档案是否按照预先确定的标准格式和模板编辑。

（3）检查电子科技文件形成系统中对于文件生成和管理过程的记录，分析是否有非法操作的发生。

（4）分析档案元数据中关于迁移前后文件信息和载体的记录，检查各类电子科技档案中影响真实性的要素是否在迁移中发生变化。

（二）电子科技档案的完整性鉴定

电子科技档案的完整性鉴定与传统科技档案的完整性鉴定有很大的不同。电子科技档案的完整性鉴定可以分为检查档案要素和检查要素集中手段两个方面。前者是指利用有效的技术手段，对照元数据模型，检查一份档案各个要素是否完备，包括可视的部分和不可视的部分；后者是指分析联系一份档案各个要素的手段是否有效，这些手段包括超级链接等。在现有技术条件下，一份文件的数据可能分布在若干台机器中，也可能以若干份文件相连接的方式而存在，鉴定时需要核实相关数据和文件是否收集齐全。

（三）电子科技档案的可用性鉴定

可用性鉴定是电子科技档案技术鉴定的重要内容，目的在于确认电子科技档案中的内容可以正常检索到，正常读出并被人所理解。它不仅需要确认科技文件在形成时的可读状态，同时需要分析其是否具备归档后多次正常读出的技术性能。主要有以下方面的工作：

（1）电子科技档案是否具有唯一的检索标识，是否有具备检索意义并符合命名规则的档案名称。

（2）检查配套软件、相关电子科技档案（如数据比较复杂的关系型数据库的相关数据库)、文字材料是否齐全、完整。

(3) 检查电子科技档案的信息存储格式是否符合归档要求。

(4) 归档或迁移时填写的科技档案运行的软硬件环境、版本号是否正确。

(5) 加密科技档案，还应检查其密码是否能可靠保存。

(6) 在指定的环境平台上能否准确读出电子科技档案。有些电子科技档案形成于专业的信息系统，如CAD文件等，如果变换系统，可能会导致档案无法正常读取和显示。国外有专家认为，如果错误超过文件的5%，就有理由认为该文件不具有可读性，可通过与打印件加以比较的方法确定其是否值得保存。或者采取格式转换以及连同生成系统一并归档保存的方法加以解决。

【本章小结】

科技档案的鉴定工作就是鉴别科技档案的现实的和历史的价值，根据价值的大小确定保管期限，把失去保存价值的科技档案剔除销毁的工作。通过鉴定可以适时地缓解档案库房和保管设备的紧张状况，减少保管工作量。更重要的是，通过鉴定工作，可以提高库藏科技档案的质量，可以突出重点，保护好价值较大的、特别是有重要价值的科技档案。科技档案鉴定工作必须综合考量科技档案的内容、质量，甚至技术状况。因此，科技档案的鉴定要求档案人员具备一定的专业素质，并借助科学的鉴定理论和方法全面、客观、准确地判定科技档案的价值。只有这样，才能将“值得”保存的科技档案保存起来。

【讨论题】

1. 试述科技档案鉴定工作的内容。
2. 简述科技档案价值鉴定的原则。
3. 试分析科技档案的价值表征。
4. 简述科技档案鉴定工作的方法和步骤。
5. 简述科技档案保管期限表的结构及作用。

【主要参考资料】

1. 冯惠玲．电子文件管理教程．北京：中国人民大学出版社，2001
2. 华林．新编科技档案管理学．昆明：云南大学出版社，2001
3. 余述文．档案管理工作手册．重庆：重庆出版社，2005

第十三章
科技档案的保管与统计

【本章要点】

阐述了科技档案保管工作的内容、意义和要求，介绍了科技档案保存环境、存储载体和档案修复等多项内容。论述了科技档案统计工作的内容、要求和具体统计方法的运用。

【关键词】

科技档案的保管〇库房〇统计〇统计指标

第一节　科技档案的保管

科技档案保管工作，是在科技档案的日常管理中，创造适合科技档案保管的条件与环境，妥善保护科技档案，建立和维护良好的科技档案库藏秩序的科技档案业务工作。

一、科技档案保管工作的内容、意义和要求

（一）保管工作的内容

科技档案保管工作是科技档案部门的一项日常性业务工作，其内容包括：

1. 科技档案的日常维护工作

包括科技档案的排架和检索工具的排检、温湿度监测、库房保洁和库房的安全保卫等工作。

2. 实施保护性措施

主要指围绕防火、防盗、防潮、防高温、防虫、防鼠、防光、防尘、防污染而采取的防护性方法与治理手段。

3. 科技档案的修复

即对损毁和老化的科技档案采取的修补、复制等工作。

4. 库房及设备的管理

包括库房的规划与使用、档案设备的购置与维护，以及档案装具的选择等等。

（二）保管工作的意义

科技档案保管工作，对科技档案的科学管理与有效利用以及科技档案的长久保存都具有重要的意义。

1. 做好科技档案的保管工作，是落实集中统一管理原则的重要措施

我国科技档案工作的基本原则要求必须对科技档案实行集中统一管理，以保证科技档案的完整、准确、系统、安全。没有科技档案的保管工作，科技档案虽然集中了，但它的完整、准确、系统性都得不到维护，其安全也没有保障，仍然可能失去已经具备的质量和系统性。必须认真研究科技档案损毁的原因，总结保管工作的经验，探索保管工作的客观规律，采取针对性强、行之有效的方法，从技术和社会两方面入手，切实做好保管工作，才能持久地维护科技档案的完整与安全。因此，科技档案的保管工作是落实科技档案集中统一管理原则的一项重要措施，必须认真搞好。

2. 对科技档案实行科学保管，才能不断丰富我国的科技文化宝藏

科技档案是科技成果的存在形式，是党和国家重要的科技文化财富。但是，这种财富不是一天形成的，而是随着社会的发展和科学技术的进步，经年累月逐渐地积累起来的。只有科学地保管好科技档案，才能保证我国的各项科技成果的持续积累，使我国的科学文化宝藏不断地充实和丰富起来。

3. 保管工作是维护科技档案管理秩序、实现科技档案有效利用的基本保证

科技档案经过整理实现了系统化，经过鉴定达到了质量的优化，但是，如果没有科学、有效的保管工作，科技档案整理、鉴定的成果是难以长久保持的。这是因为库藏科技档案实体处于频繁的流动和周转状态，如果没有日常的维护，科技档案可能丢失，排架序列很容易受到破坏，已经建立的库藏秩序就会被打乱，

各项业务工作都将受到影响。同样，科技档案检索体系也有个维护的问题，频繁使用的各种科技档案检索工具，如果不进行经常性的排检，也会失去使用价值。

特别是从利用的角度而言，科技档案能否及时、充分地发挥作用，取决于以下三个重要条件：(1) 取决于管理工作的有效性，只有保持良好的库藏秩序，才能顺利查找和提取科技档案；(2) 取决于科技档案的完好状态，即科技档案齐全成套，保管寿命长；(3) 取决于能否迅速、准确地提供科技档案。这三点都与保管工作有着直接关系，因此，做好保管工作，不断提高科技档案保管工作的质量，是实现科技档案有效利用的基本保证。

(三) 保管工作的要求

1. 保管人员要有强烈的事业心和高度的责任感

做好科技档案保管工作必须具备两个因素：一个是物的因素，即必须提供必要的保管条件；另一个是人的因素，主要表现为保管人员的事业心和责任感。从一定意义上说，人的因素比物的因素更重要。保管条件再好，而保管人员缺乏事业心和责任感，也难以做好保管工作；保管条件差些，但是保管人员具有高度的事业心和责任感，则能够改造条件、创造条件，在有限的条件下做好保管工作。强烈的事业心和高度的工作责任感，是做好科技档案保管工作的思想基础。

2. 要为保管工作提供必要的物质条件

科技档案保管工作的效果和水平受保管条件的制约，做好保管工作需要一定的物质条件。《中华人民共和国档案法实施办法》明确规定："要为档案部门配置适宜保管档案的专门库房和必要设施"。随着科技、生产的发展，科技档案的保管条件应不断得到改善。

3. 要分析和掌握造成科技档案损毁的原因

为了使保管工作科学化，必须分析和把握造成科技档案损毁的原因。这主要包括两方面因素：一方面是科技档案制成材料与记录材料的质量，这是影响科技档案保管寿命的内在因素。科技档案制成材料质量高，保管效果就好，档案保存寿命就长；反之，保管就比较困难，档案"老化"得就快。例如，质量好的描图纸有韧性、透明度好、耐磨，其保管寿命较长；质量差的则纸薄、透明度低、质脆易碎，保管难度就大。再如，用钢笔书写和用圆珠笔书写的字迹保管效果，也存在很大的差别；用钢笔书写时，墨水质量的不同，其保管效果也不同。另一方面，保管条件和保管方法是影响科技档案寿命的外在因素。保管条件好，如温度、湿度适宜，防护设施可靠，保管方法科学，就能够相应地延长科技档案的保管寿命，反之，就可能加速科技档案的损毁，缩短科技档案的寿命。

掌握上述内因和外因两个影响科技档案保管寿命的因素，采取相应的措施，才能有效地做好科技档案保管工作。

4. 要以防为主、防治结合

科技档案保管工作涉及预防与治理两个方面，正确处理这两方面的关系，对做好保管工作十分重要。为了保证科技档案的安全、延长其寿命，保管工作应始终坚持预防为主、防患于未然的保管方针。科技档案的损毁是一个渐变的过程，并非短时间内就发生质变；而且科技档案原件是不能再生的，一旦损毁了就将造成无法弥补的损失。因此，预防是科技档案保管工作的根本和主要内容。坚持以防为主，还要注意防治并举。对损毁的科技档案及时修复，对不利的保管问题及时治理，才能切实提高保管工作的效益和水平。

二、科技档案的保管条件和防护措施

（一）科技档案库房

库房是存放科技档案的场所，是保护科技档案的首要和必备的基本条件。《科学技术档案工作条例》规定："保管科技档案必须有专用库房"。

1986年2月，城乡建设环境保护部和国家档案局联合颁发了《档案馆建筑设计规范》，对档案馆的建设及档案保护条件等各方面都作出了具体规定。科技档案库房的基本要求是：防潮湿、防高温、防虫鼠、防污染，并且坚固安全。

为了达到上述要求，设在楼房里的科技档案库房，一般应选择楼房的低层，不要设在地下室和顶层，还应避免西晒的房间，以利于防潮湿、防高温。库房应该位于企事业单位的中心地带，以便于利用者就近查找利用科技档案。库房要远离民用住宅和锅炉房、化验室、电镀间、配电站、燃料库等散发有害物质的污染源，以防止灰尘、有害气体、放射线、磁场及高温、易燃、易爆物对科技档案的不利影响和威胁。此外，库房门窗要密闭、坚固，科技档案库房应与办公室、阅览室、晒图室分开。

《科学技术档案工作条例》规定："新建的企事业单位，应当同时建设符合要求的科技档案库房。"国家计委和国家档案局在《关于做好基本建设项目档案资料工作通知》中规定："凡属新建的大型基本建设项目，在设计建设时，应当设计建造符合要求的档案资料室，并配备为档案资料保管和提供利用所必要的设备，其投资应列入基建总投资中。"这些都为科技档案库房建设提供了依据和保障。

（二）防火

科技档案载体是易燃物质，保管工作应特别注意防火。首先，应配备数量充足、品种适用的消防灭火器材，如灭火器、砂箱、防火栓等，较高的库房应该安装避雷针。其次，要建立严密的防火制度和消防器材的使用管理制度。防火制度包括：库房内严禁吸烟和使用明火；对电源、线路、开关、照明设施要定期进行检查，消灭一切火灾隐患；建立火灾隐情预报制度；明确火灾抢救的分工等。消防器材使用管理制度包括：定期检查灭火器材以保证其有效性，明确消防器材的使用分工，掌握各种消防器材的使用方法等。

（三）防潮湿、防高温，保持适宜的温、湿度

不适宜的温、湿度不仅能助长其他不利因素，并且直接影响科技档案载体和记录材料的耐久性，对科技档案有多方面的破坏作用。超过正常温、湿度范围后，温度每增高10℃，纸张破坏速度将加快1～2倍；湿度过大也会加速纸张中纤维素的水解过程，使纸张抽缩、退色、印迹模糊、强度降低，使纸张生霉、害虫繁衍，严重污损和破坏科技档案。因此，控制和调节温、湿度，对保护科技档案具有重要作用。一般档案库房的温度应保持在14℃～24℃，相对湿度在50％～65％之间；保管特殊载体科技文件的库房，其温度应按特殊要求。

控制和调节库房温、湿度主要应该做两方面工作。一方面是防止和控制库外高温、高湿影响库内。一般采用封闭的方式：尽量减少库房门窗，设置两道门和过渡间，窗户要严密，有条件的应设双层窗。另一方面是及时降低库内的高温、高湿，加强温、湿度监测，库房内应配备温、湿度监测和控制调节设备，如温、湿度计，自动恒温恒湿机、去湿机和增湿设施等。

不具备上述条件的可采用通风防潮的办法，还可以使用无水氯化钙、矽胶、木炭等固体吸水剂降低湿度；或采取拖地、洒水、放置水盆等简易方法增加湿度。

（四）防光

无论是自然光还是人工光，对科技档案都有破坏作用，特别是其中的紫外光具有强烈的光化作用，对科技档案的破坏性更大。它能降低档案载体的机械强度，使纸张变色、变脆。蓝图上的感光药剂遇到光线容易退色，使线条印迹消失。光的热效应还能使胶片粘连，影响磁记录的耐久性。因此要防止光线对科技档案的侵害。

防光的基本方法是防止光线对科技档案的直接照射，并尽量减少光照时间。为此，库房要不开窗或开窄窗。窗户要安装毛玻璃或花纹玻璃，普通玻璃应涂刷紫外线吸收剂或粘贴紫外线吸收膜，采取遮阳措施，防止光线直接照射。库房内应对灯光加以控制，尽量使用自然光和普通钨丝灯泡，无人时不开灯，以减少光线的照射。

（五）防尘

灰尘的成分很复杂，如黏土、水泥屑、烟渣以及其他各种工业粉尘等等。灰

尘对科技档案具有机械性、化学性和生物性破坏作用。它们能使科技档案的字迹、线条模糊不清，摩擦或破坏纸张纤维，使磁记录上的磁带微粒和磁粉脱落；有的灰尘上吸附了空气中带有酸性、碱性的化学物质，对科技档案还有强烈的腐蚀作用。灰尘还是微生物寄生和繁殖的掩护所，也是各种霉菌的传播者。

防尘措施，除选择库房地址时应考虑防尘条件外，还应在库房周围种树、栽草，净化环境；在库房内保持清洁卫生，对档案要采取多层密闭的保管方式，有条件的还应采用吸尘器等除尘设备，在库房窗户和通风孔安装空气过滤装置。

（六）防虫、防鼠

有害昆虫对科技档案危害很大，在高温、高湿的条件下，有害昆虫繁殖得快，危害更大，必须严加防治。应严格控制库房的温、湿度，保持库房清洁、密闭，墙壁、地面、顶板、柜架等都要平滑、无缝隙，库房和柜架内放置防虫剂，使有害昆虫无藏身之地。对新入库的科技档案应严格检查，发现有虫蛀痕迹的未经处理不得入库。对已经入库的科技档案要经常检查，发现害虫要及时治理。

老鼠是科技档案凶恶的天敌，库房内应创造一切使老鼠不能生存和繁殖的条件。如库房墙壁应坚固平滑，使老鼠不能侵入；库房内禁止放置食品和杂物，使其无栖息的条件；档案柜架和墙壁保持一定距离，以便于检查，发现鼠洞要及时处理；发现老鼠要尽快彻底消灭，以防止鼠害蔓延。

三、科技档案的保管方法与要求

（一）底图档案的保管

底图档案具有复制工具的功能。在底图纸生产过程中，采用的特殊原材料和工艺措施，带来了一些不利于底图耐久性的因素；另外，底图在多次复印的过程中，经过反复的高温照射，机械强度和耐久性有所降低，很容易脆裂破碎。因此，底图保管的要求是严禁折叠。折叠对底图的不利影响：一是折叠的印迹容易断裂，影响底图的保管寿命；二是折叠造成底图不平整，影响图面复印的清晰度。为此，底图应在特制的底图柜中存放。

底图存放的方法有两种：一种为平放，即按整理顺序将底图平放在多层抽屉的底图柜中。这种方法能较好地保护底图的平整，存取比较方便，有利于底图的保护，也便于查找利用，是一种比较好的保管方法。另一种为卷放，即将底图按套或按卷卷成筒状排放在底图柜中。具体可以将底图卷成小圆筒或者用薄木板、纸板做衬，将底图卷成扁平卷。重要和加长的底图卷好后可放进特制的底图筒里。卷放的优点是节约库房面积和空间，但同平放比较取放不够方便，经常卷绕会增加底图磨损。特大特长幅面的底图以卷放为好。

保护底图，可采用边缘加固的方法。如将底图四边折为双层，使用缝纫机扎边；或者通过压边机将胶纸粘在底图四周。底图周边强度增加，会明显减少底图的破损。总之，底图应保证在不撕、不折、不受挤压以及尽量减少磨损的条件下保管。

（二）蓝图及复印图的保管

蓝图及其他复印图的制成材料，机械强度比较好，特别是蓝图幅面大小不一，应采取折叠组卷保存的方法。

蓝图以“手风琴”式，折叠成A4图纸（297mm×210mm）幅面大小，折叠时右下角的标题栏应露出，以便查阅，如果需要装订，左边应空出装订线。

蓝图折叠后装入用牛皮纸板双裱压制的卷盒或卷皮中保存。其中图样文件一般采用散装的形式，而文字材料一般采取装订的形式。

（三）感光材料的保管

科技档案中的感光材料主要有底片（胶片）和照片，其中以底片的保存更为重要。因为底片是母片，一旦损毁了就无法制作照片，因此，应严格底片的保管，具体方法是：

第一，底片采用密封包装的方法保存。珍贵的底片应存放在隔热、密封的容器内或防火柜中。

第二，存放时底片平面应与水平面垂直。

第三，底片应分类存放。即母片与拷贝片、永久保存与非永久保存的，要分库存放。

第四，长期不用的底片每隔一至两年要检查一次，发现异常，应弄清原因并及时处理。

第五，除其他一般保管条件外，应严格控制底片库房的温、湿度。底片库房的温度应控制在13℃～15℃，相对湿度在35％～45％，彩色底片的保管温度应低于2℃。

另外，底片在入库前要进行严格检验，主要检验其外观质量、影像质量和硫代硫酸钠的残留量（小于0.7微克/cm^2），并且要将底片水洗后入库以防污染。还要注意，底片出入库必须经过温、湿度的调节过渡。

（四）磁性材料的保管

科技档案中的磁性材料主要有录像带、录音带和机读文件。磁性材料的保管方法是：

第一，防磁。这是保管磁性材料的主要问题，否则磁记录信号在外磁场中会衰减甚至消失。具体措施是，把磁带放入金属柜中保存，磁带库要远离散射磁场，周围不能有变压器、电动机、电视机等电气设备。

第二，磁带要平放。如果外包装盒较软，平放时不要叠压太多，以免压坏磁带。

第三，定期检查。磁带每隔 6～12 个月需要重新卷绕一次，发现问题应及时重新转录。重要的机读文件每 3～5 年应复制一次。

第四，长期不用的磁带要加隔磁材料卷绕，以防止相邻磁带互相磁化。

四、科技档案库房管理

库房是保管科技档案的处所，为了合理利用库房面积，便于对科技档案的存放与查找，提高科技档案工作的效益，应加强库房管理。

（一）库位管理

科技档案库房中供存放科技档案的空间位置称为库位。库位管理的任务是，规划库房的使用面积和柜架数量，对库房合理布局，以便对科技档案实行定位管理。

1. 库位规划

库位规划是以科技档案数量的发展预测为依据，一般以 20 年为一周期，提出科技档案库房面积和柜架的需要量及费用的预算。

其中，科技档案柜架需要量的计算公式为：

$$C=F/F_1$$

式中，C 代表柜架需要量；F 代表预测期内科技档案增加的总卷数；F_1 代表单位柜架存放科技档案的额定案卷数。

库房面积需要量的计算公式为：

$$A=C(g+t)$$

式中，A 代表库房面积需要量；C 代表柜架需要量；g 代表单位柜架占用的面积；t 代表单位柜架对应的通道面积。

2. 库房布局

库房布局，即对库房的使用安排以及对库区房间和保管区段的划分，要为科技档案日常管理创造条件，并应考虑以下问题：

（1）适应各项科技档案工作活动的要求。在房间划分时，应使库房尽量集中，以便于创造良好的保管条件；办公室和阅览室应靠近楼梯间和入口，以便于科技档案工作者对利用情况的控制；技术、业务用房尽可能布置在楼房的一层，以便于设备、装具的搬运，减少噪声的影响。

（2）方便科技档案工作者的管理活动。在房间使用上，同类科技档案尽量集中在一个房间或几个相邻的房间，利用频率高的科技档案应存放在靠近办公室的房间里，年代久远或利用频率低的科技档案可以存放在离办公室较远的房间，以缩短存取科技档案的路径，节省存取档案的时间。

3. 库位编号

大型科技档案室（馆）库房房间比较多，为了方便管理应分别编制库位号和库位索引，作为定位管理的线索。

库位号一般由房间号、柜架号和隔板号三部分组成。房间号和柜架号应从入口或楼梯口，按顺时针方向，自左至右顺序编排；隔板（档案箱）号应自上而下顺序编排。库位号确定以后，每个房间、柜架都应该在醒目的位置固定库位号标牌，并根据库房的实际情况绘制成鸟瞰图或方框图，标明柜架的库位号，形成库位索引。

（二）柜架排列

柜架是库房内存放档案的设备装具。库房内柜架的排列，对它们合理地使用，对科技档案的保护与利用，以及日常工作秩序都有直接影响。排列柜架应遵守以下要求：

第一，各种柜架应分类集中。

第二，档案柜架的排列，应与窗户垂直，与墙壁保持一定距离（不小于0.08米），以防阳光直接照射，避免库外温、湿度对档案的直接影响。

第三，档案柜架之间的通道，应保持0.9米～1.2米的合理宽度，通道过窄不利于管理和通行，通道过宽会影响库房面积的充分利用。

库房内通道应采取迂回形式，避免柜架同墙壁构成“T”字形的“死胡同”，使管理人员能围绕柜架自由通行，便于档案存取以及在突然的情况下抢救和转移档案。

第四，每层柜架的隔板或抽屉，都应注明存放科技档案的类别和档案号的范围，以便于科技档案案卷的提取与归位。

除一般档案柜架以外，现在很多单位采用了活动式密集架保存科技档案。密集架分开可方便地提取和存放案卷，靠拢时形成一个封闭的整体，大大提高了库房面积的利用率，其封闭性也有利于科技档案的保护。但是在安装密集架时应充分考虑库房建筑的负荷量。

（三）科技档案的排架

科技档案的排架，就是根据预定的排架方法，将科技档案案卷摆放在相应的柜架上实行定位管理。排架是科技档案进入库藏状态的具体步骤，也是保持正常的库藏秩序的先决条件。

1. 科技档案排架的方法

（1）流水排架法。流水排架分为大流水排架和小流水排架。大流水排架，就是完全按照科技档案接收归档的先后顺序（登记号）排列案卷的方法。大流水排架的优点是，科技档案上架不用预留位置，不必到一定时间进行“倒架”，可以比较充分地利用柜架设施；其缺点是，不同种类和类别的科技档案混合在一起排列，不利于按类别调卷与管理。

小流水排架也叫分类流水排架，是指将科技档案进行初步分类以后，在各类内实行流水排架。如将科技档案分为产品类、科研类、基建类等，各类中按案卷接收的先后顺序排架，或者将全部库藏科技档案按年度分开，各年度内再流水排架。

采用流水排架法需要借助其他检索工具，才能迅速找到所需要的科技档案。

（2）分类排架法。分类排架法是在科技档案实体分类的基础上，按照科技档案的类别、项目及项目内案卷排列顺序（档案号）排列案卷的方法。

分类排架法的优点是，科技档案的类别界限清楚，便于按类别和项目查找和管理科技档案。它的缺点是，因需要按类别预留空位，柜架的利用不够充分，而经过一段时间还需要“倒架”，增加了科技档案管理的工作量。

分类排架法的特殊形式是按科技档案幅面的规格或制成材料的性质分别排架。这是特殊载体档案常用的排架方法。

2. 科技档案排架的要求

（1）科技档案排架的顺序应统一。一般应按从上到下、从左到右的顺序，以便于管理。

（2）要保持适宜的饱和度。排放过挤会增加案卷的摩擦，不利于档案的保护；太松又影响库位的有效利用。排放时可参考《档案馆设计规范》中五节档案箱储存定额为180卷，双面架储存定额为220卷，密集架储存定额为480卷的规定。由于科技档案案卷一般比较厚，排架时可根据实际情况作相应调整。

（四）科技档案的出入库管理

库存科技档案总是处于流动和变化的状态，应随时掌握科技档案的库藏情况，如借出量、阅卷量、移出量、封存量、销毁量等。特别应加强出入库的管理工作，案卷调出时，要在代卷卡上进行登记；案卷返库时，应在代卷卡上注销并及时归库位，保持账、物、卡、位的一致。这是保持科技档案库藏秩序的重要措施。

五、科技档案保管制度

科技档案保管制度是完成科技档案保管任务的依据和控制手段，是档案管理制度的组成部分。

（一）科技档案库房管理制度的内容

1. 保管人员的岗位责任制

科技档案保管人员应对科技档案质量和库藏秩序负责，有权要求为科技档案的保管创造必要的物质条件。科技档案保管人员要对科技档案的完整与安全负责，指导、监督利用者按规定方式利用科技档案，有权拒绝不符合规定的利用要求，对违反科技档案管理制度的行为提出劝告、进行制止。

2. 库房管理的分工

包括库房各区段或房间管理的分工，温、湿度监测的分工，库内设备仪器使用与保养的分工，以及处理紧急情况的分工等，使库房内外的大小事务，样样都要落实到专人管理。

3. 库房纪律

包括不准在库房内吸烟和使用明火，不允许在库房内种花和存放杂物、食品，不准带照相机进库房，不准无关人员进入库房，不允许在库房内开会、谈话、休息等等。

（二）科技档案保密制度

保密是在科技档案工作中保护国家和集体利益，保证科技档案信息合理交流的重要措施，是保管工作中不可忽视的重要内容。制定科技档案保密制度的依据是《中华人民共和国保守秘密法》、《科学技术保密规定》，以及各级科技主管机关的有关规定。具体制定保密制度时，要同本单位保密和保卫部门取得联系，互相协调配合。保密制度制定后，要经主管领导批准方能生效。

保密制度的内容应包括：

1. 关于科技档案的保密范围和机密等级

要以科学技术的特点和科技机密的划定原则，作为划定科技档案保密范围的依据。我国有关保密法律和法规规定，凡是关系到国家安全和利益，一旦泄露会造成削弱国家防御和治安能力，影响我国技术在国际上的先进程度，失去我国技术的独有性，影响技术的国际竞争能力，损害国家声誉、权益和对外关系的科学技术，都应该列入保密范围。并且规定了其密级分为绝密、机密和秘密三级。凡是国际领先，并且对国防建设或经济建设具有特别重大影响，能够导致高新技术领域突破，能够整体反映国家防御和治安实力的科学技术，属于绝密级。凡是处于国际先进水平，并且有军事用途或对经济建设具有重要影响，能够局部反映国家防御和治安实力的科学技术以及我国独有、不受自然条件因素制约、能够体现民族特色精华，并且社会效益和经济效益显著的传统工艺，属于机密级。凡是处于国际先进水平，并且与国外相比在主要技术方面具有优势，社会效益或经济效益较大的科学技术，以及我国独有、受一定自然条件因素制约，并且社会效益或经济效益很大的传统工艺，应属于秘密级。根据科技档案的具体情况，科技档案的密级在上述三级的基础上可以考虑适当增加“内部使用”级和“国内使用”

级，以保护各单位的知识产权。

2. 关于密级的调整

随着科技、生产的发展和具体科技活动的变化，应及时对科技档案的密级进行调整。

3. 关于保密档案的管理与使用

保密档案特别是绝密档案应该单独或由专人管理。对保密档案应控制使用，并且必须经过有关领导批准。保密制度还应规定保密档案摘抄与复制的审批手续、失密的惩处办法和保密检查的内容与方法。

（三）检查制度

科技档案的检查，分为定期检查和临时检查两种形式。一般情况下科技档案部门每年应该定期对科技档案保管状况进行一次全面检查。检查的内容包括：科技档案的保管状况、库房管理状况、保密工作状况以及借阅制度的执行情况等等。其中应以科技档案的保管状况为检查的重点。除定期检查外，遇到特殊需要或发生意外事故，则应立即组织检查，这种检查就是科技档案的临时性检查。

为了做好科技档案的检查工作，并且通过检查促进保管工作质量和水平的提高，要选择好定期检查的时机和统一检查的方法。应组织专门的检查小组，检查时要做好记录，检查后应将检查情况和检查结果写成报告，对保管工作中存在的疏漏提出补救措施限期改正，并且针对保管工作的薄弱环节，进一步健全和完善保管制度。

六、监督科技档案的修改与补充

科技档案部门有责任监督归档以后的图纸的修改和补充。科技档案和文书档案相比较，有一个突出的特点，即一般文书归档后绝对不允许修改，否则就会失去档案的真实性，失去档案凭证和依据作用的基础；但是，某些科技档案则存在修改的问题，只要符合制度要求，经过一定的批准手续，不但允许修改，而且必须修改才能保证科技档案的准确性。这是因为科技档案与政务档案的准确性、真实性的标准是不同的。文书档案只有一个历史标准，即反映历史面貌和历史的真实性。只要能够真实地反映政务活动的历史面貌，其文书档案就是准确的。科技档案则不然，衡量科技档案准确性的标准有两个，即历史标准和现实标准。这就要求，科技档案不仅要反映一定条件下科学技术或科技对象的历史面貌，而且还要反映它们的现实状况，使科技档案同它反映的科技对象保持一致。

比如，一个单位的基建档案，是这个单位基本建设活动的真实记录，它一方面要忠实地记录基本建设活动的历史过程，反映建筑物的历史面貌；另一方面还要客观地记录和反映建筑物的现实情况。只有这样的基建档案才能在基本建设活动中起到凭证和依据的作用，才是准确的。相反，假如基建档案只反映建筑物在施工时或设计时的情况，而不能随着建筑物的变化而修改、补充自己的内容，那么这套基建档案就将失真，也就失去了它在该建筑物使用、维护、改建、扩建中的凭证、依据作用，其价值将大大降低，甚至失去保存的意义。而且，相当一部分科技档案如产品档案、工艺档案和设备档案都存在这样的情况。因此，为了维护科技档案的准确性，为了保证科技档案的凭证作用和依据作用，必须在一定的更改制度和更改要求的指导下，对有关科技档案进行相应的修改和补充，使科技档案同它所反映的科技对象的实际情况保持一致。

科技档案的修改、补充工作，原来由技术部门和技术人员承担，科技档案部门只进行监督和协助。随着科技档案工作者素质的提高与科技档案人才结构的完善，目前有些单位已经由科技档案工作者直接承担修改、补充工作。科技档案的修改程序是：先改底图档案，后改蓝图档案，最后再改生产用图。具体修改方法，可以根据各单位的特点而定，但修改原则是一致的，即科技档案的修改既要保持它的历史面貌、发展过程，又要反映出科技对象或科技生产活动变化的现状。这是科技档案修改的原则，也是科技档案部门做好监督修改工作应切实掌握的基本要求。

第二节　科技档案的统计

科技档案统计是定量认识科技档案和科技档案工作的工具，是对科技档案实行科学管理的重要手段。随着科技档案事业的发展，科技档案统计工作作为科技档案工作“指示器”和“校正器”的作用正在不断地完善与强化。

一、科技档案统计工作的内容和要求

（一）科技档案统计工作的内容

科技档案统计工作是通过数字和报表，掌握和解释科技档案宏观管理和微观管理基本情况的一项科技档案业务工作。其基本任务是：

（1）组织各种形式的科技档案统计调查，收集有关科技档案工作现状与发展的统计资料；

（2）对收集来的统计资料进行统计分析，以便对科技档案工作的发展做出科学的评价；

（3）为档案专业主管部门和国家统计部门提供统计资料，实行统计服务和统计监督；

（4）根据统计资料，对科技档案工作的发展进行预测，并提供预测材料。

科技档案统计工作的任务反映出它的两个特点：

第一是依附性特点，科技档案统计工作“寄居”于其他各项科技档案业务活动之中。在科技档案业务工作中，统计工作虽然与收集、整理、鉴定、保管和利用工作一样，是一项独立的科技档案业务活动，但又与其他科技档案业务活动不同。其他各项业务活动都是针对科技档案实体展开的，通过这些业务活动，有的是对科技档案存在的状态，有的是对它们保存的时间，有的是对其信息的有效输出产生影响等等。统计工作却不是直接施加在科技档案实体上的活动，而是对其他业务活动和科技档案现状进行统计分析，然后再通过这些业务活动，对科技档案实体及其信息输出施加影响。如通过对科技档案完整率的统计，反映有关单位收集工作的质量及问题，可以通过及时补救等措施来改善其收集工作。因此，科技档案统计工作必须与具体的科技档案业务工作密切结合，把自己的活动建立在其他业务活动的基础之上，或贯穿于其他业务活动的过程之中，才能发挥其统计监督与服务的控制反馈功能。

第二是双重性特点。在科技档案各项业务活动中，唯独科技档案统计工作既是科技档案微观管理工作的内容，又是科技档案宏观管理工作的组成部分。科技档案统计是人们认识科技档案和科技档案工作的有效方法，它可以使人们准确地掌握科技档案和科技档案工作的基本情况，成为指导科技档案宏观和微观管理都不可或缺的重要手段。因此，科技档案统计工作具有宏观统计和微观统计两项内容。

科技档案的宏观统计工作，是指国家各级档案行政管理部门和各级专业主管机关进行的科技档案统计工作。它是从国家、地方或专业系统的角度所进行的科技档案统计工作。包括：全国科技档案和科技档案工作基本情况统计、专业系统科技档案和科技档案工作基本情况统计、省（自治区、直辖市）市（专区）县科技档案和科技档案工作基本情况统计等。为了加强我国科技档案的统计工作，国家档案局于1983年在全国范围内建立了档案统计年报制度，制定了由国家统计局批准的《档案工作基本情况统计年报》，对全国的档案工作推行统一的统计方法、统计项目和统计报表格式，以便准确地掌握全国档案机构、人员、馆藏、库房、利用和编研等方面的基本情况，对全国档案工作实行统计监督。将档案统计（包括科技档案统计）纳入我国国民经济和社会发展的统计指标体系，肯定了科技档案在国民经济和社会发展中的地位，使其更加有效地为社会主义现代化建设事业服务。

科技档案微观统计，是指基层企事业单位和科技专业档案馆，对本单位科技档案和科技档案管理工作所进行的统计工作。微观统计是宏观统计的基础。国家的、地区的和专业系统的科技档案统计工作，必须建立在基层企事业单位和科技专业档案馆统计工作的基础上。

微观统计工作是否科学，数字是否准确，将直接影响科技档案宏观统计的质量和作用。建立国家规模的科技档案统计工作，必须从基层单位和科技专业档案馆的统计工作抓起。

（二）科技档案统计工作的作用

数量是认识社会现象和客观事物的重要依据。毛泽东同志曾经指出，办事情必须从实际出发，对情况和问题要注意到它们的数量方面，做到胸中有“数”，要有基本的数量分析和主要的百分比，要注意决定事物质量的数量界限。统计就是进行基本的数量调查和数量分析的重要手段。做好科技档案的统计工作，对基层单位和科技专业档案馆的科技档案的管理工作，对加强科技档案的宏观指导，发展国家规模的科技档案事业，具有重要意义。

1. 科技档案的微观统计工作，是掌握库藏、实现科技档案科学管理的重要措施

科技档案是国家重要的科技文化财富。为了对科技档案实行科学管理，科技档案部门必须及时、准确地了解库藏科技档案的数量和质量，了解和掌握保管科技档案的库藏效率，对科技档案的利用情况进行定量分析，从中总结经验，探索工作规律，发现薄弱环节，以便改进和加强科技档案管理工作。

实现科技档案的科学管理和有效利用，必须注意各项科技档案业务工作的协调发展，把握科技档案工作中的各种数量关系和数量界限。比如，科技档案库藏量同科技档案保管工作的关系，科技档案库藏数量、质量、保管状况同科技档案鉴定工作的关系，科技档案基础管理工作同科技档案开发利用的关系等等。科学的管理工作离不开最基本的数量统计和数量分析，必须把科技档案的科学管理建立在对各种科技档案工作情况进行基本统计和定量分析的基础之上。

2. 科技档案的宏观统计工作，是实现国家管理决策和宏观指导，发展国家规模的科技档案事业的必要条件

我国的科技档案工作是国家的一项专门事业，是社会主义经济建设的重要环节。科技档案事业必须同整个国家的经济建设和科技文化事业协调发展，为社会主义现代化建设提供条件和服务。为此，国家和各地方、各部门必须及时了解科技档案及科技档案工作的实际状况和发展水平，实行必要的监督和计划指导。科技档案的宏观统计工作能够及时地为国家对科技档案工作的监督和指导提供系统、可靠的统计资料，为科技档案行政管理部门准确把握科技档案及其管理工作的现状和基础，为分析今后发展趋势和达到的水平，提供必要的数据依据，保证

科技档案事业规划与决策的科学性，从而促进和推动科技档案事业的健康发展。

3. 公布档案统计信息是增强社会档案意识的重要途径

建立档案统计制度，定期向社会公布科技档案统计信息，使社会普遍了解我国科技档案工作的基本情况，对档案工作是一种有效的宣传手段，对提高全社会的档案意识具有重要的作用。

（三）科技档案统计工作的要求

科技档案统计工作是一项科学性很强的工作，必须符合以下各项要求，才能保证统计质量和统计效果。

1. 要有明确的目的

明确科技档案统计的目的，就是要根据科技档案工作的实际需要安排统计工作，这是保证统计工作有效性的前提。统计工作作为一种手段，如果没有明确的目的作指导，不知道为什么而统计，统计工作将失去意义，并难以坚持下去。而且，统计工作的目的是确定具体统计方法的依据，只有针对具体目的才能确定统计指标体系和统计分析的方法，统计工作才不至于走弯路。

2. 要有准确的数据

科技档案的统计工作，是从科技档案及其管理工作的质和量的辩证统一中研究它的数量关系，用数字语言来表现事实的。数据的准确性是科技档案统计工作的生命，失去了准确性和真实性的统计是毫无意义的，因此，数据必须十分准确。要达到上述要求，必须要有严肃负责的工作态度和严格的统计纪律，建立和规定科学的统计指标体系和统计方法，这样统计出来的数据才有价值，才能够满足科技档案统计工作的要求。

3. 要保持连续性

为了实现统计工作的目的，保证统计数据的准确性及其质量，科技档案的统计工作需要持续地进行。对有关内容的统计，一定要有始有终，不能间断。时断时续或有始无终的统计数据难以保证其准确性，也无法反映统计对象发展变化的规律，影响统计工作的质量与效果。为此，应加强科技档案相关数据的积累，重视科技档案的日常登记工作，为科技档案统计积累必要、可靠的数据。

4. 要保证及时性

及时是保证统计准确、维护统计纪律、实现统计目的的重要条件。及时性要贯穿于统计工作的全过程，在搜集原始数据，对原始统计数字的整理，对统计资料的分析、研究，以及在规定期限内填报统计报表等方面，都应体现出及时性的要求。

5. 要加强分析研究

取得统计数字不是统计工作的目的。只有对统计获得的原始数据进行科学的分析研究，从中发现规律性的东西，才能实现科技档案统计服务和统计监督的职能，进而改进和提高科技档案工作。这是目前科技档案统计工作中的薄弱环节，应当特别予以加强。

二、科技档案统计工作的方法

科技档案统计工作包括对科技档案和科技档案工作的统计调查、统计整理和统计分析的完整的实践过程。通过统计调查，收集和记载反映科技档案和科技档案工作中有关特征的统计资料；经过统计整理，把这些反映个体特征的统计资料，过渡为反映总体特征的统计资料；最后对经过整理的系统的统计资料进行分析研究，认识和把握科技档案和科技档案工作的现状、发展及其内在规律。

（一）统计调查

统计调查是科技档案统计工作的初始步骤，即根据规定的统计任务而收集、登记和全面、详细地占有统计资料的过程。

尽管统计调查按其调查范围分为普遍调查、抽样调查、专题调查和重点调查等类型，按其调查目的可分为常规调查与临时调查等形式，但是它们的基本方法是一致的。

1. 统计调查的方法

（1）统计报表法。即按单位或部门的隶属关系分发统计调查表，由被调查单位根据各种原始记录，按统一的要求和方法向有关单位提供统计数据。这种方法是宏观统计调查的基本方法。

（2）直接观察法。指科技档案统计人员亲临调查现场，对调查对象进行观察计量或点数的方法，基层科技档案统计调查经常采取这种方法。

（3）采访法。具体可以分为口头询问法和问卷法。

总之，科技档案统计调查，应根据调查的任务、对象和条件的不同，具体选择适当的方法，以便高质量、高效率地完成统计任务。

2. 统计调查方案

统计调查之前应进行周密的计划，形成统计调查方案，使统计人员按调查方案的要求，统一认识、统一方法。调查方案的内容包括：（1）明确统计调查的目的，指明统计调查的任务或要解决的问题。统计目的要重点突出，避免面面俱到。（2）确定调查对象和调查单位。（3）确定统计调查项目，编制调查表。科技档案统计调查项目即需要调查的内容，由调查的数字和基本情况组成，它们是说明调查单位基本特征的标志，主要有数量标志和品质标志。选择具体标志要根据调查目的的要求与调查对象的特点而定。统计调查表是将确定的调查项目，按照合理的顺序编制成的表格。统计调查表是科技档案统计的载体和工具，直接影响统计工作的质量与数量。(4) 制定统计调查的实施计划。包括调查时间、地点、方式、资料的报送方法，以及调查工作的组织领导和调查前的准备工作等。

3. 档案统计报表制度

统计报表制度是指由国家或代表国家行使相应管理职能的专业主管机关统一制定颁发、逐级下达的，已经成为我国各地区、各部门、各单位向国家必须履行的一种正式的统计报告制度。它是国家定期取得统计资料的一种主要方式。

(1) 档案统计报表的种类。我国的档案统计报表有：基本统计报表，它是由国家档案局制定，国家统计局批准，发至各省、自治区、直辖市以及中央、国家各级档案机构，以调查全国档案工作情况的统计报表，如《档案工作基本情况统计年报》；专业档案统计表，它是中央各专业主管机关根据自身工作需要制发，调查本专业或本系统档案工作基本情况的统计报表，如《铁路档案工作基本情况统计年报》；地方档案统计表，它是由各省、自治区、直辖市档案行政管理部门和同级统计部门制定批准的，了解本地区有关档案工作基本情况的统计报表。

(2) 统计报表的构成。统计表是以纵栏和横行交叉形成的表格。广义的统计表是指统计工作各环节中使用的所有表格，如统计调查表、汇总表、统计分析表等；狭义的统计表仅指经过汇总以后，把得出的若干说明档案现象和过程的数据资料按照一定的项目顺序表现出来的表格。

科技档案统计表由以下部分构成。

总标题：它是统计表的具体名称，用来概括说明该统计表的内容或目的。总标题通常置于统计表上端中间部位。

表号：统计表的代号或序号，通常置于总标题的左边。

横行标题：又称横标目，用来反映统计表的主要项目，是统计表所要说明的总体或其各组的名称。

纵栏标题：又称纵标目，用来说明横行标题所列各项统计资料的内容。

表身：是统计表中填写数字资料的部分，反映了横行标题与纵栏标题规定的具体内容，见表13—1。

表13—1　　××单位科技档案鉴定情况统计表

科技档案种类	总数（卷）	鉴定（卷）	比例（%）
产品档案	8 989	4 700	52.3
科研档案	3 519	2 820	80.1
设备档案	734	720	98.1
总计	13 242	8 240	62.2

根据对统计表的主词分组与否及分组程度，科技档案统计表可分为简表、分

组表和复合表。简表即主词不分组、只把它们按一定顺序（如时间、地区）排列起来的统计表，如表 13—2 所示。

表 13—2　　××单位科技档案库藏量统计表

年份	数量（卷）
1960	5 000
1961	5 500
1962	6 200

分组表是对主词按一定标准进行分组，以进一步揭示出统计对象的具体特征，有利于分析研究对象总体的内部构成和内在联系。如表 13—3 不仅反映出该单位在 1983—1986 年间历年科技档案库存总量，而且由于对科技档案按种类进行了分组统计，进一步反映了每种科技档案在统计期内各年度的库存数量，便于对科技档案库藏进行分类分析研究。

表 13—3　　××单位 1983—1986 年科技档案库藏量统计表

年度 种类	1983	1984	1985	1986
产品档案	8 000	8 080	8 242	8 737
设备档案	500	510	525	551
基建档案	606	618	655	694
合计	9 106	9 208	9 422	9 982

复合表是对主词按两个以上标志或特征进行的复合分组形成的统计表，如表 13—4 所示。

表 13—4　　××单位 1983—1986 年科技档案库藏量统计表

种类	1983		1984		1985		1986	
	蓝图（卷）	底图（张）	蓝图（卷）	底图（张）	蓝图（卷）	底图（张）	蓝图（卷）	底图（张）
产品档案	8 000	100 000	8 200	103 000	8 352	105 400	8 525	128 634
设备档案	500	3 350	510	5 204	525	6 200	534	7 930
基建档案	606	7 445	618	8 560	628	9 060	673	9 871
合计	9 106	110 795	9 328	116 764	9 505	120 660	9 732	146 435

（3）档案统计表的制表规则。统计表是科技档案统计工作的工具，又是科技

档案统计成果的表现形式，统计表设计得是否科学、适用，关系到整个科技档案统计工作的质量。统计表的设计应遵循下列规则：

第一个规则是统计表的内容应明确、突出。科技档案统计表是揭示科技档案现象相互关系的工具和手段，为使统计人员和有关人员能够比较容易地从表中获取科技档案现象的相关信息，并以此得出必要的结论，科技档案统计表应内容鲜明、易读易懂。首先，科技档案统计表必须做到主题明确、内容集中。统计表不同于一般的文字材料，它容量有限，不能也不允许过于烦琐。否则，一个包罗万象的统计表看起来似乎内容丰富，实际上却因主题庞杂、枝节蔓延，影响其作用的正常发挥。其次，横行标题与纵栏标题的设计应符合统计目的的需要。科技档案统计表的主题是通过横标目与纵标目所规定的各项指标体现的，为了使科技档案统计表的内容鲜明、重点突出，横标目和纵标目设计必须紧紧围绕统计表的主题和统计工作的需要。最后，总标题应简明确切地概括统计表的基本内容、统计时间与统计单位。总标题既不能成为有关内容的简单罗列，也不能简略得使人无法准确了解统计表的主题内容。为了进一步明确统计表中的有关内容，必要时可用最简洁的文字，在表格的下端作说明或注释。

第二个规则是统计表的形式结构应简明、紧凑。统计表的栏目较多时，对各主词栏和宾词栏要分别编号，主词栏一般用“甲”、“乙”、“丙”等文字编号，宾词栏一般用“1”、“2”、“3”等数字编号。统计表内的数字资料应标明相应计量单位，如果全表只有一种计量单位，可以把计量单位写在表头的右上方。

（二）统计整理

统计整理是根据科技档案统计工作的目的和任务，对统计调查取得的原始统计资料进行科学的分类、汇总和综合，使其系统化和条理化，能够揭示出各相关因素之间的内在联系，反映出统计对象的总体特征，为统计分析创造必要的条件。其内容包括：

1. 审核统计调查资料

统计调查资料是统计整理的对象和统计分析的依据，不能出现遗漏和讹误。因此，首先要对所占有的统计调查资料进行认真审核。统计审核的内容，主要是调查资料的完整性和正确性，如科技档案统计项目和调查单位是否完整，统计报表中数字的计算是否平衡，其逻辑关系是否正常合理等等。

2. 进行统计分组

在被统计的科技档案现象总体中，存在着各种各样的差别，如科技档案机构的调查统计就存在着机构形式、库藏数量、专业系统等差别。为了便于对科技档案及科技档案工作进行数量的描述与分析，需要根据统计的目的和任务的不同，将统计调查获得的原始数据分成若干组别，进一步揭示它们的本质和特点。这是统计整理的一项重要内容。

3. 汇总和计算

科技档案统计资料经过分组，即可根据统计的目的和需要进行数据汇总和计算。科技档案宏观统计资料的汇总工作，可以采用逐级汇总和集中汇总两种方式。逐级汇总即将统计调查资料按地区、按部门逐级汇总上报；集中汇总则是把所有统计调查资料全部集中，由国家档案行政管理部门统一进行汇总、计算。

（三）统计分析

统计分析是指对科技档案统计资料进行分析、研究，以求认识科技档案的内部矛盾和发展规律，找出解决矛盾的方法。科技档案统计分析是提供统计研究成果的阶段，也是发挥统计工作作用的阶段。

科技档案统计分析的方法比较多，应根据科技档案统计工作的具体目的和需要，选择适用的方法。一般常用的分析方法如下。

1. 对比分析法

用两个或两个以上相互联系的统计数据进行比较。比较是认识事物的基本方法，也是科技档案统计分析的基本方法。

2. 动态分析法

为了研究某一科技档案现象在时间上的发展变化和发展趋势，就要运用动态分析的方法。其作法是：把能说明和反映某种科技档案现象的不同时期的统计资料，依时间的先后顺序加以排列，形成动态数列（也称为时间数列），然后再对不同时期的科技档案现象进行分析研究。

3. 指数分析法

即利用指数分析科技档案现象的发展动态及其构成因素的影响程度的方法，它是动态分析法的深入和发展。

4. 统计预测

统计预测是以大量科技档案统计数据为依据，研究科技档案现象数量变化规律，进而推断科技档案现象未来的发展趋势。

科技档案统计预测包括静态预测和动态预测。静态预测，是根据科技档案现象之间的依存制约关系在一定时期内具有的相对稳定性，对其进行预测。动态预测，是指根据科技档案现象随时间推移而发生的变化，预测其变化速度和规律。

（四）科技档案统计的电算化

随着社会信息化的发展，在科技档案统计工作中，开始利用电子计算机进行科技档案数据的调查与整理。有的单位已经用数据软盘取代了传统的表格上报方式，有的则通过计算机网络获取统计资料。将科技档案统计与电子计算机的日常管理结合起来，利用电子计算机的统计功能及其存储的统计数据，自动生成统计报表，不仅简化了科技档案统计工作，而且保证了数据质量。科技档案行政管理部门利用电子计算机，迅速地对各单位上报的大量统计数据进行核实、分类等信息处理工作，极大地提高了统计工作效率。科技档案统计工作的电算化是科技档案统计工作发展的趋势，并且将进一步完善科技档案统计工作的功能。

三、科技档案统计指标体系

（一）统计指标与统计指标体系的含义和设置原则

1. 统计指标

科技档案统计指标，是一个说明同类科技档案现象某种数量特征的概念。如科技档案库藏量、科技档案利用率等。常用的统计指标有总量指标、相对指标、平均指标等。

总量指标是反映一定时期、地点或条件下科技档案现象总体规模或水平的统计指标。如科技档案总数、科技档案库房的总面积等。总量指标使用的计量单位主要有实物计量单位和货币计量单位。

相对指标是指在科技档案现象中，两个相互联系的指标数值之比，用来反映指标之间的数量关系，常用系数、倍数、百分数、千分数等表示。

平均指标是表示同类科技档案现象在一定时间、地点条件下，所达到的一般水平的统计指标。它的数值表现是科技档案统计平均数。

2. 统计指标体系

科技档案统计指标体系，是由反映科技档案同一现象数量方面的各项统计指标组成的统计指标群。一个统计指标只反映统计总体的某一侧面或某一特征，而客观现实中任何一种现象都具有多个侧面和特征，而且它们是相互联系和相互制约的，必须把这些相关的指标结合起来运用，才能全面、客观地反映某一现象的数量关系。

3. 科技档案统计指标与科技档案统计指标体系设置的原则

（1）统计指标要全面，统计指标体系要完整。由于客观事物的复杂性，科技档案统计需要设计一系列相关的统计指标共同反映科技档案这一社会现象。这些指标的设置要能够反映科技档案现象的各个方面。

（2）根据需要与可能设置统计指标及其体系。设置统计指标应该全面，所谓全面并不是只追求统计指标设置的绝对数量，而是要根据实际需要。例如，是为了适应党和国家全面了解科技档案工作的需要，还是为解决某一具体问题的需要，显然这两种需要是不同的，为其设置的统计指标也不可能相同。同时，设置统计指标和指标体系，还要适合科技档案工作实际水平，如果没有相关的工作基础，或者目前尚无法保证其统计质量的指标，就不要硬设。

(3) 统计指标与指标体系既要具备稳定性，又要有适当的灵活性。科技档案统计指标和指标体系在一定时期应保持其含义、范围、计算方法的稳定性，以便于积累和汇总有关统计资料，保证统计资料的准确性和可比性，有利于研究科技档案事业发展的趋势和规律。但是由于科技档案工作在不断地发展变化，有时甚至会产生一些新的矛盾，这就要根据需要，经过相应的程序，调整和补充相关统计指标。

(4) 统计指标应该与规划指标相统一。统计指标和统计指标体系是规划（计划）科技档案工作的基础。规划指标和统计指标都反映了科技档案的同一现象，所不同的是规划指标指示的是将来的目标，统计指标则反映的是目前的现实。这两种指标应该协调统一，以便于进行相互联系与比较，进而保证统计服务和监督的实现。

（二）科技档案统计指标体系

第一，机构、人员统计指标体系。包括：机构数（行政管理部门的级别与数量，档案馆数量，档案室、处、科数量）；人数（定编数、现有人数、女性人数）；人员情况（年龄、文化程度、档案专业程度、技术职称）。

第二，科技专业档案馆馆藏数量指标体系。包括：总数，以及统计期内接收档案数、征集档案数、移出档案数、销毁档案数。

第三，档案室保存数量和科技档案完整率统计指标体系。包括：总数，统计期内接收档案数和库藏科技档案完整率，移交档案数。

第四，科技专业档案馆利用情况统计指标体系。包括：开放档案情况（总数、开放目录数），利用人次，利用档案情况，利用资料数，复制档案资料数，编研档案资料册数和科技档案检索工具种类。

第五，档案室利用情况统计指标体系。包括：人次（本单位、外单位），利用总数和利用效率，利用资料（人次、册次），复印档案资料数，编研档案资料册数和档案检索工具种类。

第六，馆（室）库建设和设备购置统计指标体系。包括：馆（室）库建筑（总面积、库房面积），缩微设备（摄影机、冲洗机、拷贝机、阅读机、阅读复印机），电子计算机（中型机、小型机、微机），复印机，空调机（集中式、分散式），去湿机等。

第七，科技档案专业教育统计指标体系。

第八，其他相关项目统计指标体系。

四、科技档案微观统计工作

（一）当前科技档案微观统计工作的主要内容

1. 科技档案库藏量统计

科技档案库藏量统计是科技档案统计分析的基本依据。

（1）收进数。指在统计调查期内，接收科技档案的数量。这是掌握科技档案数量的最基本的数据。为保证统计数值的可比性，统计时应注意正确使用计量单位。一般而言，科技档案应按“卷”数或“米（m）”数为单位进行统计。“卷”是科技档案载体形态的基本单位，但是由于科技档案组卷具有多种厚度规格，为准确起见，可同时反映其上架排列的长度——“米”。另外，由于科技档案载体类型较多，还应注意选用相应的计量单位，如底图档案应用“自然张数”和“标准（折合）张数”来反映，磁带或胶卷用“盘”和“米”来表示等。

（2）移出数。指统计调查期内，向档案馆、上级单位和外单位移交科技档案的数量。

（3）封存数。指统计调查期内，处于封存期、准备销毁的科技档案的数量。

（4）销毁数。指统计调查期内，经鉴定后剔除并销毁的科技档案的数量。

（5）实存数。指统计调查期内，科技档案室或科技专业档案馆实际保存科技档案的数量。

此外，根据需要还可以安排库藏量的专题统计，如各类科技档案的数量统计、不同密级或保管期限的数量统计等。

2. 科技档案业务工作统计

科技档案业务工作的统计包括科技档案整理工作统计、著录标引工作统计、鉴定工作统计等。

3. 科技档案开发利用情况统计

开发利用情况统计，是衡量和完善科技档案利用工作的重要尺度和手段。

（1）档案检索工具数。指统计期内已经制成的各种目录和索引的种类、“册”数和条目数。

（2）利用人次和效率统计。利用人次指统计期内利用科技档案的人次，如有需要还可将利用者分为科研人员、工程技术人员、科技管理人员等分别进行统计。利用效率，包括查全率、查准率、调卷时间等。

（3）阅览数。指统计期内利用者阅览科技档案的数量，一般每调一次卷为一卷次。

（4）借出数。指统计期内，利用者借走科技档案的数量。

（5）复制数。指统计期内，利用科技档案进行复制而形成的复制本的自然张数与折合张数。

（6）咨询时数和人次。指统计期内科技档案人员在咨询服务中花费的总小时数和接待的人次。

（7）套用率。指统计期内复用图总量与总出图量之比。可按自然张数与折合（标准）张数计算。

（8）编研成果数。指统计期内已完成的科技档案编研成品的种类和字数。

4. 科技档案工作条件统计

科技档案工作条件，即科技档案室或科技专业档案馆开展各项业务建设必须具备的物质条件。包括科技档案库房、设备、装具等。

5. 科技档案完整率统计

科技档案完整率是研究分析科技档案库藏状况和科技档案质量水平的基本数据，是科技档案微观统计工作的重要内容，包括以下指标。

（1）科技项目归档率。即已归档的科技项目数（产品的、课题的、工程的、设备的等等）同应归档科技项目数的百分比。一个单位的全部科技档案是由所有应归档项目的科技档案材料组成的整体，它们共同记述和反映该单位科技、生产活动的历史面貌和全部内容。库藏整体是否完整是衡量该单位科技档案库藏状况和管理状况的重要标志。

（2）成套科技档案的完整率。是指一个科技项目的科技档案的完整率，即每一个归档项目中实有科技档案数同应归档科技档案数的百分比。分析科技档案库藏的完整，不仅要从总体上把握科技项目的归档率，而且要从个体上掌握每一套科技档案的完整率。

（二）科技档案的登记

科技档案登记，是把科技档案的有关事项记注在特定表册上的过程。财产登记是科技档案登记的基本内容，根据科技档案管理和利用工作的需要，还可以建立其他有关的登记。

科技档案登记为科技档案的统计调查提供了丰富、可靠的原始数据，成为科技档案统计工作的基础，而科技档案统计又进一步深化了登记作用。科技档案登记常同建立库藏目录结合进行。

1. 科技档案总登记

总登记是按科技档案接收的时间顺序，以案卷为单位进行的大流水登记（见表 13—5）。

表 13—5　　　　　　　　　科技档案总登记簿　　　　　　　　（第　页）

顺序号	归档时间			案卷题名	档号	份数	张数	编制		密级	保管期限	变更	备注
	年	月	日					单位	日期				

2. 科技档案分类登记

分类登记是按科技档案实体划分的基本大类，在各类别内再按照案卷接收的时间顺序，分别进行的小流水登记。

3. 底图登记

底图是一种特殊科技档案实体类型，由于它不能像蓝图一样折叠组卷保存，因此，底图登记是以张数为单位，按其排放顺序进行的（见表 13—6）。

表 13—6　　　　　　　　　　底图登记簿

顺序号	归档时间			档号	图号	底图名称	幅面						标准张数	编制		备注
	年	月	日				0	1	2	3	4	5		单位	日期	

4. 特殊载体科技档案的登记

为了便于管理和利用，对特殊载体科技档案应当单独登记。

5. 科技档案借出登记

科技档案借出登记簿，如表 13—7 所示。

表 13—7　　　　　　　　　　**科技档案借出登记簿**

顺序号	借出日期	借出单位	利用目的	借出案卷				归还案卷		备注
				数量	卷号	借阅期限	借卷人	日期	签字	

【本章小结】

科技档案保管是一项经常性业务工作，其任务是：在科技档案的日常管理中，创造适合科技档案保管的条件与环境，妥善保护科技档案，建立和维护良好的科技档案库房秩序。科技档案记录于不同的载体之上，因此，应按照相应的保管要求进行妥善保管。科技档案统计工作是统计工作在科技管理工作中的具体应用，它既是科技档案管理中的一个环节，同时又服务于科技档案的其他各项管理，使得科技档案事业不断推向前进。

【讨论题】

1. 简述科技档案保管的内容。
2. 试举例说明科技档案的保管方法。
3. 如何进行科技档案的排架?
4. 简述科技档案统计工作的意义。
5. 如何理解与把握科技档案统计工作的基本原则?

【主要参考资料】

1. 吴建华．科技档案管理学．南京：南京大学出版社，2002
2. 范巧燕．企业档案管理．北京：经济管理出版社，2008
3. 陈琳．档案管理技能训练．北京：机械工业出版社，2009
4. 吴建华．档案统计原理与方法．南京：南京大学出版社，1993

第五编

科技档案资源开发利用

21 世纪档案学系列教材

21世纪档案学系列教材

第十四章 科技档案资源开发利用工作的内容与知识产权保护

【本章要点】

阐述了科技档案资源开发利用工作的内容、构成要素及其影响，阐明了保护科技档案资源中知识产权信息的必要性和基本的管控措施。

【关键词】

科技档案资源○开发利用工作○知识产权保护○控制措施○有偿服务○保密制度

第一节　科技档案资源开发利用工作的内容

一、科技档案资源开发利用工作的基本内容

大力开发利用信息资源，是又好又快地发展我国社会主义事业的必要条件。相对各种物质资源（如矿产资源、水资源等等），信息资源的开发利用更加具有时代意义。在各种信息资源中，科技档案以其与科技、生产活动的伴生关系和所载信息的原始性、真实性等特点，而占有更加显著的地位。在社会主义市场经济条件下，科技档案资源开发利用具有更加直接的技术经济意义。

就科技档案工作本身而言，科技档案价值的实现，科技档案工作目的的达成，科技档案工作系统与外部环境的联系与沟通，无不与科技档案资源开发利用工作息息相关。因此，开发科技档案资源，实现科技档案的有效利用，为国家的经济建设和科技文化建设服务，是各级各类档案部门的重要任务。

科技档案资源开发利用，是指揭示科技档案信息及其价值，通过各种科学有效的方法，使科技档案资源直接服务于国家的各项事业，满足各种利用需求的一项科技档案业务工作。其基本内容包括以下三个方面。

（一）建立和完善科技档案检索系统

建立和完善科技档案的检索系统，是指档案部门在科技档案实体整理的基础上，揭示与存储具有检索意义的科技档案信息，组织各种科技档案检索工具，用以报道和介绍库藏科技档案的内容，帮助利用者便捷、准确地查找到所需要的科技档案信息，从而达到有效地开发利用科技档案资源的目的。

完善的科技档案检索系统，应该具备多种有效的检索功能，一般由多种检索工具、多个检索数据库，或者二者结合而成。建立和完善科技档案检索系统，包括编制科技档案检索工具、科技档案检索系统的设计建设与维护、开展科技档案检索服务等任务。这是一项为科技档案资源开发利用工作创造必要条件的基础性的科技档案业务建设。

（二）开发科技档案编研成品

科技档案编研成品，是指档案部门紧密结合科技、生产活动及其管理的客观需要，根据科技档案库藏的实际情况，在信息分析研究的基础上，将相对分散的、数量众多的科技档案信息，科学地加工、组织成为相对系统的、优质的、形式各异的科技档案信息成果。科技档案编研成品是开发科技档案信息形成的二次、三次信息成品的总称。

开发科技档案编研成品是科技档案工作发展到一定阶段，为进一步满足科技档案信息需求，充分发挥科技档案资源的作用，而发展起来的一项具有较高专业技术含量，实现科技档案信息服务社会化的一项科技档案资源开发工作。科技档案编研工作通过选题、拟制编研方案、选材、档案信息加工与编排、编研成品审校与批准等一系列具体档案业务活动，实现对科技档案信息的智能控制，提升了科技档案信息的质量，拓宽了科技档案信息服务的途径，成为科技档案部门应对"信息爆炸"的有效措施。

（三）科技档案提供服务

科技档案提供服务，以往被称为"科技档案利用工作"，是指档案部门直接向利用者提供科技档案实体与信息产品，以满足科技档案利用需求的科技档案服务方式。提供服务是科技档案资源开发利用工作的核心内容，也是其工作成果的集中体现。它将科技档案资源与其利用者直接联系在一起，让公众认识科技档案，使需求者得以利用科技档案，进而实现科技档案资源的价值。

针对科技档案的内容、形式特点和不同的利用需求，在提供科技档案的服务实践中，形成了多种多样的服务方式，主要包括科技档案借阅、科技档案咨询和科技档案信息交流等等。随着科学技术的进步，科技档案的内容与形式不断丰富，档案部门应该根据客观需要，合理地设计与选择更加适宜的提供服务方式，进一步方便科技档案的利用，开展全方位的利用服务活动。

二、科技档案资源开发利用工作的构成要素

科技档案资源开发利用是各种相关要素相互作用的结果，其中主要的构成要素是科技档案资源要素、科技档案工作要素和科技档案利用者要素，它们相互关联、相互影响，决定着科技档案资源开发利用工作的内容、方式与客观效果。

（一）科技档案资源要素

科技档案作为一种重要的科技信息资源，不仅具备一般信息资源的基本特征，从而区别于其他形态的资源，而且拥有一些特殊的性质特征，以进一步区别于其他信息资源。研究和从事科技档案资源开发利用工作，必须首先认识与把握科技档案资源的特征或特性，以便在利用服务中充分照顾并发挥这些特征优势。

1. 科技档案具有独立的可开发利用价值

信息来源于物质和物质的运动。科技档案充分体现了这一信息特征，描述和记录着自然界物质形态或物质运动过程。所有科技活动必然要形成大量直接记录自然界及物质变化过程的档案文件，客观存在的物质和物质运动，是科技档案信息的发生源。但是，科技档案并非一般客观物质本身，也不等同于客观物质。它是科技信息及其载体的统一体，作为记录和描述客观物质存在、运动状态和运动规律的科技档案，可以脱离信息源而独立存在。

信息的另外一个重要来源是人类的思维运动。这在科技档案中体现得尤为突出。科技档案不仅记录和反映了物质及其运动形态，更重要的是，它还记录和反映了人类认识、改造和利用物质世界的方式、方法及其规律性。比如设计人员对某种产品或工程的设计构想和设计方法、某种产品的生产加工过程或工程项目的施工方式与手段、某个科研课题的研究设想或研究实验方法等等。

科技档案中蕴藏的丰富信息是物质运动与思维运动双重作用的结果。这些科技信息被忠实地记录在科技档案中，由于科技档案可以游离于发生源而独立存在，使得科技档案信息能够被反复使用和共同占有，这是科技档案可以供人们开发利用的一个重要原因。科技档案虽然产生于具体的科技、生产活动之中，但是其作用并不局限于特定的专业活动领域，因此，科技档案的作用范围能够超出或大于它原本产生的范围，使科技档案资源开发利用工作具有更加广泛的空间。由于科技档案资源凝聚了人类智力劳动的成果，因此，科技档案资源开发利用在人类社会继承、发展的过程中，特别是在科技文化事业的继承和发展中，具有不可替代的承前启后的作用。

2. 科技档案信息必须经过识别与加工，才能有效地发挥作用

信息是可以识别的，识别的目的在于选择。科技档案蕴涵的科技信息包罗万象，它们都具有一定的利用价值。但是，盲目地利用科技档案却难以实现其价值。由于科技档案产生于不同的科技、生产活动之中，就特定科技项目所形成的科技档案信息而言，它们是集中有序的信息记录；而就科技档案资源的总体而言，它们的信息却处于分散、无序状态，这就给人们系统、有效地利用相关科技档案信息带来极大的不便。

识别科技档案信息的意义在于：判断科技档案信息之间的相互联系，区分不同科技档案信息的价值特征，以特定的方式予以揭示与整合，使分散的科技档案信息系统化，为人们选择所需的科技档案信息提供必要的前提条件。

为了使科技档案信息的识别尽量准确、科学，从而帮助人们有效地选择和利用，必须对科技档案信息进行必要的技术加工。档案编研人员要根据特定的需要对档案信息进行分析、概括、归纳、综合、扩充和浓缩等不同形式、不同程度的技术加工。根据处理方式和程度的不同，科技档案信息的技术加工分为初级加工和高级加工两个层次。

初级加工，是指采用著录和标引等手段，揭示科技档案的内容特征和形式特征，其实质是对科技档案检索信息进行选择与归纳。其结果是建立具有准确、快速查寻功能的科技档案检索工具体系，作为利用者直接索取科技档案原生信息的渠道和桥梁。

高级加工，是根据科技档案信息内容的联系，以内容主题为线索进行整合、改编或浓缩，对特定科技档案信息进行详细介绍或深入分析，其结果是形成了各种科技档案编研成品，它们既具有代替原生信息、独立发挥凭证或参考作用的功能，又具有一定的信息检索功能。

对科技档案信息的识别和加工，是科技档案资源开发利用的一项重要内容。未经开发的科技档案即便发挥作用，其作用范围与功效也十分有限。只有针对特定利用需求，对科技档案资源进行适度开发，才能使利用者充分认识其价值，充分利用相关科技档案信息，开发科技档案资源才具有一定的现实意义。

3. 科技档案信息必须经过扩散与传输，才能实现开发利用的目的

信息是可以扩散和传输的，事实上信息也只有通过扩散和传输才真正具有其完整的意义，科技档案信息也是如此。从宏观的角度来看，科技档案信息的扩散和传输，必须凭借一定的信道和载体得以完成。从信源（科技、生产活动）到信宿（科技档案利用者），是科技档案信息的空间传输；从过去到未来，是科技档案信息的时间传输；科技档案的储备则是时间传输的延迟。从微观角度来说，科技档案信息的扩散和传输，专指科技档案部门以各种形式将科技档案信息推介或传送到利用者手中的这一具体过程。没有这一过程，利用者接触不到科技档案，就无法实施其利用行为。

科技档案部门所采用的各种推介、传输的渠道或手段，也是另一种意义上的信息开发。其中的关键在于，各种渠道或手段必须真实地和及时地将科技档案信息传送到档案利用者手中。而信息传输工具的日益现代化，传输渠道的日益多样化，为科技档案信息提供了在更为广泛的区域内，实现多种传输方式的可能性。将科技档案信息开发为适宜某种传输手段的类型，是新形势下科技档案利用服务的重要内容。

（二）科技档案工作要素

科技档案工作是围绕完整地保存和科学地管理科技档案，建立起来的一系列档案业务活动。科技档案工作目的是科学地开发和利用科技档案，充分发挥科技档案的作用，服务于国家的社会主义现代化建设。科技档案资源开发利用作为科技档案工作的目的及其组成部分，必然受到科技档案工作特点和要求的促进或制约，因此，科技档案工作自然成为决定开发利用效益和效率的基本要素。

1. 科技档案资源开发利用同其他科技档案工作的整体性、依存性和协同有序性的关系

整体性。整体性强调系统中各要素与系统的依存关系，以及系统中各要素之间的合理组合和有序衔接，对系统发挥总体效能具有重要意义。科技档案资源开发利用的效益，必然受科技档案工作系统构成要素整体性与有序性的制约。科技档案工作是以科技档案为管理对象，以科技档案的收集、整理、鉴定、统计、保管和开发利用为构成要素的工作系统，这些构成要素围绕着科技档案这个管理对象，承担着不同的工作任务或管理职能，它们彼此关联与协调，构成了完整的科技档案工作内容；它们彼此依存与排列，形成了科技档案工作的正常秩序。作为系统重要构成要素之一的科技档案资源开发利用工作，必然受到其他构成要素的影响。

依存性。主要体现在科技档案工作系统的各构成要素的功能与系统总体功能

相辅相成。首先，科技档案资源开发利用是科技档案工作系统的根本目的，失去了这个目的，开发利用工作将陷入盲目运转状态。其次，实现科技档案工作系统价值的直接手段是科技档案资源开发利用。不进行开发利用，系统的科技档案就只有输入而没有输出，档案人员的劳动就只有投入而没有产出，科技档案工作系统的总体功能难以维系。最后，科技档案资源开发利用虽然具有特定的方式方法、特定的工作要求与规律，是一项具有某种独立性的业务活动，但是这种“独立性”是相对于系统的其他要素而言的，一旦脱离了科技档案工作系统，科技档案资源开发利用工作也将不复存在。而科技档案工作系统也只有具备了科技档案资源开发利用这个要素，才能成为一个完整、科学和有效的工作系统。

协同有序性。科技档案工作系统的整体功能，建立在各构成要素相互协同的基础之上。首先，各构成要素之间必须保持一定的有机联系，否则，即使各个要素的功能发挥得再好，也不会使系统的整体功能得到提升；其次，各个构成要素必须围绕系统目标，实现有序的排列组合，以便为其后续工作创造条件。比如科技档案工作系统的各个要素，必须按照资源的积累→资源的整理、鉴定和存储→资源的开发利用的顺序组合在一起。这种顺序符合系统的运动规律，没有科技档案的积累，科技档案的科学管理就失去了对象；有了科技档案的积累而不进行科学管理，科技档案资源开发利用依然缺乏可靠的物质保障。此外，除了要以其他要素为基础实现开发科技档案资源的功能之外，科技档案资源开发利用工作还具有对其他构成要素进行信息反馈的功能，成为促进它们不断提高工作水平的依据。这种反馈功能凸显了科技档案资源开发利用在系统内构成要素中的重要位置。

2. 科技档案资源开发利用必须保持与科技档案工作要求的协调一致性

(1) 服务性的工作要求。服务性是科技档案工作的基本属性，也是科技档案工作的基本要求。科技档案工作是为科技活动提供信息服务的一项基础性管理工作，其管理性职能通过各种形式的档案专业服务得以实现，这种专业服务就包括科技档案的提供利用。通过提供科技档案信息为科研生产活动取得满意的结果服务；通过提供科技档案信息为科技人员了解、掌握专业技术，提高实际工作能力服务；通过提供科技档案信息为科技管理者的科学决策、准确指挥和有效协调活动服务等。科技档案资源开发利用工作如果背离服务性这一根本要求，也就失去了自身存在的意义。

(2) 科学性的工作要求。科学性要求是对服务性要求的补充和提升。面对数量日益增长、内容日益繁杂的科技档案，服务必然包含高质量、高效率等内涵，只有采用科学的思想和方法才能达到这样的要求。如对科技档案价值的挖掘和揭示，要遵循逻辑学的原理进行科技档案信息的分类、著录和标引；依据科技、生产活动的规律，分析、归纳和加工科技档案信息；依据利用需求和利用心理学原理设计科技档案提供服务的方式或开拓服务的途径。

(3) 政策性的工作要求。科技档案是国家秘密的重要组成部分。严格遵守国家有关的政策与法令，确保科技档案的完整与安全，是科技档案工作的一项政策性要求。政策性要求虽然在科技档案工作各个业务环节都有所体现，但它更集中地体现在科技档案提供利用工作中，比如，如何确定科技档案的开放范围与保密范围（包括内容界限和时间界限），如何选择科技档案的传输范围和具有控制能力的利用手段或途径，如何利用具有知识产权性质的科技档案信息等等，稍有失误就将造成直接的技术经济损失，因此，必须在政策性要求的指导下，开展科技档案利用服务。

（三）科技档案利用者要素

科技档案价值的实现主要是决定于两方面因素，其一是凝结在科技档案中的人类劳动，其二是人们对科技档案的利用需求。前者是决定科技档案价值的基础因素，后者是决定其价值是否具有可开发性的条件因素。科技档案的利用者，即对科技档案具有利用需求的组织与个人。利用者的大量存在，表明科技档案拥有旺盛的利用需求，失去了利用者的利用需求，科技档案资源开发利用也就失去了现实意义。因此，利用者要素是科技档案资源开发利用工作必须研究的重要因素。

1. 利用者需求决定着科技档案资源开发利用的活动规律

满足利用者的利用需求是科技档案资源开发利用的宗旨，科技档案资源开发利用必须紧密围绕利用者及其利用需求展开。

(1) 从宏观来看，科技档案利用者的利用需求，总是根据科学技术、经济建设发展的形势以及党和国家的有关方针、政策而提出的。我国实行经济体制改革和科技体制改革以来，工业企业由生产型转变为生产经营型；加入世贸组织，密切了我国科研、生产单位与世界各国的经济、技术组织的联系与合作。因此，科技档案利用者不仅要求利用相关科技信息，还要求了解各种有关的法律信息和市场信息，这就要求科技档案部门加强有关档案资源的收集、整理与开发，为相关科技活动提供信息支持。

(2) 从具体企事业单位来看，科技档案利用者的利用需求，主要受企事业单位的科技活动的制约，而且利用需求的信息内容往往与科技活动的进展相适应。这些都要求科技档案部门及时掌握利用者在不同科技活动乃至不同科技阶段科技档案信息需求的变化规律，使科技档案资源开发利用的重心，随着科技、生产工作的演进而主动调整，为科技、生产活动提供良好的信息保障。

2. 利用者需求决定科技档案资源开发利用的方式方法

科技档案资源开发利用的方式方法主要受两个因素的影响，其一是科技档案自身的特点和信息存储形式；其二是利用者的利用需求。前者对开发利用方式方法的决定作用比较稳定；后者则由于不同的利用者及其承担的不同科技、生产工作活动，使利用需求呈现出多角度、多层次和多变化的特点。

不同的科技档案利用者具有各自不同的利用需求特点，比如从事基础科学研究的科研人员，他们工作的探索性和继承性较强，愿意亲自查阅与分析原始记录和原始数据。这些需求特点决定了他们比较适合直接利用档案原件的服务方式。从事应用研究的科研人员，主要从事具体的技术开发和生产工艺活动，对科技档案信息的针对性、内容的具体性、行业或专业的可比性有较高要求。一般工程技术人员则更倾向于反映及时、利用方式和手续简便、信息渠道畅通的服务方式。从事科技管理的决策人员对科技档案信息的利用需求，多为反映及时、综合性强与政策性较强的信息，尤其欢迎深度加工的信息产品。

以上对不同利用者利用需求特点的分析，是相互比较而言的。实际利用工作中，各种利用者对科技档案的利用需求，经常是相互交错的。因此，科技档案提供服务必须多角度、多层次地满足利用者的信息需求，有针对性地采用不同的提供服务方式，才能高质量、高效率地满足广泛的利用需要。

综上所述，科技档案资源开发利用工作由科技档案资源、科技档案工作和科技档案利用者因素构成，三要素相互制约、相互关联，共同构成了科技档案资源开发利用的完整意义。

第二节　科技档案资源开发利用中的知识产权保护

随着科学技术的发展与经济全球化的加速，知识产权已经成为决定国家核心竞争力的关键因素。胡锦涛同志在 2006 年全国科技大会上所作的《坚持走中国特色自主创新道路，为建设创新型国家而努力奋斗》的报告，阐明了国家的知识产权战略：“自主创新能力是国际竞争力的核心，是我国应对未来挑战的重大选择，是统领我国未来科技发展的战略主线，是实现建设创新型国家的根本途径。”“在社会主义市场经济条件下，企业是市场竞争的主体，也是技术创新的主体，我们必须培育一大批具有自主创新能力、拥有自主知识产权的企业。”“要加大对知识产权的保护力度，完善国家知识产权制度，健全知识产权保护的法律体系，加强知识产权保护的司法和执法工作，依法严厉打击侵犯知识产权的各种行为。”

科技档案资源包含着大量的知识产权信息，科技档案资源开发利用工作必须自觉实践国家的知识产权战略。

一、科技档案资源开发利用中知识产权保护的必要性

（一）知识产权信息是科技档案的重要组成部分

科技档案是科技活动的客观记录，忠实地记录着新知识、新技术的形成与应用的全过程。各种知识产权客体都有一个自然形成与不断完善的过程，它们的大部分还经历了知识产权的申请、受理、保护与运营等过程，这些过程必然要形成各种文件，而这些文件的重要性又决定了它们必将成为科技档案。

在档案家族中并不是所有档案都拥有知识产权，特别是拥有专利权、商标权、著作权与专有技术等知识产权，唯独科技档案资源囊括了全部知识产权信息。科技档案的这一构成特点，决定了科技档案管理，尤其是科技档案资源开发利用与知识产权信息管理水乳交融的关系。

知识产权信息由知识产权保护客体的信息和有关知识产权的信息组成。知识产权保护客体的信息，也称为狭义知识产权信息，包括人类的科学研究活动、技术开发活动、商贸活动等信息；有关知识产权的信息亦称为广义知识产权信息，指相关权利发生、运动、变化过程中形成的信息，以及与知识产权具有内在联系的其他信息，包括知识产权制度信息、知识产权法律法规运行状态信息、知识产权法律活动信息、知识产权数据信息、知识产权声明信息、知识产权利益主体信息等。

根据科技档案的定义，反映上述知识产权信息的文件必然包含在科技档案的归档范围之中。首先，科技档案的主要成分科研、设计档案都是职务作品，本身天然地拥有著作权。其次，科技活动是一个不断探索、创新的过程，大量技术问题的解决带来了新的发明创造，其成果所有人将视发明的客观效益与经济价值，将其中具有普遍影响的成果申请为专利技术，其他发明则成为专有技术或技术诀窍。因此，记录这些发明创造的技术文件就分别成为专利档案和商业秘密档案。最后，市场经济条件下，各种科技成果都可能成为知识商品，为适应市场竞争的需要，知识商品的所有者必然要为它们申请商标，那么，有关商标设计与受理文件自然就成为该产品档案的必要组成部分。

（二）科技档案资源管理与知识产权信息管理拥有共同的目的与方法

知识产权信息管理是为获取、保护、运营知识产权信息而施行的综合性管理活动，包括知识产权信息的收集、整理、分析研究、传播、利用等具体内容。知识产权信息管理的根本目的是促进知识与技术的传播与利用，推动知识成果走向市场，转化为直接的生产力，从而使知识产权所有者获得相应的经济

回报。

科技档案管理的根本目的是实现科技档案的有效利用，充分实现其价值。这一目的通过对科技档案的收集、整理、鉴定、保管和开发利用等一系列专业管理活动得以实现。两种信息管理的具体内容和目的互相重合，这种管理的共同性进一步证明，科技档案信息资源与知识产权信息的内在联系与密切关系。由于科技档案中包含了大量的知识产权信息，对于这部分科技档案的管理、利用，必须符合知识产权管理的要求，因此，科技档案资源管理也就成为知识产权管理的重要依托。

（三）科技档案资源开发利用的要求涵盖了知识产权信息管理的要求

知识产权是基于创造性智力成果和工商业标记依法产生的权利的统称。狭义的知识产权包括：工业产权与版权两部分，其中工业产权分为专利权、商标权、专有权；版权则包括著作权及邻接权。

1. 著作权保护的要求

著作权又称版权。著作权保护的修改权、复制权、发行权、出租权、展览权、信息网络传播权、翻译权和汇编权等项权利，与科技档案资源开发利用直接相关，并在有关档案法律法规中得以体现。

2. 专利权保护的要求

专利权指就一项发明创造，由申请人向国家专利主管部门提出专利申请，经审查合格后，由专利主管部门向专利申请人授予的，在一定期限内对该项发明创造享有的独占权。专利分为发明专利、实用新型专利和外观设计专利三类。我国现行专利法规定的保护期自申请日起分别为：发明专利 20 年，实用新型专利以及外观设计专利 10 年。专利期限届满后，原来受法律保护的发明创造将成为社会的公共财富，任何单位或个人都可以无偿地使用。

科技档案资源开发利用要求，在新技术获得专利申请以前，为保护其新颖性，必须控制使用。在获得专利权以后，一方面，通过有偿服务保证专利权人依法获得相应的经济利益；另一方面，在专利权保护期届满以后，应该积极履行公开和宣传相关专利信息的义务。

3. 专有权保护的要求

专有权即技术秘密和商业经营秘密的所有权。世界贸易组织在《与贸易有关的知识产权协议》中称其为“未披露过的信息”，指不为公众所知悉、能为权利人带来经济利益、具有实用性，并经权利人采取保密措施的技术信息和经营信息。由此可见，专有技术必须具备三个条件才能成立：其一，其内容信息不能为该应用领域的人所普遍知悉或容易地获得；其二，具有实际的经济价值；其三，专有权利人对此实施了合理的保密措施。

科技档案资源开发利用与专有权保护的要求关系更为密切，由于专有技术不需要认定，而其技术经济价值又是显而易见的，因此，是否对其采取了可靠的保护措施就成为关键问题。一旦出现侵权现象，只有采取了保护措施的权利人才能主张自己的专有权，而保护措施的具体体现，就是对专有技术档案的妥善保管措施和严格的利用控制措施。

4. 商标权保护的要求

商标权是商标专用权的简称，指商标主管机关依法授予商标所有人对其注册商标受国家法律保护的专有权。商标注册人具有依法支配其注册商标并禁止他人侵害的权利，包括商标注册人对其注册商标的排他使用权、收益权、处分权、续展权和禁止他人侵害的权利。科技档案资源开发利用中对商标档案借阅与复制的控制，集中体现了商标权保护的要求。

科技档案资源开发利用集中体现了科技档案管理的目的。由于科技档案信息的利用特点，为保护科技档案所有者的权利，维护市场竞争秩序，开发利用科技档案资源，必须坚持有条件、可控制的原则。长期以来，科技档案资源开发利用一直存在着保密与利用的博弈，博弈的焦点实质上就是如何适度保护与利用科技档案中的知识产权信息。与科技档案资源开发利用一样，知识产权信息管理离不开对它的控制与保护，并且同样强调控制与保护的适度性，过度的保护控制将抑制知识产权信息的利用，导致适得其反的结果。可见，控制科技档案资源开发利用的要求，充分体现了知识产权信息管理的要求。

二、科技档案资源开发利用的控制措施

（一）科技档案资源开发利用控制的法律依据

知识产权的基本特征是科技档案资源开发利用工作的重要依据，各种利用控制的要求与手段实际上反映了知识产权保护与利用控制的不同要求。法律是科技档案资源开发利用工作健康发展的保障，科技档案资源开发利用工作首先必须自觉遵循以下法律法规。

1.《中华人民共和国档案法》的相关规定

科技档案是一种特殊的档案资源，《中华人民共和国档案法》（以下简称《档案法》）和《中华人民共和国档案法实施办法》（以下简称《档案法实施办法》）针对档案的特点作出的规定，是科技档案信息开发利用必须遵循的法律准则。

（1）关于档案开放的规定。《档案法实施办法》第二十条对《档案法》第十九条分期分批地向社会开放档案的时间规定，具体化为：中华人民共和国成立以前的档案（包括清代和清代以前的档案，民国时期的档案和革命历史档案）自本

办法实施之日起向社会开放；中华人民共和国成立以来形成的档案，自形成之日起满30年向社会开放；经济、科学、技术、文化等类档案，可以随时向社会开放。前款所列档案中涉及国防、外交、公安、国家安全等国家重大利益的档案，以及其他虽自形成之日起已满30年但档案馆认为到期仍不宜开放的档案，经上一级档案行政管理部门批准，可以延期向社会开放。

科技档案资源开发利用工作在执行上述规定的同时，如何处理好科技档案资源开发利用涉及的国家与企业的利益问题，《中华人民共和国档案法实施办法释解》一书中明确指出："对于机关、团体、企业事业单位和组织内部的档案室来说，由于其保存的档案形成年代较近，现实性和秘密性较强，所以它们所保管的档案不属于到期应该开放的范畴，也不承担向社会开放的义务，一般只供本机关内部使用。"而且，为了便于操作，《中华人民共和国档案法实施办法释解》一书进一步从公布档案的内容及其影响等方面，概括了20类涉及国防、外交、公安、国家安全等国家重大利益以及其他到期不宜开放的档案内容，这些内容也是《中华人民共和国保密法》规定的国家秘密的范围。其中涉及军工科研及生产的内容，涉及我国科学技术的关键技术、技术诀窍、传统工艺、配方、重要资源的内容，涉及外国在华机构形成的、对社会开放会引起档案所有权纠纷的内容，涉及著作权、发明权、专利权，以及对社会开放将造成侵权诉讼的内容等等，对科技档案资源开发利用具有直接的规范作用，是确定开发科技档案的范围与信息主题、选择编研材料、确定传播方式必须遵循的法律依据。

(2) 关于公布档案权限的规定。《档案法实施办法》第二十三条具体界定了档案公布的内涵：是指通过下列形式首次向社会公开档案的全部或者部分原文，或者档案记载的特定内容：通过报纸、刊物、图书、声像、电子等出版物发表；通过电台、电视台播放；通过公众计算机信息网络传播；在公开场合宣读、播放；出版发行档案史料、资料的全文或者摘录汇编；公开出售、散发或者张贴档案复制件；展览、公开陈列档案或者其复制件。

科技档案资源开发的编研工作与信息交流等方式均属于档案公布的范畴，科技档案部门必须谨慎处理。一方面要依法开发自有科技档案资源；另一方面必须经单位领导或档案所有者同意方可开发科技档案信息，而且科技档案编研成品必须实行法人审批定稿的制度。

2.《中华人民共和国保守国家秘密法》和《科学技术保密规定》的相关规定

科技档案资源开发利用必须处理好信息开发与信息保护的关系，在保护国家利益与知识产权信息安全的基础上，开发科技档案信息资源才能真正促进科技档案信息交流，达到解放和发展科技生产力的目的。为此，必须遵循国家有关保守秘密的法律规范。

《中华人民共和国保守国家秘密法》规定了“保守国家秘密的工作，实行积极防范、突出重点、既确保国家秘密又便利各项工作的方针。”界定了“国家秘密是关系国家的安全和利益，依照法定程序确定，在一定时间内只限一定范围的人员知悉的事项。”明确了国家秘密范围与密级，以及变更密级或决定解密的确定权等保密制度。对此，《档案法实施办法》第十六条重申：“《档案法》第十四条所称保密档案密级的变更和解密，依照《中华人民共和国保守国家秘密法》及其实施办法的规定办理。”

《科学技术保密规定》针对科学技术的特点进一步明确了国家科技秘密的内容范围，即一旦泄露会造成下列后果之一的科学技术，应当列入国家科学技术秘密范围：削弱国家的防御和治安能力；影响我国技术在国际上的先进程度；失去我国技术的独有性；影响技术的国际竞争能力；损害国家声誉、权益和对外关系。

这些法律规范在确保重要国家科学技术秘密的安全，有控制地放宽一般国家科学技术秘密的交流与应用方面，为科技档案资源开发利用工作提供了法律依据。档案部门必须严格控制“绝密”、“机密”级科技档案的利用，涉密科技档案必须经过单位领导或技术主管的同意，并预先告知利用者使用涉密科技档案信息应尽的保密责任；开发涉密科技档案信息必须要经过相关部门的批准，包含涉密信息的科技档案编研成品必须明确密级和使用范围；强化审批手续，严格控制涉密科技档案的复制；如果超过保密期限或者相关秘密的知晓状况发生变化，应该按规定程序调整相关科技档案的密级和保密期限，及时扩大其利用范围，简化相关利用审批手续。

3. 知识产权法的相关规定

知识产权具有非物质性、垄断性、时间性与地域性等特征，知识产权保护对象的非物质性是知识产权的基本特征，其他特征都是在此基础上派生的。非物质性使得知识产权具有永久存续性、可复制性、可广泛传播性、可以同时被许多人使用，以及不能用控制物质财产的方式实行控制等特点。针对这些特点，知识产权法规定了相应的保护条款，《档案法实施办法》第二十六条规定：“利用、公布档案，不得违反国家有关知识产权保护的法律规定。”科技档案资源开发利用必须遵守知识产权法的相关规定。

第一，保护知识产权人的财产权，实行相关科技档案信息的有偿利用。知识产品本质上是一种信息，知识产权客体的发明创造，无论是技术方案还是作品，传达给社会公众的都是一种信息，依据这些信息公众可实施相关知识专利。因此，与物质财产的占有方式不同，利用知识产权信息实际上就是在占有相关知识产权。也就是说，知识产权人一旦将自己的发明创造公之于众，其他人很容易通过各种途径获得知识产权信息，进而谋取技术经济利益；而知识产权人却不能凭借自己的智力发明充分、有效地享有相关权利。因此，必须通过法律手段保护知识产权人在一定时期内独占其知识产权，以保护人们生产知识产品的积极性。依法有偿利用知识产权信息，是保护与刺激科技档案所有者科技创新的积极性、保证公平竞争、维护市场经济秩序的有效措施。

对包含知识产权信息的科技档案资源实行有偿利用，是保护知识产权的基本措施与合理要求，但是并非所有科技档案都含有知识产权信息，因此，科技档案资源开发利用必须区别对待，实行有偿与无偿相结合的方式。这两种利用方式相互补充、相互协调，对于合理、有效地开发科技档案资源，充分实现科技档案资源及其管理工作效益具有重要的意义。

第二，针对知识产权的时空特点，对不同时空范围实施不同的开发利用策略。知识产权时空特点表明，任何知识产权都存在于特定的空间与时间范围之内。其空间范围指知识产权在地域上的效力具有严格的领土性。其时间范围是指知识产权并非永恒的权利，一旦超出法律规定的有效期限，这一权利就自动消失，知识成果将转化为整个社会的共同财富，为全社会共同使用。

档案部门必须针对知识产权的时空特点，细化科技档案的利用范围与利用控制措施；加强对外利用的控制，强化定向服务，充分满足国内利用者，特别是本单位利用者的档案信息需求；针对知识产权所处的具体时空范围，采用不同的开发利用方式和控制措施，充分发挥科技档案信息在各种环境下应有的作用。

第三，维护知识产权的排他性，严禁擅自开发利用相关科技档案资源。知识产权法是保护发明成果排他性的专有权，即专利权人利用其发明、创造的独占权。开发利用科技档案资源中维护知识产权排他性的措施，主要包括：在相关科技成果获得知识产权的授予权以前，严禁档案形成者以外的人利用，以免破坏相关科学技术的新颖性，影响其顺利地申请相关知识产权；在获得知识产权授予权以后，坚持未经专利权人同意，任何单位和个人不得无偿利用含有知识产权信息的科技档案；开发或公布相关科技档案信息必须征得相关权利人的允许；反映知识产权信息的编研成品应该独立成篇（册），以便于信息的利用控制与合理传播。

（二）科技档案资源开发利用控制的动态策略

科技档案资源作为无形资产，要实现其价值，将其科技信息优势转化为知识产权优势，最终成为核心竞争能力，需要依托一系列的控制措施，并且强调利用控制的动态性。为保证利用控制的有效性与合理性，根据相关知识产权的运营特点，应分阶段确定科技档案资源开发利用的控制策略。

科技档案的现实性强，利用率的衰减相对迅速，而且所有知识产权在法定的有效期内，其作用与技术经济价值也在不断变化，大致呈现为四个阶段。科技档案利用控制应该权衡各阶段知识产权的技术经济效益，采用不同的利用控制策略。

（1）防御保护阶段。此阶段权利人将知识产权视为法律资产，旨在获得知识产权并确保其应得的法定权利。为保证相关科技档案信息的安全，此时，科技档案部门应该采取严格的利用控制手段，慎重利用相关科技档案资源。

（2）成本控制阶段。此阶段权利人将知识产权视为保值资产，比较重视知识产权的保值，注重降低知识产权成本，提升知识产权运营效益。此时，正是开发相关科技档案资源的有利时机，科技档案部门应该主动开发相关科技档案编研成品，蓄势待发地做好各种提供利用的准备。

（3）利润中心阶段。此阶段权利人将知识产权视为增值资产，注重通过知识产权的商业化经营，将知识产权货币化，充分实现知识产权的增值，获取利润。此时，应该弱化利用控制，积极宣传相关科技档案信息，及时满足相关利用需求。

（4）战略资源阶段。此阶段权利人将知识产权视为战略性资产，更加关注知识产权的再创造，并通过战略性地申请专利，实现知识产权持续增值。此时，应该淡化利用控制手段，简化利用手续，大力推广相关科技档案信息，促进相关科技档案的广泛利用。

（三）科技档案资源开发利用控制的科技手段

信息化为控制科技档案资源开发利用提供了现代化科技手段。目前大量科技档案的形成及开发利用都是在计算机和局域网上实现的，电子科技档案的开发利用与控制，离开现代化技术手段将“寸步难行”。

在科技档案信息利用控制方面，密钥技术、安全控制技术（包括访问控制技术、数字签名、鉴别技术）、安全防范技术（包括防火墙技术、病毒防治技术、信息泄露防护技术），以及面向网络信息资源开发利用而产生的数据标记技术、数字水印技术等信息技术，为实施科技档案资源开发利用与控制提供了不可忽视的科技手段。

【本章小结】

科技档案资源开发利用工作通过三项基本内容，共同服务国家与企业，满足人们的科技档案利用需求。科技档案资源开发利用控制的实质，是在保护科技档案资源中知识产权信息的前提下，充分地发挥科技档案资源的作用，其基本措施是科技档案资源的有偿服务与保密控制。

【讨论题】

1. 什么是科技档案资源开发利用工作？简述其基本内容。

2. 简述科技档案开发利用工作的构成要素。

3. 试分析科技档案资源开发利用工作中知识产权保护的必要性及其基本措施。

【主要参考资料】

1. 郑成思．知识产权法．2版．北京：法律出版社，2003

2. 宫小全等．基础产业知识产权信息管理研究．北京：知识产权出版社，2008

3. 郭树银．中华人民共和国档案法实施办法释解．北京：中国法制出版社，2006

第十五章 科技档案检索

【本章要点】

阐述了科技档案检索工作的内容，分析了科技档案检索工具的功能和科技档案检索系统的特征。明确了科技档案检索原理与检索语言，提出了科技档案系统、使用与维护的方法，以及认识科技检索工具的基本种类与特点。

【关键词】

科技档案检索工作○检索工具○检索系统○检索条目○检索功能构成○科技档案检索服务

第一节　科技档案检索的概念与原理

一、科技档案检索的基本概念

（一）科技档案检索工作的含义与任务

1. 科技档案检索工作的含义

科技档案检索是科技档案检索工作的简称，指选择、加工、存储科技档案检索信息，形成各种检索功能，根据利用需要开展科技档案查检服务的科技档案业务活动。科技档案检索是开发利用科技档案信息资源的重要内容和必要条件。

由于查找科技档案必须以存储的科技档案检索信息为基础，因此，从专业视角认识科技档案检索工作，应该包括两个互为依存的完整过程，即科技档案检索信息的存储过程与科技档案信息的查找过程。

2. 科技档案检索工作的任务

科技档案检索工作的任务包括：科技档案检索系统建设与开展科技档案检索服务两项基本内容。科技档案检索系统建设，即科技档案检索系统的功能设计、编制科技档案检索工具与检索数据库；开展科技档案检索服务，即科技档案检索系统的使用、维护与开发。

（二）科技档案检索工具的含义与功能

1. 科技档案检索工具的含义

科技档案检索工具是一个集合概念，代表所有按照一定顺序组织起来的科技档案检索信息及其载体的结合形式。

科技档案涵盖了科技、生产活动中以各种方式记录的科技信息及其载体形式。与此相适应，科技档案检索工具的形式与检索方法不断发展，既囊括了传统的账簿式、卡片式、胶片式、磁带等各种检索信息及载体形式，也包含着手工检索、机械检索与计算机检索等方式。

2. 科技档案检索工具的功能

（1）存储功能。科技档案检索工具由科技档案检索信息有机组合而成，即以科技档案检索信息构成检索条目，用一定数量的检索条目组成特定的检索功能。因此，科技档案检索工具实际上就是科技档案检索信息的存储器。

（2）查找功能。科技档案库藏数量庞大，检索无从下手，检索工具如同利用者与科技档案之间的“桥梁”，利用者借助检索工具就能随意调整检索范围，迅速、准确地找到相关内容的科技档案。

（3）交流功能。作为一种信息载体，检索工具可以脱离其档案实体独立进行信息交流，报道与推荐科技档案，成为科技档案信息交流的工具。

（4）管理功能。馆藏性科技档案检索工具能够反映科技档案实体的分类及其库藏档案的排列次序，成为科技档案统计、排架等管理活动的重要依据。

（三）科技档案检索系统的含义与特征

1. 科技档案检索系统的含义

科技档案检索系统，是指覆盖一定范围的科技档案库（馆）藏，具备多种检索途径或功能的科技档案检索信息的集合形式。

科技档案检索系统分为：手工检索（简称手检）系统和计算机检索（简称机

检）系统。手检系统由多种科技档案检索工具组合而成，是科技档案检索工具的传统形式。机检系统指一个或多个具有关联性的科技档案检索数据库系统，是科技档案检索功能的计算机化。

2. 手检系统与机检系统的关系

首先，手检系统与机检系统的构成原理相同，实现手段各异。从检索原理看，二者都是以检索信息作为查找手段，都是遵循有序化原理形成并实施查找。手检系统以人工排序实现有序化；机检系统的检索信息由计算机实现有限的排序。

其次，手检系统和机检系统的功能互补。手检系统是机检系统的基础，大量机检数据库的检索信息都源于手检系统；机检系统检索速度快、查全率高，可以自动生成检索数据库，是手工检索发展的高级阶段。目前科技档案检索中手检系统仍占有相当比重，因为大量的传统档案还不能完全实现计算机检索；某些学科和科研课题的手工检索功能仍然能够满足利用需要；而且，手工检索比较灵活，与计算机检索相比查准率更高。因此，在相当长的时间内，两种检索系统将互为补充，长期共存。

二、科技档案检索的意义

（一）科技档案检索为迅速准确地利用科技档案创造了条件

科技档案是国家档案中内容复杂、种类繁多、形成数量巨大的档案门类。随着我国科技档案库藏量的增加与科学技术的发展，科技档案利用需求不断地变化，科技档案信息的分散与利用者准确、系统利用的矛盾日益突出。科技档案检索以其专业方式，浓缩科技档案信息，简化查找过程，使利用者能够方便地获得相关科技档案。而且，档案检索技术能够使相关科技档案信息实现逻辑集中，提高了信息查找的准确性，满足了系统查找相关科技档案的信息需求。

（二）科技档案检索促进了科技档案信息的交流

科技档案是一种原始信息，不仅实体量大而且具有唯一性，难以进行交流。其检索信息如科技档案原始信息的“缩影”，能够代替档案实体进行信息交流，创造了科技档案信息广泛交流的可能性。随着科技档案机检系统的建立，科技档案信息交流的空间更加广泛。

（三）科技档案检索促进了科技档案业务建设的规范化

科技档案检索以信息的规范化为前提，通过著录与标引形成了规范的检索信息，按照规范化的要求组成了科技档案检索工具。这种规范化的过程必将促进其他科技档案业务建设，如立卷、登记、编目工作的规范化，进而提升科技档案科学管理的水平。

三、检索原理与档案检索语言

（一）档案检索原理

检索原理是对人类检索活动规律的概括，检索实际上是利用者将自己的利用需求，与档案信息进行相符性比较，通过相符信息找到所需要的档案的过程。因此，人们将档案检索信息浓缩成档案检索条目，以浏览条目代替浏览档案原件，通过调整检索范围，缩短查找时间，提高检索效率。

根据检索原理，实现检索效率的关键是检索条目能否代替档案原件，也就是检索人员揭示的科技档案信息与科技档案原件以及档案利用者的理解能否一致，要满足这一条件，用以揭示检索信息的语言必须确切。由于人类的自然语言十分灵活，难以做到这一点，于是便产生了准确表达检索信息的检索语言。

（二）档案检索语言的特点与作用

档案检索语言，即规范表达档案文献的主题内容，供人们查找档案使用的一种专用人工语言。检索语言的特点保证了档案检索功能的实现。

1. 档案检索语言的特点

（1）档案检索语言由特定的词汇和语法手段构成。检索语言的构成决定了其检索功能。首先，检索语言必须像自然语言一样具有一定量的“词汇”，以便能够表达丰富的档案信息主题。检索语言的“词汇”是各种检索标识。其次，检索语言必须具备一定的“语法手段”，以规范检索词汇间的关系，准确地表达各种复杂的概念。检索语言的“语法手段”就是各种标引规则。

（2）档案检索语言具有单义性。检索语言的基本功能是保证检索概念的准确性与唯一性，避免产生歧义或多重理解。对词汇进行单一性的限定，被称为检索语言的规范化。

（3）档案检索语言应该便于比较与识别。为了便于相符性比较，检索语言须十分简洁，应尽量用少而短的词汇，同时具有区分事物性质与明细程度的专指性。

2. 档案检索语言的作用

（1）将自然语言转化为规范的检索标识的依据。在揭示和比较检索信息的过程中，首先都需要将自然语言转化为检索语言，即著录人员需要以规范检索标识表示科技档案的主题，利用者也要用规范检索标识准确表达自己的利用意图。这种语言的转换都要按照检索语言的规定来实施。

（2）进一步明确检索标识的含义和范围。在检索中遇到意思相近的检索标识时，检索语言能进一步揭示各检索标识之间的差别与逻辑关系，便于人们准确地把握其含义，从而提高检索语言使用的准确性。其中，分类语言通过等级关系明确类目之间的关系；主题语言则通过参照系统细化概念的内涵。

(3) 扩大检索途径。检索语言通过揭示检索标识之间的关系，形成了一种隐含的语义环境，将更多相关的概念联系起来，便于人们根据概念关系调整检索途径。例如，利用者通过“航空摄影测量”的类目关系，了解到它属于“摄影测量”范畴，与此相关的还有“卫星摄影测量”、“多波段摄影测量”、“红外摄影测量”、“多光谱摄影测量”等等，帮助利用者深化对“摄影测量”概念的理解，进一步准确调整查找范围。

(4) 提供检索条目排列的依据。档案检索工具的快速查找优势，建立在检索条目有序化的基础上，而其排序的依据就是检索标识。例如，分类号是按其数位和数值大小排序；主题词则按照字顺排序。

(三) 档案检索语言的功能及编制特点

1. 档案分类语言功能及编制特点

《中国档案分类法》是根据体系分类原理建立的一种专用分类检索语言。它是通过对揭示档案内容特征的概念进行逻辑分类，以分类号作为检索标识的一种列举式检索语言。

(1)《中国档案分类法》的功能

第一，便于进行族性检索。《中国档案分类法》集中体现了类目的系统性，充分反映了类目的等级关系，便于按学科或专业集中查找科技档案。

第二，容易识别。《中国档案分类法》以分类号作为检索标识，其结构简单，类日关系清晰，容易识别。

第三，不适宜反映狭窄主题和交叉关系的类目。《中国档案分类法》是以类目共性为基础，不适宜反映类目的细微差别，其专指性不够强。其类目的排他性不允许反映类目的交叉关系，难以反映知识的多元性，不能满足多学科查找的要求。

第四，分类思路比较复杂，使用需要一定的知识背景。使用《中国档案分类法》需要了解其分类标准与类目体系，才能正确判断查找对象所属的类别，缩小查找的范围。如果有一个类目归属判断不当，就难以找到其他下位类目。

(2)《中国档案分类法》的编制特点

为了建立全国的档案检索体系，实现我国档案信息分类与检索的规范化，建立档案目录中心和咨询中心，《中国档案分类法》于 1987 年出版。它由编制说明、主表、复分表组成。其编制特点如下：

第一，分类依据特点。《中国档案分类法》的最大特点是采用不同于一般分类的基本分类依据，以适应档案形成特点的“职能分工”划分一级类目。分类依据决定了类目体系结构，因此《中国档案分类法》的类目体系结构与一般分类法的类目体系存在显著区别。

第二，结构特点。《中国档案分类法》是一个套表，由体例相同的“中华人民共和国档案分类表”、“新民主主义档案分类表”、“民国档案分类表”、“清代档案分类表”组成。使用时首先要正确选择相应的分类表。

2.《中国档案主题词表》的功能与编制特点

(1)《中国档案主题词表》的功能

《中国档案主题词表》是一部由反映档案内容的主题词组成的规范化词典，是供档案部门和文书处理部门标引和检索档案、文件时使用的词语控制工具。其功能特点如下：

第一，使用方便。主题词接近自然语言，不需其他知识背景就能顺利地使用。

第二，容量大，便于扩充。与分类语言相比主题词表的容量是无限的，需要增加新的主题词时，只要按字顺插入即可。

第三，专指性强，适合检索狭窄主题。主题词是从揭示事物个性出发而建立的，能够反映事物的具体特征，加上它具有较强的组配功能，善于反映事物的细微差别，可以随意调整检索的范围与深度，适合检索具体的档案内容和新概念。

第四，标引难度较大。主题词标引中组配标引占有较大比重，而概念组配的思路复杂，标引难度大，制约了标引速度。

(2)《中国档案主题词表》的编制特点

第一，选词特点。《中国档案主题词表》的选词突出了档案的特点，力求思想性、科学性和实用性的统一。主要选收20世纪以来，反映政党、政府机关各项管理工作内容的名词，党政公文中经常涉及的政治活动、科学研究、生产技术、经济建设等方面的名词术语，反映新事物概念的专用名词，以及常用的词和词组。标引科技档案概念时可以参考相关专业主题词表。

第二，范畴索引的特点。《中国档案主题词表》的范畴索引没有采用一般按学科或专业的组织方法，而是与《中国档案分类法》的类目体系相一致；为适应汉字查找的特点，还增设了“词条笔画索引”。

第三，参照系统关系的特点。为适应档案的性质特点，规范时使用了一些特殊的处理方法，使用《中国档案主题词表》时一定要注意，以免发生使用错误。

第二节　科技档案检索系统建设

一、科技档案检索功能的构成

科技档案检索系统实质是多种检索功能的有机组合，检索功能由科技档案检索信息、信息有序化以及信息载体三要素构成。

（一）科技档案检索信息

科技档案检索信息即具有检索意义的档案内容信息与形式信息。档案检索实际上是利用者将自己的利用需求，与档案内容信息进行相符性比较的结果。二者相符，利用者就找到了自己需要的档案，但是要真正看到相关档案的内容，还必须依据档案号或档案存址等形式信息调出相关档案。因此，这两种检索信息共同组成一个检索条目，良好的检索功能建立在大量检索条目的基础上。

（二）检索信息有序化

检索信息有序化也称为信息排序，是指将检索条目按照特定的方式组织形成固定排列顺序，进而形成特定的检索途径或检索功能。近代意义的文献检索，主要通过条目排序形成检索途径，调整查找范围。

（三）检索信息的载体

任何信息必须与一定的物质载体相结合，才能显示并得以存在，进而发挥其应有的作用。科技档案检索条目的载体形式主要有：纸制检索条目的载体包括卡片、簿册及卡片柜、目录柜等；缩微检索条目的载体包括开窗卡片、缩微平片、缩微胶卷及其卡片柜、胶片盒与胶片柜等；计算机检索条目的载体包括计算机服务器、光盘服务器或光盘库、磁盘阵列、利用者终端（计算机、触摸屏）、网络通信设施等。

二、科技档案的著录标引

科技档案检索条目是构成科技档案检索系统的基本单元，其形成过程在档案检索工作中称为档案著录与档案标引。

（一）科技档案著录方法

科技档案著录，是指编制检索条目时，对科技档案内容特征和形式特征进行分析、选择和记录的过程。

科技档案著录是建立科技档案检索系统的前提条件。无论是手工检索工具，还是计算机检索数据库，都是由科技档案检索条目构成的，而条目又是通过著录形成的，没有著录工作，科技档案检索系统就成为“无本之木”；同时，著录质量又决定了科技档案检索系统的质量。

科技档案检索条目分为标准和非标准两种形式。标准科技档案检索条目是依照《档案著录规则》要求编制的，它著录项目和著录格式规范，通用性强，利于检索信息共享。非标准条目（见图15—2）虽然也包括科技档案内容和形式信息，但是信息量、信息表达方式较随意，一般仅适用于条目的编制单位。

为建立国家档案检索系统，国家档案局于20世纪80年代颁布了《档案著录规则》GB3792.5－85，用以指导全国的档案著录工作。《档案著录规则》规范的内容如下。

1. 档案著录项目

著录项目，是指揭示档案内容特征和形式特征的记录事项。内容特征是指从档案正文中直接获取的特征，如档案题名等；形式特征是指从档案正文以外获取的特征，如档案号、档案载体形态等。档案著录项目具体分为：

（1）题名和责任者项。题名包括正题名、并列题名、副题名和说明题名文字；责任者包括第一责任者、其他责任者、文件编号和载体类型标识。

（2）文本项。是指文件稿本的名称，如正本、副本、草稿、定稿、原图、底图、正片等。

（3）密级与保管期限。密级按机密程度分为六级；保管期限即确定的文件保存时间。

（4）时间项。单份科技文件的编写或绘制的时间，或者案卷的卷内文件的起止日期。

（5）载体形态项。载体形态指科技档案载体的物理形态特征，包括数量、统计单位（页、张、卷、米等）、规格（载体的尺寸）、附件等。

（6）附注项。用以对各著录项目进行说明与补充。

（7）提要项。用于对科技档案内容的简介或评述，如介绍科技项目的内容，介绍产品主要技术经济参数、基本性能等。

（8）排检与编号项。为档案条目排序依据和管理业务的注记项，包括分类号、主题词、档案馆（室）代号、档号、缩微号、电子文件编号等。

2. 著录标识符号

标识符号，是著录条目中每个著录项目的符号标志，用以表示著录项目的具体含义。《档案著录规则》规定了下列标识符号：

“.—”冠于各大项之前，题名与责任者项、排检与编号项、提要项除外；

“＝”冠于并列题名之前；

“:”冠于副题名、说明题名文字、文件编号、规格之前；

“/”冠于第一责任者之前；

"＋"冠于附件之前；

"；"冠于其他责任者、保管期限之前；

"（　）"用于反映责任者所属机构名称、责任者真实姓名、责任者的职务、中国责任者所处的时代、外国责任者的国别及姓名原文和丛编项等；

"［］"用于自拟著录内容、载体类型标识；

"?"用于表示推断的、不能确定的著录内容，一般与标识符"［］"结合使用；

"□"用于表示缺字、未考证出的责任者、时间，残缺字最多用三个"□"表示；

"·"用于外文缩写；

"～"用于起止连接。

3. 著录格式

著录格式即著录条目中各个著录项目的排列顺序及其表示方法。《档案著录规则》规定的标准格式为段落符号式，是将著录条目分成四个段落，每段落单起一行。同段落不同大项和小项之间，均冠以相关项目标识符号（见图15—1）。

分类号		档案馆代号
档号	电子文档号	缩微号
正题名＝并列题名：副题名及说明题名文字：文件编号/责任者＋附件．—稿本；文种．—密级：保管期限．—时间．—载体类型：数量及单位：规格．—附注		
提要		
主题词　主题词　主题词		

图15—1　段落符号著录条目格式

著录条目分为卡片式与书本式。卡片式规格为12.5cm×7.5cm，著录时四周各空1cm。书本式一般为双栏排版形式，各条目之间空一行，正题名前加注黑体字的条目顺序编号。

选择著录级别和著录深度是控制著录条目质量的重要手段，条目的著录级别分为文件级、案卷级、项目级、组合级。著录级别关系检索信息量，对档案著录效率和档案检索功能有重要影响。著录深度是指著录条目反映著录项目多少的程度，它直接影响档案检索工具的专指性，是决定科技档案检索系统功能的主要因素。《档案著录规则》规定了必须著录的项目为：正题名、第一责任者、时间、分类号、档号、电子文档号、缩微号、主题词或关键词等，以保证国家检索功能的基本水平。表格式科技档案著录卡片，见图15—2。

<table>
<tr><td colspan="2">项目名称</td><td colspan="2"></td><td>工程代号</td><td colspan="2"></td></tr>
<tr><td colspan="2">案卷题名</td><td colspan="2"></td><td>档号</td><td colspan="2"></td></tr>
<tr><td rowspan="2">设计</td><td>单位</td><td colspan="2"></td><td>设计阶段</td><td colspan="2"></td></tr>
<tr><td>时间</td><td colspan="2"></td><td>设计专业</td><td colspan="2"></td></tr>
<tr><td>蓝图</td><td>套数</td><td></td><td>密级</td><td></td><td>保管期限</td><td></td></tr>
<tr><td>底图</td><td>张数</td><td></td><td>新图</td><td></td><td>复用张数</td><td></td></tr>
<tr><td>内容提要</td><td colspan="6"></td></tr>
<tr><td>备注</td><td colspan="6"></td></tr>
</table>

图 15—2　表格式科技档案著录卡片

（二）科技档案标引方法

标引是指分析科技档案的主题内容，根据一定检索语言，赋予它们某种规范化的检索标识的过程。科技档案标引的过程包括三个步骤：

1. 科技档案主题分析

主题，即科技档案的中心内容，是重要的检索信息。主题分析，是指判断科技档案记录或反映的内容，确定被标引的科技档案主题概念的过程。

（1）主题分析的方法。首先分析科技档案题名，确定科技档案的主题内容。在全面了解科技档案内容的基础上，选择和确定准备标引的主题概念。然后，还要注意了解类似主题以往的标引结果，以保证主题标引的一致性。

（2）主题分析的要求。第一，全面揭示主题，对科技档案主题的提炼应该达到一定的网罗度，特别要注意对隐性主题的提炼，以避免标引不足。第二，客观地反映主题，分析确定主题不能靠主观臆断，也不能只从字面出发，必须根据科技档案的内容，准确地揭示科技档案的主题。第三，针对性地表现主题，即标引人员应紧密结合利用者的特点和需要，针对利用者的利用习惯揭示主题。

2. 检索标识的给定

检索标识的给定，即将主题分析确定的予以标引的主题概念，转化为规范的检索标识，作为档案著录条目的排检项。

（1）档案分类标引应注意的问题。档案分类标引，是将被标引的档案主题概念，按《中国档案主题词表》或其他相关专业分类检索语言的分类号作为检索标识。《中国档案主题词表》通过一系列标引规则，提出了使用该表标引的要求。

第一，根据《中国档案分类法》及其分类规则，辨清类目的确切含义及范围，避免脱离类目之间的关系和类目注释的限定片面地理解类目含义。

第二，充分考虑检索的实际需求，根据档案的内容、用途和检索方式，确定适当的标引深度，避免标引不足或标引过度。确定的标引的档案主题应该论述具体，具有一定的参考价值和检索意义。

第三，符合专指性要求。不能用上位类目或下位类目的分类号作检索标识，凡是有检索意义的主题都应该予以标引，创造多途径检索的条件。

第四，保持标引的一致性。凡属同一主题的档案，无论何种文本或载体类型，所标引的分类号均应一致。

（2）档案主题标引应该注意的问题。档案主题标引，是指选取与档案主题内容相符的正式主题词作为检索标识的过程。为此，《中国档案分类法》通过主题标引规则，提出以下要求：

第一，档案主题标引必须用《中国档案分类法》中的正式主题词进行受控标引，其书写形式也要与《中国档案主题词表》中的词形完全一致。

第二，标引的主题词必须准确、专指地表达档案的主题概念，一般不得以其上位词或下位词进行标引。如果找不到专指的主题词，也无法通过组配标引表达档案的主题概念时，可进行靠词标引；如仍不合用时，方可选择适当的自由词进行增词标引。

第三，当单个主题词能够表达档案主题概念时不得采用组配标引。只有查不到确切反映档案主题概念的单个主题词时，方可选择主题词进行组配标引。选用的主题词应该是最邻近的主题词，不能越级组配。

第四，主题词组配应该采用概念组配的方法，而且应先用“交叉组配”，后用“方面组配”，以保证组配标引的准确性。

3. 标引审定

标引审定，是指通过对标引质量的审查，将标引结果固定下来。这是标引工作的最后一个环节，具体内容包括：

（1）主题分析是否准确。包括主题提炼得是否全面，是否遗漏了隐含主题，被标引的主题是否有检索意义等。

（2）检索标识是否正确。即检索标识是否专指，标引是否符合标引规则和组配规则。

（3）标引深度是否得当。即有无标引不足或标引过度的现象。

（4）条目格式是否规范。即著录项目、著录符号是否符合《档案著录规则》。

（5）主题标引是否一致。即相同主题前后标引的内容和方法是否相同。

（三）科技档案著录标引的自动化

科技档案著录、标引工作的专业性强，标引对象数量多、著录项目复杂，使得著录标引速度成为制约档案检索系统建设的瓶颈，利用信息技术自动生成档案检索条目，是打破此“瓶颈”的重要措施。

(1) 科技档案著录的自动化，主要通过办公自动化系统和档案计算机管理系统自动完成科技档案著录；但切忌以传统的科技档案登记事项为依据，设计科技档案检索系统的著录项目。

(2) 档案标引的自动化，主要基于统计方法和知识挖掘方法。基于知识挖掘方法，主要依托已有的标引资源数据库，如《中国档案主题词表》、《中国档案分类法》及其相关专业检索数据库，由计算机完成赋词标引。基于统计的标引方法借助于计算机的数据挖掘和统计手段，通过计算字频抽取标引词。

三、档案检索条目的有序化

著录标引形成的大量科技档案检索条目，并不能自动实现其检索功能，必须将条目有序化，才能实现既定的检索功能。手工检索条目通过条目载体的排序，即检索卡片的排序实现有序化；机检检索条目则通过建立专题索引（倒排文档）形成检索结果的有序化。

（一）分类检索条目的排序方法

(1) 科技档案分类检索工具排序的依据是《中国档案分类法》的档案号。不同历史时期的检索条目按照特定的档案号分别形成各自的序列。

(2) 分类号为组配号时，要根据轮排的需要，适当增加条目的复本，以便形成多途径、多角度的检索功能。

(3) 复分号条目的排序方法应该统一，一般都是主题范围较广泛的排在前面，较狭窄的排在后面。

（二）主题检索条目的排序方法

(1) 科技档案主题检索条目的排序，以《中国档案主题词表》主题词的字序为依据。由于汉字排序方式较多，可以采取字母本位法、音节本位法、首字母法和汉字字序法等等。结合档案内容特点与我国档案利用者的习惯，一般采用汉字音序法与字序法结合的排序方法。

(2) 相同汉字主题词排序，习惯将概念范围大的排在前面，有其他限定的主题词排在后面。

（三）编写目录说明与设置导卡

编写目录说明，是指以文字形式介绍检索工具的结构、类目设置、排序规则、特殊标引方法等内容，以便于利用者正确使用该目录。目录说明可张贴在目录室或目录柜周围，以便于利用者了解。

为了方便卡片式检索工具的使用，需要在目录盒及条目之间插入易于识别的导卡。导卡用来标识大类的分类号或主题词首字，便于利用者迅速查找所需检索条目卡。导卡的间隔应依据卡片数量与类目重要程度而定，一般情况下，大类前应放综合导卡。

四、科技档案检索系统设计

科技档案检索系统，是指针对一定馆藏范围的科技档案形成的多种检索途径或功能的科技档案检索工具的集合形式。

（一）科技档案检索系统的结构要求

1. 检索信息覆盖全部馆藏

检索信息应覆盖全部库藏科技档案，并不是要求每一种检索工具都能覆盖全部馆藏，但是检索工具体系中至少有一两种检索工具能够反映全部库藏内容，以保证每个科技档案案卷的检索信息至少能在一种检索工具中得到揭示。在设计科技档案检索系统时，应该首先确定覆盖全部馆藏的基本检索工具。

2. 检索功能匹配合理

科技档案检索系统必然由多种检索工具组成，各检索工具或检索数据库的功能应该匹配合理，即具有互补性。为此，首先，各种检索工具的功能应该存在较大的差别，以避免功能重复。其次，检索工具的性质应该互相补充，既有馆藏性的检索工具，也有查检性和报道性的检索工具，以便发挥各种检索工具的优势。最后，在充分利用现有馆藏性检索工具的基础上，有针对性地增加查检性检索工具，以完善检索工作功能。

3. 检索功能要适合库藏特点和特定的利用需要

确定检索工具种类，首先要与本单位库藏特点相适应，要优先为本单位最有价值的或经常利用的科技档案开发检索功能。其次，具体设置哪几种检索工具，应该充分考虑本单位的特点，与本单位的利用习惯或专业特点相适应。

4. 保持基本检索工具的稳定

基本检索工具，是指检索信息能够覆盖全部馆藏的查检性检索工具，是特定检索系统中功能最强的科技档案检索工具。基本检索工具对整个检索工具体系建设具有重要影响，只有保持其相对稳定，才能持续地集中各种资源，并以其作为电子计算机检索数据库的信息基础。

（二）手工检索系统的建设模式

（1）科技专业档案馆检索系统模式。科技专业档案馆的档案馆藏丰富，内容的专业范围明确，档案价值较高，利用频繁。其利用者多为相关专业人员，检索要求较高。其科技档案检索系统应该包括多种覆盖馆藏的基本检索工具，分类检索工具与主题检索工具齐备。

科技专业档案馆检索系统的建设与完善，应该在充分发挥馆藏性检索工具功能的基础上，针对库藏档案的内容及利用特点，适当补充专题检索工具；同时，抓紧计算机检索系统建设，尽早实现手检与机检两个检索系统并行互补。

（2）基层档案机构的检索系统模式。基层档案机构的库藏档案成套性强，档案形成时间短，现行作用突出，其利用者主要是本单位人员，多数是科技档案的形成者，能够提供较确切的查找线索。因此，基层档案机构应该在充分利用现有检索资源的基础上，有针对性地完善检索信息，立足于以机检系统提升整体检索功能。

（三）科技档案计算机检索系统建设

计算机检索系统由若干专题检索数据库构成，集合了著录标引形成的电子检索信息。尽管各检索数据库检索信息的内容不同，但是其基本结构是相同的。

1. 检索数据库的一般结构

（1）字段、记录和文档。字段是档案著录项目信息在检索数据库中的称谓。记录是由若干字段组成的信息单元，一条记录在数据库中代表一个检索条目，在数据库中每一个记录都有一个记录号，类似于检索工具中的检索标识。文档是若干数量的记录构成的数据集合形式，一个文档相当于一种手工检索工具。

（2）顺排文档和倒排文档。顺排文档是以固定的字段，按输入顺序排列的文档。它是档案检索数据库的主体内容，相当于一个手工检索工具的全部检索条目。顺排文档处于无序状态，查找其中的检索信息，必须将全部记录从头至尾按顺序比对一遍，检索速度相对较慢。倒排文档是为解决顺序比对问题而编制的。它以检索标识为单位，列出含有此标识的所有记录号，相当于手工检索工具的专题索引，利用它可缩小计算机比对范围，提高检索的效率。

（3）基本索引和辅助索引。基本索引是指由数据库中的某些必备的字段组成的倒排文档，这些字段通常是具有检索意义的主题概念，如主题词（DE）字段、关键词（ID）字段等。不同的数据库的基本索引字段有差异，因而，在检索时必须要先了解该数据库基本索引的构成。辅助索引即除基本索引以外的其他倒排文档的字段。

2. 计算机检索系统的类型

ISO/DIS 5127 标准定义检索数据库为："至少由一种文档组成，并能满足某一特定目的或某一特定数据处理系统需要的一种数据集合。"通俗地说，检索数据库就是在计算机存储设备上按一定方式存储的相互关联的检索数据的集合。目前主要分为光盘（单机）检索系统和网络检索系统。

计算机检索系统与人工检索系统比较，其工作效率高，适于大批量检索或追溯检索；针对性较强，可利用多种标识组配方式，迅速地查出所需档案，适于比较复杂的多元检索；而且其输出功能强，利用检索数据库的资源，可以输出如卡片目录、书本式文摘、专题索引或其他机读信息产品；远程检索通过网络还可以查找其他档案部门数据库中的科技档案检索信息。

3. 检索数据库的组织方式

(1) 自由文本方式。即用自然语言深入揭示档案的知识单元，根据档案全文的自然状况直接设置检索点，通过计算机自动处理和组织档案信息。它主要用于组织档案全文数据库。

(2) 主页方式。此法将相关科技档案信息集中组织在一起，以栏目的形式介绍各类对象。

(3) 搜索引擎方式。即利用搜索引擎收集网络上的相关信息，利用索引软件对这些信息进行自动标引，创建可供利用者按关键词查询的 Web 页索引数据库。此方式收集的信息量庞大，但良莠不齐，因而查准率较低。

(4) 主题树方式。即将档案检索信息按照既定的概念体系，分门别类地逐层展开，供利用者通过浏览方式层层遍历，直至找到所需要的信息线索，再通过信息线索连接到相应的网络档案检索信息。

五、科技档案检索系统的使用与维护

科技档案检索系统是档案部门持续投入大量人力、智力和财力而实施的“基本建设项目”，检索系统的使用与维护是其后续建设的主要内容。

(一) 开发科技档案检索系统的功能

第一，以档案检索系统为基础，辅导利用者不断提高检索水平，深入挖掘相关科技档案信息。

第二，利用科技档案检索资源开发报道性检索工具，宣传、报道科技档案库藏，吸引更多的科技档案利用者。

第三，拓展定制检索服务，针对档案利用者的需求，提供科技档案专题目录，甚至科技档案文件摘要。

第四，与科技档案咨询服务人员合作，对定制检索的科技档案进行信息分析研究，提供信息研究成果。

第五，组织科技档案检索资源“联盟”，在档案机构之间建立合作机制，有条件地交换或开放各自的科技档案检索信息，合作开发跨部门、跨行业的科技档案专题目录，为进行联机检索创造条件，充分发挥科技档案检索资源的作用。

(二) 维护与完善科技档案检索系统

(1) 科技档案检索系统的定期检查。这是科技档案检索系统始终保持完好，检索功能始终处于有效状态的基础。为了对科技档案检索系统实施有效维护，应该建立检索工具管理记录。针对每种检索工具形成一套管理信息，连续记载其检索信息的收录范围、著录项目、编制日期、编制人员、条目数量、附件（如分类表、词表)、存放处所、完整情况、检查情况、维护措施、检查维护人员、检查日期等内容。作为安排定期（每季至少一次）检查、维护检索工具的依据。

(2) 不断完善检索信息，根据客观情况实时调整科技档案检索条目的著录项目，补充必要的检索标识，不断丰富其检索功能。

(3) 随着科技的发展，适时转换科技档案检索条目的载体，迁移科技档案检索信息，不断提高科技档案检索系统的现代化程度，充分满足利用者的需要。

第三节 科技档案检索工具的种类

一、科技档案检索工具的分类

(一) 根据载体形式分类

(1) 书本式检索工具。是指将科技档案著录条目按照一定的顺序印制成册的检索工具形式。此形式具有编排紧凑、体积小、便于保管、易于交流传递和成本较低的优点。

(2) 卡片式检索工具。是指将科技档案检索信息著录在卡片上，按一定的顺序排卡形成的检索工具形式。此形式具有编排灵活、易于调整和补充、便于积累、编制方便和使用效率高的优点，是企事业单位检索工具的主要形式。

(3) 缩微式检索工具。是指将科技档案著录条目按照一定的格式、次序和缩率，拍摄在感光载体上形成的，利用此种检索工具需要借助阅读器。此形式具有体积小、容量大、规格统一、易于保管与复制、便于交流的优点。缩微式检索工具适宜作为宣传、报道性检索工具，进行广泛的交流。

(4) 机读式检索工具。是指将科技档案著录条目，以一定的数字格式记录在计算机的存储介质上，由计算机识别、整理、查找、输出的检索系统。此种形式具有存储密度大、查找速度快、容易修改和调整、便于进行检索信息的迁移、可以进行联机检索、检索效率高等优点。

(二) 根据编制方法分类

(1) 目录。即全面概括一定范围的多种科技档案检索信息的检索工具。目录的著录项目比较丰富，检索功能较强，能够同时形成不同的检索途径。基本检索工具一般选择此种形式。

(2) 索引。即揭示特定科技档案内容或特征及其出处的检索工具。其特点是，检索信息单一，检索途径单一，仅反映部分检索信息。其编制灵活，适合作为个性化检索服务的媒介。

(3) 指南。即为指导利用者有效地利用科技档案，以介绍馆藏的方式编写的一种报道性的检索工具。其特点是，不以条目形式而以文章叙述的方式出现，没有检索标识，具有一定的检索功能。

（三）根据功能分类

（1）查检性检索工具。是指反映科技档案的内容和形式特征，专门针对利用需求而编制的检索工具，其检索功能强，是科技档案检索工具的典型形式。

（2）馆藏性检索工具。是反映科技档案收集和整理状况的各种登记簿。它们是在科技档案接收、案卷归类等业务活动中形成的科技档案实体管理的成果与依据。由于其记注事项具有检索意义，所以这些登记簿同时具有管理功能和一定的检索功能。

二、科技档案检索工具的基本形式

（一）馆藏目录

馆藏目录是档案部门必备的管理性文件，又是档案部门最为普遍的检索工具形式。虽然各种馆藏目录的内容范围和记注顺序有所不同，但是它们的记注事项基本相同。受其形成目的的局限，它们反映的检索信息较少（见表15—1），只能实行顺序查找，检索功能有限。

表15—1　　科技档案登记项目示意图

序号	接收时间	科技档案题名	形成单位	档案数量			备注
				卷	份	盘	

科技档案馆藏目录主要有：科技档案总目录、科技档案文件目录、底图目录、声像档案目录等。

（二）科技档案分类目录

科技档案分类目录是一种比较普遍适用的查检性档案检索工具。它们的检索信息丰富、信息排列有序、检索准确、快捷，能够提供多种检索途径，是满足检索需要、提高检索效率的重要形式，也是档案部门必备的查检性科技档案检索工具。

科技档案分类目录可以按照自编分类方案编制，也可以按照《中国档案分类法》或相关领域（专业）信息分类法编制。后者分类科学严谨，使用范围广，具有较强的族性检索功能。例如，药物制剂研发项目的科技档案分类，按《中国档案分类法》可分为：缓释制剂类、控释制剂类、定向制剂类、水针剂类、粉针剂类、口服液类、输液类等一级类目；各类下面可进一步分为制剂工艺类、制剂设备类、质量检验与分析鉴定类等二级类目。

（三）科技档案主题目录

科技档案主题目录，是按《中国档案主题词表》或相关领域（专业）主题词表编制的科技档案检索工具。主题目录检索方便、直观，专指性较强，适合检索内容比较专深的、交叉的或新颖的信息主题。例如，按字顺组织“耐火 * *”，就能方便地将“耐火材料”、“耐火混凝土”、“耐火浇注料”、“耐火浇筑料”、“耐火水泥”、“耐火涂料”、“耐火纤维”、“耐火粘土”、“耐火砖”等相关主题概念的科技档案概念集中起来。

（四）科技档案专题目录

科技档案专题目录，是针对特定科技档案信息内容或检索特定档案信息的需要编制的查检性科技档案检索工具。专题目录的内容范围灵活，适用于揭示典型的或利用价值较高的档案信息；而且其条目排序选择的余地大，能满足特殊的利用需求（参见表15—2）。

表15—2　　北京市自然科学基金项目成果专题目录

一级类目	二级类目	三级类目
材料科学	低成本太阳能电池关键材料	××课题、××课题、××课题…
	节能建筑关键材料	××课题、××课题、××课题…
	磁光电子信息用功能材料	××课题、××课题、××课题…
	仿生型生物医学工程材料	××课题、××课题、××课题…
	纳米表面工程材料	××课题、××课题、××课题…
信息科学	略	
生物科学	略	
农业科学	略	
医药科学	略	

（五）科技档案专题索引

科技档案专题索引，是一种针对性强、短小精悍、编制快捷的检索工具形式。它的编制特点与专题目录类似：其一，排序灵活，检索功能的适应性强。索引条目既可以按类别或主题词字顺，也可以按时间、地区、问题等其他特征排序。例如，测试记录档案专题索引可以按照测试仪器的性质分类检索，项目监理档案索引可以按项目名称或监理单位名称检索。其二，形式灵活，可编为条目式，也可编成表格式（见表15—3）。

（六）科技档案检索图

科技档案检索图，是一种以直观、形象的示意图形式，表现检索信息的检索工具形式。例如，在数字地图上直观地显示工程项目的检索信息，或者在生产流程图上直接显示生产设备的检索标识等（见图15—3）。检索图揭示的专业检索信息易于识别，使用范围广。

表15—3　　表格式索引示意图

智能建筑、火灾报警及消防联动系统档案索引

序号	科技档案名称	档案号
217	国际贸易大厦	12-1998-211
218	国家图书馆二期工程	14-2007-012
219	天籁音乐厅	14-2007-214
230	玫瑰园小区	11-2005-123
231	鸟巢	15-2008-6521

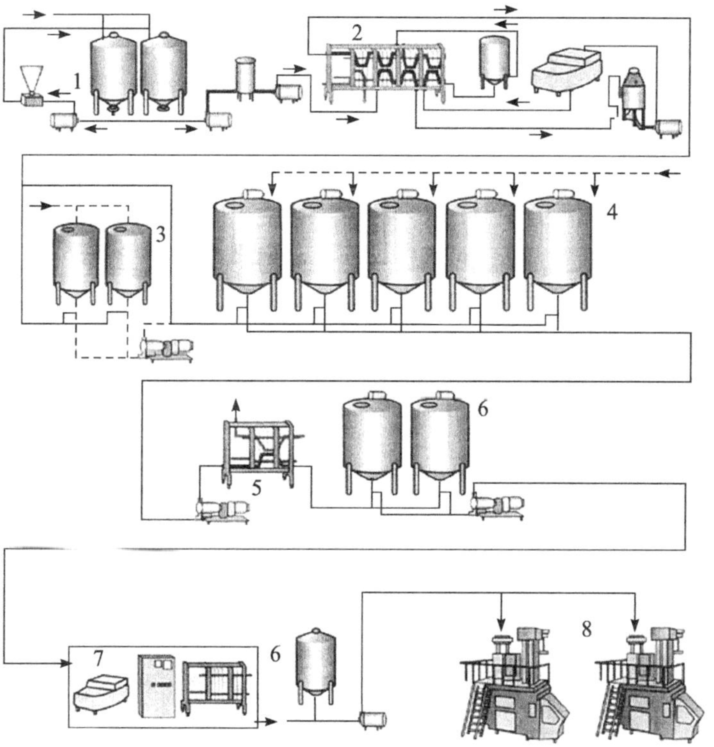

代号	档案号	设备名称	代号	档案号	设备名称	代号	档案号	设备名称
1	SNJ43-13	混合罐	4	SNJ43-16	发酵罐	7	SNJ43-19	超高温灭菌装置
2	SNJ43-14	巴氏灭菌装置	5	SNJ43-17	板式冷却器	8	SNJ43-20	缓冲罐
3	SNJ43-15	种子罐	6	SNJ43-18	缓冲罐	9	SNJ43-21	包装机

图15—3　酸牛奶生产设备档案检索示意图

（七）科技档案联合目录

科技档案联合目录，是指若干个档案室或科技专业档案馆的科技档案检索信息的汇集形式。分为网络汇集形式、光盘汇集形式和卡片汇集形式。

【本章小结】

随着科技档案资源规模的迅速扩大，检索效率对科技档案利用工作的影响日益重要。检索原理为提高科技档案检索效率提供了重要思路。手工检索工具与计算机检索系统构成了当前科技档案检索体系的基本形式，科技档案检索信息已经成为当前亟待开发的重要的科技档案资源。科技档案检索工作既要注重检索系统建设，更要重视检索系统的维护与开发。

【讨论题】

1. 简述科技档案检索工作的任务。
2. 简述科技档案检索功能的构成要素。
3. 试分析科技档案著录和标引的方法。
4. 试述科技档案检索工具的基本形式与特点。

【主要参考资料】

1. 张琪玉．档案检索．北京：书目文献出版社，1993
2. 冯惠玲，王立清．信息检索教程．北京：中国人民大学出版社，2004
3. 周宁．信息组织．武汉：武汉大学出版社，2001

第十六章 科技档案编研

【本章要点】

科技档案编研是开发科技档案资源的重要方式。开展科技档案编研必须尊重科技档案信息的特点，遵循科技档案编研原则与严谨的编研工作程序和方法。了解科技档案编研成品的基本类型与结构，是形成丰富多彩的科技档案编研成品的基础。

【关键词】

编研工作○编研原则○编研成品○信息加工方法

第一节　科技档案编研的原则与程序

科技档案编研，是指根据客观需要，集中相关科技档案信息，对它们进行分析研究，并将它们加工成拥有一定主题的、不同形式的编研成品的科技档案资源开发工作。

一、科技档案编研工作的特征

（一）科技档案编研工作以科技档案信息为主要对象

信息研究是当今社会一种重要的科研方式。以科技档案作为信息研究的对象，是科技档案编研工作区别于其他信息研究的主要标志。科技档案信息的特点决定了科技档案编研工作的内容、原则与方法。

（二）科技档案编研工作以主动满足客观需要为目的

科技档案编研工作是一种主动开发科技档案资源的服务方式，提供编研成品是为了充分满足利用者对高质量科技档案信息的利用要求。为此，编研工作必须主动了解相关信息需求，准确把握特定的服务对象，主动开发出适应科技生产等客观需要的、高效的科技档案编研成品，以保证编研工作的持续发展。

（三）科技档案编研工作以信息研究为基本手段

科技档案编研工作的手段，与其他科技档案工作相比，突出特点是具有较强的研究性。就科技档案编研工作流程而言，研究活动贯穿编研工作的全过程，信息研究是实质，信息加工则是它的表现形式，而且"信息研究"与"信息加工"相辅相成，离开了科技档案信息研究，信息加工就无法实施，也就形不成编研成品。就工作性质而言，科技档案编研与其他科技档案业务活动相比创造性更为突出，而创造性的集中表现就是科技档案的信息研究。

（四）科技档案编研工作提供了科技档案利用的高级形式

科技档案编研工作优化了科技档案信息，增加了信息密度，甚至升华了原有的知识，实现了科技档案信息的增值。与利用科技档案原件和科技档案检索信息相比利用效果更好。而每个科技档案编研项目，每次信息开发内容都是唯一与崭新的，其信息产品的成本与价值更高。因而成为较高级的利用形式。

二、科技档案编研工作的原则

科技档案编研工作适应了广泛的社会利用需要，缓解了科技档案信息分散、难以满足信息系统利用的矛盾，扩大了科技档案的利用范围，为企业文化建设提供了依据，又继承了优秀的民族文化传统，成为科技档案工作新的发展契机。为了保持科技档案编研成品的特色，提高编研工作的效益，开展科技档案编研应遵循以下原则。

（一）存真原则

存真原则要求科技档案编研工作应遵循辩证唯物主义和历史唯物主义的观点，保证科技档案编研信息的真实性和提供科技档案信息的客观性。

科技档案信息是科技、生产活动的真实写照，提供反映科技、生产活动的原始信息既是科技档案编研工作的特点，也是科技档案编研成品的权威性与价值所在，科技档案编研工作必须始终坚持存真的原则。

存真原则在编研全过程中始终发挥着指导作用。编研选材反复、审慎地核对入选材料，就是要切实保证这些材料的真实性；编研信息加工的各种方法与要求，都是为了尊重科技档案的原始性，维护其历史的真实性；对于需要修改或补充的内容，必须多方查证；甚至选择编研成品类型与传播方式，也是出于保证科技档案信息传播不走样的考虑。这些都是坚持存真原则的具体体现。

由于编研成品传播范围广，一旦提供了失真的信息，在当前将造成严重的技术经济损失，对后世将导致以讹传讹的恶果，因此，存真是科技档案编研工作的首要原则。

（二）适用原则

适用原则要求科技档案编研成品必须适合科技生产、科技管理与利用者的客观需要，提供具有先进性和实用性的科技档案信息。

适应客观需要是科技档案编研成品的价值基础。首先，应针对一定规模的客观需要确定编研成品的主题及其体例形式；其次，要根据利用者的信息能力确定信息加工形式与深度，甚至确定科技档案编研成品的印制数量和传播方式都必须符合实际需要。

提供先进、实用的科技档案信息，是从技术层面对科技档案编研成品适用性提出的要求，只有提供反映新技术和新成就的科技档案信息，编研成品才具有吸引力、影响力和传播能力，才能显示科技档案的信息优势，进而实现其价值。特别是科技档案编研工作投入较大，要保持其投入与产出的平衡，必须提供适应客观需要的编研成品才能充分显示科技档案编研工作的意义，保证其健康、持续的发展态势。

（三）优化原则

优化原则强调编研工作通过优化的基本方法，提供高质量的科技档案信息与高质量的信息服务。优化主要表现为对编研信息的优选和对编研方法的优化。

一方面，优选的科技档案信息是开发高质量科技档案编研成品的前提。由于编研目的与信息主题的不同，信息优化的具体标准也不尽相同。例如，为决策服务的编研成品其优化标准注重信息的典型性与多样性；供内部使用的编研成品的优化标准更强调信息的新颖性与稀缺性等等。另一方面，优化信息加工方法是提升编研成品价值的基本方式。科技档案信息加工方法如提炼、浓缩、复制、改编与转化等，使科技档案信息呈现各自不同的变化。例如，有的加工方法提升了科技档案信息的专业性，有的加工方法则会淡化其专业性，不同的信息加工方法对科技档案信息施加的影响以及导致的结果各不相同。编研人员要针对服务对象的具体情况，选择适当的信息加工方法，进一步彰显科技档案信息的优势。

（四）合法原则

科技档案编研工作是一项科技资源的开发活动，属于公布科技档案的范畴。

从选题、加工信息，直至编研成果的传播，涉及技术、经济等各种利益关系。科技档案编研除了要遵守《档案法》、《保密法》、《专利法》以外，还要遵守《著作权法》的相关规定。《著作权法》保护人们对自己精神劳动成果享有的合理权益，对科技档案编研工作具有重要的指导意义与保证作用。

首先是为保护科技档案编研人员的有限著作权提供了法律依据。《著作权法》明确了编辑作品的地位，科技档案编研成品作为编辑作品，其编研人员应该享有部分的著作权，进而保护了编研人员的积极性，为科技档案编研工作的健康发展提供了法律保证。

其次是明确了科技档案编研成品的性质。根据《著作权法》第十六条规定，公民为完成法人或者非法人单位工作任务所创作的作品是职务作品，作者享有署名权，著作权的其他权利由法人或非法人单位享有，法人或非法人单位可以给予作者奖励。第十一条规定，由法人或者非法人单位主持，代表法人或者非法人单位意志的创作，并由法人或者非法人单位承担责任的作品，法人或者非法人单位视为作者。这些条款规定了科技档案编研成品为法人作品或者职务作品的属性，进而明确了相应的权利、义务。例如，编研人员除对职务作品拥有署名权以外，不具有其他著作权；但是，编研成品的著作权人（单位）有义务对科技档案编研人员的智力创造给予奖励或者表彰等。

最后是指导编研人员处理好相关著作权关系。《著作权法》第十四条规定，编辑作品由编辑人享有著作权，但行使著作权时不得侵犯原作品的著作权。提示编研人员必须尊重原作者的精神劳动，主动处理好与原作者的关系。例如，应该事先告知档案原作者准备开发科技档案的内容与目的，必要时还需要征得他们的同意；编研人员未与原作者商议，不得擅自对科技档案原文进行实质性修改，并应以一定的形式对重要科技档案的形成者表示尊重与感谢。

《著作权法》界定了科技档案编研有关各方的权利与义务，创造了适宜科技档案编研工作的法律环境。科技档案编研人员应以此规范自己的编研行为，维护档案所有者的正当权益，使科技档案编研工作在法制的轨道上健康发展。

三、科技档案编研程序

科技档案编研工作的科学性与创造性，体现在编研工作的过程中，高效的科技档案编研工作必须遵循以下工作程序。

（一）选题

选题是编研工作的首要环节，包括选择内容主题和选择适宜的编研成品类型。选题恰当与否，不仅直接影响编研成品的使用价值，而且会影响编研工作进程。科学的选题是经济建设和科学技术的客观需要、库藏科技档案的材料基础以及科技档案部门的编研能力，即选题的必要性、可行性与编研人员的主观能动性有机结合的结果。

（二）拟制编研方案

编研方案是组织协调整个编研工作的依据，拟定一个切合实际、比较周密的编研方案，是编研工作顺利进行的前提与保障。

编研方案应该明确编研成品的主题、编研的目的和要求、编研成品的服务对象、编研成品的结构和体例形式、科技档案材料的内容及时间范围、参加编研工作人员的组织分工、编研进度安排、质量保证措施等内容。

编研方案应当经过全体参加编研工作的人员共同讨论协商，并且征求有关领导与相关科技人员的意见，以确保编研方案的科学性和可行性。另外，还应注意根据编研工作的发展与变化，及时调整编研方案的内容，保证其在编研的全过程中始终起到计划、规范的作用。

（三）查找选择编研信息

根据编研方案的要求，紧密围绕编研成品的主题内容，查全、选准科技档案材料，是保证科技档案编研产品质量的关键。

收集科技档案编研材料，要注意其广泛性、相关性和真实性。广泛性指与编研成品主题有关的材料应尽可能收集齐全，广采博取，选材才有较大的余地；相关性要求选材应关注其来龙去脉和各种内容的衔接关系，以保持它们的历史、专业、结构或经济等方面的联系。真实性强调选择的科技档案信息必须真实可靠。为此，选材必须要经过检索、鉴别、核实等过程，去伪存真，淘汰一般性内容，筛选出精华部分提供给利用者。

（四）信息加工与编排

信息加工与编排，是指对入选的科技档案信息实施加工与组织，形成编研成品的正文。其中：

信息加工，是在科技档案信息研究的基础上，对科技档案信息进一步优化。一般采用考订、选录、摘要、撰述、注释、绘图等方法，对其文字、标点、图形、符号等进行标准化处理，对难以理解的信息加以注释，形成基本信息单元。

信息编排，是按照确定的体例形式，对加工成的科技档案信息单元进行系统化或组织编排。编研成品的体例形式，直接影响编研成品的系统性与使用效果。比较适宜表现科技档案信息的体例形式主要有：按照时间先后进行组织编排的，如企业年鉴、科技史料；按照规格、性能组织编排的，如图册或图集；按照生产能力或建设规模大小进行组织编排的，如工程项目类科技档案信息；按照地区特征进行组织编排的，如地质、矿产和建设工程项目信息；此外，按照专业性质、技术水平、重要程度特征等体例形式也比较多见。

（五）审校与批准

审校，分为初审和终审。初审一般与科技档案信息加工结合起来进行，主要采取编研人员自行审校的方式。终审是对编研成品初稿的全面审查，审查内容包括：选材是否得当，信息是否准确，体例形式是否科学，排版是否可行，文字、标点、图例、符号有无错误等等。终审应当委托专业技术部门的负责人或相关专家完成。

批准，即由法人或法人代表审查经过终审的编研成品，批准其定稿。此外，审定还涉及对编研成品的传播方式，如版式、印刷方式、印刷数量、发放范围、发行方式等问题的认可。

第二节　科技档案编研成品

科技档案编研成品是科技档案编研工作知识成果的总称，即经过信息研究与编研技术加工形成的主题鲜明、内容优化、格式规范的科技档案信息的有机体。

一、科技档案编研成品的基本类型

为满足不同专业和部门各具特色的信息需求，科技档案编研成品越来越呈现多样化趋势。人们根据自己的需要对它们进行了不同方式的分类，例如，根据信息加工方式将它们分为汇编型、摘要型、编译型和著述型；根据编研工作的组织形式分为自编型、合编型和代编型；根据编研成品的作用又分为报道型、资料型和研究型等。认识科技档案编研成品的类型，是组织科技档案编研工作的重要依据。目前，科技档案部门普遍开发的编研成品的类型如下。

（一）科技成果简介

科技成果简介也称科技成果档案文摘，它是扼要介绍科研、设计成果档案主要内容的浓缩型科技档案编研成品。

科技成果简介可采用文字叙述和表格展示等形式。某粮食科学研究设计所档案部门编制的《转让和技术服务项目简介》，用简洁的文字介绍了每一个可以转让或可以提供技术服务的科技项目的名称、内容（工程设计项目包括子项名称、工程数量、占地面积、主体结构等，工艺设备包括规格、性能、用途等）、投资或费用、主要技术经济指标或主要技术参数、经济效益、应用推广情况、评价意见、获奖情况、转让方式和转让费用等信息。

某建筑研究总院档案部门编制的《科研成果档案简介》，采用表格形式列举了该院近五年取得的科研成果的名称、课题由来、研究结果（主要数据、结论）、技术水平、应用情况、经济效益、发表方式、鉴定评审和获奖情况、课题研究的起止时间、项目负责人、研究报告执笔人、主要研究人员、协作单位等信息，并附以相关档案号以备利用者进一步参考。

（二）图册或图集

图册或图集，是汇集有关的专业图样（设计图、简图或示意图），加工而形成的资料型科技档案编研成品。编研人员为图样配以必要的数据和文字说明，能够直观地表现相关产品、设备或工程项目的数据和用途等技术、经济特征，是具有典型科技档案特色的编研成品类型。

某矿山机器厂科技档案室编制的《矿山设备选型图集》，是专为设计部门进行选矿工艺设计的设备选型提供的科技档案编研成品。主要内容包括：设备选型和安装必备的产品总图、基础图，安装维修的技术要求等选型依据，反映了相关系列产品的名称、图号、规格、用途、性能等技术参数。该图集深受矿山设计人员欢迎，通过公开发行还为该厂产品的开发和扩大销售做出了贡献。

（三）数据分析

数据分析，是对科技档案中的相关数据信息进行选择、摘录，经过分析、整理形成的一种数据型的科技档案编研成品。数据分析既是一种独立的编研成品形式，又可以是其他编研成品的组成部分。常见的数据分析包括以下形式。

1. 生产经营数据综合分析。如企事业单位将主要产品历年的产量、质量、品种、原材料和能源消耗、劳动生产率、税利完成情况的数据集中制成表格，配以必要的图示和文字说明，该经济数据的综合分析，为各种指标的对比分析创造了条件，便于从中发现问题、解决问题，是企事业单位生产和技术管理人员常用的编研成品。

2. 专题数据分析。例如，某纺织厂科技档案室编制的《××厂棉纺生产设备特征汇编》，集中反映了该厂棉纺生产设备的名称、型号、数量、性能、主要技术参数、生产能力、动力配备等数据，配以专门绘制的设备结构传动图、平面布置图，按工艺流程排列的编研成品。某电机厂编制的《××厂基本建设概况》，将企业的工程项目按子项分别列出建筑项目名称及代号，建筑面积，占地面积，结构，跨度，用途，生产能力和开工、竣工、投产日期等，并配以各种管线布置图。

3. 常用或基础性专业数据资料。例如，某交通设计院将桥梁、船闸、升船机设计中常用的各种技术指标汇编成的《桥船主要技术指标表》等，集中了经过实践考验的技术经济数据，在科研、设计工作中具有一定的规范作用，成为科研设计人员经常查阅的“设计数据手册”。

（四）专题汇编和专题著述

专题汇编，是按照特定的内容主题选择相关科技档案，以原文或部分原文汇集加工成的资料型编研成品。专题著述，则是按照特定内容主题，在分析研究相关科技档案信息的基础上，撰写的一种研究型的编研成品。

专题汇编和专题著述选题非常广泛，内容灵活，便于使用。例如，某灯芯绒厂档案部门编制的《灯芯绒染整技术汇编》，围绕关键生产技术选题，将该厂科技人员撰写的关于灯芯绒染整技术的科研论文，按照生产工艺流程顺序编排，配以相应的设备插图形成的汇编型编研成品；某单位以引进技术和设备为主题，将有关外文档案翻译成中文，补充介绍了它们的转化情况，归纳总结了引进设备消化吸收过程中遇到的普遍问题与解决方案，形成的《引进设备、引进技术资料汇编》，即为著述型科技档案编研成品。

（五）科技史料和科技大事记

科技史料，是利用科技档案材料说明特定科技活动发展面貌与过程的编研成品。某制药厂编撰的《葡萄糖生产技术历史沿革》，从该项产品开发研制开始，按时间顺序，将每一批次产品的技术改进、生产工艺革新以及产品质量、消耗定额等技术经济指标详细地列出，并进行了数据对比分析，为研究葡萄糖产品的发展提供了准确、可靠的科技史料。

科技大事记，指将科技活动中的“大事”编写成简明扼要的条目，按时间顺序排列的编研成品。大事记分为：编年体即按年月日顺序排列“大事”；分类编年体即先将“大事”按性质分类，各类中再按年月日顺序排序；纪事本末体即以一件完整的“大事”为单位，统一按“大事”的起始时间或者终止时间排序。

（六）年鉴

年鉴，是以年度为时限，分栏目叙述特定企事业单位当年基本情况的综合性著述型编研成品。其内容大体包括：生产和经营工作，基本建设施工，设备引进与购置，技术改造项目与技术创新活动，重要会议，重大的外事活动，机构及企业领导、劳模与先进集体、特殊人物等的介绍，各项基础统计数据，照片，大事记等。

年鉴充分利用针对年度形成的各类档案材料，综合反映特定单位的基本状况。它每年一编，年年续编，栏目相对固定，内容前后连贯，成为反映企事业单位基本情况的最为系统、翔实的编研产品，是日后编史修志的重要依据与资料。

（七）科技档案片

科技档案片，是以科技声像档案为素材编辑的录像片。随着信息技术的普及，用摄像（影）技术手段记录科技、生产活动，已成为当代重要的原始记录方式。科技档案部门目前积累了大量的科技声像档案，开发声像科技档案信息成为当代科技档案编研工作的客观要求。与用纸张印刷出版的传统编研成品相比，声像编研成品的突出特点是，通过形象生动的视听信息，真实地再现相关科学技术活动，具有强烈的感染力，容易被接受。科技档案片分为以下类型：

（1）科技资料片，即详细、系统地介绍某一自然现象或特定科学技术活动过程的声像编研成品。如《××产品研制纪实》等。

（2）科技专题片，即表现科技活动或现象的内在规律，进一步阐述或论证相关技术或学术观点的声像编研成品。如探讨城市防洪规律的《××抗洪启示录》等。

（3）科普片，是指用于科学技术普及与宣传教育的声像编研成品。如某科技专业档案馆编辑的《中国第一颗星》，通过对“风云一号”气象卫星的形象介绍，普及了现代气象探测知识，彰显了国家科学技术的重大进步。

（八）科技档案展览

科技档案展览是指围绕特定主题，用各种形式的档案实体布置成的科技档案陈列。举办科技档案展览能够充分利用科技档案库藏，发挥科技档案内容与形式叠加的综合信息优势，强化了观众的亲身参与感，信息传播效果十分突出。科技档案展览是科技档案编研成品的特殊形式。分为以下类型：

（1）企业面貌展，许多单位利用自己的历史照片、录像、实物档案等，举办反映创业史的展览，对内教育员工，对外宣传企业文化，树立了良好的企业形象。如某建筑公司举办的展览《暴风雨中的拼搏》，反映了该企业通过八年的艰苦奋斗扭亏增盈的历程，被公司领导确定为企业职工教育的必修课。

（2）科技成果推广展，如某市航天局举办的《科技成果照片巡回展》，将所属各单位的科技成果档案，包括获奖证书、科技成果的实物照片及媒体的相关报道等，制作成20多块展板，集中展示该系统近十年的科技成果，起到了宣传科学技术、推荐科技成果和促进科技成果转让、技术应用的效果。

（3）科技人物展，如某大学举办的《广厦魂——××教授生平事迹展》，不仅陈列了该教授一生的学术著作和获得的学术奖状，而且还展示了该教授留学时的课堂笔记，那一丝不苟的笔迹和复习时留下的圈圈点点与补白注释，再现了教授严谨、勤奋的治学态度，给当代大学生以深刻的教育和震撼。

二、编研成品的一般结构

科技档案编研成品的结构对其功能与质量有重要影响，一部完整的编研成品应该由以下部分组成。

（一）封面

封面不仅能保护编研成品，更重要的在于它揭示了编研成品的主题内容和有关事项，读者通过封面就能大体了解其内容，以便选择使用。封面应该反映的内容包括：准确、完整的标题，著作权人或编辑单位名称，编辑出版时间以及其使用范围和密级等事项。

（二）说明或前言

说明或前言用以阐述编研目的、信息来源、编研内容和时间范围、编排体例、编研人员、编研时间、编研中遇到特殊问题的处理，以及其他需要说明的问题。说明或前言能使利用者从总体上了解编研成品的内容、特殊意义或价值，便于正确地使用该编研成品。

（三）目录

目录亦称目次，它一方面固定了编研成品中所有信息单元的排列顺序；另一方面，为利用者了解与查找编研成品的内容提供了线索。

（四）正文

正文是编研成品提供科技档案信息的部分，为编研成品的主体。正文应该根据事先确定的编排体例，系统展示科技档案信息。根据其信息单元的数量以及主题内容，可划分章节分别排序。

（五）附录

附录，主要用以承载与正文体裁不同的档案信息。如图例、图样、引文、参考文献和档案材料的出处等。

第三节　科技档案编研方法的信息化

科技档案编研方法信息化，是指将电子编辑和网络技术为代表的现代信息处理与传输技术，运用于科技档案编研的信息加工、排版及编研成品的传播。

科学技术领域是现代信息技术的发祥地，也是信息化的首善之区。信息技术在为当代科技活动提供智能工具的同时，深刻地改变了科技活动的面貌，“管理信息系统（MIS）”、“计算机集成制造系统（SIMS）”、虚拟技术等，已经成为当前科技活动的基本手段。科技档案电子化、传统科技档案数字化，必然使信息技术成为科技档案编研的基本方法。

一、文字录入的信息化方法

对传统纸制科技档案信息实行电子编辑，首先要通过录入的方法，将它们变成计算机可以处理的数字信息。具体方法包括：人工录入法、自动输入法和自动校对法。

二、数字信息加工的信息化方法

（一）表格法

表格加工方法，指以设计表格的形式，用栏目揭示数据关系的编研方法。主要方法有：

（1）画线法，即用鼠标或键盘在计算机屏幕上直接画出行线和栏线，形成表格再填充文字和数据的方法。

（2）设定法，即按照计算机提示的参数表，设定表格的行宽、总行数、栏宽、总栏数等参数，由计算机自动生成表格。

（3）命令制表法，即用排版命令对表格的结构，如表头的结构特点、线型、行和栏的宽度、数据的排法等内容进行描述，形成小样文件，再经过排版处理生成表格。

加工某些专业档案，如水文档案、地质档案、气象档案的海量数据，编研人员可以利用相关科技档案数据库资源，运用其专用转换软件或通用仿真制表软件，直接从数据库中调出筛选的数据，并自动对它们进行条件过滤与排序，按照编研人员提出的格式要求，自动生成表格文件输出。

（二）图示法

图示法，即以图形方式揭示相关数据关系的信息加工方法。如以直方图反应数据值的大小，以构成比圆图显示数据的比例，以曲线图反映数据量的变化趋势等。数据信息加工过程中，利用电子表格软件可以十分方便、快捷地将加工的数据转化成各种图示，大大提高编研工作的效率。

三、图样信息加工的信息化方法

当前，计算机辅助设计成为科技文件形成的重要手段，数字图像处理技术的普及，使电子图样信息的加工变得十分便捷。主要方法如下。

（一）绘制法

绘制法，指借助鼠标、数字化图形板等工具，在计算机屏幕上直接绘制出所需的图形。比较简单的图样，如示意图、流程图等，可以使用许多交互式排版软件制作。对于专业性较强的建筑图、机械图等工程样图，则需要使用专用软件绘制。如企事业单位广泛应用的计算机辅助设计软件等，不仅绘图功能强，而且还能绘制三维立体图，编研人员利用它可以大量、及时地编制科技档案图集。

（二）扫描法

扫描法，即将科技档案原图通过光电扫描仪和相关软件转化为矢量图，再用计算机进行编辑加工的方法。此法是加工传统技术图样的基本方法。

四、图像信息加工的信息化方法

图像信息，指摄影、摄像信息，包括照片、幻灯片等静态的图像信息和电视片、电影片等动态的图像信息。其加工方法除扫描法外还有：

（一）屏幕拷贝法

屏幕拷贝法俗称“抓图法”，指将计算机屏幕上显示的画面复制在指定版面上的方法，然后利用图像编辑软件对该图形信息进行剪裁、缩放等编辑加工处理，最后与文字编排在一起输出。大量科技档案编研产品的插图都采用此法制作，大大降低了制作成本。

（二）电视图像采集法

电视图像采集法，即使用专用装置将入选的电视画面复制下来。制作档案电视片主要是通过将大量科技档案画面，连续地复制在另一空白录像带上完成的。某些图集、画册或信息快报的制作，经常需要从声像档案中选材，电视图像实时采集装置可以十分方便地达到这一目的。

（三）“胶转磁”法

“胶转磁”法，是将胶片画面转换为数字视频的方法的简称，“胶转磁”方法主要通过使用相关技术设备来实现。档案部门保存的早期动态图像都是电影胶片，首先要将它们转换成数字视频信息，然后才能用计算机编辑成电视档案片。

五、排版的信息化方法

入选科技档案信息被加工成各种形式的科技档案信息单元以后，必须将它们整合成一个有机整体，即通过排版和修改，最终形成数字形式的科技档案编研成品。电子排版是通过人机交互的方式，在计算机屏幕上直接完成的。具体方法有：

（一）同步排版法

同步排版法也称为即打即排法，是指文字录入、科技档案信息单元的加工与排版同步进行。操作者录入文字时，通过移动光标、选择命令菜单等方式，对科技档案信息单元的内容进行删改、排版，文字录完的同时排版工作亦告结束，即可打印输出。这种方法适合形式单一的科技档案信息排版。

（二）注入式排版法

注入式排版法指事先将入选的文字、表格、图形、图像等文件分别加工成独立的信息单元，然后设计版面格式，根据版式要求把各个信息单元组合在一起。档案信息快报、企业年鉴、科技史志等编研成品多采用这种编排方法。

六、编研成品修改、定稿的信息化方法

电子版编研成品的修改、定稿，与传统样张修改一样，经过几次校对就要对

校样进行修改，反复修改才能最终形成定稿。修改在手工编研加工过程中，占用很大的工作量，耗费很长的时间；计算机修改方便易行，大大降低了修改成本，成为编研信息技术的一大优势。修改方法如下。

（一）版式修改

版式修改，包括版面结构上的重新安排布置、信息单元的前后移动、内容的调整、字体字号的更换、标题排法的改变、版面的修饰等。这些一般都在排好的版面上完成，但复杂或较大的改动则要求重新排版。

（二）文字修改

文字修改，即根据校样进行文字的改动以及内容结构的调整。如大段文字的删除、移动、增加等。文字修改借助计算机软件的自动查找和替换功能，能显著提高修改速度和效率，并能防止二次修改错误的出现。采用的具体方法如下：

(1) 分段修改法，是指将需要修改的内容分成若干段落，分别由不同人员修改。这是一种提高速度，解决个别修改难点的好方法。

(2) 分类修改法，是指对图样、表格、公式、画面或结构复杂的内容的修改，分别由业务熟练者集中修改，然后统一组合在版面内。这种方法可以扬长避短，保持全书较为统一的排版风格。

(3) 建立模板文件法，是指对排版中遇到的内容局部相似或重复的文件，为了简化操作、保持同类文件格式一致，可以将常用的文件格式，如信息简报及其版心文件整理在一起，分别命名存储。使用时可将该文件格式调出，用复制的方法将需要的内容拷贝成新的文件，然后输入正文内容，实现同类文件的快速排版。

（三）编后文件整理

电子编研成品输出付印后，应该及时对其数据文件进行整理、存档等编后处理工作。由于这些数据文件不仅是科技档案编研成品复制印刷的依据，而且在日后信息咨询、档案检索、出版电子出版物、科技档案信息产品的再生产中还将发挥广泛的作用，做好整理、存档工作，是其发挥作用的前提与保障。具体方法有：

(1) 文件的集中整理。编后数据文件存档的版本应该是最终定稿，存档形式以文字为主，对于包含大量图样或图片信息的数据文件，应压缩后存储在磁盘上，如果同一内容的文件数量较多，则要根据文件数据长度适当合并。

(2) 文件拷贝保存。将文件集中拷贝在硬盘或光盘等存储介质上，重要文件应存储备份。

(3) 文件格式转换。对需要存入数据库的文件，应根据系统要求整理成一定的格式。目前可选择纯表格式、通用标准格式、电子出版物格式、原存版格式等。

(4) 存储登记。存储文件一定要进行登记，否则今后将无法查找利用。

【本章小结】

科技档案编研工作是科技档案工作新的生长点，将成为当代科技档案工作者重要的职业能力。开展科技档案编研必须遵循编研原则，掌握科技档案编研方法，随着科技档案资源的丰富与信息管理手段的进步，不断地丰富、创新。因此，科技档案工作者应该不断研究新手段、新方式，使科技档案编研工作始终充满活力，在高效率的工作中求得发展。

【讨论题】

1. 试述科技档案编研的定义与特征。
2. 简述科技档案编研程序。
3. 试分析科技档案编研成品基本类型与特点。

【主要参考资料】

1. 贺真主编．科技档案编研的原理与方法．北京：中国国际广播出版社，2000

2. [英] 史蒂夫·莫里斯．知识经营师．广州：广东经济出版社，2000

第十七章 科技档案提供服务

【本章要点】

提供服务是科技档案资源开发利用的基本内容之一，包括科技档案阅览、科技档案信息交流和科技档案咨询等服务方式。掌握科技档案提供服务的内容、特点与实施方法是开展科技档案提供服务的必要条件。选择适当的提供服务方式，强化利用服务的反馈控制是提升科技档案提供服务效益的重要措施。

【关键词】

科技档案提供服务○服务方式○借阅服务○档案阅览○复制供应○信息交流○咨询服务

第一节　科技档案提供服务的方式与要求

科技档案提供服务，是科技档案资源开发利用工作的基本内容之一，指采用多种有效的方式，直接提供科技档案实体及其信息产品，满足利用者的科技档案信息需求。提供服务主要分为：科技档案借阅、科技档案信息交流和科技档案咨询等方式。

在科技档案资源的开发利用工作中，建立科技档案的检索系统和开展科技档案编研，是为科技档案资源的利用创造必要的条件，属于科技档案资源开发工作；而如何把科技档案信息及时、准确、有效地送达利用者手中，直接发挥科技档案的作用，则是科技档案提供服务工作的任务。

随着信息经济的深入发展，人们对科技档案信息的利用要求越来越广泛，迫切程度也在不断提高。面对不同利用者多层次、多角度、多形式的科技档案利用需求，档案部门应积极拓展与完善科技档案提供服务的方式，为充分实现科技档案的价值做出更大的贡献。

一、科技档案借阅服务

科技档案借阅服务，是科技档案提供服务的最基本方式，指档案部门直接提供科技档案原件、科技档案复制件和科技档案编研成品等科技档案实体的服务方式。

科技档案除了具备一般档案的原始性、客观性特点以外，其信息内容的专业性、利用效果的经济性，对科技档案提供服务的方式产生了重要影响。即便在大力提倡网络或在线利用方式的情况下，提供科技档案实体仍然是一种不可替代的档案服务形式。就方便利用的角度而言，一次性地调卷利用，对于一些大宗、系统的科技档案利用或大幅面科技档案的利用等需求，阅览科技档案原件依然是最便利的利用方式。从科技档案管理的角度看，出于保护知识产权信息和珍贵科技档案的需要，以及满足科技档案凭证性利用要求，如提供资质证明、资产抵押与借贷、科技成果转让等，必须提供科技档案原件。科技档案借阅具体分为阅览、出借、复制等服务形式。

（一）科技档案阅览

1. 科技档案阅览服务的功能特点

科技档案阅览服务，是指档案部门开辟阅览室，针对利用者的调卷要求，提供科技档案就地利用的服务方式。

阅览服务的特点是：利用者能够直接接触各种形式的科技档案原件，充分满足各种利用需求，保证良好的利用效果；可最大范围地利用科技档案，能不断激发利用者潜在的利用需求；利用手续简便，节省利用时间；而且，便于档案部门实施利用控制，利于科技档案的安全与保护。

2. 阅览服务的形式

（1）闭架阅览，即档案人员根据利用者提供的检索信息，调出相关科技档案的传统或电子实体供利用者使用。阅览形式具有互动性、利用方便、可控制等优势，但是对不熟悉科技档案的利用者而言，却存在一定的盲目性，有时要反复调卷才能达到利用目的。

（2）开架阅览，即档案部门开辟单独的开架阅览室，公开陈列部分科技档案供利用者直接选择利用。采用这种形式需要注意：陈列的科技档案不能涉及秘密事项或仅为内部事项，陈列的内容主题应该在一定时间内具有相对普遍的利用需求，如为配合某些重大科研项目开辟的相关专业或主题科技档案的开架阅览等。

3. 开展科技档案阅览服务的必要条件

开展科技档案阅览服务必须具有专门的利用场所。为实现良好的阅览效果，科技档案阅览室应该创造适合查阅利用科技档案的必要条件，如环境清静、明亮，配备必要的检索工具或检索设备，配置相关专业工具书如技术手册、专业标准、专业规范、专业词典、百科全书等，提供网络接口或具有CAD软件的计算机以及适应阅览大幅图纸的阅览桌等。有条件的单位应该在阅览室安装监控设备，提供随机的复制服务等。

（二）科技档案的出借

1. 科技档案出借的功能特点

出借科技档案，是指档案部门按照相关制度，允许利用者办理一定的审批手续，将科技档案带回工作场所利用一段时间，并按时归还的服务形式。

出借服务的特点是：允许利用者根据自己的习惯，不受时间限制地随意利用科技档案，有利于利用者进行深入研究，适应了科研活动利用科技档案的要求，有助于提高利用效果。由于借出的科技档案远离档案人员的视线，难以对它实行控制，相关科技档案存在一定的安全风险。

2. 科技档案出借服务的制度

出借科技档案增加了科技档案控制的难度，必须强化科技档案的安全保障措施。建立与完善科技档案出借制度，作为约束档案管理者和利用者出借行为的依据极为必要。

（1）出借制度规范的基本问题：

第一，出借科技档案的范围。一般而言，档案部门允许出借的科技档案应该是副本，并且不是涉密档案，如有特殊需要必须经领导批准；出借的科技档案的内容范围应该与借阅者的职务活动范围相一致；对同一借阅者一次出借科技档案的数量应有具体限制，以保证其他科技档案利用的正常进行。

第二，保护科技档案的义务。利用者必须爱护并妥善保管借出的科技档案；正确使用出借的科技档案，不得涂改、勾画或做其他标记；严禁将借出的科技档案带离工作场所，避免遗失科技档案或泄露科技档案信息；利用者不得将借到的科技档案转给他人使用或保存；用过的科技档案应及时归还。总之，利用者对借出的科技档案及其信息负有全部安全责任。

第三，出借科技档案的手续。利用者必须持档案借阅卡（证）借阅科技档案，出借重要项目或关键性科技档案必须经过相关责任人批准。借阅者要认真填写借阅卡（证）上的内容。科技档案出入库要经过档案人员清点，并将有关情况具实填入调卷记录卡。

第四，认真清点、检查借阅者归还的科技档案，及时做好签收与注销工作，是科技档案出借服务的必要手续与控制重点，也是科技档案出入库管理的重要内容。清点、检查归还的案卷，既要检查其数量，又要检查科技档案实体的状况，如科技档案是否存在缺页、纸张破损和勾、画、涂、抹等现象，光盘、磁带档案还应检测其是否能够继续使用，一旦发现问题，要及时处置并按制度追究责任。

（2）科技档案“双卡制”。“双卡”指科技档案利用管理的重要依据“科技档案借阅卡”和“科技档案案卷记录卡”。科技档案借阅卡，用以证明持卡人利用科技档案的资格或权限，记录其调卷情况。传统的科技档案借阅卡由封面和里页组成。封面印有借阅人姓名、所属单位（科室/部门/专业）、职务、编号等信息。里页内容包括：档案号、案卷或文件名称、数量、密级、借阅日期、归还日期、借阅者签名、归还签收等记录事项。

借阅卡分为纸制和电子的两种形式。一般由借阅者填写相关内容，档案部门按借阅人的姓氏（笔画或汉语拼音的音序）或所在单位排列，统一保管。电子借阅卡具有自动提示的功能，能够及时提示档案管理人员和利用者相关科技档案的逾期信息。借阅记录还是执行调离认可制度的原始依据。

科技档案案卷记录卡亦称代卷卡，用以记录每个案卷的调卷情况。其记录事项与借阅卡里页的内容相同，平时与相关案卷一起保存，案卷借出时由调卷人员在卡上填写有关事项，留存在档案部门备查。案卷记录卡或按科技档案类别、档案号排列集中管理，或作为案卷的“替身”，留在案卷的存放地点，待案卷归还后合并归位。代卷卡能够直接反映案卷的去向，便于及时催还，又利于案卷准确归位，对维护库藏秩序，简化科技档案实体的管理具有积极作用。

（3）科技档案的催还续借与调离认可制度。科技档案是重要的战略资源，其信息的时效性很强，在一定时期内科技档案的利用需求强劲。催还续借与调离认可制度有益于加速科技档案周转，利于充分发挥科技档案的作用。同时，也是保护科技档案完整、安全，规避其损坏、散失、泄密等风险的有效措施。

催还续借，是指当借出的科技档案即将到归还期时，档案部门应该予以提醒，以便借阅者及时归还。对逾期未还的科技档案，档案部门应及时向借阅者发出催还通知。如果确因工作需要暂时不能归还科技档案者，则应办理相关续借手续。

调离认可，是指对本单位人员离职的确认手续。档案部门负责确认的内容是，借阅的科技档案是否已经全部归还，是否存在未移交科技档案等问题。调离认可是堵塞因人员流动可能造成的科技档案损失，保护企业信息安全的有效措施，体现了科技档案工作的管理职能。

（三）科技档案的复制供应

1. 复制供应服务的功能特点

科技档案复制供应，是指档案部门按照利用者的要求，提供科技档案复制本的服务形式。随着技术进步，科技档案复制手段不断丰富，目前科技档案的复制本不仅有晒印的蓝图，还包括静电复印文件、缩微胶卷或胶片以及电子文本文件等多种形式。科技档案复制服务是档案部门一项大量的、经常性的服务内容。

（1）科技档案复制本的最大特点是，档案部门提供的科技档案复制本在一定意义上等同于其科技档案原件，能够实现部分科技档案原件的功能，为科技档案信息交流、科技成果产权登记、科技成果转让等活动，提供了具有某种法律意义的技术文件。

（2）提供科技档案复制本，既能为利用者不受时空限制，直接利用现有的科技成果创造了条件，又减少了科技档案原件的使用，有利于延长其使用寿命。

（3）科技档案复制供应，为科技活动提供准确、成套的依据性文件，节省了重复设计、重新研制的时间与活劳动的投入，产生了不可忽视的技术经济效益。

（4）科技档案复制供应服务，为科研、生产准备工作提供作为技术依据的科技档案复制本，是档案部门直接参与科研、生产活动的重要形式。因此，承担复制服务职能的科技档案部门，一般都成为企事业单位的科技、生产系统的组成部分。

2. 复制供应服务的形式

（1）单份复制，即提供一份或少数几份零散科技档案文件。这是比较常见的复制供应需求，如在技术开发过程中借用某一零部件的设计图，产品或设备维修备品、备件的生产加工文件等利用需求，都是通过提供单份复制件的形式予以满足的。另外，档案部门为利用者提供科技经历或获奖证明，都属于提供单份科技档案复制件。

（2）配套复制，即向利用者提供成套或部分系统的科技档案复制本。在项目研发、产品或工程设计过程中，出于优化设计、缩短设计周期、保证设计质量、降低研发成本等需要，大量套用标准图、通用图或已有的设计成图，是科技活动的必然要求，也是科技档案配套复制供应服务的主要目的。对于某些停产或中断科技项目的恢复重建，提供配套复制的科技档案，其技术经济效益和社会效益更为显著。

3. 复制供应的要求

（1）复制供应的服务对象一般为科技档案所有单位的内部员工，其他人员的复制要求必须经过严格的审批手续才能满足。单位之间因技术合作的需要提供科技档案配套复制服务，按协议或合同要求执行。

（2）成套或系统地提供科技档案复制本，直接涉及科技档案所有者的权益与科技档案信息的安全，为规避科技档案持有者知识产权流失的风险，提供成套复制本须经过严格的审批手续。利用者应该在科技档案复制单上逐一填写要求复制的科技档案的名称、档案号、数量及复制原因，经过专业主管和法人的双重批准、审签，档案部门方能照单提供科技档案复制本。

二、科技档案信息交流

（一）科技档案信息交流的功能特点

科技档案信息交流，是指档案部门以科技档案信息产品作为交流媒介，以推介或交换的方式促进科技档案信息的社会传播，充分实现其价值的主动服务方式。

广义上，所有科技档案工作都在进行科技档案信息的交流。例如，提供科技档案原件或陈列科技档案文件等。但是这些并不是真正意义上的“信息交流”，为强化科技档案信息交流的服务方式，必须重新界定其内涵。

1. 科技档案信息交流服务的功能特点

（1）服务的主动性。传统的档案交流是对利用者提出的利用需求的回应，以被动服务为主。被动服务虽然必要，但是单一的服务方式制约了科技档案作用的发挥。科技档案资源开发形成的大量科技档案信息产品，为科技档案信息的主动交流奠定了物质基础，使科技档案部门能够主动控制科技档案信息的交流，选择恰当的时机、以恰当的方式充分发挥科技档案信息产品的作用，改变以往的被动服务状态。

（2）信息交流的社会性。传统的提供服务方式主要作用于档案所有者内部，如档案部门在内部发放活页科技档案信息，定向地通报科技档案资源状况等等。将信息交流范围局限于组织内部，科技档案信息的影响必然越来越小，甚至使档案部门成为信息孤岛。强调科技档案信息交流的社会性，有效地扩大了科技档案的影响范围。而且，科技档案信息本身就存在社会交流的“基因”，科技档案信息只有得到广泛的了解，才能从根本上激发广泛的科技档案利用需求，使科技档案信息得到充分的利用，创造社会效益与经济效益。但是，科技档案信息交流需要一定的条件，科技档案信息形式与传输手段的不断丰富，为科技档案信息的广泛交流提供了保障，信息交流的社会化也为科技档案工作的发展开辟了更加广阔的天地。

(3) 信息交流的双向性。传统科技档案信息交流一般都是单向的，主要是档案部门单方提供科技档案信息。由于缺乏互动、互利，科技档案信息交流逐渐失去活力。实现双向交流的前提是，科技档案信息的接受方必须产生与之交流的愿望。为此，档案部门一方面要不断提高信息产品的质量与数量，为科技档案信息交流提供了源源不断的、具有吸引力的科技档案信息产品，以激发信息接受方与档案部门进行信息交流的积极性，保证科技档案信息交流的可持续性。另一方面，必须使信息交流双方“互利共赢”。科技档案信息交流的初衷是实现本单位科技档案资源效益的最大化，要给科技档案信息产品的提供方带来回报，这样档案部门才能有开展科技档案信息交流的动力。回报无论为何种形式，其结果必然形成双向信息交流。而双向交流丰富了双方的信息资源，不仅为交流双方带来各种益处，达到双赢的结果，而且必将对国家科技信息资源的建设与整合产生积极影响。

2. 科技档案信息交流的战略意义

科技档案信息交流是传统科技档案服务的薄弱环节，强化科技档案信息交流不仅适应了信息时代的客观需要，同时也将带动科技档案业务建设，从实体管理向信息管理、知识管理方向发展，进一步提升科技档案工作的价值。

实现主动服务必然对科技档案资源开发利用工作提出一系列更高的要求，促使科技档案人员努力提高自身的专业素质。档案部门及档案人员必须拓宽视野，研究科技档案信息，了解科技活动的发展，掌握利用对象的需求特点与规律，主动进行自我完善，保证科技档案信息交流的实现，这无疑对提高科技档案信息服务的质量产生重要影响。

科技档案信息交流密切了档案部门之间的联系，促进了科技档案信息交流中心的形成。大量、持续的科技档案信息交流，促进了科技档案工作内部与外部信息交流网络的建立，巩固了科技档案信息交流渠道，进一步促进了科技档案资源的开发利用，必将带动地区或国家科技信息资源的交流与共享。

(二) 科技档案信息交流的方式

1. 科技档案的信息推介

“21世纪是眼球经济”的说法，强调吸引人们的注意力是经济发展的前提，其实注意力也是实现科技档案价值的前提，目前，世人对科技档案及其利用价值的认识还没有到位，无法产生大量、迫切的科技档案利用要求。为此，要通过信息推介的方式引发利用者对科技档案信息及科技档案服务的“注意力”，引导他们把潜在的利用需求转化为实际的利用行为。科技档案信息推介的具体方式包括：

（1）发放宣传报道性科技档案编研成品，如科技档案专题介绍、科技档案信息报道活页、光盘。发送方式可根据科技档案信息的价值与作用，采取定向发放或全面发放。

（2）播放科技档案视频信息，通过档案网页、BBS、MSN、QQ以及手机短信等方式，向利用者定向发放相关科技档案信息产品。

（3）举办科技档案专题讲座，定期举办专题报告或科技档案信息发布会，请相关专业的专家或档案信息开发人员，介绍各领域或各专业的科技成果及其科技档案资源，及时将最新的科技档案信息提示给档案的利用者。

（4）采取电子屏幕滚动播放、自助触摸式导读系统，以及网络展示等形式提高科技档案信息的可视性与感染力，强化档案利用意识。

2. 科技档案信息互换

科技档案中记载了大量的科技方法与经验，其中包含大量的知识产权信息，利用科技档案信息能够直接为利用者带来可观的技术经济效益。因而，科技档案信息交流必须秉持公平、对等的原则，才能保证科技档案信息交流的健康发展。首先，科技档案信息交流的客体属于二次科技信息，是档案信息开发人员智力劳动的成果，利用这些优质、高效的科技档案信息产品本应给予信息开发者一定的回报。其次，科技档案资源反映了科技档案所有者特定专业活动的信息，为利用者带来了新颖、准确的科技信息，能够产生客观的技术经济效益。基于上述原因，档案部门应该根据信息交流客体涉及知识产权信息的程度与可能创造的技术经济效益，提出科技档案信息对等交流的具体要求。

（1）要求对方反馈相关科技档案信息。对于提供宣传、报道性科技档案信息产品，如科技档案专题目录、科技成果档案简介等，由于其信息内容比较概括，披露具体科学技术的程度有限，主要目的是通过推介相关科技档案信息吸引利用者，因而信息交流的范围比较广泛。档案部门不可能一一要求对方回馈实质性科技信息，但是可以要求对方提供所掌握的相关科技信息以及该信息产品的利用反馈，以便作为以后是否继续提供信息交流的依据。

（2）要求对方提供相关技术信息或相关档案信息产品。提供具有较高科技含量或较强实用性的科技档案信息产品，由于科技档案信息产品的技术性、实用性强，利用效果更加确定。为保证科技档案信息交流的合理性，档案部门应以互通情报作为交流的前提。双方应该事先签署信息交流的协议或合同，明确双方交换的内容、形式与时间等要求，按照合同交换科技档案信息产品，以保证信息互换的可行性，补充与完善提供方的科技信息资源。

3. 有偿提供科技档案信息产品

对于提供包含知识产权信息的科技档案信息产品的交流，不仅要坚持对等交流，而且还应该要求等值交换。如果对方不能提供等值的信息产品，或者是单方面提出索取科技档案编研成品的要求，提供方的档案部门不仅要根据该信息产品应用的结果决定是否提供，而且还要求科技档案信息产品的索取者支付一定的费用，在保证信息所有者的合法利益的前提下，实现科技档案信息产品的交流。

三、科技档案咨询服务

（一）科技档案咨询服务的方式

科技档案咨询服务，是指档案人员针对利用者的要求，以档案信息为依据，结合自己的知识、技术和经验，向利用者提供专业信息或专业解决方案的个性化智力服务方式。

科技档案咨询是针对委托人的要求提供的智力服务，咨询的委托人来源广泛，提出的咨询要求各式各样，其共同点就是咨询问题复杂、专业性强。因此，科技档案咨询服务拥有广泛的发展空间。目前，我国科技档案咨询服务主要有三种形式：

1. 科技档案利用咨询

科技档案利用咨询，即档案人员针对利用者就科技档案检索、调卷等利用工作中遇到的困难或问题，进行辅导或提供利用建议的咨询方式。由于科技档案内容复杂，检索的专业性较强，利用者特别是不经常利用科技档案的人，往往对科技档案的内容及利用方式不够了解，常常不知从何入手，这是科技档案咨询人员经常需要解答的问题。对于这类比较简单的咨询问题，咨询人员凭着自己的专业素养与工作经验，通过向利用者介绍档案库藏、讲解检索语言和检索工具，对档案利用者进行利用辅导，或者为利用者提供相关科技档案的检索信息等方式实施咨询。科技档案利用咨询一般为即时与互动性的咨询服务，利用者随时提出问题，咨询人员当场予以解答。

2. 科技档案信息咨询

科技档案信息咨询，指科技档案咨询人员针对利用者提出的专业信息需求，运用专业技术手段查找、分析、确定相关档案信息，提供个性化科技档案信息服务。

科技档案信息咨询既是一种独立的咨询服务方式，又是所有咨询活动的必要内容。这是由科技档案信息在咨询服务中的基础作用决定的。信息是咨询的保障，获取科技档案信息又是开展科技档案咨询服务的基本手段，所有咨询建议或方案都必须建立在大量、准确的信息储备之上，而信息咨询结果也表现为系统的信息。档案部门得天独厚的档案信息优势，长期的档案管理实践，使档案人员具有开展科技档案信息咨询的天然优势，能够较好地胜任科技档案咨询服务。

根据信息咨询的效果，科技档案信息咨询进一步分为决策信息咨询、技术信息咨询和其他信息咨询。决策信息咨询，即为领导和管理人员的决策活动提供综合的、战略性的档案信息。例如，档案部门根据科技档案信息和科技发展的趋势，定期为决策部门提供相关专业科学技术发展动态、本单位科技状况分析等决策支持信息。技术信息咨询，是指档案咨询人员运用丰富的专业知识和经验，为委托人提供系统的技术信息或相关科技发展的综述或评述，提供相关技术的研究报告等。由于科技档案的专业性和时效性强，科技活动又具有探索性和前瞻性，科技人员需要及时了解相关新技术、新工艺、新材料、新产品、新设备、新流程的运用、开发等诸多科技信息。档案咨询人员以此为咨询目标，为委托人提供相关科技信息、可行性研究、环境治理信息等咨询服务，都是目前比较常见的科技档案信息咨询方式。其他信息咨询，即针对委托人提出的除决策咨询和技术咨询以外的其他专业问题提供的信息咨询。

3. 科技档案业务咨询

科技档案业务咨询亦称为科技档案管理咨询，是针对科技档案专业管理实践的需要，提供信息支撑、方案评估或业务指导等管理信息的咨询活动。科技档案业务咨询的委托人，一般都是社会机构或组织，其咨询目的是为了改善本单位的档案工作，提高档案管理的专业化水平。由于这些单位缺乏档案专业人员，自行解决这些问题具有一定的难度，而科技档案人员根据本单位档案业务实践和自身专业管理经验，就科技档案业务建设问题提供指导，恰恰适合我国改革发展的要求。在科技档案工作信息化与整合信息管理的过程中，此类要求不断增长，目前，一些大型科技档案机构已经把科技档案管理作为对外开展科技档案服务的重要内容，并且已经取得可观的社会经济效益。

（二）科技档案咨询的功能特点

1. 服务的知识性

科技档案咨询不是简单地提供科技档案信息，科技档案信息在咨询成果中只能起到部分“原料”的作用，它们需要经过档案咨询人员的智力“加工”，与咨询人员自身专业实践或专业经验结合起来，运用专业技术方法进行分析研究，最终才能形成个性化的咨询成果。

当前科学技术日新月异，仅凭个人的知识解决所有复杂的专业问题已经越来越不可能，借助于“外脑”的专业知识与经验已经成为大势所趋，科技档案咨询的实质就是提供科技档案专业知识、专业技术与经验的服务。

2. 内容的综合性

人们提出的咨询问题一般都是自己难以解决的问题，主要是由于这些问题专业性强，涉及范围广，因素复杂即综合性强。科技档案咨询人员正是依托综合优势，掌握各专业知识及其现状与发展，以综合的视角、采取综合的方法，向委托者提供具有综合性、前瞻性或战略性的咨询建议的。

3. 服务的增值性

一方面，咨询成果凝结着咨询人员创造性的智力劳动；另一方面，咨询成果必须满足委托人的要求，在相关科技、生产、经营中能够明显改善现状，创造出可观的技术、经济效益，即“用1%的钱做咨询能够获得100%的效益。”因此，科技档案咨询服务本身存在有偿服务的客观依据。

4. 成果的个性化

科技档案咨询服务都是一对一的服务。一方面，所有咨询问题是委托人根据自己特殊情况与要求提出的，没有完全一样的咨询问题；另一方面，咨询人员或咨询团队都是依据自身的专业优势，通过自己的方式与渠道收集、整理相关信息，在与委托人的互动中不断调整，最终形成双方满意的个性化咨询方案，当然也不可能是重复以往的咨询成果。科技档案咨询服务能够充分挖掘科技档案资源的各种价值，提供更加个性化的科技档案信息服务。

（三）科技档案咨询服务的实施

科技档案咨询是咨询委托方和咨询承接方之间的互动行为，一个完整的咨询活动应该经过以下若干阶段。

（1）委托阶段，即委托单位的代表与科技档案咨询人员进行初步接洽，了解对方的情况与委托需求的具体内容。通过反复地交流，进一步明确委托咨询的问题，进而签订咨询协议或合同，建立咨询关系。

（2）调查研究阶段，即科技档案咨询人员在委托方的协助下，深入咨询单位详细了解委托人面临的问题和要求达到的目的，广泛听取各方面人员的意见和要求，了解存在问题及具体的环境，收集相关信息，结合自己的经验进行分析研究。

（3）提供咨询方案阶段，即科技档案咨询人员针对诊断结果，提供多个方案与委托方交流，共同确定咨询方案，进而形成咨询报告。一般情况下，科技档案咨询人员提交了咨询成果，咨询服务任务即宣告完成。

第二节　科技档案提供服务方式的选择

随着国民经济的信息化，人们对科技档案提供服务的要求越来越高。科技档案部门依据本专业的发展和本单位的实际，不断拓展、完善提供服务的方式。为了充分发挥各种服务方式的优势，就要选择与利用者的利用需求，以及与科技档案的信息特征相适应的提供服务方式。

一、选择科技档案提供服务方式的基本要求

选择科技档案提供服务方式的目的，在于使科技档案信息有效地而不失原则地被利用者利用。为了达到这一目的，应该明确如下选择提供服务方式的基本要求。

（一）针对性要求

科技档案直接形成于科技、生产活动，其管理与开发利用的最终目的，必须服务于科技、生产活动的需要。首先，科技档案的提供服务方式应该适应科技、生产活动和科技管理活动的客观需要，特别是直接满足科技人员、管理人员、领导人员的利用需要。其次，科技档案提供服务的针对性表现为两个层次，其一是科技档案提供服务的经常性，其二是科技档案提供服务的偶然性。前者要求科技档案的提供服务方式应该立足于满足日常的利用需要；后者则要求科技档案的提供服务还能满足某些特殊利用需要。一般情况下，选择提供服务方式应该兼顾这两个层次，使它们互为补充。

（二）可控制性要求

科技档案信息属于内部信息，在一定时间和范围内带有一定的机密性，某些科技档案信息还涉及国家科技秘密或企业的技术专利。因此，选择科技档案提供服务方式，必须考虑其可控制性的要求。

1. 控制利用的信息内容

提供服务方式是利用者有效利用科技档案信息的“助推器”。无控制机制的提供利用方式，非但不能实现科学有效地利用科技档案信息的目的，而且还会使科技档案的完整与安全失去必要的屏障，造成与科技档案资源开发利用目的背道而驰的结果。实际上，选择科技档案提供服务方式的意义本身就包含了提供和控制两种因素，提供是它的目的，控制是实现目的的保障，二者互为依存，缺一不可。

科技档案信息内容控制的实质，是对不同秘密程度的科技档案信息采取不同的提供方式，使提供服务方式适合科技档案信息的性质特点，既能使利用者获得

所需要的科技档案信息，又能排除与利用者需求无关的或不宜向利用者提供的信息内容。

2. 控制科技档案的利用者

不同利用者在科技档案的需求与利用权限上存在很大差别。要使利用者既能用到与其身份或职能特征相符的科技档案信息，又能使利用者获得符合其利用权限的最大的利用便利，就应该本着内外有别的原则，对利用者实施控制。

3. 控制利用科技档案的时间

利用档案的时间在这里专指利用者占有科技档案实体的时间。为了满足利用的需求，利用者必须有足够的时间研究有关科技档案信息，但是无时间限制地占有科技档案材料，不仅影响其他利用者对科技档案的正常利用，而且不利于科技档案实体与信息的完整与安全。由于不同的提供服务方式对利用时间的控制力不同，如科技档案阅览对利用时间的控制能力最强，而出借对利用时间的控制相对弱些，因此，时间控制也是选择提供服务方式的重要依据。

（三）时效性要求

当代科学技术的发展，一方面，使科技成果层出不穷，科学技术的老化速度不断加快，另一方面，科技工作者对获取科技档案信息的及时性要求越来越高。因此，选择科技档案的提供服务方式，必须注意满足其时效性特点。

时效性是指单位时间内科技档案部门准确提供科技档案信息的速度，或利用者获得所需科技档案的等待时间。这里的时间概念与科技档案信息的传递速度和传递质量密切关联，它强调以最短的时间输出更多优质的科技档案信息。选择提供服务方式，应尽量满足这一要求，使提供服务方式成为科技档案信息传输的最佳渠道，高效率地实现科技档案信息的传输。

坚持时效性要求，必须掌握各种提供服务方式的功能特点，了解传输信息的基本特点和传输要求，做好服务预测和服务准备，保证提供科技档案信息的及时和准确。

二、科技档案资源开发利用的反馈控制

科技档案资源开发利用的反馈控制，是指通过反馈信息的收集和分析处理，对开发利用的各项内容及各种服务方式进行调整与完善，从而最大程度地实现科学、有效地开发利用科技档案资源的目的。

（一）收集反馈信息的途径

（1）建立利用者意见箱，是收集利用者意见或建议的最为简便的措施之一。档案部门可以通过设置的意见箱获得反馈信息，及时发现开发利用工作的需要与问题。利用者意见箱的最大特点是随时性与客观性。利用者在利用科技档案的过程

中，一旦发现问题或产生利用需求，可随时提供反馈意见，便于档案部门及时了解。通过意见箱是否达到此目的，取决于能否激发利用者的兴趣以及档案部门反映的及时与互动。为此，档案部门应该积极分析利用者的意见，及时公布分析结果。

（2）建立利用者座谈会制度，定期或随时召开利用者座谈会，是收集反馈信息的有效手段。其特点是直接性和交互性，为利用者及其反馈信息与档案人员创造了直接交流的机会。档案部门通过座谈会不仅可以获取反馈信息，还可以使利用者感到自己是档案资源开发利用工作的参与者。

（3）坚持利用情况登记制度。利用情况登记是档案部门多年形成的工作习惯。登记应该注重对利用情况的反映，一是利用者利用科技档案的数量、范围、时间及用途等；二是利用结果，即科技档案在现实工作中所发挥的作用及作用效果。为此，档案部门在办理利用手续时，应该要求利用者填写利用情况登记单，归还科技档案时，再请他们进一步补充利用效果信息，以便记录的科技档案利用信息能够发挥反馈作用。

（二）收集反馈信息的重点

（1）对开发利用服务质量的意见或建议。指针对档案部门的服务状况的反馈信息。如提供方式是否方便利用者、是否易于利用者接受，档案人员的服务态度和工作能力等等。这些信息能够从不同的角度为档案部门改善科技档案服务提供客观依据。

（2）交流媒介的利用效果信息。指针对科技档案信息产品发挥作用情况与程度的反馈信息。如编研成品是否准确地传播科技档案信息；科技档案应用取得的技术效益、经济效益和社会效益等。这些信息反映了科技档案利用的成效，经过有关部门的整理和宣传，不仅会为成为档案部门进一步调整和完善开发利用工作的参照依据，而且还能增强档案意识，提高档案部门的社会地位。

（3）社会利用者对科技档案信息交流效果的反映。如各项社会活动对科技档案信息的不同要求，党和国家的政策法规对科技档案利用的促进或制约，社会公众对科技项目及其科技档案资源知情权的要求等。

必须强调，收集了反馈信息并不等于实现了反馈控制，科技档案部门应该及时消化反馈信息，对于把握不准的信息，要主动向有关人员求证或讨论，在充分理解的基础上，对反馈信息进行分析归纳，针对分析结果逐项地解决问题，调整与完善科技档案信息交流工作，形成信息反馈与信息交流的良性互动。

【本章小结】

科技档案提供服务是开发利用科技档案资源的重要内容，也是实现科技档案价值的基本方式。科技档案阅览是比较成熟的提供服务方式。科技档案咨询与信息交流是有待发展与完善的服务方式。科技档案工作者应该不断研究探索，完善新手段、拓展新途径，以提高科技档案提供服务的效益，促进科技档案工作不断发展。

【讨论题】

1. 简述科技档案提供服务的含义与基本方式。
2. 简述科技档案信息交流服务的功能特点与方式。
3. 试分析科技档案咨询服务的功能特点与实施方法。

【主要参考资料】

1. ［美］彼得·布洛克．完美咨询：咨询顾问的圣经．2 版．北京：中国劳动社会保障出版社，2004

2. 颜海．档案信息资源开发利用．武汉：武汉大学出版社，2004

第六编

我国科技档案事业的建设与发展

21 世纪档案学系列教材

第十八章 科技档案事业的创建时期

【本章要点】

了解新中国科技档案事业创建时期的历史背景，掌握该时期主要工作要点和发展的特点，重点了解1957年国务院《关于改进档案、资料工作的方案》、1959年技术档案工作大连现场会议的情况，以及20世纪60年代初期国家对于科技档案事业建设发展的规划内容及主要要求。

【关键词】

科技档案事业○创建时期

第一节 创建准备时期（1949—1959年）

中国是人类文明起源最早的国家之一。中国古代的科学技术曾经达到很高的水平，产生和积累了多种载体形式的古代科技文献。到了近代，我国逐渐沦为半封建半殖民地社会，科学技术落后了；但是，随着民族工业的发展和西方科学技术的传入，也产生和储存了一定数量的科技档案，某些科技档案在当时还曾经发挥过相当重要的作用。然而，不论是在古代还是在近代，旧中国都没有建立起专门的科学意义上的科技档案管理工作。新中国成立以后，伴随着现代科学技术和大工业生产的日益发展，一方面产生并积累了大量的科技档案，另一方面又必须充分利用科技档案资源为经济建设服务。我国科技档案的专门管理工作从此得以创建，作为社会主义国家规模的科技档案事业，也以此为基础，逐步地发展起来。

与我国国民经济建设和科技文化建设的形势相适应，新中国国家规模的科技档案事业的创建大致经历了三个时期：第一个时期是从 1949 年到 1959 年，为科技档案事业的创建准备时期；第二个时期是从 1959 年到 1966 年，为科技档案事业的创建时期；第三个时期是从 1966 年到 1976 年，是科技档案事业遭受破坏的时期。

一、科技档案事业创建准备时期的历史背景

在新中国成立初期，由于长期的战争和半封建半殖民地的统治，我国的经济处于崩溃的状态，新中国面临着严重的财政经济困难。为此，国家在 1949—1952 年进行了国民经济的恢复工作。在此基础上，于 1953 年开始实施了发展国民经济的第一个五年计划。在此期间，我国建设了 156 项国家限额以上的工程项目，同时也进行了其他各类科技生产项目的建设。这标志着我国大规模的、有计划的社会主义经济建设的开始。发展以重工业为主的工业基本建设，是第一个五年计划的中心任务，我国从此有了自己的飞机制造业、汽车制造业、机床制造业、电力设备制造业等等，极大地促进了社会生产力的发展，初步改变了旧中国工业落后的面貌，为此后的经济建设提供了物质技术条件。经济建设的大规模开展，产生了大量科技档案，为使科技、生产活动正常发展，需要保管和利用这些科技档案资源，因此，建立专门的科技档案工作便成为刻不容缓的事情，并受到了党和国家最高领导机关的高度重视。

1956 年 1 月，党中央召开了关于知识分子问题的会议，发出“向科学进军”的号召。同年 3 月，国务院成立了科学规划委员会，制定了 1956—1967 年全国科学发展远景规划草案，为我国科学技术工作指出了明确的奋斗目标。周恩来总理在《关于知识分子问题的报告》中强调指出：要为发展科学研究准备档案资料、技术资料等必要的工作条件。

二、科技档案事业创建准备时期的主要工作和发展特点

为适应社会主义经济建设和科学技术发展的客观需要，从 20 世纪 50 年代中期开始，我国开始着手建立与健全科技档案工作，为创建国家规模的科技档案事业做了一系列准备工作。

（一）科技档案事业创建准备时期的主要工作

1. 发出加强科技档案工作的倡导和建议

建立健全科技档案工作，首先受到国家领导人的重视。早在20世纪50年代初期，周恩来总理针对引进技术的有关档案资料在管理和使用上的混乱现象，曾在一份文件上批示，要求“建立一个技术资料管理机构”。鉴于城市基本建设在社会主义经济建设中的重要地位和作用，1956年2月，毛泽东主席在一次会议上指示说，一个城市的设计资料，应统一由城市建设总局管理。1956年4月，由国务院常务会议批准转发的国家档案局《关于目前档案工作情况和今后工作安排的报告》中提出，关于技术档案的管理，应该重点摸底，迅速制定办法，建立管理工作，并提出拟建的中央国家档案馆应有“技术图纸档案馆”。建立健全科技档案工作的迫切要求，也反映到全国人民代表大会上。1955年在第一届全国人民代表大会第二次会议上，雷觉天等三位代表提出“请在适当部门领导下，设立全国性的技术资料馆”的提案。1957年7月，在第一届全国人民代表大会第四次会议上，人大代表、国家档案局局长曾三同志阐明了管好科技档案对社会主义建设事业的意义，他指出，各工厂、矿山和其他企业有关基本建设和安装工程的设计资料和底图都是宝贵的档案资料，把它们科学地整理和保管起来，对于今后社会主义建设是非常重要的，必须分系统地进行统一的管理。

2. 制定《关于改进档案、资料工作的方案》

1957年9月国务院第57次全体会议批准发布了由国务院科学规划委员会第四次扩大会议通过的《关于改进档案、资料工作的方案》（以下简称《方案》），这是国家为建立和加强科技档案工作而发布的第一个文件，它对科技档案工作的意义、管理制度、利用和交流以及保密问题等有关内容作了全面的阐述，对我国科技档案事业的创建与发展起了积极的推动作用。

(1)《方案》对科技档案工作的意义和管理状况进行了全面的分析。《方案》强调科技档案工作“必须提起各方面的重视”。“档案和资料是进行各方面工作和进行科学研究工作的根据。”《方案》认为档案、资料工作已有所改善，成绩应该肯定，同时也应注意到存在的不少问题，主要是：有些档案、资料保管不好，“已潮湿霉烂”，或者“被随意销毁和分散”；档案、资料“没有统一的管理”，“甚至无人过问”；或“未经整理，无从利用”；对档案、资料“保密范围仍嫌过宽（另一方面也存在泄密现象）”，“利用受到障碍”等等。

(2)《方案》提出了改进和加强科技档案工作的具体办法。

第一，建立统一的科技档案管理制度，集中和整理科技档案。《方案》指出：“国家档案局对建立国家档案馆和各个专业的档案馆、资料馆的工作应该进行督促和检查。”要求“国家技术委员会、国家建设委员会、地质部、农业部和国家统计局分别对工业交通、基本建设、地质、农业、经济等方面着手建立统一的资料管理工作”。《方案》要求：凡是尚未整理的档案、资料，“各部门必须立即着手集中和整理”。“国家档案局应该协同有关单位组成技术资料编目的专家小组，研究技术资料的分类编目和登记卡片等问题。”

第二，开展科技档案的利用和交流。《方案》提出：整理后的科技档案，“凡属于可以公开而需要量又较大的，可以公开出版，可以编印年鉴和资料汇编。有些资料可作为内部资料印发”。机关、企业、事业单位之间，可以本着互助互利的原则，订立合同，相互交换科技档案资料。

第三，关于科技档案的保密问题。《方案》中提出的办法有：机关、企业、事业“单位内的工作人员，可以借阅在他的工作范围内所需要的资料”。外单位的实习人员一般可以享有所在实习单位同类工作人员的同等待遇。凡是在外国已经公开的资料，以及外国人在新中国成立前在中国所做的调查、勘察、测绘资料或其他资料，只要工作需要，有关人员均可借阅。本单位的工作人员在调查、研究、设计等工作中形成的科技档案，在交给“资料管理部门以后，本人随时可以借阅”。借阅机密性科技档案应有批准手续，但“应该适当改进，以利工作”。借阅人员也“负有保密的完全责任”。

《关于改进档案、资料工作的方案》至今仍然具有实际意义和借鉴参考价值，它在我国科技档案事业建设与发展的历史上有着重要的地位。

3. 开展业务指导、宣传、教育工作，为建立国家规模的科技档案事业做准备

在制定《关于改进档案、资料工作的方案》的同时，国务院科学规划委员会设立了资料组。资料组由国家档案局及有关单位负责人、专家和学者组成，在国务院科学规划委员会直接领导下，负责研究、规划关于科学研究工作所需要的档案、资料条件和提出建议，并负责组织规划关于档案科学研究工作和提出建议。资料组成立后，协同国家档案局组织了技术档案资料分类编目小组，并草拟了《国家机关、企业、事业技术档案资料工作暂行通则（草案）》，印发全国征求意见。资料组的成立及其进行的工作，对促进我国科技档案工作的建设和发展有着积极的意义。国家档案局为宣传与交流科技档案工作经验，推动科技档案工作的开展，于1958年6月召开座谈会，邀请17个中央工业、交通、建筑部门的有关同志，共同研究加强科技档案管理的问题。与此同时，先后在北京、上海两市举办了小型的科技档案展览会。1958年8月，国家档案局开始编印不定期刊物《技术资料工作通讯》，共出版5期。同年10月，中国人民大学档案系与第三机

械工业部合作，出版了《技术档案资料研究》双月刊，共出版 8 期。这两个内部刊物，对加强宣传报道，促进经验交流，活跃理论研究，做了有益的工作。为了适应科技档案工作的需要，1958 年 9 月，中国人民大学档案系开办了技术档案专修科，开始为我国科技档案事业培养专门人才。

（二）科技档案事业创建准备时期的发展特点

处于创建准备时期的我国社会主义科技档案事业，具有以下特点。

（1）科技档案的管理工作基本上处于分散状态。不论在企事业单位，还是在各专业系统，科技档案工作大都没有实行集中统一管理，更没有国家的统一管理制度，不具备国家的规模。

（2）对科技档案缺乏科学认识，没有明确的概念。一般笼统地叫档案资料、资料或技术资料。科技档案和科技资料二者混淆不清，不加区别。

（3）已显示出国家经济和科技文化建设对科技档案工作的紧迫需要。在大规模进行经济和科技文化建设的过程中，对大量产生的科技档案要求保管储存好；同时，又要求充分地予以利用，这是建立和健全科技档案工作的客观基础。随着时间的推移，迫切要求建设与发展国家规模的、集中统一管理的、社会主义的科技档案事业，这深刻地反映出科技档案工作同国家经济建设和科学技术事业的密切联系。

（4）科技档案管理的理论研究，同科技档案工作实践紧密结合，并为之服务。什么是科技档案？它同科技资料是什么关系？科技档案工作应如何进行集中统一管理？如何建设社会主义国家规模的科技档案事业？这些既是科技档案工作中要解决的实际问题，同时也是科技档案管理学术研究中的主要理论问题，这一时期科技档案工作的发展已为理论研究提出了重要的课题，科技档案工作实践与科技档案管理的理论研究紧密结合，并且相互推动。

第二节　创建时期（1959—1966 年）

一、科技档案事业创建时期的历史背景

我国于 1957 年超额完成了发展国民经济的第一个五年计划，从此开始转入全面的、大规模的社会主义建设。这期间，科技工作者对我国的自然资源和自然条件进行了广泛的调查、考察和勘测，发现了许多重要的金属矿藏，找到了丰富的石油资源。在科学研究的基础上，我国的电子工业、石油化工工业、原子能工业、宇航工业等新兴工业逐渐成长起来，开发研制了各类具有较高水平的重要设备，农业、医疗卫生部门都有突出的成就，一系列现代科学分支科目的研究先后

展开，而1964年10月首次核爆炸试验成功，标志着我国科学技术达到了新的水平。这期间，还由于正确地贯彻执行国民经济“调整、巩固、充实、提高”的八字方针，加强管理工作，我国的社会主义建设进入了一个新时期。1964年年底到1965年年初召开的全国人民代表大会三届一次会议，提出在不太长的历史时期内，把我国建设成为一个具有现代农业、现代工业、现代国防和现代科学技术的社会主义强国的宏伟目标。正是在这样的历史条件下，我国社会主义国家规模的科技档案事业进入了创建的重要时期，为今后科技档案事业的建设与发展奠定了坚实的基础。

二、科技档案事业创建时期的主要工作和发展特点

（一）科技档案事业创建时期的主要工作

1. 大连会议和《技术档案室工作暂行通则》

1959年12月，在辽宁省大连市召开了技术档案工作大连现场会议。这次会议，全国各省、自治区、直辖市，中央各工业、交通和科学技术部门都有代表参加，因此，实际上是第一次全国性科技档案工作会议。

大连会议的议题，以研究《技术档案室工作暂行通则草案》为中心，在总结过去10年科技档案工作经验的基础上，着重讨论有关企事业科技档案室工作的建设问题。

（1）区分科技档案和科技资料。会议认为，科技档案是记述和反映一个单位的基本建设、生产技术和自然科学研究等活动，具有保存价值，并且按照一定的归档制度作为真实的历史记录集中保管起来的科技文件材料（包括图纸、照片、报表、文字材料等）；而科技资料则是一个单位为了参考的目的而收集和复制的科技文件材料。会议指出：要改变科技档案和科技资料不加区分的现状，这个问题不解决，科技档案工作就无法建立、健全和发展。各单位必须把科技档案和科技资料区分清楚，首先把科技档案管理好，同时也应该管理好科技资料。

（2）建立、健全归档制度。会议认为，科技档案来源于科技文件材料。科技文件材料归档是建立、健全科技档案工作的基础。没有归档制度，就不会有完整的档案和健全的档案工作。所以，建立、健全科技档案室的工作，必须从建立、健全科技文件材料的归档制度入手。

（3）实行集中统一管理。会议指出，科技档案是国家的财富，要完整地保存下来，充分地发挥作用，必须实行集中统一管理。各单位要建立、健全档案工作机构，总管本单位的全部科技档案和科技档案工作事项。中央各工业、交通和科学技术的主管机关，要对本系统的科技档案工作加强领导。

（4）维护国家机密，保证科技档案安全。会议指出，利用和保密是有矛盾

的，但必须把它们统一起来，正确地结合好，要做到既能保密，又能提供利用。

会议讨论通过的《技术档案室工作暂行通则》，于1960年经国务院批准试行。同时，国务院还转发了《国家档案局关于技术档案工作大连现场会议的报告》。召开大连会议，发布我国科技档案工作第一个较为完备的法规性文件《技术档案室工作暂行通则》，使我国原来处于分散、不统一的科技档案工作，开始有了基本的、统一的做法和制度，逐步纳入社会主义国家规模的集中统一管理轨道，成为与国家的社会主义经济建设和科学技术工作紧密联系的一项专门事业。所以，大连会议的召开和《技术档案室工作暂行通则》的发布，是我国国家规模的科技档案事业建设与发展的重要标志，对发展我国科技档案事业起了重要的指导作用。

2. 城市基本建设档案会议和加强管理城市基建档案

城市基本建设档案管理，是既十分重要、涉及范围又很广的一项工作。1959年技术档案工作大连现场会议就提出：对主要城市和矿区的基建档案进行一次普查，提出统一管理的意见。1960年10月，在黑龙江省哈尔滨市专门召开了城市基本建设档案会议。会议结合实际工作情况和存在的问题，讨论了国家档案局拟订的《关于加强管理城市基本建设档案的初步意见草案》。1961年1月，国务院转发了国家档案局《关于加强管理城市基本建设档案的意见》和《关于如何加强管理城市基本建设档案的报告》。根据上述文件的精神，全国有42个城市开展了试行工作，取得了初步经验。国务院于1962年6月和1964年4月，先后批转了国家档案局《关于加强管理城市基本建设档案试行情况的报告》和北京市人民委员会《关于人民大会堂基建工程档案整理工作情况和加强基建工程档案工作意见的报告》。哈尔滨城市基建档案会议和有关加强管理城市基建档案工作的文件，其主要内容有：

(1) 关于城市基建档案及其作用。城市基本建设档案，是城市建筑物、构筑物、地上和地下管线等各项基本建设的真实记录和实际反映。它是对城市的每一项建筑物、构筑物、地上和地下管线进行管理、维修、鉴定、扩建、改造、恢复等工作不可缺少的依据，是多快好省地建设现代化城市的必要条件之一，是党和国家的一项重要财富。实现城市基建档案的科学管理，还具有国防战略意义。

(2) 关于加强管理。除了各个建设单位、城市规划和建设管理部门，以及各工业、交通和公用事业的主管机关，都要把自己收到的基建档案管理好以外，大、中城市还应分别指定城市建设或城市规划管理部门，统一收集和管理全市重要工程的基建档案，并由建筑工程部负责按专业统一管理，各级档案部门应加强监督、检查和指导。大、中城市和重点建设工程项目的档案，要求有一两份保存在安全的地方。

(3) 关于竣工图。基建工程的竣工图十分重要。竣工图要在工程施工过程中随时绘制，工程竣工时收集整理好，工程交工时作为验收工作的内容之一进行验收，不绘制竣工图的做法必须改变。已建工程中，对于结构复杂、采用新技术、隐蔽的现代化厂房和具有纪念意义的工程，凡是没有竣工图的，或虽有竣工图但不够准确的，应有计划、分期分批地进行补充绘制。

(4) 关于保密和干部问题。城市基建档案具有很大的保密性，特别是要害部门的基建档案，尤其要求妥善管理。应适当调整和充实城市基建档案管理机构和干部，严格执行国家的保密制度和规定。

大、中城市和重点建设工程项目的建设，在国家的经济建设中占有十分重要的地位。在我国转入全面的、大规模的社会主义建设时期，提出加强管理城市基建档案，是非常及时和有远见的。同时，它也是反映我国科技档案事业深入发展的一个重要方面。

3.《科研十四条》、《工业七十条》和中共中央、国务院批转有关加强科技档案工作的文件

在调整国民经济的过程中，党中央于 1961 年先后批准了《科研十四条》、《工业七十条》等工作条例。《科研十四条》的全称是《关于自然科学研究机构当前工作的十四条意见（草案）》，其中专门规定要建立专题技术档案，包括：提出研究项目的过程、本项工作的各项调查资料、原始实验数据、工作记录、讨论记录、论文报告、推广经过，以及鉴定资料、标本样品等实物。《工业七十条》全称是《国营工业企业工作条例（草案）》。它在第二章技术管理中规定：企业要建立和加强技术档案、技术资料的管理工作。与此同时，国务院分别批转了国家档案局《关于加强科学研究机构中技术档案工作的报告》和《关于工业企业技术档案工作的报告》。此后，国务院还于 1962 年 11 月批转了国家档案局《关于对"下马"企业和"下马"工程的档案管理工作的报告》，于 1963 年 11 月批转了国家档案局《关于切实改善图纸质量和图纸复制技术的报告》。1964 年 3 月，中共中央、国务院批转的国家档案局《关于进一步加强技术档案工作的报告》，全面阐述了有关科技档案工作和建设中的各项重大问题：

(1) 工作性质。文件指出，科技档案工作既是一项专门业务，又是技术管理工作或科研管理工作的一部分。做好科技档案工作是坚持科学精神、详细占有材料的一个重要方面，是加强企业管理和科研组织工作、挖掘潜力、多快好省地建设社会主义的一项重要措施。

(2) 机构设置。文件指出，要建立和健全科技档案工作机构，对科技档案实

行集中统一管理；并且规定科技档案机构由行政负责人和总工程师直接领导。

（3）干部配备。文件要求，各单位要配备必要的、称职的干部从事科技档案工作，必要时还应当配备一定数量的工程技术人员。

（4）建立、健全制度。文件阐明，首先要建立归档制度，使新产生的科技文件材料按制度及时归档保存；同时，还要建立、健全与科技档案工作有关的技术管理工作制度和科研管理制度；有关科技档案室的工作制度、办法，应该纳入技术管理工作制度和科研管理工作制度。

（5）管理体制。文件提出，各工业、交通和科学技术主管机关，要切实加强对科技档案工作的领导，必须实行按专业统一管理的办法。

（6）保管条件。文件规定，保管档案的设备不是一般的家具，其费用不应该当做一般的行政办公费对待，应当从生产购置费或事业费内列支。

从 1959 年 12 月技术档案工作大连会议到 1966 年上半年，党中央和国务院先后批准和批转了 11 个科技档案工作文件，大大促进和加强了科技档案工作，对建立和发展我国国家规模的科技档案事业，起到了重要的关键性作用。

4. 科技档案工作十年发展规划

1964 年 4 月，国家科委、文化部、国家档案局下达的档案资料规划，是经过党中央、国务院原则批准的《1963—1972 年科学技术发展规划》的一个组成部分。国家科委、文化部、国家档案局在下达规划的通知中指出："科学技术情报、图书、档案资料工作，既是十年科学技术发展规划中的一个组成部分，又是保证实现其他各专业、各学科规划的重要措施，必须大力加强。"

档案资料十年发展规划的具体内容，共分 5 类 27 项，包括：建立、健全各单位科技档案室工作，逐步建立一批科技专业档案馆，加强科技档案工作理论与方法的研究，加强对科技档案保管技术、修复和复制技术的研究等，并且提出了完成这些具体任务的主要措施。这是一个比较全面的科技档案工作发展规划，但是由于"文化大革命"的原因，没有能够执行。

（二）科技档案事业创建时期的发展特点

自大连会议至 1966 年上半年，在党中央和国务院的重视、支持和关怀下，适应社会主义经济建设和科学技术工作发展的需要，我国社会主义国家规模的科技档案事业，比较迅速、健康地建立和发展起来，其特点如下：

第一，我国社会主义科技档案工作的原则、体制、方针、政策、规章制度等，初步得到了确立。

第二，工业、交通、科学技术等专业主管机关，加强了对本专业系统科技档案工作的领导；各级档案行政管理部门，加强了对科技档案工作的指导、监督和检查；大、中型企事业单位，大都建立和健全了科技档案工作机构，个别中央专业主管机关建立了科技专业档案馆。

第三，企事业单位的科技档案室和科技专业档案馆，大力开展各项业务建设工作，紧密配合经济建设和科技工作，提供了大量科技档案、资料为生产建设和科技研究服务，发挥了积极的作用。

第四，积极开展了科技档案管理基本理论问题的研究。中国人民大学档案系技术档案管理学教研室，于1962年编写出版的《技术档案管理学》一书，是在学习外国并结合我国科技档案工作实践经验的基础上，取得的较为完整和系统的一项成果。科技档案学术研究的开展，有力地推动了我国科技档案事业的建设与发展，为建立符合中国实际和特点的科技档案管理学理论体系奠定了基础。

第三节　遭受破坏时期（1966—1976年）

“文化大革命”期间，我国科技档案事业遭到了严重的破坏，主要表现在以下方面。

一、思想理论被搞乱

新中国成立以来，党和国家为科技档案工作确立的正确的原则、体制、方针、政策和规章制度等，被视为修正主义的条条框框横遭批判；科技档案工作为生产、建设、科技研究工作服务的方向，被歪曲为“抹杀技术档案的阶级性”，“不为阶级斗争服务”。

二、体制被破坏，机构被撤销

中央和地方工业、交通、科技研究等专业主管机关对本专业系统科技档案工作的领导体制，被指责为“条条专政”；厂长、总工程师分工领导企事业科技档案工作，被诬蔑为“支持一长制，反对党的领导”。许多单位的科技档案工作机构被撤销，科技档案工作人员被迫下放或改行。

三、科技档案损失严重

大批科技档案因为无人管理，被分散、丢失、损坏，甚至遭到了被焚毁的厄运，造成了无法挽回的损失。

破坏我国科技档案事业，这是不要文化、不要科学、不要技术、不要历史、不尊重事物发展规律的一种表现，我们应当长远地记取这一历史教训。

【本章小结】

我国的科技档案事业起源于新中国大规模的经济建设和科学管理活动。在国家最高领导的直接关怀下，经过紧张的准备过程，以大连技术档案工作现场会议的召开和《技术档案室工作暂行通则》的颁布为标志，国家规模的科技档案事业得以创建。20 世纪 60 年代前半期的一系列管理规定和要求的出台，已经将科技档案事业的发展纳入相对规范的轨道，并开始形成符合当时国家经济体制和政治体制的科技档案事业宏观管理体制，基础工作的建设和相关学术研究的开展扎实且卓有成效。“文化大革命”使上述工作遭受了极大的损失。

【讨论题】

1. 综述《关于改进档案、资料工作的方案》的主要内容。
2. 简述我国科技档案事业创建准备时期的发展特点。
3. 试述大连会议和《技术档案室工作暂行通则》的主要内容。
4. 简要概述《关于进一步加强技术档案工作的报告》的主要内容。
5. 试述科技档案事业创建时期的发展特点

【主要参考资料】

1. 中国人民大学档案系．档案工作文件和论文选编（第一集，第二集）．内部资料，1986

2. 国家档案局．中华人民共和国档案法规汇编（1949 年 10 月—1992 年 6 月）．北京：法律出版社，1992

第十九章 科技档案事业的恢复整顿和调整转型时期

【本章要点】

了解新中国科技档案事业恢复整顿和调整时期的历史背景，掌握该时期主要工作要点和发展特点，重点了解1981年《科学技术档案工作条例》和1986年全国科技档案工作会议的情况，以及20世纪80年代末90年代初国家对于科技档案在企业档案工作中重要作用的论述与主要要求。

【关键词】

科技档案工作恢复整顿◯企业档案管理升级

第一节 恢复整顿时期（1976—1986年）

一、科技档案事业恢复整顿时期的历史背景

1976年10月，我国结束了长达10年的“文化大革命”；党的十一届三中全会以后，党和国家的工作重心转移到社会主义经济建设上来，党中央为全国人民制定了新的历史时期的总任务：在本世纪内，把我国建设成为农业、工业、国防和科学技术现代化的伟大的社会主义国家。为了贯彻执行新时期的总任务，全国

各条战线均开始进行恢复、整顿工作，尤其是在经济、技术领域，恢复、整顿工作成为这一时期的中心工作内容。为配合全国各条战线的恢复、整顿工作，1979年8月，在北京召开的全国档案工作会议上，提出了档案工作“恢复、整顿、总结、提高”的具体任务，要求尽快地把各级党政机关和人民团体、企业、事业等单位的档案工作恢复和健全起来，重建遭到破坏的各级档案机构及其各项规章制度和工作内容。全国档案工作会议强调，在社会主义现代化建设中，科技档案和科技档案工作具有十分重要的作用，要大力加强科技档案工作。这预示着我国的科技档案事业从此进入了一个以恢复、整顿为主要内容，并在此基础上进行总结和提高的新的发展时期。

科技档案事业的恢复、整顿，正值我国改革开放政策初步实施阶段，因此，恢复原有的工作基础和解决新产生的问题交织在一起，加重了广大科技档案工作者的任务，同时，也促进了全国科技档案事业的进一步拓展，使得这一历史时期科技档案事业的发展取得了令人瞩目的成绩。

二、科技档案事业恢复、整顿工作和发展特点

（一）科技档案事业恢复、整顿工作及成绩

1. 全国科技档案工作会议和《科学技术档案工作条例》的颁布

为了更好地适应社会主义现代化建设需要，加强科技档案工作，1980年7月，经党中央和国务院批准，由国家经委、国家建委、国家科委和国家档案局联合召开了全国科技档案工作会议。会议的主要任务有三项。第一，讨论《中华人民共和国科学技术档案工作条例（讨论稿）》；第二，讨论当前科技档案工作的情况和问题，加速科技档案工作的恢复与整顿；第三，交流科技档案工作经验。会议决定：抓紧时机，在较短时间内，基本上完成恢复、整顿科技档案工作的任务，并且认为当前急需解决如下几个问题。

（1）提高认识，加强领导。会议认为：要搞好社会主义现代化建设，提高企业、事业的管理水平，加快国民经济调整的步伐，必须把科技档案工作摆到应有的位置上，各级人民政府要加强对科技档案工作的领导。国务院在批转这次会议报告的批文中更明确指出，在全国工作着重点转移到社会主义现代化建设的新时期，搞好科技档案工作极为重要。国务院和省、市、自治区人民政府的工业、交通、科研、农林、地质、测绘、水文、气象、教育、卫生以及军事等专业主管机关，都要加强这方面的工作，把所属单位的科学技术档案管理工作，切实领导起来。

（2）按专业实行统一管理，纳入各项业务管理范围。会议重申，科技档案工作必须按专业实行统一管理。科技档案工作本身是一项专门业务工作，但必须纳入科研管理、生产技术管理、城市建设管理的范围。中央各专业主管机关在制定有关法规性文件，专业技术规章、规范、制度时，应列入科技档案管理的有关内容；各科研、生产、建设单位要把科技档案管理制度，列为生产、科研、城市建设等管理制度的一个组成部分，并且把科技档案工作列入生产、科研计划。真正做到组织上有保证，制度上有规定，职责上有分工，工作上有安排，管理上有考核。

(3) 加快恢复、整顿工作，不断提高管理水平。会议提出，要在企业、事业的整顿中同时整顿和加强科技档案工作。会议还提出，中央各专业主管机关可根据需要设立专业档案馆，大、中城市要以城市为单位成立城市基建档案馆，各单位要逐步采用现代化技术管理档案，不断提高科技档案管理水平，以适应现代化建设的需要。

(4) 努力建设科技档案干部队伍。会议指出，提高科技档案管理水平的关键，是努力建设一支坚持社会主义道路，具有专业知识和工作能力的科技档案干部队伍。希望中央和省级专业主管机关，在其所属院校设立科技档案系（班），或设立中等档案专业学校。各单位都要配备一定数量的技术人员从事科技档案工作。对整个科技档案干部队伍，要实行考核制度并评定和晋升职称。

国务院于 1980 年 9 月批转了《全国科技档案工作会议的报告》。同年 12 月国务院又批准了《科学技术档案工作条例》，由国家经委、国家建委、国家科委和国家档案局联合发布施行。

全国科技档案工作会议的召开，具有重要意义。

第一，经党中央、国务院批准，由三委一局联合召开的全国科技档案工作会议，在我国还是第一次。这充分说明了党中央、国务院对科技档案工作的重视和支持，同时也说明科技档案工作在社会主义现代化建设中具有重要的作用。

第二，这次会议，是继 1959 年技术档案工作大连现场会议以后的第二次全国性科技档案工作会议。两次会议相隔 20 年，在此期间，我国的科技档案工作经历了极不平坦的道路，既有在党中央正确路线指引下取得的成功经验，也有在极“左”路线破坏下得到的沉痛教训。因此，召开这次会议，总结正反两方面的经验教训，对在新的历史时期加速我国科技档案事业的发展，为社会主义现代化建设服务，具有重要意义。

第三，这次会议讨论制定的《科学技术档案工作条例》，是在《技术档案室工作暂行通则》基础上的进一步发展和提高，是更加完备的科技档案工作法规。它的制定，使我国科技档案事业的建设有了一个共同遵守的准则，对当时的恢复、整顿工作和以后的发展、提高，都起到了积极的推动作用。

2. 科技档案恢复、整顿工作的成绩

全国科技档案工作经过恢复、整顿，在深度和广度方面都取得了较大的成绩，主要表现在以下几个方面。

(1) 基层科技档案工作普遍得到整顿。在全国企事业单位整顿中，基层科技档案工作被列为基础工作的一项内容同步进行整顿，并且进一步被纳入生产技术管理、科研管理、基本建设管理等各项管理工作之中，成为科技管理的重要环节。到 1985 年年底，全国列入整顿的 4.5 万个预算内企业，科技档案工作都得到了全面整顿；未列入全面整顿计划的 30 多万个国营企业和乡镇企业也都在自行整顿中同时整顿了科技档案工作。科技档案工作的全面整顿，为基层科技档案工作的发展和提高奠定了良好的基础。

(2) 城建档案馆工作稳步发展。到 1986 年年底，全国 146 个大、中城市，已有 112 个建立了城建档案馆，占大、中城市的 77%。各城市的市政府颁布了城建档案管理办法或条例；城建档案馆收集和集中保管了一部分城建档案；对基建工程编制和验收竣工图，普遍开展了监督和检查工作；城市地下管网普查及其档案材料的核对补制工作，不少城市也在逐步组织进行。随着我国农村经济的迅速发展，乡镇企业突起，村镇建设加快。1982 年 3 月，国家档案局、国家建委、国家农委联合发出《关于建立村镇建设档案的通知》，这又为城建档案工作增添了新内容。以城建档案馆为中心的城乡建设档案工作，比 1960 年规定的内容和范围扩大了许多。

(3) 农业科技档案工作蓬勃开展。我国农村经济建设正处于由自给半自给经济向商品经济转化，由传统农业向现代化农业转化的历史性转变时期。一方面，记录这一伟大历史转变的档案财富应当保管和储存好；另一方面，又非常有必要组织和提供有关农业生产技术和农业经营管理的档案信息，为发展农业科学技术和农村商品生产服务。1984 年 1 月，农牧渔业部召开全国农业科技档案工作座谈会，颁发了《农牧渔业科学技术档案管理办法》，农业科技档案工作在全国蓬勃开展起来。由于结合了农业科学技术和农村的特点，农业科技档案工作在实践中有了自己的发展和创造，尤其是农村专业户建立档案工作，得到普遍的重视和推广。

(4) 科研档案管理逐步走向制度化、规范化。科研院、所的科研档案管理过去基础较好。自从实行科技体制改革以来，科研档案管理与各项科研管理，如计划管理、成果管理、课题管理等结合得更加紧密。1985 年年底，根据国家科委、国家档案局联合通知的要求开展的对科研项目文件材料归档工作的检查，为科研档案管理走向制度化、规范化，迈出了新的一步。

除上述各点外，在各类自然资源调查中，在国家重点建设工程中，在轻纺和传统工艺行业生产中，以及在气象、水文、地质、地震、测绘、海洋、环境保护等专业性非常强的部门，各种专业的科技档案工作也在逐步建立和健全起来。经济特区、沿海开放城市和合资合作企业的科技档案工作，以及对外经济技术的贸易、交流和合作的科技档案管理，也都提到议事日程上来，并且取得了一定的成绩。在经济建设中，各类科技档案为生产、科研提供了依据和条件，促进了生产和科研的发展，明显地提高了经济效益和社会效益。

（二）科技档案事业恢复、整顿时期的发展特点

这一时期，我国科技档案事业的建设显得更有活力，表现出如下特点。

1. 科技档案工作的地位和作用正在被越来越多的人所认识

企事业单位的科技档案工作，经过恢复、整顿，尤其是在经济体制和科技体制改革中，从建设信息管理系统出发，与各项管理紧密结合，积极参与企事业的各项管理工作，为提高管理水平，增加经济效益，发挥了积极作用，引起人们的广泛重视。

2. 科技档案工作为现代化建设服务的方向更加明确

随着党和国家工作重点的转移，科技档案工作应当积极服务于现代化建设。科技档案作为一种科技成果和科技信息资源，要做到完整、准确、系统地收集归档，为生产、建设、科技研究工作积极提供利用，科技档案部门服务的自觉性越来越高，服务的具体方法也有不少新创造。

3. 科技档案工作的发展更加广泛和深入

“文化大革命”前，我国的科技档案工作主要是在大、中城市和大、中型企事业单位，尤其是重工业企业和科研设计部门开展得比较好。经过这几年的努力，科技档案工作则向中、小城市，向中、小型企事业单位，以及向农业、轻纺工业、传统工艺等方面广泛而深入地发展。

4. 科技档案的学术研究水平在不断提高

这一时期，科技档案的学术研究，除了对某些基本理论问题的进一步探讨外，还提出和讨论了若干新问题。比如，科技档案是一种科技信息资源，科技档案同生产力的关系，科技档案在经济建设、科技研究中被广泛利用带来的经济效益问题，科技档案同两个文明建设的关系，科技档案现代化管理问题，以及科技档案管理同经济体制、科技体制改革相适应的问题等。由于广大科技档案工作者积极参加学术研究，因此，科技档案学术研究具有较广泛的群众性，这对不断提高科技档案学术研究水平有着积极的意义。

第二节 调整转型时期（1986—1996年）

一、科技档案事业调整转型时期的历史背景

1986年以后，我国的经济体制改革逐步进入了实质性阶段，国家开始实行以计划经济为主、市场经济为辅的双轨制经济政策。特别是1992年以后，社会主义市场经济体制逐步建立与完善，国民经济建设呈现出突飞猛进的发展势头。在这一历史阶段内，国家根据国民经济发展的具体状况，制定和实施了若干重要法规和政策，保证了我国经济由计划经济体制向社会主义市场经济体制的顺利过渡。我国的科技档案事业伴随着国家经济体制改革的步伐，进行了深刻的调整，并不断探索着适合我国国情的科技档案管理的新模式。

（一）企业管理上等级

在我国国民经济第六个五年发展计划期间，国家对国营大中型企业进行了全面的整顿，经过整顿和初步的改革，企业的面貌有了较大的改观。但是，企业整体素质差的问题，仍然困扰着国营企业，产品质量差、物质消耗高、经济效益低等问题在很多企业中表现得十分突出。为此，国务院于1986年7月颁发了《关于加强工业企业管理若干问题的决定》，使“抓管理、上等级、全面提高素质”成为一个时期内的中心任务。

（二）企业内部经营机制的改革

党的十一届三中全会以后，国家实行了改革开放政策，企业逐步成为经济实体，并较为普遍地实行了经营承包责任制，20世纪90年代以后，国家对部分国营企业试行了租赁制和股份制改革。随着企业内部经营机制的改革，企业的自主权扩大，经营活动范围和工作内容也不断扩展，企业的市场竞争意识逐步增强。

（三）新技术革命的浪潮

20世纪70年代末以来，一场以电子技术为龙头的新技术产业革命掀起了巨大的浪潮，人们的思维方式和工作手段随之发生了根本性的改变。信息论、系统论和控制论成为这场革命的理论根据。我国面对新技术革命，以积极的态度把握机遇，迎接挑战，并有效地将新技术革命中的有益内容吸收过来，运用到各项工作中。

（四）《中华人民共和国档案法》的颁布实施

1988年1月1日，国家正式颁布施行了《中华人民共和国档案法》（以下简称《档案法》），这是我国档案事业法规建设进程中重要的里程碑，它标志着我国的档案工作从此走上法制化的轨道。《档案法》是根据我国国情，把党和国家关

于档案工作的方针、政策，以及档案工作多年积累的实践经验，用法律的形式固定下来，它是在档案工作（包括科技档案工作）中运用法律手段的基本依据。1990年10月24日，经国务院批准，国家档案局发布了《中华人民共和国档案法实施办法》（简称《实施办法》），对在档案工作中贯彻执行《档案法》作出了更加明确、具体的规定，为法律手段的运用确定了基本的方式和途径。《档案法》及其《实施办法》，对我国科技档案事业的发展产生了重大的影响。

（五）全国八届人大会议和党的十四届三中全会的召开

1992年年底，第八届全国人民代表大会在北京召开，会议决定将实行社会主义市场经济体制写入宪法，明确了社会主义市场经济是我国的基本经济制度；1993年，党的十四届三中全会通过了《关于建立社会主义市场经济体制若干问题的决定》，提出了转换国有企业经营机制，建立适应市场经济要求、产权清晰、权责明确、政企分开、管理科学的现代企业制度。这些都标志着我国正在从根本上摆脱传统的计划经济模式的束缚，走上了符合我国国情的社会主义市场经济的轨道。这一划时代的转变，对我国科技档案事业的发展产生了深远的影响。

二、科技档案事业调整转型时期的主要工作和发展特点

（一）科技档案事业调整转型时期的主要工作

1. 第三次全国性科技档案工作会议的召开

经过恢复、整顿，各级科技档案机构均得到了充实和加强；部分企事业单位还建立了企事业档案馆或科技信息中心，使工作上了一个新台阶；在一些经济管理和经济生产部门，由于自主权扩大，工作范围进一步拓展，在计划统计、经营销售、物资供应、财务管理、劳动人事等方面形成了大量的档案材料，并呈逐步上升的趋势。因此，如何在搞好科技档案工作的基础上，重视和管好上述这些新产生的档案材料，成为摆在科技档案工作者面前的一个新课题。为了总结恢复、整顿工作的经验，研讨解决新问题的途径，提高科技档案工作水平，1986年12月，国家档案局、国家经委、国家科委和国家计委联合组织召开了全国科技档案工作会议。会议的中心议题是讨论基层企事业单位档案的综合管理及科技档案资源的开发利用。会议讨论通过了四个有关文件：《国营企业档案管理暂行规定》、《科学技术研究档案管理暂行规定》、《基本建设工程项目文件归档范围》和《开发利用科技档案信息资源暂行办法》。这四个文件都由国家档案局会同有关主管机关联名正式颁发执行。

第三次全国性科技档案工作会议，是我国科技档案事业发展的一个转折点，它标志着我国的科技档案工作为适应国家经济体制改革的需要，由原来单一门类档案的管理，拓展为以科技档案为主体的多门类档案综合管理，从而实现档案信息的综合开发利用；标志着基层单位的科技档案工作，在恢复、整顿的基础上，正向着规范化、现代化管理方向迈进；标志着科技档案资源的开发利用工作进入了一个更高层次，并开始与技术商品和技术市场的管理要求逐渐接轨。《国营企业档案管理暂行规定》是我国第一个专门以企业档案工作整体作为规范内容的法规性文件，它第一次提出了“企业档案”和“企业档案工作”概念，规定了企业档案管理和企业档案信息开发利用等问题，对于规范企业档案工作，全面提高企业档案工作素质起到了积极的推动作用，具有重要的现实意义。

2. 企业档案管理升级工作的开展及其成就

根据国务院关于“抓管理、上等级、全面提高企业素质”的统一部署，国家档案局于1987—1992年在全国范围内开展了企业档案管理升级活动。1987年6月国家档案局与国家经委、计委、科委联合印发了经国务院领导同志批准的《关于加强科学技术档案工作的意见》（以下简称《意见》）指出，在企业管理升级工作中，要把企业档案管理列入企业基础管理工作予以加强，同企业管理升级工作紧密衔接起来，纳入计划，完善管理，全面提高企业素质。《意见》明确地提出了在企业管理升级中，企业档案工作是应当纳入的一个方面，这为企业开展档案管理升级活动提供了基本的依据。国家档案局于1987年7月制发了《企业档案管理升级试行办法》，随后又颁布了《企业档案管理升级评审工作程序》等一系列相关的指导性文件和工作标准，保证了企业档案管理升级工作的顺利进行。企业档案管理升级工作是以企业科技档案为主体，包括管理、经营、财务、劳动人事等档案在内的综合性升级达标活动，其目的是通过升级，强化企业档案工作的整体素质，使企业档案工作更有效地服务于企业的发展需要，企业档案管理升级工作取得了重要成果。

第一，强化了企业人员的档案意识，进一步明确了企业档案工作的领导关系，使企业的领导更加重视档案工作，把企业档案工作列入了领导的议事日程，并使之在企业发展规划和企业计划中占据了应有的位置。

第二，实现了企业档案的综合管理，绝大部分企业都建立了档案综合管理机构，对企业的各种档案资源实行集中统一管理和综合开发利用。

第三，加强了企业档案工作的基础建设。在升级过程中，企业为档案部门解决了库房，添置了设备和档案装具，部分企业档案部门实现了现代化管理；另外，还强化了归档和收集工作，提高了案卷质量，完善了分类和著录工作，健全了管理制度。

第四，企业档案人员的素质得到了普遍的提高。各级专业主管部门和档案教育培训部门对企业档案人员进行了多层次培训；企业档案人员也自觉地在升级达标实践中锻炼自己，业务水平和专业思想水平均有所提高。

第五，提高了对企业档案开发利用工作的重视程度，普遍开展了档案编研工作，增强了利用工作的时效性；注意了对档案利用反馈信息和利用效果的收集，提高了企业档案利用工作的水平。

第六，企业档案管理升级活动带动和促进了全国科技档案事业的发展。城市建设档案馆大批涌现；国家重点建设工程档案管理纳入了基建程序；大型科学考察项目档案建立；科研成果档案信息进入技术市场；农林、气象、地质、测绘和医疗卫生等行业的科技档案工作也取得了长足的进展，并在为社会各项利用需求的服务中取得了良好的经济效益和社会效益。

总之，全国范围的企业档案管理升级工作，积极地配合了国家加强企业管理和提高企业素质的统一部署，全面地增强了企业档案工作的实力，推动了整个国家科技档案事业的新发展，取得了可喜的成绩。至 1991 年年底，全国共有国家一级档案管理企业 649 个，国家二级档案管理企业 8 191 个，省级档案管理先进企业 33 460 个。

3. 全国首届企业档案工作会议的召开

进入 20 世纪 90 年代，特别是党的十四大和八届全国人大会议以后，我国的经济体制改革进入了转换经营机制、建立现代企业制度和实行社会主义市场经济体制的时期。作为企业工作组成部分的企业档案工作，负有为企业现实的经营、管理和生产活动提供信息支持和保障，为企业的生存和发展提供基本信息依据的光荣职责。为了研究新形势下企业档案工作的任务和特点，使企业档案工作适应国家经济体制的重大变化，更好地为企业深化改革和经营发展的需要服务，国家档案局和国家经贸委于 1995 年 7 月在山东胜利油田联合召开了新中国成立以来首届全国企业档案工作会议。会议在总结我国企业档案工作的发展与现状的基础上，重点讨论了以下问题。

(1) 关于企业档案工作管理体制。会议认为，当前国家对企业档案工作的管理体制是：企业档案工作在档案行政管理部门的宏观管理下，依靠现有企业主管部门，形成档案行政管理部门与企业管理部门密切配合、分级管理与属地管理相结合的管理体制。会议还指出了企业内部的档案管理体制应坚持集中统一管理和分级负责的原则，并且应当在便于保管和便于利用的前提下具体执行。

(2) 关于开展企业档案工作目标管理活动。会议决定在全国开展企业档案工作目标管理活动，其目的是进一步提高企业档案工作的整体素质和水平，更好地为企业服务。与会代表对国家档案局拟订的“企业档案工作目标”进行了讨论并提出了进一步完善的意见。

(3) 关于建设企业档案馆的问题。会议认为，对于企业档案馆的建设，应从建馆条件和标准等方面进行调控和引导，鼓励具备条件的企业建立档案馆，控制那些不具备条件的企业建馆。会议对企业档案馆的职能、条件、标准和登记审批制度进行了深入的研究。

(4) 关于做好档案业务基础工作和积极开发档案信息资源为企业提供利用的问题。会议确定了企业档案业务基础工作和开发利用工作的内容范围，明确了企业档案工作人员做好上述两方面工作的基本要求。

(5) 关于在新形势下几个值得研究的业务问题。会议号召档案工作者积极开展对经济体制改革和企业改革中企业档案工作面临的新情况和新问题的研讨，其中包括：企业档案与企业资产的关系问题；兼并、破产后企业档案的归属流向问题；企业集团和股份制企业档案工作的管理问题等。

（二）科技档案事业调整转型时期的特点

科技档案事业的调整时期，正值我国经济改革走向深入，国家经济体制发生重大变革时期，呈现出以下特点。

第一，密切配合国家的各项改革政策和措施，针对科技档案事业发展的具体情况，统一部署工作任务和实施办法，不断解放思想，使科技档案事业在适应改革开放新形势的前提下为国家的经济建设服务，并同时获得进一步提高和发展。

第二，以企业档案工作的改革和发展为龙头，推动科技档案事业的总体进步。狠抓了工作基础，初步实现了企业档案管理的综合化、规范化、标准化和现代化，深化了科技档案资源的开发利用工作，为科技档案信息资源的社会化服务创造了必要的条件。

第三，形成了以《中华人民共和国档案法》、《中华人民共和国档案法实施办法》及《国营企业档案管理暂行规定》、《科学技术研究档案管理暂行规定》等为主的法律法规体系，促使科技档案事业走上法制化的轨道。

第四，注重新技术和新管理理论在科技档案工作实践中的具体运用，科技档案管理理论研究出现了新的突破，科技档案专业教育的层次已趋完善，广大科技档案工作人员的素质进一步提高。

【本章小结】

20 世纪 80 年代以来，我国科技档案事业伴随国家改革开放政策的落实和深入，经历了恢复整顿和企业升级这两个依旧以传统计划经济为主导的管理体制所引发的建设过程，形成了以贯彻执行《档案法》及其实施办法为主线，具体落实《科学技术档案工作条例》及相关规范性文件要求的“条块结合”的事业管理体制。科技档案管理工作也逐步实现了由过去以单一门类档案管理向以科技档案为重点的多门类档案综合管理的模式转型。伴随着国家经济体制改革的不断深化，同时也伴随着信息技术的广泛应用，科技档案事业也面临着进一步调整和转型的艰巨任务。

【讨论题】

1. 简述1980年全国科技档案工作会议和《科学技术档案工作条例》的主要内容。
2. 试分析我国科技档案事业恢复、整顿时期的发展特点。
3. 简述1986年全国科技档案工作会议的主要内容及其意义。
4. 综述企业档案管理升级工作的开展及其成就。
5. 简述1995年全国首届企业档案工作会议的主要议题。
6. 试分析科技档案事业调整转型时期的发展特点

【主要参考资料】

1. 中国人民大学档案系．档案工作文件和论文选编（第一集，第二集）．内部资料，1986
2. 国家档案局．中华人民共和国档案法规汇编（1949年10月—1992年6月）．北京：法律出版社，1992
3. 中国人民大学档案学院科技档案教研室．科学技术档案管理学参考资料．北京：中国档案出版社，1986
4. 宫晓东．企业档案管理学．北京：高等教育出版社，1999

第二十章 科技档案事业的改革发展时期(1997年至今)

【本章要点】

了解我国科技档案事业改革发展时期的历史背景，熟悉现代企业制度的主要特点，重点了解该时期政企分开对于传统科技档案事业的影响，掌握国家档案行政管理部门在该时期发布的主要规定、标准，对于该时期科技档案学术研究的情况和工作特点有一定程度的熟悉。

【关键词】

科技档案工作改革发展○现代企业制度

第一节　科技档案事业改革发展时期的基本情况

一、科技档案事业改革发展时期的历史背景

20世纪90年代中后期，我国的经济体制改革逐步深化，同时，国家政治体制改革也分步骤地开展起来。在对企业现象认识不断深入的前提下，国家从执政理念、执政方式和相关法律法规建设方面，全方位地促进现代企业制度的建设。原本在以计划经济体制为主导的情况下建立起来的科技档案事业，面临着顺应现

代企业制度建设新形势的要求进行改革以谋求继续发展的任务。了解新中国企业制度建设的简要历程，对于我们理解科技档案事业在该阶段进行改革发展的意义十分重要。

中华人民共和国的诞生，从根本上改变了旧中国经济发展的环境，为我国公司企业的发展奠定了基础。1956年，国家通过对资本主义工商业的社会主义改造，使私营公司经公私合营的方式改变成公营公司。随后国家又按行业归口等原则组建了一批工业公司，并通过这些工业公司对企业实行集中管理。从本质上来看，这些工业公司是政府管理企业的一级行政组织，属于行政性公司，而不是真正意义上的工业企业。

20世纪60年代，我国政府进一步加强了对工业的集中管理，国家为了更好地开展联合和发挥专业化协作，开始在工业、交通等部分行业试办托拉斯。1964年国家在中央各部率先试办了12家全国性工业公司，如烟草公司、汽车工业公司等。之后，地方上也相应建立了一批地方性的工业托拉斯组织。这种托拉斯实质上是一种行业性联合公司。在“文化大革命”中，试办托拉斯的工作被予以否定，几乎所有这种类型的公司均被勒令停办，没有停办的则被改组为行政性公司。

1978年，我国开始进行经济体制改革。随着改革的不断深化，公司制企业在我国开始真正兴起。1980年7月国务院颁布《关于推动经济联合的暂行规定》，提出要在自愿的基础上，允许打破行业、地区以及所有制和隶属关系的界限，组织经济联合体，从而为综合性公司的建立奠定了基础。随着经济体制改革的中心向城市转移，以及“对外开放、对内搞活”方针的进一步实施，我国的公司制度有了迅猛的发展，出现了股份公司、有限责任公司等公司组织形式。1992年12月，第八届全国人民代表大会全体会议决定将实行社会主义市场经济体制写入宪法，明确了社会主义市场经济是我国的基本经济制度。1993年11月，中共十四届三中全会通过的《中共中央关于建立社会主义市场经济体制若干问题的决定》指出，以公有制为主体的现代企业制度是社会主义市场经济体制的基础，逐步建立现代企业制度是发展社会化大生产和市场经济的必然要求，是我国国有企业改革的方向。1993年12月，我国通过了第一部《公司法》。至此，中国的企业踏上了建立以现代企业制度为目标的艰巨复杂的企业制度创新阶段。1997年9月，党的“十五大”报告再度指出，公有制实现形式可以而且应当多样化。一切反映社会化生产规律的经营方式和组织形式都可以大胆利用，为我国现代企业制度的进一步发展指明了方向。1999年3月，第九届全国人民代表大会二次会议审议通过了《中共中央关于修改宪法部分内容的建议》，其中有关发展社会主义市场经济，健全社会主义法制，坚持公有制为主体、多种所有制经济共同发展的基本经济制度等内容，为我国现代企业制度的建设提供了更为有力的法律保障。

综上所述，我国现代企业制度的建立与发展，是在公有制经济基础上进行的，这就决定了我们既要借鉴国际上已经形成的现代企业的一般规范，同时又要结合我国的社会环境、文化传统等因素而进行较大的制度创新，从而建立具有中国特色的现代企业制度。

二、现代企业制度建设对科技档案事业的影响

在我国，现代企业制度，是指在现代市场经济条件下，以规范和完善的法人制度为主体，以有限责任制度为核心，以股份有限公司为重点的产权清晰、权责明确、政企分开、管理科学的一种新型的企业制度。

现代企业制度这一概念包含着极其丰富的内容。虽然现代企业制度直观地表现为是由行为准则各异的各种企业组织形式构成的体系或网络，但它并不仅仅指企业组织形式本身，而是指适应现代市场经济体制的企业产权制度、企业组织制度、企业管理制度、企业领导制度、企业财务会计制度、企业法律制度、政府与企业的关系，以及其他各种企业制度外部环境的统称。由此可见，建立现代企业制度不仅仅是在企业组织内部要进行一系列的制度变革，而且还要在政企关系、企业制度环境等一系列方面进行重大的变革。1993 年《公司法》颁布后，我国政府就为现代企业制度的建立与健全进行了多方面的努力，其中最为重要的就是政企分开。政企分开，意味着过去政府管理企业的体制和手段必须调整甚至废除，取而代之的是以市场经济和法律手段对企业行为进行控制和监管。从历史发展的过程来看，我国科技档案事业的建立，主要是在政府以行政手段的强力推动下开展和形成的，作为科技档案产生和保存的主要基地，企业的科技档案工作是国家规模科技档案事业的基础。现代企业制度中要求的政企分开，对科技档案事业产生了重要的影响：

（一）管理思维和管理手段的转变

随着政企分开的逐步深化，档案行政管理部门开始调整传统的思维和做法，将企业的科技档案工作的管理融入对企业档案工作的整体管理之中，其管理手段也以执法检查、行业监管、业务指导相结合的方式，取代了过去单一以行政命令或升级考评为主要手段的管理方式。

（二）宏观控制方式的改革

对于科技档案事业的宏观控制方式，也改变了以往召开全国性科技档案工作会议、贯彻落实会议精神和检查落实效果的形式，更多地以调查研究、分类座谈和制定业务规范为主要控制形式。

（三）重点监管和自主选择相结合

根据我国国有资产占特大型企业资产相当大比重的实际情况，重点对国有特大型企业的档案和国家级重点工程档案进行监管，同时鼓励一般企业根据企业自身利益的需要，较为灵活和自主地选择档案管理方式，并将大多数档案业务规范确定为推荐性标准，供企业选择使用。

（四）发挥学术团体的作用

充分发挥档案学会和行业档案工作协作组织的作用，积极展开业务交流和研讨，促进业务发展。与此同时，积极引导档案科研机构、专业教育培养机构和档案工作机构参与档案科研，组织档案科研项目的选题、立项和优秀成果评选等工作，对科技档案管理中业务问题的解决和发展起到了推动作用。

三、国有企业科技档案工作的改革

20世纪90年代后期，国家为深化社会主义市场经济体制，建设现代企业制度，调整政府与企业的关系，进行了重大的体制改革和机构撤并。原有主管各工业行业的大部委，均被撤销调整，除一部分以行业协会的形式存在外，其余的大都转化为国有特大型企业集团。众多国有特大型企业的出现，一方面掌握着国有资产的绝大部分份额，对于国民经济具有举足轻重的作用；另一方面，也提出了重新建立政府对其监管体制的要求。根据这种形势的变化，国家档案行政管理部门积极会同政府有关部门，在充分调查研究和利用科技档案管理已有经验的基础上，制定发布了若干规定和标准，对于国有企业科技档案工作的改革提出要求，实施引导。

（一）《国家重点建设项目档案管理登记办法》的颁布

1997年，国家档案局会同国家计委，颁布了《国家重点建设项目档案管理登记办法》，以促进国家重点建设项目档案管理的规范化和标准化，保障国家重点建设项目档案的完整、准确和系统，为实现重点项目档案的科学管理，保证建设项目在投产后拥有高质量的生产运行和项目管理的依据奠定了制度基础。

（二）《CAD电子文件光盘存储、归档与档案管理要求》的颁布

1999年，经国家档案局提出和组织起草，由国家质量技术监督局发布了国家推荐性标准，即《CAD电子文件光盘存储、归档与档案管理要求》（GB/T 17678.1－1999），对于利用计算机辅助设计软件产生的科技文件的管理，提出了具体的业务要求和管理标准，对于数字式科技档案的管理具有重大意义。

（三）《科学技术档案案卷构成的一般要求》的修订和颁布实施

20世纪90年代后期，国家档案局根据实际工作发展变化的需要，提出了对1990年颁布实施的国家推荐性标准《科学技术档案案卷构成的一般要求》（GB/

T 11822－1989）进行修改，并于2000年年底由国家质量技术监督局发布，2001年实施。修改之后的《科学技术档案案卷构成的一般要求》（GB/T 11822－2000）更为明确地对科技档案案卷的规范化整理所要求的概念、原则、方法、规格和工作流程进行了确定，成为目前具体指导科技档案业务的重要依据，同时也是科技档案事业改革发展时期的重要成果。

（四）制定《国家重大建设项目文件归档要求与档案整理规范》

2002年，经国家档案局提出和组织起草，由国家质量技术监督局发布了国家推荐性标准《国家重大建设项目文件归档要求与档案整理规范》（GB/T 28－2002），对于国家重大建设项目文件归档和档案整理提出了要求和方法，为国家重大建设项目的新建、扩建、改建和技术改造的竣工文件编制、档案整理及竣工档案验收提供了依据。这也是科技档案事业改革发展时期的另外一项重要成果。

（五）《国有企业文件材料归档办法》的发布执行

2004年，国家档案局会同国务院国有资产监督管理委员会联合下发了《国有企业文件材料归档办法》。对于其中有关科技文件和科技档案的管理规定，继续沿用了以往科技档案工作实践中所取得的经验和标准，要求国有企业贯彻执行，并要求其他类型的企业参照执行。

除此之外，国家档案行政管理部门还在一系列有关企业档案管理的规定、办法中，进一步对科技档案的管理提出要求。与此同时，其他行业中的科技档案管理，也能根据时代发展的要求进行相应的改革并取得了一定程度的发展。

第二节　科技档案事业改革发展时期的工作特点和学术探讨

一、科技档案事业改革发展时期的工作特点

改革发展时期的科技档案工作，由于面临着管理体制变革、管理机制调整、管理手段更新等一系列因素的影响，呈现出如下工作特点。

（一）整体融入环境，进行改革和发展

科技档案工作在当前改革开放的形势下，正在从整体上融入企业制度和科技制度的大环境中，与国家经济体制和政治体制的改革同步得到发展。其不适应的部分必须予以改革和完善。但是，作为人类认识自然、改造自然和利用自然的实践活动记录，特别是作为一种具有可持续发展意义的信息资源，科技档案运动的规律是不会发生变化的，相对于其他档案资源而言，科技档案管理的特殊性依然存在。对于科技档案管理的规范化、科学化、现代化的要求更不会降低。

（二）法律手段和标准工具并用

国家对于科技档案工作的宏观管理，特别是对重要科技档案资源的监控，主要是以法律为主要管理手段，以发布国家标准或行业标准为主要业务指导工具。在此前提下，通过信息网络的建设和资源共享的原则，并在市场机制的干预下，协调科技档案资源的配置与利用。各个行业和各个地区的相关单位，更多地利用学术组织开展业务交流，共同研讨科技档案管理的方式与方法，寻找适合本单位科技活动特点的解决之道。

（三）资源意识与知识意识并举

科技档案管理活动，从以留存历史记录和凭证依据为主要目的，到以充分发挥其信息功能为阶段性任务，必将向着科技资源储备和知识管理的目标迈进。伴随着信息技术的飞速发展，科技档案作为一种科技资源和单位的主要专业知识的载体，作为生产力发展的有机组成部分，在企事业单位的科技文化进步中发挥着更大的作用。

（四）现代化管理成为趋势

由于科技进步和工作手段的现代化，科技档案已经在更大程度上不依赖于手工形成和管理。因此，科技信息的产生、运行、使用、留存、再利用等一系列工作，必将交由高自动化的管理系统完成，而人们未来从事科技档案工作的主要任务，一是寻求自动化的解决之道，二是主要对科技信息资源或科技知识的管理与协调，更加注重对于国家、地区或单位科技资源管理政策的制定和完善，并在此基础上，实现科技档案的职能化和专业化的管理。

二、科技档案事业改革发展时期学术探讨的主要成果

为了及时总结改革的新鲜经验，从理论的高度归纳科技档案工作发展的规律，从而有效地指导实际工作，我国的档案工作者和档案学者始终密切关注着科技档案工作改革的进程，对改革中遇到的理论问题和实践问题进行着深入的研究，取得了许多研究成果。

1998 年，王传宇主编，由中国人民大学出版社出版的普通高等教育“九五”国家级重点教材《科技档案管理学》，是该时期科技档案管理理论研究的代表性成果。该教材在继承以往科技档案管理学术研究成果的基础上，对于科技档案概念的深化、科技档案事业发展、科技文件管理、科技档案管理业务和科技档案开发利用方式等内容的总结归纳方面，均有一定程度的拓展和创新，成为该时期科技档案管理专业教育和培训的主要教材。1998 年，王遐主编，中国人民大学出版社出版的《科技文件工程学教程》，从科技工程与科技文件关联的角度，对机械工程文件、建筑工程文件和电子电工工程文件的管理方法进行了重点总结。

1997年由孙芳芳主编，杭州大学出版社出版的《科技文件管理理论与实务》，将文件生命周期理论应用到科技文件管理的研究当中，并对该理论与科技文件管理的衔接进行了有益的探索。2002年，由吴品才编著，中国档案出版社出版的《文件纵横运动论》，进一步将文件生命周期理论应用于科技文件管理的研究中，并通过对文件运动的“纵向”和“横向”时空互换关系的研究，深入探讨了科技档案与科技文件的动态关联性，具有一定的创新意义。2004年，黄世喆编著，中国档案出版社出版的《科技文件运动规律研究》，将文件生命周期理论、文件连续体理论、文件运动理论模型和科学发展论综合应用于对科技文件现象的研究中，对科技文件运动规律进行了归纳，同时深入论证了过去科技档案管理研究中主要学术成果的科学性和适用性，深化了科技档案管理学术研究。吴、黄二人的研究，还延伸到电子科技文件的管理实践当中，具有一定的时代特征。2000年由宫晓东等编著，中国人民大学出版社出版的《科技档案编研》，以及同年由中国国际广播出版社出版的，贺真主编的《科技档案编研的原理与方法》，从科技档案深度开发利用的角度，丰富和深化了科技档案管理理论与实践的学术研究和方法总结。1997年由吴建华编著，中国档案出版社出版的《科技档案信息资源开发策略研究》，从信息资源的角度，较为系统地对科技档案开发的理论和实务进行了研究和讨论，也代表着相关学术研究的深化。

与此同时，由于现代企业制度的建立和发展，部分与科技档案学术研究相关的成果也体现在企业档案管理研究的作品中，具有代表性的有：宫晓东主编的教育部面向21世纪课程教材《企业档案管理学》（1999年高等教育出版社出版）；王澴、马素萍主编的《现代企业文件与档案管理实用教程——21世纪档案学系列教材》（1999年中国人民大学出版社出版）；张斌撰写的《新经济时代的企业档案管理》（2007年中国档案出版社出版）；宗培岭主编的《现代企业制度下企业档案工作运行机制研究》（2006年中国档案出版社出版）等等。在上述研究成果中，作者将科技档案现象作为企业档案工作的一个重要组成部分，并将其放置在现代企业制度和市场经济的大环境中加以探讨，引入信息论、系统论、计算机技术、资源管理、知识管理等理论和方法，密切结合实际工作的进步和发展，进行了有益的研究尝试，为科技档案管理学术研究的改革和发展做出了一定的努力。

综上所述，我国科技档案工作虽然在目前国家体制性调整过程中正面临着改革和发展的艰巨任务，但相关的学术研究并没有因此而停滞，相反取得了较多的成果，成绩显著。特别是伴随着我国现代企业制度的建设与发展，科技档案工作的改革与企业的改革融为一体，并发挥着重要的基础性作用。随着改革的深入，人们将不断提高对科技档案工作的认识，企业和相关机构也必将更加从发展的实际需要出发，逐步提高科技档案管理的规范化、标准化和自动化的程度，强化其为企业或机构服务的自觉性和能动性，充分发挥其作用。国家也将逐步把科技档案工作纳入法制化的轨道，进一步完善相关的法律法规体系，加强对科技档案资源及其管理工作的法律监控，弱化对企业科技档案工作的直接行政干预，充分尊重企业或科技机构的自主权和档案管理特点，形成与社会主义市场经济体制相配套的档案管理机制。

【本章小结】

20 世纪 90 年代末至今，我国科技档案事业，由于国家经济体制和现代企业制度建设的需要，面临着改革和发展的双重压力。国家档案行政管理部门采取了以国有企业为改革试点，以国家重大建设项目为重点，以制定和发布科技档案工作规章和标准为主要业务引导手段，积极配合改革的进程。科技档案学术研究在此期间也取得了比较显著的成绩。

【讨论题】

1. 试分析现代企业制度建设对我国科技档案事业的影响。
2. 简述科技档案事业改革发展时期国家档案行政管理部门采取的主要应对措施和代表性成果。
3. 综述科技档案事业改革发展时期科技档案学术研究的基本情况。
4. 试分析科技档案事业改革发展时期的工作特点。

【主要参考资料】

1. 国家档案局经科司．经济科技档案工作培训资料（之四），2005
2. 王传宇．科技档案管理学（修订本）．北京：中国人民大学出版社，1998
3. 王遐．科技文件工程学教程．北京：中国人民大学出版社，1998
4. 孙芳芳．科技文件管理理论与实务．杭州：杭州大学出版社，1997
5. 吴品才．文件纵横运动论．北京：中国档案出版社，2002
6. 黄世喆．科技文件运动规律研究．北京：中国档案出版社，2004
7. 宫晓东等．科技档案编研．北京：中国人民大学出版社，2000
8. 贺真主编．科技档案编研的原理与方法．北京：中国国际广播出版社，2000
9. 吴建华．科技档案信息资源开发策略研究．北京：中国档案出版

社，1997

10. 宫晓东．企业档案管理学．北京：高等教育出版社，1999

11. 王遐，马素萍．现代企业文件与档案管理实用教程．北京：中国人民大学出版社，1999

12. 张斌．新经济时代的企业档案管理．北京：中国档案出版社，2007

13. 宗培岭．现代企业制度下企业档案工作运行机制研究．北京：中国档案出版社，2006

图书在版编目（CIP）数据

科技档案管理学/王传宇，张斌主编．3版．
北京：中国人民大学出版社，2009
（21世纪档案学系列教材）
ISBN 978-7-300-10185-9

Ⅰ．科…
Ⅱ．①王…②张…
Ⅲ．技术档案-档案管理-高等学校-教材
Ⅳ．G275.3

中国版本图书馆CIP数据核字（2009）第159562号

21世纪档案学系列教材
科技档案管理学
第三版
王传宇　张　斌　主编

出版发行	中国人民大学出版社		
社　　址	北京中关村大街31号	**邮政编码**	100080
电　　话	010－62511242（总编室）		010－62511770（质管部）
	010－82501766（邮购部）		010－62514148（门市部）
	010－62511173（发行公司）		010－62515275（盗版举报）
网　　址	http://www.crup.com.cn		
经　　销	新华书店		
印　　刷	天津鑫丰华印务有限公司	**版　　次**	1989年1月第1版
开　　本	720 mm×1000 mm　1/16		2009年11月第3版
印　　张	22.25	**印　　次**	2025年7月第12次印刷
字　　数	382 000	**定　　价**	45.00元